Origen y persistencia del judaísmo

Gregorio del Olmo Lete

Origen y persistencia del judaísmo

evd

Editorial Verbo Divino
Avenida de Pamplona, 41
31200 Estella (Navarra), España
Teléfono: 948 55 65 05
Fax: 948 55 45 06
www.verbodivino.es
evd@verbodivino.es

Diseño de cubierta: *Francesc Sala*

© Gregorio del Olmo Lete

© Editorial Verbo Divino, 2010

Fotocomposición: NovaText, Mutilva Baja (Navarra)
Impresión: GraphyCems, Villatuerta (Navarra)

Impreso en España - *Printed in Spain*

Depósito legal: NA 541-2010

ISBN: 978-84-8169-407-9

Índice

PARTE II
EL PERIODO FORMATIVO

Parte III
LA ACTUALIDAD DEL JUDAÍSMO

Prólogo

Estas divagaciones sobre el origen, la consistencia (en un tiempo se decía la «esencia») y la persistencia del judaísmo han ido emergiendo de una dedicación de años a la comprensión y explicación del hecho judío en su globalidad, desde los orígenes bíblicos a su resonante presencia actual, tanto a través de la persistencia de sus arquetipos en nuestra cultura como en razón del fragor de su lucha por asentarse políticamente entre las naciones. Recogen, creo, los puntos básicos sobre los que pivota ese hecho histórico, cultural y político. Pero no intentan ser o reproducir la historia sistemática, literaria o sociopolítica, del mismo, para cuyo conocimiento hay abundantes y excelentes manuales[1].

Tales divagaciones parten del esclarecimiento de los orígenes históricos del pueblo judío y de su incardinación en el contexto cultural del Próximo Oriente Antiguo. Se pretende dejar en claro que la sorprendente especificidad que este pueblo exhibe supone a su vez la asimilación y transmisión de un gran cúmulo de logros y categorías que germinaron en aquel ámbito y que le sirvieron de alvéolo o matriz

---

[1] Una síntesis clásica la ofrece I. EPSTEIN, *Judaism. A Historical Presentation,* Penguin Books, Londres 1974; un desarrollo más amplio y actualizado se puede encontrar en J. MAIER, *Das Judentum. Von der biblischen Zeit bis zur Moderne,* Múnich 1973. Entre las muchas «historias» del pueblo judío puede consultarse la de H. H. BEN-SASSON (ed.), *Historia del pueblo judío,* Madrid 1991 (versión del original *A History of the Jewish People,* 1976). Entre nosotros pueden leerse con provecho C. DEL VALLE, *El mundo judío,* UNED, Madrid 1978; M.ª J. CANO y M. A. ESPINOSA, *Historia y cultura del pueblo judío,* Granada 2008. Últimamente puede también consultarse R. GOLDENBERG, *The Origins of Judaism. From Canaan to the Rise of Islam,* Cambridge 2007.

donde se gestó tal especificidad: ámbito mesopotámico, egipcio y siro-cananeo. Se trata de dar tierra a la tendencia demasiado insistente de su tradición de alzarse al cielo para situar allí su origen sin más. Mientras la relación del Israel histórico con los imperios mesopotámicos resulta un parámetro manifiesto que configura su devenir y que su memoria histórica, fijada en la Biblia, deja bien en claro, las relaciones con su poderoso vecino, Egipto, merecen ser resaltadas, dada su presencia más marginal en aquélla, a pesar de la importancia programática que les atribuye la tradición bíblica.

Por otro lado, la significación de Canaán es determinante, pues su rastro en la cultura hebrea resulta primordial; en el fondo corresponden ambos, Canaán e Israel, a la misma realidad cultural. En tal sentido, después de resaltar las coordenadas básicas de tal influjo, nos hemos fijado en los puntos clave del mismo por lo que a la organización de la religión se refiere, es decir, del sistema de creencias que configura su especificidad como comunidad y le da persistencia histórica. Se trata de concepciones (cosmogonía, antropología, escatología) que diferencian el sistema religioso hebreo, en su formulación bíblica, del cananeo, pero que a la vez explican la constante atracción que éste ejerció sobre el pueblo hebreo. Otros elementos del sistema religioso, algunos asumidos de o coincidentes con los cananeos, los trataremos más tarde en conexión con la exposición genérica del sistema.

En realidad, estos capítulos podían ser leídos después de expuesto el contenido estructural religioso que constituye la teología del judaísmo. Pero como elementos exógenos pueden ser adelantados para preparar la comprensión de cómo se configuran las tradiciones religiosas en su redacción bíblica última, a la que precedieron en origen y vigencia histórica.

Se ha querido con ello poner de relieve dos dimensiones básicas que caracterizan la concepción religiosa y antropológica del judaísmo desde sus raíces, elaboradas en conexión y contraste con su medio cananeo: su dimensión étnica y territorial, por un lado, y por otro su proyección metahistórica, concretada en su horizonte escatológico. Se trata de dos dimensiones religiosas, sí, pero que podríamos definir como las coordenadas horizontal y vertical de su devenir histórico como pueblo: su referencia a la tierra y su peculiar horizonte de la trascendencia, histórica y metahistórica.

A partir de ese panorama histórico-religioso de base se entra de lleno en la configuración de la síntesis que expresa su autocomprensión y que el pueblo de Israel dejó plasmada en la Biblia. Se trata, pues, de su génesis histórica y de su peculiar consistencia literaria y ideológica. Se analiza asimismo la nueva peculiar configuración de la conciencia de pueblo que aquélla genera en relación con la vinculación a su territorio ancestral, y el surgir de la nueva y determinante dimensión diaspórica del pueblo hebreo. La importancia del Exilio babilónico es decisiva al respecto. A partir del mismo se genera la metamorfosis del Israel antiguo en judaísmo. Metamorfosis que exigirá un largo proceso de gestación durante el periodo persa y que tendrá su prueba de fuego en su confrontación con el helenismo.

A partir de entonces se consolida el judaísmo, que adquiere su configuración definitiva en la confrontación que supuso el segundo Exilio y la masiva expulsión de Palestina por los romanos. El pueblo judío, su élite concienciada, hace acopio en este momento de toda la tradición y comienza su sistematización, que culminará en las grandes síntesis de la Edad Media. Desde este momento el judaísmo es ya una realidad histórico-religiosa perfectamente definida en su ideario y praxis religiosa, que evoluciona y se enriquece internamente al ritmo de su convivencia, más bien tormentosa, con los grupos históricos entre los que se encuentra inmerso.

Esa convivencia y tormenta históricas han culminado en la portentosa reafirmación territorial del judaísmo con la creación del Estado de Israel. Con la misma este pueblo se ha convertido en uno de los epicentros sobre el que pivota gran parte de la política mundial, sin proporción alguna con su dimensión etnográfica, y en uno de sus retos decisivos de perspectiva incierta.

Pero junto a esta presencia política que Israel ha adquirido en nuestro mundo, en virtud de su propio ser histórico, cabe anteponer el influjo latente, pero determinante, que desde siglos viene manteniendo en la configuración de lo que denominamos la civilización occidental. Influjo manifiesto sobre todo en su parámetro religioso y moral, tan decisivo en la formación de su conciencia y en el desarrollo de sus avatares sociopolíticos, y que se refleja de manera plástica a lo largo de toda la historia del arte y, en concreto, de la literatura de nuestras sociedades nacionales. Para una conciencia laica occidental resulta chocante que los legendarios avatares históricos de un minúsculo pueblo del Próximo Oriente Antiguo se convirtieran en ingredientes de nuestra historia espiritual o cultural, como se prefiera; que el seminómada Abrahán del II milenio resulte ser nuestro antepasado. Ello tiene que ver con ese fenómeno histórico sorprendente que representa el judío Jesús de Nazaret, que proyectó el judaísmo más allá de sí mismo a través, sobre todo, de su discípulo Pablo de Tarso. Proyección que el judaísmo ortodoxo rechazó y que prosperó en suelo romano. Pero éste es un tema que excede la perspectiva aquí esbozada.

Como puede fácilmente observarse, se trata de un planteamiento genético que trata ante todo de rastrear los orígenes de este sorprendente fenómeno religioso-cultural que es el judaísmo y cuya vigencia dogmática las diversas tradiciones religiosas han tendido a reafirmar, haciendo del mismo un producto de pura revelación trascendente. Se trata de una perspectiva que no se ha incorporado plenamente a los tratamientos sistemáticos de esta religión, vueltos sobre todo al estudio y análisis de sus elementos normalizados a lo largo de los siglos: por un lado la historia derivada de su propia tradición interna, más o menos críticamente analizada (historia de Israel y del pueblo judío) y de su tradición textual (Biblia, Mishnah, Midrash, Talmud y demás literatura rabínica), y por otro su organización socio-religiosa (instituciones y culto)[2]. Son datos concretos que están ahí y que pueden ser analizados objetivamente, mientras el rastreo de sus orígenes históricos tiene que abrirse paso a través de la reconstrucción externa del ámbito en que aparece, basada en fuentes ajenas, y de los atisbos que cabe apreciar en su propia tradición, sistemática-

---

[2] Obsérvese a ese respecto la diferente apreciación de la historia antigua de Israel que suponen los tratamientos clásicos de M. Noth, J. Bright y R. de Vaux frente a los modernos de N. P. Lemche, T. L. Thompson e I. Finkelstein (cf. *Bibliografía*).

mente revisada y reducida a la ortodoxia tardía. Dicha revisión desdibujó la incardinación del antiguo Israel en la historia oriental y lo proyectó como una realidad heterogénea caída del cielo[3].

Por otra parte, en el otro extremo, el de su realidad histórica, el judaísmo manifiesta una presencia sorprendentemente incisiva, casi diríamos desmesurada, en nuestro inmediato entorno cultural y político, que resalta su importancia en el devenir histórico de la humanidad y en concreto de nuestro mundo occidental. De hecho, a los aspectos aquí resaltados, influjo en la literatura y presencia en la escena política actual, otros muchos podrían añadirse tanto por lo que se refiere al influjo de los judíos en los campos de la ciencia y la cultura, como por lo que toca a su presencia en el desarrollo político de nuestras sociedades, en cuanto sujeto activo y pasivo del mismo. Baste recordar la abrumadora presencia de la componente judía en el llamado «Círculo de Viena», de principios de siglo XX, y la perturbadora y trágica realidad del exterminio judío a manos del nazismo alemán. En uno u otro sentido la presencia del judaísmo en nuestra cultura es insoslayable. Como realidad «simbiótica» que es el judaísmo, su historia y su cultura son ingredientes de nuestra historia y cultura[4], aparte de su interno desarrollo como grupo religioso específico.

A ambos polos de su origen-consistencia y persistencia van orientadas las siguientes reflexiones. Se apreciará en las mismas una cierta iteración de motivos, sobre todo de aquellos que se estiman decisivos en la formación del judaísmo. Ello se debe al origen independiente y asistemático de tales reflexiones. Ha parecido oportuno no

---

[3] Véase a este respecto O. LORETZ, *Ugarit und die Bibel. Kanaanäische Götter und Religion im Alten Testament*, Damstadt 1990; y G. DEL OLMO LETE, «La religión cananea de los antiguos hebreos», *MROA* II/2, pp. 223-350 (versión francesa actualizada en: *Les Sémites Occidentaux*, II, [OLP 162], Lovaina 2008, pp. 163-264).

[4] Para una rápida y sumaria visión de lo que importa la presencia cultural judía puede consultarse «Secular Jewish Culture», en *Wikipedia, the free encyclopedia (on line)*. Para una información más amplia véanse las entradas correspondientes (Jewish «Culture», «Art», «Literature», «Science», «Politics»...) de la *Encyclopaedia Judaica*, Jerusalén 1978; F. V. GRUNFELD, *Profetas malditos: el mundo trágico de Freud, Mahler, Einstein y Kafka*, Barcelona 1987.

corregir del todo tal iteración, en cuanto la presencia de tales motivos reafirma la tesis básica y los mismos resultan imprescindibles para la justa valoración de los diversos aspectos de la configuración histórica y doctrinal del judaísmo. De esa manera se facilita al lector la comprensión de éstos y se le ahorra una vuelta incesante al punto de referencia principal. Mantienen los diferentes capítulos así, hasta cierto punto, su carácter independiente, que permite consultarlos de manera monográfica.

En todo caso se trata de colaborar a la comprensión de una realidad histórica y sociocultural, no de hacer su propaganda o acentuar su confesión.

Barcelona, 11 de septiembre de 2009

PARTE I
LA MATRIZ ORIENTAL

El pueblo hebreo
en el marco del Oriente Antiguo

Para saber de los orígenes del pueblo hebreo, lo más adecuado es interrogar a su propia tradición al respecto. En una antigua y solemne profesión de fe, proclamada ante su Dios en el templo, se asegura:

> mi padre era *un arameo* errante: *bajó a Egipto y residió* allí; eran unos pocos hombres; allí se hizo un gran pueblo, fuerte y numeroso. Los egipcios nos maltrataron y nos humillaron, y nos impusieron dura esclavitud. Gritamos al Señor Dios de nuestros padres y el Señor escuchó nuestra voz: vio nuestra miseria, nuestros trabajos, nuestra opresión. El Señor nos *sacó de Egipto* con mano fuerte, con brazo extendido, con terribles portentos, con signos y prodigios, y nos *trajo a este lugar* y nos dio esta tierra que mana leche y miel. Por eso vengo aquí con las primicias de los frutos del suelo que me diste, Señor (Dt 26,5-10).

En una síntesis posterior, que resume la secuencia histórica desplegada en el Libro del Génesis, se alarga la perspectiva hacia atrás, hacia un origen más remoto, puesta en boca del propio Dios:

> al *otro lado del río Éufrates* vivieron antaño vuestros padres, Teraj, padre de Abrahán y de Najor, sirviendo a otros dioses. Tomé a Abrahán, vuestro padre, del otro lado del río, lo *conduje por todo el país de Canaán* y multipliqué su descendencia dándole a Isaac. A Isaac le di Jacob y Esaú. A Esaú le di en propiedad la montaña de Seír, mientras que Jacob y sus hijos *bajaron a Egipto*. Envié a Moisés y Aarón para castigar a Egipto con los portentos que hice y después *os saqué de allí*. Saqué de Egipto a vuestros padres ... *os llevé al país de los amorreos* que vivían en Transjordania ... *pasasteis el Jordán* ... y os di una tierra por la que no habíais sudado... (Jos 24,2-13).

Ambas síntesis de la tradición nos presentan un pueblo en movimiento que arranca de una transmigración de la que se precisan el punto de arranque y el de llegada: norte de la Siria transeufratina y país de Canaán o Cisjordania, respectivamente. La llegada se presenta además como reflujo de una etapa intermedia: bajada a y subida de Egipto. Queda así definido en la memoria histórica el marco del desarrollo originario del pueblo hebreo y el consiguiente ámbito de interacción cultural.

Éste se puede fraccionar en tres grandes coordenadas: mesopotámica, egipcia y siro-cananea. En realidad, se trata de las coordenadas que van a determinar (con la posterior «coda» persa-helenística) todo su posterior desarrollo histórico, hasta el momento en que el pueblo hebreo sea arrojado de su hábitat originario y emprenda un modo nuevo de existencia, el de la «diáspora», que acabará siendo su modelo dominante de afirmación histórico-cultural.

Interpretando historiográficamente los datos bíblicos se puede entender que el pueblo hebreo nace como unidad étnico-cultural específica en el contexto de los grandes movimientos migratorios o «invasiones» que sacuden el Levante durante el II milenio a.C. Su clara conciencia del origen «arameo» de su ascendencia (clara ya en los relatos del Génesis) lo relaciona más en concreto con las invasiones arameas de fines del citado milenio, momento en el que pueblos de tal origen se asientan en todo el ámbito siro-palestino[1]. Invasiones que corren en paralelo con la de los Pueblos del Mar a lo largo de toda su costa oriental, hasta quedar éstos enquistados en el extremo sur, en la famosa Pentápolis filistea, una vez que su aventura egipcia resulta frenada y tienen que refluir hacia Canaán. Como pueblos ambos invasores y como tales contrincantes, su interacción será menos significativa que la que ambos mantienen con los grandes ámbitos culturales antes aludidos. Por otro lado, nuestro conocimiento de la presencia histórica de los filisteos es demasiado mo-

---

[1] Por los textos de Emar sabemos hoy de la actitud belicosa de los arameos en este momento. Fueron, al parecer, los responsables de la destrucción de los reinos de Emar y Qatna. Véase M. R. ADAMTHWAITE, *Late Hittite Emar. The Chronology...* (Ancient Near Eastern Studies. Supplement 8), Lovaina 2001, *passim*, y en particular pp. 273 y ss.

desta como para poder obtener conclusiones válidas al respecto. Algunas referencias, como la de la introducción de la forja del hierro (1 Sm 13,19ss.), hacen suponer cierta dependencia cultural inicial.

La tradición bíblica proyecta, con todo, sus orígenes «arameos» a un pasado impreciso en el II milenio a.C., con frecuencia situado en la época «amorrea», a inicios del mismo (época de Hammurapi de Babilonia), o puesto en relación con el periodo de los hicsos, dinastía semítica del segundo periodo intermedio egipcio (1700-1560 a.C.).

El pueblo arameo tiene, desde luego, antiguas raíces en la región y ya en los textos de Mari, de inicios del II milenio a.C., se menciona a los nómadas *aḫlamu,* bien conocidos más tarde por las inscripciones asirias[2]. Esto autorizaría historiográficamente tales proyecciones hacia atrás, aunque en el caso de Mari se trata de contiendas internas del reino de las «Riberas del Éufrates». En las inscripciones aludidas, en cambio, se trata ya de hordas emergentes del desierto siro-arábigo que a finales del II milenio amenazan al Imperio mesopotámico y que después de afirmarse en Siria acabarán sometidas al mismo, no sin antes infiltrarse en su sistema cultural a través de su lengua y escritura, asumidas como instrumento de comunicación y diplomacia. Serán sus parientes «caldeos» los que acabarán por imponer su dominio político en Oriente con la creación del efímero Imperio neobabilonio. El momento resultará de gran significación, pues es en este encuentro en el Exilio con sus «parientes», ahora sus opresores, cuando se fraguará la reacción hebrea que abocará a la clara conciencia de su identidad cultural y religiosa, plasmada en la Biblia[3].

---

[2] Véase E. LIPIŃSKI, *The Aramaeans. Their Ancient History, Culture, Religion* (Orientalia Lovaniensia Analecta 100), Lovaina-París 2000; D. O. EDZARD, «Mari und Aramäer?», *ZA* 22 (1964) 143-149; W. G. DEVER, *Who Were the Early Israelites and Where Did They Come From?*, Grand Rapids 2003 (recensión de B. A. LEVINE, «In the Beginning. A Veteran Archaeologist Goes Hunting for the Early Israelites», *The Jewish Daily Forward*, 4/2 [2006] *[on line]*); G. DEL OLMO LETE, «Amorrites, Hyksos, Araméens, Canaanites [Hébreux]. À la recherche de la continuité historique au BM/BR en Syrie Palestine», en C. ROCHE (ed.), *D'Ougarit à Jérusalem. Recueil d'études épigraphiques et archéologiques offert à Pierre Bordreuil*, París 2008, pp. 341-350.

[3] Véase *infra*, pp. 195 y ss., 258 y ss.

Lo que a partir de ahí se desarrollará se plasmará en momentos de configuración y confrontación de esa identidad lograda, primero en la época persa y a continuación en la helenística. La ascendencia «aramea» y su inserción/continuidad «cananea», de todos modos, sitúan bien al pueblo hebreo en el centro de los movimientos étnico-culturales que determinan la historia de los inicios del I milenio a.C. en el Próximo Oriente.

Esta escueta panorámica nos ofrece así, como apuntábamos más arriba, los ámbitos de la interacción dentro de los que debemos situar el desarrollo histórico del pueblo hebreo: mesopotámico u oriental, egipcio o meridional, y siro-cananeo o central. Este ámbito más inmediato se fracciona en una serie de pequeñas unidades políticas que forman su contexto histórico inmediato: al nordeste los reinos arameos de Siria (Bit-Bahiani, Nairi, Samʿal, Bit-Adini, Bit-Agusi, Arpad, Luʿush, Hamat, Aram-Damasco)[4], al este los reinos de Ammón y Moab, al sur Edón[5] y al oeste las ciudades-estado fenicias y la Pentápolis filistea, al nordeste y al sudeste respectivamente[6]. El pueblo hebreo, que usurpó el lugar que ocuparan en el II milenio los principados «cananeos» certificados por la correspondencia de El-Amarna (la provincia egipcia de Canaán)[7], funcionó en realidad como su continuador en el I milenio y

---

[4] Cf. P.-E. DION, *Les araméens à l'âge du fer: Histoire politique et structures sociales* (Études Bibliques NS 34), París 1997.

[5] Cf. B. MACDONALD, *Ammon, Moab and Edom: Early States/Nations of Jordan in the Biblical Period* (End of the 2nd and During the 1st Millennium B.C.), Ammán 1994; E. LIPIŃSKI, *On the Skirts of Canaan in the Iron Age. Historical and Topographical Researches* (Orientalia Lovaniensia Analecta 153), Lovaina-París-Dudley 2006.

[6] Véase, entre otros varios estudios, M. GRASS, P. ROUILLARD y J. TEIXIDOR, *L'universe phénicien*, París 1989; D. TRUDE, *The Philistins and Their Material Culture*, Jerusalén 1982.

[7] De entre la abundante bibliografía puede consultarse B. HALPERN, *The Emergence of Israel in Canaan* (Society of Biblical Literature Monograph Series, 29), Chico 1983; H. SHANKS ET ALII (eds.), *The Rise of Ancient Israel: Symposium at the Smithsonian Institution*, October 26, 1991, Washington 1992; I. FINKELSTEIN y N. NA'AMAN (eds.), *From Nomadism to Monarchy: Archaeological and Historical Aspects of Early Israel*, Jerusalén-Washington 1994; J. STIEBING y H. WILLIAM, «The Amarna Period», en D. N. FREEDMAN, N. DAVID y D. F. GRAF (eds.), *Palestine in Transition: The Emergence of Ancient Israel* (The Social World

de ese modo como una entidad político-cultural de base cananea[8]. Lo que esto signifique lo describiremos más abajo.

No hay que olvidar que el pueblo hebreo llega tarde al escenario histórico del Próximo Oriente; es en tal sentido un pueblo joven. Lo que significa que habrá de moverse en un ámbito ya configurado culturalmente, con el que mantendrá en todas sus facetas (político-militar, cultural y religiosa) una compleja relación de asimilación y contraste sobre la que construye su propia identidad. Se trata, por otro lado, de un pueblo pequeño, parte del mosaico de minúsculas unidades políticas en que se organizan los semitas occidentales del I milenio a.C. Aparecerán enfrentadas con frecuencia entre sí y con los grandes imperios de la zona: Mesopotamia (Asiria-Babilonia) y Egipto (Hatti desaparece de la escena histórica en ella a fines del II milenio y su influjo directo no superó nunca la zona central de Siria)[9]. Estos imperios poseían una tradición político-cultural que se remontaba a la primera mitad del III milenio. La peculiaridad del pueblo hebreo estriba en su pervivencia dentro de esa relación de fuerzas, la cual auguraba su absorción y desaparición, destino histórico seguido tanto por sus congéneres semítico-occidentales como por esos grandes Imperios mismos.

I. EL ÁMBITO ORIENTAL/MESOPOTÁMICO

En cuanto a asimilación de elementos ajenos se refiere, el pueblo hebreo, como los demás semitas de la zona, mantiene una intensa dependencia cultural de tal ámbito, heredada del expansionismo militar y cultural de los imperios mesopotámicos hacia Occidente, codiciado

of Biblical Antiquity Series), Sheffield 1983, pp. 1-14; J. VAN DIJK, «The Amarna Period and the Later New Kingdom», en I. SHAW (ed.), *The Oxford History of Ancient Egypt*, Oxford 2000, pp. 272-313.

[8] Véase a este respecto I. FINKELSTEIN, «From Canaanites to Israelites: When, How, and Why», en *Convegno Internazionale. Recenti Tendenze nella ricostruzione della storia antica d'Israele (Roma, 6-7 marzo 2003)* (Contributi del Centro Linceo Interdisciplinare «Beniamino Segre», 110), Roma 2005, pp. 11-27.

[9] Cf. A. M. JASINK, *Gli stati neo-ittiti. Analisi delle fonti scritte e sintesi storica* (Studia Mediterranea 10), Pavia 1995.

y avasallado de manera persistente por todos sus jerarcas. En sucesivas campañas, a partir de la dinastía semita de Agadé, los monarcas de Mesopotamia visitan el ámbito occidental, que a principios del II milenio les devolverá la visita, usurpando el poder a partir de la I dinastía de Babilonia, y fusionando en gran manera ambas tradiciones culturales. El Oriente así occidentalizado revertirá a su vez sobre Occidente.

Fruto de esta interacción es la difusión de la lengua acadia (la escritura ya le había precedido, como certifican los archivos de Ebla y Tell Baydar) en todo el ámbito occidental; y con ella los mitos, leyendas, leyes y rituales mesopotámicos. A lo ancho de todo el mundo semítico antiguo será posible rastrear elementos de origen mesopotámico de antigua raigambre. En la tradición hebrea del I milenio es posible apreciar esa presencia en múltiples elementos de sus costumbres ancestrales (tradiciones patriarcales) y posterior sistematización legal en códigos, así como en los abundantes paralelos, formales y temáticos, de su expresión literaria. Relatos como el del Diluvio o las Genealogías de los patriarcas antidiluvianos son de clara inspiración mesopotámica, sin duda tardía en estos casos. La legislación familiar y social (p. ej. la ley del Jubileo) tiene su paradigma en antiguos usos y leyes de «más allá del río». La lírica sacra de Israel, la organización cultual, la formulación literaria de hechos religiosos básicos (p. ej. la «alianza» o la fundación del templo) dependen de modelos mesopotámicos; la misma historiografía regia sigue la pauta de los anales semíticos orientales, así como las creaciones de la reflexión sapiencial (Proverbios, Job). Para no hablar de usos cultuales impuestos como expresión de vasallaje, de que nos habla la misma Biblia Hebrea (p. ej. 2 Re 16,10ss.).

A partir del siglo IX a.C. el difuso contacto cultural del pueblo hebreo con el poder mesopotámico se transforma en una confrontación directa, resultado de la presión avasalladora del Imperio asirio sobre Siria-Palestina. Es curioso que el primer y decisivo momento de esa confrontación, que detiene por casi un siglo entero la mentada presión, no sea mencionado por la Biblia Hebrea, aunque es posible que se halle incorporado su recuerdo en otras tradiciones bíblicas. El rey Ajab de Israel, según las fuentes asirias, participa de manera destacada en la coalición siria que frena el avance asirio sobre la zona en la famosa batalla de Qarqar, en la Siria central. Tal avance será imparable un siglo más tarde y traerá consigo la absorción de los principados arameos, el sometimiento de la ciudades fenicias y la absorción/deportación del reino de Israel (Samaría) en el año 722. Con ello «diez tribus» del pueblo hebreo desaparecen del escenario histórico, disueltas en el Imperio asirio. Aguanta sólo Judá(-Benjamín), a la espera de que el nuevo poder, el Imperio neobabilonio, que suplanta al asirio, acabe con el reino de Jerusalén e imponga el Exilio.

La relación del pueblo hebreo, pues, con las potencias mesopotámicas es decisiva y políticamente la más determinante de su historia[10]. Israel juega su papel histórico de cara y en pugna con las mismas. En principio, cabe deducir que tal relación se salda negativamente: Israel sale abolido y dispersado, pero culturalmente y religiosamente el resultado fue otro. El Exilio babilónico significó para el pueblo hebreo el redescubrimiento de su identidad religioso-nacional como pueblo específico, que le permitió resurgir de la catástrofe y asegurarse la pervivencia histórica. El Exilio significó la pausa, el momento hermenéutico, que le permitió reinterpretar su pasado y fijarlo de manera imperecedera y normativa en forma de libro; libro que será de ahora en adelante su auténtica «áncora de salvación» a la que poder agarrarse en la procelosa navegación histórica que le aguardaba. En Babilonia el pueblo hebreo se convirtió en pueblo judío, su religión de templo comenzó a convertirse en religión de libro, adquiriendo con ello autonomía respecto a lugar y tiempo sagrados. Y esto hasta tal extremo que Babilonia, la tierra del Exilio, de la muerte, se convertiría en el centro del desarrollo de la nueva existencia durante los siglos posteriores, ahora ya tierra libre, en competencia con la «Tierra Santa» de Palestina. El judaísmo sanciona el Exilio, la *diáspora*, como forma de su ser nacional y crea en el mismo (en las escuelas rabínicas de Sura, Pumbedita, Nehardea) el gran monumento de su identidad religioso-nacional: el Talmud de Babilonia[11].

[10] Cf. M. W. CHAVALAS y K. LAWSON YOUNGER, Jr. (eds.), *Mesopotamia and the Bible: Comparative Explorations,* Grand Rapids 2002; S. W. HOLLOWAY (ed.), *Orientalism, Assyriology and the Bible,* Sheffield 2006.

[11] Sobre la significación del Exilio véase más abajo pp. 241 y ss.

II. El ámbito meridional/egipcio

Si la relación con el poder mesopotámico fue determinante en el devenir y configuración definitivos del pueblo hebreo, su relación con el poder egipcio, a tenor de la propia tradición, es decisivo en su origen como pueblo. Según ella, el pueblo judío surge como tal, no ya como tribu o grupo de clanes, de una liberación; hasta tal punto que su Dios, Yahweh, el del Sinaí, se definirá de cara a su pueblo como «el que te sacó de Egipto». Este acto fundamental crea, en su conciencia histórica, la realidad político-religiosa que denominamos «pueblo hebreo». La presentación que del mismo hace la tradición bíblica es sin duda ideal y maravillosamente épica. Entendida en el contexto de las invasiones arameas de fines del II milenio a.C., mencionadas más arriba, el Éxodo de Egipto viene a ser como el reflujo de su punta de lanza, que había alcanzado el país del Nilo, como lo alcanzarían los Pueblos del Mar por la costa, y que arrastra consigo probablemente parte de la población semítica asentada desde siglos en el Delta, como certifican las tradicionales «bajadas de semitas» a Egipto, que se remonta por lo menos a la época de los hicsos. Tal reflujo (mitad expulsión, mitad huida) se dota en su merodeo por las zonas desérticas, a que se ve empujada, de una estructura social y religiosa que le proporciona el empuje suficiente como para abrirse paso entre sus predecesores ya asentados, a gran parte de los cuales logra aglutinar en su nueva experiencia y proyección nacional. La misma Biblia da fe de ello al jerarquizar las tribus con relación a su origen ancestral (descartando los parientes colaterales: Edón, Moab y Ammón) y subscribiendo entre todas ellas un pacto de cohesión: la Alianza del Sinaí (Ex 19,1ss.) se ve así doblada por otra, la Alianza de Siquén (Jos 8,30ss.). La tradición bíblica es sin duda tardía en su formulación (supone un Israel ya socialmente estructurado), pero puede aceptarse que transmite el eco de una memoria histórica que reconocía un origen dual a la confederación hebrea.

De todos modos, y fuera como fuera la organización original y el asentamiento del pueblo hebreo en Canaán, la relación con Egipto responde a una tradición segura, que ya su proximidad geográfica avala, garantizada por la onomástica y los múltiples reflejos culturales que es posible advertir en la tradición bíblica. Relatos como la

«Novela de José y sus hermanos» (Gn 37,39–48,50) reproducen arquetipos egipcios, como lo hace el *Cantar de los Cantares* en relación con la poesía amorosa egipcia. El contacto entre ambas tradiciones literarias llega a extremos de plagio o simple transcripción, como ocurre con la sección del Libro de los Prov 22,17ss. en relación con la *Sabiduría de Amenémope*, así como con secciones del Salmo 104 y el Himno al Sol de Amenofis IV[12].

Por su parte, Egipto se convertirá en el contrapunto del Exilio babilónico, donde se refugiarán los que pudieron escapar a aquél (Jer 42,1ss.). Después de cobijar en su frontera sur una colonia de mercenarios judíos al servicio del Imperio persa, acabará por ser Egipto, y en más en concreto Alejandría, en la época helenística, el contrapunto de un desarrollo frustrado del judaísmo[13], abierto al contexto cultural circunstante, mientras el babilónico se cerró sobre sí mismo y fue el que en definitiva se afirmó. Babilonia y Egipto constituyen así históricamente los dos polos de lo que fue y pudo ser el judaísmo en su devenir histórico.

En el aspecto de la confrontación, que supone ya el Éxodo, aparte de la pretendida «destrucción» de Israel de que parece vanagloriarse el faraón Merneptah y de la excursión de castigo y pillaje llevada a cabo por Shishak/Shoshenq en la época de Roboán/Jeroboán (1 Re 14,25ss.)[14], último coletazo del influjo perdido por Egipto sobre sus antiguos dominios asiáticos, la confrontación con Egipto significa más bien el contrapunto de la presión asiria. Es decir, como todos los reinezuelos de la zona, Israel fue juguete de la confrontación de las grandes potencias del momento, situado como se hallaba entre ambas. En este contexto se sitúa la intervención del faraón Tarjaca/Tirhaqa (2 Re 19,9) contra la presencia asiria en la zona, que acabaría desbordándose sobre el propio Egipto con las sucesivas campañas de Asaradón y Asurbanipal[15].

---

[12] Véase H. CAZELLES, *El Egipto y la Biblia*, Valencia 1988.
[13] Véase más abajo pp. 273 y ss.
[14] Véase J. BRIGHT, *A History of Israel*, Londres 1960, pp. 213 y ss. (hay tr. española).
[15] Véase más abajo p. 42.

Egipto se presenta así en muchos momentos de la historia ator-mentada del pueblo hebreo, paradójicamente si se tiene en cuenta la tradición del Éxodo, como un aliado salvador frente a la apabullante presión mesopotámica. El partido de los egiptófilos aparece con fre-cuencia en la Biblia (sobre todo en los libros de Isaías y Jeremías) y tiene su reflejo incluso en el testimonio epigráfico de las cartas de La-kish, en el momento crucial del ataque babilónico contra Judá. Pero el correlativo interés de Egipto en la zona estaba vuelto hacia su pro-pia seguridad. Así la más significativa intervención de los Soberanos del Valle del Nilo en ella, la profunda incursión del faraón Necao en Siria (2 Re 23,29ss.) para salvar de la ruina al Imperio asirlo frente al emergente poder neobabilonio, arrolla al rey Josías y afirma su poder en Jerusalén imponiendo un cambio de monarca. El efecto fue esca-so, dado la afirmación neobabilónica que defendería sus derechos so-bre la zona sin excesivos miramientos y acarrearía el fin del último reino hebreo[16].

III. El ámbito central/cananeo

Con todo, el influjo de los ámbitos comentados no deja de ser un influjo periférico, en gran parte sufrido pasivamente, mientras la interacción con el ámbito siro-cananeo en que se inserta el pue-blo hebreo es de carácter interno. Cabe incluso asegurar que éste tanto entra en Canaán como surge de Canaán. Su proceso de afir-mación es sobre todo un proceso de apropiación, de identificación. Ya el profeta Isaías (19,18) definía la lengua de su pueblo como «lengua de Canaán» y cuando Salomón decide construir el Santua-rio del Dios nacional acude a su colega fenicio, el rey de Tiro (ca-naneo por esencia)[17], que le envía los materiales y los arquitectos: el

---

[16] Véase J. Bright, *op. cit.*, pp. 302 y ss.

[17] Sobre la historicidad de ésta y otras tradiciones relativas a Salomón véa-se I. Finkelstein y N. A. Silberman, *David and Salomon: in Search of the Bible's Sacred Kings and the Roots of the Western Tradition*, Nueva York 2006, pp. 138 y ss.

templo resultante es inevitablemente un templo cananeo. Se trata de dos simples paradigmas que ejemplifican la correlación que media entre la cultura cananea, en todos sus aspectos, y la realización hebrea.

Hoy en día podemos constatar no ya el influjo o dependencia sino la identidad de recursos expresivos que equipara la literatura bíblica con la siro-cananea a través de la tradición ugarítica, no obstante la extrapolación geográfica que ello implica. Un ejemplo: el famoso esquema del paralelismo que define a la poesía hebrea implica de hecho que ésta ofrezca más de un millar de pares de palabras utilizados asimismo por aquélla dentro de la misma estructura expresiva. Pero esta identidad cultural no queda limitada al ámbito de la lengua y la expresión. Un pueblo invasor o una capa social marginada asumen irremediablemente la estructura cultural global de la sociedad a la que suplantan o sobre la que se imponen. El modelo del antepasado Abrahán, padre del pueblo, que en su nomadeo por la tierra va visitando y tomando posesión, «Yahwehizando», los diferentes santuarios cananeos, es un paradigma ilustrativo de la interacción cultural (y cultual) cananeo-hebrea. Por eso resulta quizá inadecuado tratar de buscar la herencia o presencia cananea en el Israel antiguo, a semejanza de como nos hemos planteado la cuestión del influjo mesopotámico o egipcio, ámbitos relativamente bien definidos en sí mismos, puesto que es él y su tradición el mejor exponente de tal herencia[18].

Más allá de la expresión literaria, e incluso de los específicos contenidos religiosos que en ella se programan, la misma tradición hebrea, plasmada en su Biblia, deja translucir la presencia del universo cultural cananeo, religioso e institucional, que estuvo vigente en el antiguo Israel. De hecho, en el aspecto religioso, que es el que a la misma preocupa, su cananeísmo es un presupuesto fundamental: Israel «cananeiza» a lo largo de su historia y sobre este dato está montado todo el sentido de la historia de Israel como castigo.

[18] Véanse las obras citadas *supra,* p. 14, n. 3.

Incluso la conceptualización del propio dios Yahweh arrastra consigo muchos elementos de asimilación de lo cananeo. Poemas cultuales como el Salmo 29 nos ofrecen una imagen de un Yahweh «tonante» de clara ascendencia baálica. Si Canaán es para la tradición-revisión yahwista el gran enemigo al que hay que eliminar es porque fue históricamente la gran tentación y el modelo cultural determinante[19].

En otro lugar hemos desarrollado el amplio abanico de situaciones culturales de todo tipo que ponen de manifiesto el carácter cananeo del pueblo hebreo y su tradición. Él mismo abarca: la concepción de la divinidad y la morada divina, la estructuración del espacio teológico y cultual, el ceremonial del culto (asumido o en última instancia rechazado, aunque en algún momento fuera practicado), la expresión profética, la ideología regio-mesiánica y un amplio elenco de concepciones cosmológicas y antropológicas[20].

Esta panorámica nos obliga a plantearnos la pregunta de por qué el pueblo hebreo, que aparece por sus coordenadas geográficas e histórico-culturales como un pueblo cananeo, no se disuelve históricamente como el resto de los cananeos. Y aquí hemos de referirnos a la perspectiva de confrontación que mantuvo siempre con su entorno inmediato. En primer lugar, confrontación socio-político-militar que le permitió afirmarse como grupo dominante en un contorno ya estructurado y emerger así como grupo diferenciado, aunque supongamos que sus orígenes se expliquen por el desarrollo interno de la sociedad en que se integra. La confrontación armada con los diferentes grupos nacionales que ocuparon el espacio cananeo duró a lo largo de todo el periodo histórico del antiguo Israel, sin olvidar la que mantuvieron los dos reinos hebreos entre sí. Pero se trató de litigios de predominio y expansión de límites entre vecinos (guerras arameas, contra Moab y Edón, etc.) o impuestos por la presión exterior asiria (guerra siro-efraimita). En todo caso, no se

---

[19] Véase Ex 34,11-16; también Ex 23,27-28.32-33; Dt 7,1-6.
[20] Véase *supra*, p. 14, n. 3, la síntesis aparecida en MROAIJ/2, pp. 223-264 y su esquema *infra*, pp. 64 y s.

puede olvidar que, en el grado que se quiera, el pueblo hebreo tiene una componente externa: viene (relativamente) de «fuera», un fuera que pudo ser meramente cultural, surgido en el seno de la sociedad cananea, como en sus días Akhenatón montó una exterioridad en la cultura de Egipto. Tal exterioridad hebrea (resumida en la tradición del Sinaí), cultural y religiosa, aporta una especificidad que no se deja disolver en el contexto inmediato de que forma parte, a pesar de no ser sociológica e históricamente relevante. Sólo habrá que esperar una circunstancia histórica propicia que favorezca su afirmación y su triunfo.

Y esa circunstancia fue paradójicamente la del momento en el que se derrumbó todo el orden institucional en que se apoyaba su cananeísmo: el Exilio babilónico. Lo que de esa ruina emerge y se salva es precisamente aquel elemento específico soterrado, pero insobornable, que el pueblo hebreo llevaba consigo. Por medio del mismo fue capaz de interpretar la situación y convertir el Exilio, en que el que lógicamente debería haberse disuelto como otros pueblos, en un nuevo Éxodo, un nuevo inicio de su historia, construida esta vez desde cero. Un cero contextual poblado por su «uno» específico: la fe en su Dios universalmente *uno, único*. Esto sostuvo su especificidad como pueblo en el Exilio y le permitió su restauración y el retorno (parcial) a su tierra. Esta segunda entrada en la tierra (ya no de Canaán) desprovista de estructuración cultural, perdida y desarraigada en el enfrentamiento con el Imperio neobabilonio, posibilita el segundo nacimiento del pueblo hebreo, ahora el pueblo judío, como una realidad histórico-cultural y religiosa específica y peculiar. Su afirmación y desarrollo nos abocan ya al último escenario de la historia del antiguo Israel[21].

La tradición propia y el contexto histórico nos presentan, pues, al pueblo hebreo como uno más de los pueblos siro-cananeos, pero a la vez como el superador de su circunstancia histórico-cultural y el creador de una identidad religiosa nueva y antagónica que pervive históricamente y es determinante en la historia de la humanidad.

---

[21] Véase más abajo pp. 241 y ss.

IV. El ámbito global del nuevo Oriente

Con la caída del Imperio neobabilonio se instaura en Oriente una nueva situación político-cultural caracterizada por la globalización. Primero el Imperio persa, que cubre toda su área, y más tarde los reinos helenísticos de los diádocos, que la someten a un proceso de homogenización cultural y crean un nuevo marco de relaciones de grupo en su seno. En este nuevo contexto el pueblo hebreo/judío encuentra el marco adecuado para desarrollar su afianzamiento como grupo nacional y religioso específico: codifica su tradición, instaura sus instituciones características y diferenciadoras, y lleva a cabo una notable actividad de creación literaria de todo tipo (sapiencial, narrativa, lírica, apocalíptica incluso). Es un periodo que podemos definir como el interludio de la calma persa, en el que no se produce confrontación político-militar externa, y la interna (enfrentamiento con los samaritanos y pueblos vecinos) se mantiene dentro de unos límites muy apaciguados, impuestos por la supervisión del poder imperial persa[22].

Por otra parte, el posible influjo cultural exterior queda muy diluido. Hay que tener en cuenta que el desarrollo de la nueva situación se lleva a cabo en Babilonia y en Jerusalén, no en Persépolis, Susa o Ecbátana, es decir, en ámbitos alejados e independientes del influjo persa propiamente tal; y además de acuerdo con una política expresa de autonomía cultual y cultural de las minorías. De ahí que el posible influjo ideológico sea poco claro: p. ej. el que pudiera suponer el naciente zoroastrismo en la concepción monoteísta hebrea. Ésta tiene sus propias bases. Algún rastro cultural de origen persa cabe apreciar en determinados usos cultuales de tipo ornamental y suntuario[23].

---

[22] Véase E. M. Yamauchi, *Persia and the Bible*, Grand Rapids 1991; D. Edelman, *The Origins of the «Second» Temple: Persian Imperial Policy and the Rebuilding of Yehud*, Londres 2005; O. Lipschits y M. Oeming (eds.), *Juda and the Judeans in the Persian Period*, Winona Lake 2005; J. L. Berquist (ed.), *Approaching Yehud. New Approaches to the Study of the Persian Period* (Society of Biblical Literature. Semeia Studies, 50), Atlanta 2007.

[23] Véase más abajo p. 217.

La confrontación con el helenismo (unitaria aunque sean dos los sucesivos poderes políticos), por su parte, después de un primer momento también de calma (s. IV-III a.C.), bajo los lágidas, introduce un elemento nuevo en la relación del pueblo hebreo con el poder dominante: la confrontación de concepciones religiosas irreconciliables, que aboca a la rebelión política. Es la situación más o menos latente que domina durante los dos últimos siglos de la época bíblica, tanto durante el periodo seléucida como durante el posterior romano. La confrontación total blinda al pueblo judío, en su estrato rebelde y más puro, contra todo influjo significativo que afecte a su estructura ideológica y religiosa ya consolidada. El helenismo deja, sin embargo, amplio eco en los aspectos culturales más marginales, como cabe apreciar ya simplemente por el abundante léxico griego que penetra en el hebreo y por los modelos literarios que se imitan. Tal influjo culminará en el frustrado intento hermenéutico de Filón de Alejandría, al margen de lo que será el judaísmo oficial[24].

Llegamos así en esta panorámica al momento último de la autodefinición judía, a la segregación judeocristiana. A partir de aquí el camino ya queda definido, aunque todavía no hecho. Ya no se trata, al menos al principio, de una confrontación sociopolítica con otros pueblos, sino de la autodefinición y afirmación religioso-cultural en el ámbito global del Imperio romano. Se trata en fin de la clarificación interna frente al cristianismo, o quizá mejor dicho, de éste frente al judaísmo. El resto es ya reorganización y sobrevivencia.

La situación del pueblo hebreo en el marco del Antiguo Oriente resulta, pues, compleja y ambigua. Como cualquier otro pueblo pequeño y joven, se ve sometido a la confrontación y dependencia, política y cultural, respecto a las grandes potencias dominadoras del área. Pero lejos de dejarse arrastrar por los efectos de tal confrontación, que lo hubiesen abocado a su disolución en el curso de la dinámica histórica, supo desarrollar una conciencia nacional que lo salvó de tal disolución. Conciencia ella misma ambigua. Por un lado, la visión profética, plasmada en los «oráculos contra las naciones», resal-

---

[24] Véase más abajo pp. 273 y ss.

ta la oposición que lo enfrenta con todo su mundo[25]. Frente a la neutralidad de la «Tabla de las naciones» (Gn 10) esta visión enconada de los profetas estará al fondo del concepto de los *gôyîm,* «los gentiles», que atraviesa toda la historia del pueblo hebreo y define su relación con todo el entorno. Pero, por otro, la esperanza y visión del triunfo final (p. ej. Is 60) le abre a una perspectiva universalista de amistad y confraternidad con todos los pueblos. Históricamente el pueblo hebreo ha sabido abrirse a un fructífero proceso de acercamiento y asimilación de otras culturas. Para un pueblo tan peculiar como el hebreo lo difícil en esta situación de equilibrio inestable es no perder por cerrazón, ni perderse por apertura. Hay que saber mantener la puerta abierta, pero sin derribarla.

[25] Puede verse a este respecto D. I. BLOCK, *The Gods of the Nations. Studies in Ancient Near Eastern National Theology,* Jackson 1988.

Egipto e Israel

Las relaciones entre Egipto e Israel, y consiguientemente entre la egiptología y los estudios bíblicos, son antiguas e íntimas. Hasta tal punto que Israel se autodefine como pueblo «liberado» de Egipto, y su Dios, como «el que le sacó de Egipto», como decíamos. La geografía aproxima a ambos pueblos, y la historia, incluso con anterioridad a ese episodio fundamental [1], los mantiene en constante relación, siempre desde los postulados de la propia contextura sociopolítica: gran imperio *versus* pequeño, pero muy peculiar grupo étnico. Este contacto constante se manifestaría ineludiblemente en una influencia profunda de Egipto sobre Israel de la cual nos deja constancia la Biblia Hebrea, es decir, la expresión escrita que Israel formuló de su propia experiencia histórica y cultural, sobre todo religiosa. Este estado de cosas ha supuesto un intercambio abundante de métodos y resultados cuando en nuestros días se emprendió el estudio científico de ambos ámbitos histórico-culturales. En este caso, como acontece con el resto del orientalismo, los estudios bíblicos han precedido y dado la pauta inicial al desarrollo de la egiptología en sus métodos y contenidos. En realidad, hasta bien entrado el siglo XIX (recordemos que Champolion nace en 1790) lo que se conoce de Egipto y la manera de encuadrar ése con otros conocimientos, como los aportados por los autores griegos, incluida la síntesis autóctona de Maneto, vienen definidos por el relato bíblico. Y la ciencia bíblica, que tiene ya para entonces una larga prehistoria y unos resultados filológicos aceptables,

---

[1] Cf. W. HELCK, *Die Beziehungen Ägyptens zu Vorderasien im 3. und 2. Jahrtausend v. Chr.*, Wiesbaden ²1971. IDEM, *Die Beziehungen Ägyptens und Vorderasiens zur Ägäis bis ins 7. Jahrhundert v. Chr.*, Darmstadt 1979.

presta sus métodos e instrumentos a la naciente egiptología. Todos los orientalistas comenzaron su equipamiento intelectual estudiando hebreo. Esta etapa inicial pronto se superaría y se volverían las tornas, es decir, los estudios bíblicos se abrirían a los métodos y resultados ofrecidos por la nueva ciencia que había sacado a luz un mundo fascinante, rico y mucho más complejo que lo que el relato bíblico permitía suponer. A la luz de la nueva situación se imponía incluso una revisión crítica de este relato[2].

Para seguir de manera sistemática, aunque sintética, este proceso de mutuo esclarecimiento y sobre todo de aportación de los métodos, técnicas y resultados de la egiptología a la ciencia bíblica, vamos a organizar nuestra exposición según el siguiente esquema: a) historia e historiografía; b) lengua y lingüística; c) literatura y crítica literaria; d) religión e historia de las religiones.

I. HISTORIA E HISTORIOGRAFÍA

La primera mención de Egipto aparece en la Biblia en Gn 10,6.13, dentro de la denominada «Tabla de las naciones», y queda con ello planteado el problema etnológico y la correspondiente relación étnica entre egipcios y hebreos. La Biblia lo resuelve de una manera folclórica y de acuerdo con su experiencia histórica de amistad o enfrentamiento con los pueblos vecinos, no con criterios científicos (el problema vendrá doblado con otro de carácter lingüístico de que hablaremos más abajo). Así resulta que Egipto es hijo de Cam, de donde derivará la denominación de «camita», padre de libios y egeos,

---

[2] Cf. H. CAZELLES, «Égypte et Terre d'Israël», *Monde Copte* 23 (1993) 25-30; K. A. KITCHEN, «L'Egypte ancienne et Ancien Testament», *Bulletin de la Société Française d'Égyptologie* 128 (1993) 15-29; A. I. SADEK, «L'Égypte, les Hébreux et la Bible: une histoire mouvementée», *Monde Copte* 23 (1993) 5-20; L. SPELEERS, «Egypte», en *Supplement au Dictionnaire de la Bible*, t. X, París 1934, cols. 746-911 [«Egypte et l'Ancien Testament», pp. 915-919]; M. GÖRG, *Aegyptiaca – Biblica. Notizen und Beiträge zu den Beziehungen zwischen Ägypten und Israel* (Ägypten und Altes Testament, 11), Wiesbaden 1991.

incluidos los filisteos, y hermano de Kush, Put y Canaán; tío consiguientemente de todos los «semitas» meridionales (árabes), orientales (acadios) y parte de los occidentales (amorreo-cananeos), que para la taxonomía científica forman una familia aparte, la de «los hijos de (su tío) Sem». Esta organización genealógica acrítica es un ilustrativo ejemplo de cómo se formulan y resuelven los problemas en estas fuentes antiguas. Ahora bien, el desarrollo de la paleo-antropología científica, el análisis de los restos humanos de la antigüedad, ha encontrado en Egipto un marco especialmente afortunado, dado el peculiar sistema de enterramiento usado y la favorable acción de su clima seco. Mientras de otros pueblos y sus gentes tenemos huesos, de los egipcios tenemos momias, lo que ha permitido una descripción más exacta del fenotipo humano y su caracterización racial. Gracias a ella se han podido precisar los diversos grupos étnicos presentes en la zona, a partir del periodo natufiense, y su mutua interacción.

A partir de esta primera abstracta mención, la presencia de Egipto se convierte en un elemento constante e imprescindible de la memoria bíblica. Y de nuevo la visión científica de la historiografía egipcia, derivada del estudio y contraste de los datos que la arqueología y la epigrafía han proporcionado, ha servido de manera decisiva para redimensionar y precisar las tradiciones bíblicas.

Ya de la época seminomádica o patriarcal recuerda la Biblia la bajada a Egipto de los israelitas impulsados por el hambre que se había abatido sobre la tierra de su pastoreo. El dato es históricamente coherente y los «informes de frontera» de finales del Imperio Nuevo[3] emitidos por los jefes egipcios lo corroboran, así como representaciones plásticas del tipo de las de la tumba de Beni Hasan[4]. Sin embargo, en el caso de Abrahán (Gn 12,10-20) el dato se transforma en una anécdota inverosímil que nos sitúa al jeque seminómada en relación de igualdad y trato directo con el faraón a propósito, nada menos, que de una cuestión de harén. Sitúese donde se quiera esa vero-

---

[3] Cf. *ANET*, pp. 258-259.
[4] Véase p. ej. en A. EGGEBRECHT, *El Antiguo Egipto. 3.000 años de historia y cultura del imperio faraónico*, Barcelona 1984, p. 66.

símil bajada, a lo largo del II milenio, el Egipto del momento, entre fines del Imperio Medio y comienzos del Nuevo, representa una organización de poder, jerarquía y burocracia, centrada en la monumental y lejana capital, que hace inverosímil tal episodio en su tenor literal, fruto de una perspectiva acrítica, folclórica, de las relaciones de poder entre sociedades de tan diverso grado de desarrollo.

Lo que en el caso de Abrahán era una anécdota, en el de Jacob-José (Gn 37,39-50) se convierte en una novela (volveremos más abajo sobre sus antecedentes egipcios), cuya trama se monta ahora sobre el hambre de la familia y la envidia entre hermanos. De nuevo el dato de la bajada resulta válido, incluso hasta su repetición, pero su orquestación es claramente literaria y su valoración ha de hacerse desde la perspectiva general de la épica de los orígenes del pueblo de Israel, conservada en la Biblia en sus diferentes versiones o fuentes. En este caso, de todos modos, el dato de la emigración a Egipto se completa con el asentamiento allí del clan de Jacob-Israel. El momento, impreciso cronológicamente, es decisivo, pues lo que a continuación va a ofrecernos la tradición bíblica corresponde ya a otro orden de constatación histórica.

En efecto, el Libro del Éxodo se abre con una noticia (Ex 1,11), la de la participación de los israelitas en la actividad constructora de los faraones de la XIX dinastía en el Delta y más en concreto en la construcción de las ciudades de Pitón y Ramsés. Entramos así en el ámbito de la verificación histórica y cronológica, coincidentes, por un lado, con la aparición ahora de Israel como pueblo, no como clan, y como tal sujeto de historia, y por otro, con su primera mención como tal pueblo en un documento extrabíblico de la época, la famosa estela-himno de Merneptah[5], sucesor de Ramsés II. A partir de este momento, la configuración de la epopeya del Éxodo, concebida como una lucha entre Dios y el Faraón de la que el pueblo israelita es casi sólo espectador o sujeto pasivo bajo la égida del mediador (portavoz y guía) Moisés, está jalonada de reminiscencias y nombres egipcios, a partir del jefe mentado, Moisés («[ND] + hijo de»). Los israelitas salieron de

---

[5] Cf. *ANET*, pp. 376-378.

Egipto no sólo con la libertad –y esta fuga de semitas esclavos está también constatada en los «informes de frontera» arriba mentados–, sino con un buen bagaje de influjos culturales y religiosos a que luego nos referiremos. Su marcha por el desierto reproduce en gran parte la toponimia de la región, de dominio egipcio hasta aquella época, conservada en sus fuentes documentales. La historicidad de los orígenes del pueblo de Israel se ha de reconstruir así irremediablemente sobre la base de la historiografía egipcia, no siempre con resultado claro, dado el carácter complejo y ambiguo del testimonio bíblico.

En nuestros días[6] se ha retomado, a este propósito, la vieja teoría que identificaba a Moisés con el comandante de la Guardia real, escriba y copero del faraón Merneptah, Beya, de finales de la XIX dinastía; teoría que parece remontarse a Maneto. De Beya, «vagabundo del Norte», educado como escriba en Egipto, el ostracon Cairo Cat. 25766 deja entrever que no se tomaba muy en serio a los dioses de Egipto. Parece que intervino decisivamente en la ascensión al trono de Siptah, el hijo de Seti II y de la cananea Shotelel; a tal propósito es descrito como «el que puso al rey en el trono de su padre» y como «el que elimina la falsedad y promueve la verdad». Fue nombrado «Gran Canciller de Toda la Tierra», actuando al lado de la reina regente Tausret, la esposa principal de Seti II, como su valido, con una enorme influencia sobre aquel faraón semi-cananeo (lo que nos recordaría la adopción de Moisés por la hija del faraón). Obtuvo incluso el privilegio único de poder construir su tumba en el Valle de los Reyes[7].

Las esculturas y relieves que se nos han conservado del mismo lo presentan en una actitud encumbrada y poco ortodoxa desde el punto de vista de la ideología regio-divina egipcia, por lo que a posición o estatura se refiere, lo que De Moor interpreta como desafección suya por la religión oficial y negativa a inclinarse ante los dioses de Egipto, incluido su Rey-dios (obediente ya, quizá, al precepto de Ex 20,1.5; cf. su nombre Beya, «en Yah [confío]»; y el de la madre de

---

[6] Cf. J. C. DE MOOR, *The Rise of Yahwism. The Roots of Israelite Monotheism*, Lovaina 1990 (con amplia bibliografía); en sentido opuesto U. HÜBNER y E. A. KNAUF, *Kein Land für sich allein* (OBO 186), Friburgo 2002.

[7] Cf. J. C. DE MOOR, *op. cit.*, p. 223.

Moisés, Yokabed, «Yaw es grande»). De hecho, años más tarde, Ramsés III (Pap. Harris I, 75:2-6)[8] recuerda aquel «periodo vacío cuando un Sirio... se alzó con la magistratura y sometió todo el país. Cualquiera entonces mataba a su compañero y sus bienes eran arrebatados, pues habían tratado a los dioses como si fuesen hombres, ni se hacían ofrendas en los templos». Los males, pues, de aquella época fueron vistos como un castigo divino por los pecados de Beya.

A la muerte repentina y prematura de Siptah, al cuarto año de su reinado, estalló la guerra civil entre la regente Tausret y el pretendiente Sethnankht, el fundador de la XX dinastía. La estela de Elefantina de este monarca describe cómo se deshizo de sus oponentes que buscaron ayuda en Canaán, adonde escaparon, perseguidos por Sethnankht, sin que éste consiguiera destruirlos. De nuevo De Moor ve aquí la mano de Beya, que sería uno de los escapados[9]. De hecho se pierde en ese momento su rastro en Egipto. A partir de aquí se convertiría, según ese autor, en el guía-líder del éxodo de su grupo de adeptos-familiares, *via* Serabit el-Qadim, donde han aparecido inscripciones con el nombre de Tausret. El nuevo faraón, por su parte, estaría demasiado ocupado con hacer frente al gran enemigo que se acercaba a Egipto, los Pueblos del Mar, como para perseguir concienzudamente a aquellos derrotados en fuga: éste sería el auténtico mar que engulló al faraón y dejó a los «mosaítas» huir (!).

A partir de aquí la figura de Beya-Moisés se habría de interpretar sobre la falsilla del texto bíblico en su marcha del Sinaí al norte de Transjordania *(Sukkôt)*, donde volverán a aparecer inscripciones con el nombre de Tausret.

Concluye De Moor:

> Si Beya no fue Moisés, debió existir otra persona con una historia casi idéntica en el mismo corto periodo. Resultaría demasiada coincidencia[10].

---

[8] Cf. *ANET*, p. 260.
[9] Cf. J. C. DE MOOR, *op. cit.*, p. 238.
[10] Cf. J. C. DE MOOR, *op. cit.*, pp. 136-152.

La función de arquetipo de tal personaje y su situación no puede ser descartada a la hora de configurar los orígenes de la propia nación y religión.

Por su parte la tradición bíblica (Libros de Josué, Jueces y Samuel) nos asegura que durante dos siglos estuvieron los israelitas venidos de Egipto ocupados en hacerse un lugar, al lado de sus hermanos que allí ya se hallaban establecidos, en el territorio de la antigua provincia egipcia de Canaán, abandonada ya a su suerte y al empuje de los invasores semitas y filisteos que en ella se habían asentado. Una vez consolidado el Estado hebreo, su gran rey Salomón, según la tradición bíblica, busca la afirmación de su prestigio y poder político a través de un matrimonio de Estado con una hija del faraón (1 Re 3,1; 9,16.24), del que recibe como dote la ciudad de Gezer, al sudoeste de Jerusalén, datos de los que no ofrece confirmación alguna la documentación egipcia. Ello supondría que Egipto, aun en este momento (dinastía XXII) de bajo tono político-militar, mantiene un prestigio y una presencia en la zona que atrae al pequeño reino colindante con vocación de puente cultural entre las grandes potencias del Oriente Medio Antiguo. Pero a Egipto será también adonde se asegura que huyó el rebelde nacionalista Jeroboán, en busca de asilo político cabe el faraón Shishaq/Shoshenq (1 Re 2,11.40) y de donde retornará para encabezar la secesión de las tribus del Norte y constituir el reino independiente de Israel/Samaría (1 Re 12,2ss.)[11].

La alianza con Egipto se manifiesta muy ambigua. En realidad, este mismo faraón llevará a cabo años más tarde una campaña de devastación y saqueo sobre Judá, de la que tenemos constancia, ahora sí, tanto por parte del testimonio bíblico (1 Re 14,25) como del egipcio[12]. El resultado no fue significativo, pero el intento refleja la

---

[11] Estas tradiciones bíblicas deben ser redimensionadas a la luz de las actuales investigaciones arqueológicas sobre la denominada «monarquía unida de David y Salomón»; véase *supra,* p. 28, n. 17; también I. FINKELSTEIN y N. A. SILBERMAN, *La Biblia desenterrada; una nueva visión arqueológica del Antiguo Israel y de los orígenes de sus textos sagrados,* Madrid 2003, pp. 167 y ss. («¿Un Estado, una Nación, un Pueblo?») (versión del original «One State, One Nation, One People?»).

[12] Cf. *ANET*, pp. 263 y ss.

antigua voluntad de conquista y dominio de estas tierras sirias que los faraones siempre mantuvieron viva y que ya estaban definitivamente perdidas. A partir de este momento, Palestina cae cada vez más bajo el influjo del poder asirio y Egipto queda en retaguardia como la potencia, ya muy debilitada, que alienta la resistencia y colabora en la misma desde el sur, para acabar siendo él mismo presa de la potencia mesopotámica. Dos momentos clave de esta situación van a ser el de la expansión asiria a finales del siglo VIII y principios del VII, y el de la caída del Imperio asirio. Ante el asedio de Senaquerib a Jerusalén los ojos aparecen vueltos a la ayuda egipcia (2 Re 18,21), «la caña rota que se clava en la mano de quien se apoya en ella», como dice el general asirio, y de hecho parece que el faraón Tirhakah, de la dinastía XXV etíope, realizó al parecer algún movimiento en tal sentido (2 Re 19,9). Pero tal ayuda se manifestó innecesaria ante la retirada asiria y poco más tarde se demostraría ineficaz al ser invadido el propio Egipto por las tropas de Asiradón y luego por las de su sucesor Asurbanipal, que repetidamente subyugaron a Tirhakah [13].

La presencia de Egipto en la zona se reanuda cuando a fines del siglo VII el faraón Necao, de la XXVI dinastía saíta, se lanza a la arriesgada aventura de salvar al Imperio asirio frente a la amenaza medo-babilonia que lo atenaza, y hace acto de presencia más allá del Éufrates, tierra que hacía siglos no pisaban los ejércitos egipcios, a la vez que se asegura el dominio de Siria, y sobre todo de Palestina. Se deshizo del rey Josías, que, fiel a la predicación profética y el movimiento antiegipcio, le quiso cortar el paso (2 Re 23,29) en su marcha hacia el norte, muriendo en el empeño, y depuso a su sucesor, como afirmación de soberanía (2 Re 33–34). Pero poco duraría este expansionismo: la presencia del Imperio babilónico encerró de nuevo a Egipto en su valle, que sólo sirvió una vez más de lugar de refugio de los escapados a la catástrofe definitiva del Estado judío en el

---

[13] Cf. J. BRIGHT, *A History of Israel*, Londres 1960, pp. 282 y ss. Tropas judías colaboraron en la lucha de la dinastía XXVI contra Kush en la segunda mitad del siglo VII a.C. Véase D. KAHN, «Judean Auxiliaries in Egypt's Wars against Kush», *Journal of the American Oriental Society* 127 (2007) 507-516.

año 587 y sus avatares póstumos (2 Re 24,26), y que acabaría siendo invadido una vez más, ésta por Nabucodonosor en 597-587 a.C. [14]

Bajo el Imperio persa, Egipto no sólo perdió todo influjo sobre la zona asiática limítrofe, sino que vio cómo la invasión asiro-babilonia se transformaba en conquista persa y su territorio se integraba en una de las satrapías del gran Rey. Pero es precisamente en este momento oscuro de la documentación bíblica cuando Egipto nos proporciona un testimonio sin par: me refiero a los famosos papiros de Elefantina [15] que nos desvelan la presencia y vida de una colonia de soldados judíos al servicio del rey persa como cuerpo de guardia de la frontera más meridional de Egipto, de la marca más apartada del Imperio. A través de los mismos se ilustran las relaciones del grupo con las autoridades religiosas de Jerusalén, por un lado, y con la autoridad persa, por otro. El pueblo de la Biblia comienza a consolidar lo que será de ahora en adelante una característica suya, impuesta y asumida: su diasporismo, su servicio e inserción en sistemas culturales extraños, con el correspondiente disfrute de los mismos. Los colonos-soldados judíos al servicio del rey persa en el control de Egipto resultan los antípodas de los esclavos que el relato bíblico presenta huyendo de él, perseguidos por las tropas del faraón, casi un milenio antes.

Cuando, finalmente, el Imperio persa cede ante el empuje macedonio, la relación entre Egipto y el mundo bíblico no varía sustancialmente del punto de vista político bajo los lágidas. Sin embargo, adquiere una nueva dimensión cultural en contacto con el helenismo. Será el soberano egipcio el promotor de la versión griega de la Biblia y con ella de la apertura del judaísmo al mundo occidental. La expresión de este cambio es la ciudad de Alejandría, donde se dice que en el siglo I a.C. había un millón de judíos, tantos o más que en la entera Palestina, ejemplo paradigmático del diasporismo antes mentado [16]. Todo cambió bruscamente con la conquista de Palestina por los seléucidas y más tarde por los romanos. La represión produjo

[14] Cf. J. BRIGHT, *op. cit.*, pp. 306 y ss.
[15] Véase *ANET,* pp. 491-492.
[16] Cf. *infra*, pp. 273 y ss.

la reacción macabea de liberación nacional y la exacerbación de ésta acabó en la masacre romana. Pero estamos ya en los epígonos de la época bíblica en que Egipto como dimensión política y cultural específica ha desaparecido: sólo queda su reflejo arcaizante: es una moda, no una realidad. El mundo es ahora de los occidentales, de griegos y romanos.

Es claro que ante este complejo marco de relaciones históricas entre Egipto y el mundo bíblico la historiografía egipcia ha de tener un irremediable reflejo a la hora de fijar la bíblica. Sus datos son más abundantes y de vario enfoque, no tan sesgados desde el punto de vista religioso, y abiertos a una perspectiva más universal. Su base arqueológica y cronológica es mucho más rica y segura. Aun etapas de la historia egipcia no directamente relacionadas con el mundo bíblico, como el periodo de los hicsos, de El-Amarna o el del Imperio Nuevo en sus relaciones con el Imperio hitita y Mittani, son enormemente significativas a la hora de precisar los orígenes de la historia del pueblo hebreo. En este sentido, como ilustración de la complementariedad de los dos sistemas de datos, es quizá interesante recordar que las bases de la arqueología/estratigrafía científica fueron puestas a principios de siglo por Sir Flinders Petrie, arqueólogo en Egipto, en el yacimiento palestino de Tel El-Hesi[17].

Sobre el fondo de este apretado, pero vasto, marco histórico vamos a tratar de perfilar de manera más sucinta, casi esquemática, los otros temas señalados que completan el panorama de la relación entre Egipto y el pueblo de Israel.

II. Lengua y lingüística

Como ya apuntábamos más arriba, la «Tabla de las naciones» («según sus familias, lenguas, países y naciones»; cf. Gn 10,1ss.) relaciona étnicamente, y por consiguiente lingüísticamente, a los egip-

---

[17] Véase A. KEMPINSKI y M. AVI-YONA, *Siria-Palestina II* (Archaeologia Mundi. Enciclopedia Archeologica), Roma 1972, p. 34.

cios con los pueblos semitas (meridionales y orientales), pero los separa, en parte, de los semitas occidentales, todo ello en razón de motivos históricos de relación mutua (todos los enemigos de Israel son descendientes de Cam), no por razones filológicas. La lengua egipcia coincidió en su redescubrimiento con la lengua acadia, cerrándose así en el siglo XIX el mapa lingüístico básico del Oriente Medio Antiguo. A la vez que se perfilaba con nitidez la homogeneidad de la familia semítica, se constataba su diferenciación del egipcio. Pero tal diferenciación no excluía un notable número de isoglosas comunes, fonológicas, lexicales y morfosintácticas, que abogan por un origen común que se definió como el grupo camito-semítico, mejor llamado afroasiático, englobando en este último otras cuatro lenguas o grupos dialectales hablados en el África septentrional, antes de la conquista árabe: el líbico-bereber, el grupo cusita o etiópico, el grupo chádico-hausa y el grupo de lenguas omóticas[18]. Se ha de tener, con todo, bien claro que no existe un subgrupo «camita» paralelo al «semita», sino que cada uno de esos grupos forma familia aparte: por eso hoy en día se prefiere hablar de lenguas «afroasiáticas». Dentro de ese conjunto, el egipcio y las lenguas semíticas presentan la inapreciable ventaja de ofrecernos una amplia literatura antigua por la que pueden ser estudiadas y comparadas en sus estratos más arcaicos, pertenecientes al III milenio a.C.

Esta proximidad lingüística, acrecentada por el contacto cultural, hace que el estudio de la filología egipcia sea de cierto interés para el de la hebrea, tanto por lo que hace a la elucidación del léxico técnico del culto y la administración, como, sobre todo, por lo que se refiere a la onomástica: nombres como Moisés, Merari, Ofni, Fineés, etc., son de neta raigambre egipcia. Lo que ayuda a determinar qué grupos tribales hebreos volvieron de Egipto y cuáles no bajaron allí.

Pero hay además otro elemento lingüístico de suma importancia en el que fue determinante el influjo egipcio: la invención del alfabe-

---

[18] Cf. I. DIAKONOFF, *Afrasian Languages* (Languages of Asia and Africa), Moscú 1988, pp. 17 y ss.

to. Éste fue obra sin duda de los semitas occidentales, mientras egipcios y sumero-acadios no lograron nunca incorporarlo a su sistema gráfico, mucho más antiguo y complicado (silábico)[19]. Pues bien, en principio los egipcios poseían ya el alfabeto, es decir, un grupo de signos de valor silábico simple, que al no notar la vocal equivalía en realidad a una notación (mono)consonántica. No lo desarrollaron sistemáticamente y lo utilizaron en combinación con signos logográficos y de valor silábico (pluriconsonántico) vario. Lo mismo les pasó a los mesopotamios. Los semitas occidentales, por su parte, descubrieron el principio acrofónico y aislaron los valores consonánticos puros, reduciendo la notación gráfica de la lengua a 22-26 signos. Éstos, con todo, manifiestan una sorprendente similitud con los correspondientes de la escritura hierática egipcia[20]. Aunque bien es cierto que se trata de un arquetípico sistema de notación (el dibujo de la cosa que se quiere significar) al que diversos pueblos llegaron de manera independiente.

III. LITERATURA Y CRÍTICA LITERARIA

El influjo de la literatura egipcia sobre la hebrea antigua es notable y llega a la reproducción casi literal de motivos y temas: el estudio comparado de ambas literaturas es imprescindible. El prestigio de la egipcia se impuso con facilidad en la naciente literatura hebrea y se refleja en los más diversos géneros.

Ya mencionamos cómo la «novela» que constituye el «ciclo de José» (Gn 37,37.39-50) tiene no sólo ambientación sino también claros antecedentes literarios egipcios. Tenemos en concreto dos relatos

[19] Cf. B. SASS, *The Alphabeth at the Turn of the Millennium: The West Semitic Alphabet ca. 1150-850 BCE. The Antiquity of the Arabian, Greek and Phrygian Alphabets* (The Aviv Occasional Series, 4), Tel Aviv 2005; para una crítica de la teoría clásica véase G. GARBINI, *Introduzione a l'epigrafia semitica*, Brescia 2006, pp. 43 y ss.

[20] Cf. W. HELCK, «Zur Herkunf der sog. "phönizischen" Schrift», *UF* 4 (1972) 41-45.

egipcios: el de «Los siete años de hambre»[21], por falta de la crecida del Nilo, y el de «Los dos hermanos»[22], cuya combinación ofrece la trama que desarrolla el relato bíblico, que se ha de reconocer, no obstante, posee una estructura narrativa mucho más coherente y fluida.

En el campo de la lírica, sacra y profana, los cantos, himnos y plegarias egipcios, como los sumero-acadios, preceden y superan posiblemente en número y calidad a sus correspondientes hebreos. Conocidos son, por ejemplo, los «Cantos de amor» del Imperio Nuevo con sus «despedidas de los amantes», «serenatas a las puertas de la amada» y «descripciones de su belleza corporal», similares a las que nos ofrece el *Cantar de los Cantares*[23]. Por su parte, ya es sabido que el Salmo 104 reproduce secciones enteras del «Himno al Sol» de Akhenatón[24], lo que no deja de plantear notables problemas a la hora de determinar la cronología y las vías de contacto de este tipo de préstamos literarios.

Pero es quizá en la literatura sapiencial donde se nos ofrece el ejemplo más amplio y palmario de préstamo literario. La entera sección del Libro de los Proverbios 22,17–24,22 es una réplica de *La instrucción de Amenémope*, de la primera mitad del I milenio a.C.[25] Lo que nos manifiesta cómo estaban abiertas las vías de contacto cultural en esta época ya tardía de la historia egipcia.

Basten estos ejemplos más llamativos, que se podrían complementar con otros muchos más matizados, para que resulte claro cómo la crítica literaria de las tradiciones egipcia y bíblica ha de seguir vías paralelas de desarrollo para una elucidación plena de sus respectivas aportaciones.

---

[21] Cf. *ANET*, pp. 31-32.

[22] Cf. *ANET*, pp. 23-25; J. LÓPEZ, *Cuentos y fábulas del Antiguo Egipto* (Pliegos de Oriente, 9), Madrid-Barcelona 2005, pp. 125-136.

[23] Cf. *ANET*, pp. 467-469; y la obra clásica de S. SCHOTT, *Cantos de amor del antiguo Egipto*, Palma de Mallorca 1997. El lector español hallará una síntesis del tema en J. M. SERRANO DELGADO, *Textos para la historia antigua de Egipto*, Madrid 1993, pp. 266-269.

[24] Cf. *ANET*, pp. 369-371.

[25] Cf. *ANET*, pp. 421-425; A. MARZAL, *La enseñanza de Amenemope* (Monografías, 4), Madrid 1965.

IV. Religión e historia de las religiones

Los orígenes del yahwismo, la forma peculiar de monoteísmo propia del pueblo hebreo y enfrentada a todos los demás sistemas religiosos de la antigüedad oriental, han sido con frecuencia relacionados con la gran revolución religiosa de Akhenatón que entronizó a Atón como Dios único de Egipto. Aún después de su derrocamiento, el movimiento amarniano dejó en pos de sí una estela de pronunciamientos monoteísticos en los himnos a Amón o al Sol como dios único e incluso a los dioses como un solo dios[26]; en realidad, estos pronunciamientos precedieron a la época amarniana que representó su consolidación político-social. Todo este movimiento más o menos idealístico no fue capaz de configurarse en una forma religiosa popular y duradera, que es precisamente lo que consiguió el yahwismo, amén de estar presidido por un contenido ético que no aparece claro en el «monoteísmo» egipcio. Si una cierta coincidencia de momento y situación entre ambos movimientos es detectable, también es cierto que la función configuradora de un pueblo y de su conciencia religiosa diferencian netamente al yahwismo de la reinterpretación de un sistema ya consolidado de religión del que tenían que partir los intentos de cariz monoteísta que afloraron en Egipto, como en otros muchos universos religiosos, sin conseguir constituirse en religión nacional. Sabemos por los textos egipcios que el nombre de la zona a la que huyeron los hebreos era *Y(a)hw(i)*, pero cómo llegaron éstos a descubrir la peculiar naturaleza y exigencias de su dios y tomarle por el suyo propio escapa a la verificación empírica[27].

---

[26] Cf. *ANET*, pp. 365-371, 371-372; E. Hornung, *El Uno y los Múltiples* (Biblioteca de Ciencias Bíblicas y Orientales, 4), Madrid 1999.

[27] Para un estado de la discusión véase N. P. Lemche, «The Development of the Israelite Religion in the Light of Recent Studies on the Early History of Israel», en *Congress Volume Leuven (1989)* (SVT 43), Lovaina 1991, pp. 114 y ss. Con más detalle en B. Lang (ed.), *Der eizige Gott. Die Geburt des biblischen Monotheismus*, Múnich 1981; J. C. de Moor, *The Rise of Yahwism. The Roots of Israelite Monotheism* (Bibliotheca Ephemeridum Theologicarum Lovaniensium, 91), Lovaina ²1997; M. Smith, *The Origins of Biblical Monotheism. Israel's Polytheistic Background and the Ugaritic Texts*, Oxford 2001. Pero cf. últimamente H.

Dejando aparte este oscuro problema de los orígenes, sí que es posible apreciar en las formulaciones religiosas posteriores notables puntos de coincidencia que hablan en favor de influencias egipcias. Un primer dato es el concepto de «creación por la palabra» que, a pesar de su contextura mítica y politeísta, domina en la *Teología de Menfis*[28] y constituye el elemento estructurante del relato de la creación de Gn 1, frente al sistema antropomórfico de Gn 2, más próximo al mesopotámico que manifiesta el poema *Enuma Elish*[29]. Esta multiplicidad de objetivaciones de la actividad primordial, presente en ambas religiones, mantiene con todo un tono general muy diferente en cada una de ellas. El sugerido influjo podía tener otras explicaciones[30].

Dejando también de lado diversas coincidencias en el ritual e instrumental cúltico, cabe señalar asimismo la semejanza que el profetismo mesiánico y escatológico hebreo presenta con similares esperanzas del pensamiento religioso egipcio. Mientras no poseemos un cuerpo de profecía egipcia del tipo de la israelí, de exhortación, reproche y amenaza concretas, nos hallamos con largas admoniciones[31]

PFEIFFER, *Jahweskommen von Süden. Jdc 5; Hab 3; Dtn 33; und Ps. 68 in ohrem literatur- und theologiegeschichtliche Umfeld* (Forschungen zur Religion und Literatur des Alten und Neuen Testaments 211), Gotinga 2005, quien concluye: «En vista de las totalmente negativas condiciones para un enraizamiento del perfil de Yahweh como dios de la tempestad en el sur, todo habla en favor de su origen septentrional». Posiblemente el nombre proviene del sur y el perfil del norte (p. 268).

[28] Cf. *ANET*, pp. 4-6.

[29] Véase. L. FELIU y A. MILLET, *El poema babilónico de la Creación* (Pliegos de Oriente), Madrid (en prensa).

[30] Cf. J. O'BRIEN y W. MAJOR (eds.), *In the Beginning. Creation Myths from Ancient Mesopotamia, Israel and Greece* (AAR Aids for the Study of Religion Series, 11), Chico 1982; L. DEROUSSEAUX (ed.), *La création dans l'Orient Ancien* (Lectio Divina, 127), París 1987; J. E. CLIFFORD, *Creation Accounts in the Ancient Near East and in the Bible* (Catholic Biblical Quarterly Monographs, 26), Washington 1994; M. L. SÁNCHEZ DE LEÓN (ed.), *La creació* (II Cicle de Conferències Religions del món antic), Palma de Mallorca 2001; M. J. GELLER y M. SCHIPPER (eds.), *Immagining Creation* (Journal of Jewish Studies in Judaica 5), Leiden-Boston 2008. Véanse *infra*, pp. 76 y ss. los diferentes relatos orientales de creación.

[31] Cf. *ANET*, pp. 441-446.

que trazan un negro cuadro de la situación presente (en realidad, un presente histórico sobre el que se proyecta el actual), de la imperante subversión de valores a la que pondrá remedio un «rey que ha de venir», pero que en realidad ya ha venido: el soberano reinante. De todas maneras, este recurso a la perspectiva histórica como marco dinamizador de la expresión religiosa posee un hondo sabor bíblico.

Es tarea de la historia de las religiones analizar todos estos y otros muchos puntos de contacto que ofrecen las dos expresiones del horizonte de trascendencia. La ventaja desde el punto de vista monumental y plástico de la religión egipcia es notable, pero insuficiente para enfrentarse con la coherencia y madurez que logró la síntesis religiosa bíblica. La multitud variopinta de dioses que emergen de las esplendorosas ruinas de la cultura egipcia no logró sobrevivir al Dios austero y exigente de sus antiguos esclavos.

El estudio decidido y serio de la egiptología en todas sus facetas constituye un buen punto de partida, con su bagaje de métodos y técnicas depuradas y contrastadas en el análisis de sus abundantes materiales, para profundizar a su vez en el mundo de la tradición bíblica.

Orígenes cananeos
de la religión del antiguo Israel

Como hemos señalado, los hebreos emergen como unidad étnica y política diferenciada a finales del II milenio a.C. en la zona de la Siria meridional llamada más tarde Palestina. Será ahí donde se juegue su devenir histórico y donde se fragüe su peculiar personalidad nacional. Es necesario, por consiguiente, insistir en su relación con ese medio. Sobre todo por lo que a la configuración de su religión se refiere, ya que va ser este sistema simbólico el que lo diferencie más decididamente de otros pueblos y el que en última instancia decida su pervivencia.

La aparición del pueblo hebreo en la historia coincide, pues, con el colapso de la civilización del Bronce Reciente y la irrupción en la zona de los llamados «Pueblos del Mar». Sus orígenes (amorreo, ʿapiru, arameo) son discutidos, así como su sistema de implantación en la zona (conquista, infiltración, revolución[1]). Dejando aparte estos problemas, el hecho es que, después de un periodo tribal de falta de vertebración política y de luchas por conseguir su asentamiento en el territorio, en contraste con otros ocupantes o advenedizos que se lo disputan, los hebreos consiguen, a partir del siglo IX a.C., organizarse políticamente en un sistema que finalmente queda configurado en dos

---

[1] Cf. D. N. FREEDMAN y D. F. GRAF (eds.), *Palestine in Transition. The Emergence of Ancient Israel* (diversos estudios), Sheffield 1983; B. HALPERN, *The Emergence of Israel in Canaan*, Chico 1983, pp. 47 y ss.; N. P. LEMCHE, *Early Israel. Anthropological and Historical Studies on the Israelite Society Before the Monarchy* (SVT 37), Leiden 1985, p. 1; IDEM, *Ancient Israel. A New History of Israelite Society*, Sheffield 1990, pp. 75 y ss.; O. LORETZ, «Habiru-Hebräer. Eine sozio-linguistische Studie über die Herkunft des Gentiliziums ʿibrî von Appellativum ḫabiru» (BZAW 160), Berlín 1984, pp. 1 y ss.; cf. *supra*, p. 22, n. 7.

reinos. Éstos juegan su papel en la política del momento, tanto en relación con similares unidades políticas del contorno como con los grandes imperios que dominan la escena internacional: Egipto, Asiria, Babilonia. El primero de aquellos dos reinos cae ante los asirios en 722; el segundo, en 587 ante los caldeos. Esta fecha es decisiva para la configuración del destino de este grupo étnico, dividiendo su historia en dos etapas bien diferenciadas desde el punto de vista político y religioso: antes y después del *Exilio* o deportación a Babilonia[2].

Mientras los habitantes del reino hebreo septentrional o Samaría fueron dispersados por los asirios por distintas regiones de su imperio y su territorio repoblado con gentes de otras etnias, sellando así su desaparición y asimilación, los habitantes (una élite reducida) del reino del Sur, Judea, fueron deportados y reestablecidos en Babilonia misma, en colonias a lo largo del Éufrates[3], como se refleja en el libro de Ezequiel (cf. Ez 1,1; 3,15...; *vid.* Esd 2,59; 8,17), dejando en su tierra el resto de los habitantes, sin conocida repoblación foránea. Se inicia así el periodo del Exilio, básicamente de las clases dirigentes, a partir del cual los hebreos carecerán de Estado propio, salvo imprecisos y escasos momentos históricos, hasta nuestros días.

Pero si el Exilio babilónico supuso la pérdida de la independencia política, supuso con mucha mayor significación el resurgir y triunfo de una nueva conciencia religiosa de los hebreos, que se dotan de nuevos parámetros de organización: nace el judaísmo, los hebreos se convierten en judíos[4]. Ahora bien, es la concepción teológica propia de esta comunidad en relación con su pasado histórico lo que refleja la Biblia Hebrea que entonces comienza a compilarse: su

---

[2] Cf. J. WELLHAUSEN, *Prolegomena zur Geschichte Israels,* Berlín [6]1905, pp. 1 y ss.; cf. *infra,* pp. 177 y ss.

[3] Cf. J. BRIGHT, *La historia de Israel,* Bilbao 2000, p. 430 (versión del original revisado, *A History of Israel,* 2000); M. NOTH, *Historia de Israel,* Barcelona 1966, pp. 263 y ss.

[4] En este contexto la idea de que la Biblia Hebrea, en particular el Pentateuco, es una obra exílica/postexílica se va imponiendo cada día con más claridad entre los críticos; para un estado de la cuestión puede verse R. N. WHYBRAY, *El Pentateuco: estudio metodológico,* Bilbao 1995. Sobre este punto volveremos más abajo, pp. 195 y ss., 241 y ss.

Dios, Yahweh, es el único Dios, creador del mundo y controlador de la historia, que eligió a Israel como pueblo suyo especial para dar testimonio de su ser y obrar ante todas las gentes, que estableció para ello una alianza con él por la cual Israel se comprometía a regirse por un código de conducta moral y teológico que le distinguía y separaba de las demás gentes; el fallo en el cumplimento de tal pacto lo abocó al castigo y reprobación histórica, de los que salió confirmado en su misión y con una esperanza insobornable de triunfo definitivo. De esta concepción se ocupan los tratados de religión y teología de(l antiguo) Israel o del Antiguo Testamento (AT) [5].

Pero más allá de esa expresión canónica de una ideología revisionista y normalizadora, que se impuso a partir del Exilio, la misma Biblia Hebrea deja entrever el funcionamiento del universo religioso tal como de hecho se dio en la época del asentamiento y las monarquías hebreas, tanto por lo que hace a las creencias como a la práctica cultual. Es lo que entendemos bajo el epígrafe de «La religión cananea de los antiguos hebreos» [6].

---

[5] Cf. B. C. OLLENBURGER ET ALII (eds.), *The Flowering of Old Testament Theology. A Reader in Twentieth-Century Old Testament Theology, 1930-1990,* Winona Lake 1992. En castellano se pueden leer, entre otras, las sistematizaciones de P. VAN IMSCHOOT, *Teología del Antiguo Testamento,* Madrid 1969; G. VON RAD, *Teología del Antiguo Testamento. I Teología de las tradiciones históricas de Israel. II Teología de las tradiciones proféticas de Israel,* Salamanca 1972; W. EICHRODT, *Teología del Antiguo Testamento. I Dios y Pueblo. II Dios y mundo,* Madrid 1975.

[6] Véase G. DEL OLMO LETE, en IDEM (ed.), *Mitología y religión del Oriente Antiguo,* II/2 *Semitas occidentales* (Estudios Orientales, 9), Sabadell 1995, pp. 223-350. Retenemos el término «cananeo» para definir ese estadio de la religión del antiguo Israel de acuerdo con la propia terminología y autocomprensión bíblicas (cf. a este propósito E. CORTESE, *La terra di Canaan nella storia sacerdotale del Pentateuco,* Brescia 1972, pp. 69 y ss.). Se podría hablar igualmente, con aparente mayor precisión, de religión «fenicia» (cf. G. GARBINI, *Storia e ideologia nell'Israele antico,* Brescia 1986, pp. 81 y ss.; hay tr. española) o bien «semítico-occidental» (cf. N. P. LEMCHE, *The Cannanites and Their Land. The Tradition of the Canaanites,* Sheffield 1991, p. 114, n. 61, y pp. 170 y ss.); IDEM, «The Development of Israelite Religión in the Light of Recent Studies on the Early History of Israel», en *Congress Volumen Leuven (1989)* (SVT 41), Leiden 1991, pp. 97-115. Se trata de una *quaestio de nominibus* intrascendente.

De hecho, el cananeísmo del Israel antiguo es una tesis de la misma Biblia Hebrea, que emerge de la insistente y dura censura que contra el mismo ella ejerce, correlativa de la seductora tentación que se supone es para el fiel yahwista[7]. Sólo queda por determinar el tipo de creencias y prácticas que de hecho lo componían, tal y como puede deducirse del propio testimonio/denuncia bíblico –ley y profetas– y de su comparación con el cananeísmo directo –Ugarit y Fenicia–. Se trataría del mismo proceso crítico que se ha seguido en la reconstrucción histórica –p. ej., de la conquista o del culto y sus fiestas– por encima de la versión oficial bíblica: recoger y sistematizar los «indicios» de otra realidad que se deja entrever y documentar[8].

Ha sido clásica entre los biblistas la distinción entre religión «popular» y «oficial», cargando sobre la primera todos los elementos de cananeización que se pueden apreciar, como desviaciones de la norma recta, operante e imperante desde siempre en Israel, o como préstamos culturales domeñados y reinterpretados por la propia concepción[9]. Pero si algo queda claro desde el contratestimonio bíblico es que la creencia y práctica cananeas operan desde arriba, mientras la «norma» yahwista lucha por hacerse oír y no lo consigue. El ideal de

---

[7] Cf. O. LORETZ, *Ugarit und die Bibel. Kanaanäische Götter und Religion im Alten Testament,* Darmstadt 1990, pp. 17 y ss., 55 y ss. Lo que representa Canaán para los autores bíblicos lo analiza detenidamente N. P. LEMCHE, *The Canaanites and Their Land,* pp. 63 y ss.

[8] Ya Wellhausen reconocía esa herencia cananea a la vez que invertía el proceso evolutivo de la religión de Israel: no de la Ley a los Profetas, sino al revés; cf. O. LORETZ, *Ugarit und die Bibel,* pp. 20, 55 y ss., 244 y ss. Junto al testimonio de los textos ugaríticos es importante tener en cuenta los del cananeísmo tardío que nos proporcionan Filón de Biblos y el Pseudo-Luciano de Samosata, en orden a percibir la importancia y persistencia de esa herencia. Como obras de referencia cf. R. A. ODEN, *Studies in Lucian's,* De Syria Dea, Missoula 1977; A. BAUMGARTNER, *The* Phoenician History *of Philo of Byblos,* Leiden 1981.

[9] Cf. W. H. SCHMIDT, *Alttestamentlicher Glaube und seine Umwelt,* Neukirchen 1968, pp. 159 y ss. Este sincretismo cananeo-yahwista sería la religión del ʿam hāʾareṣ, «el pueblo llano». Frente a esta visión de la contaminación cananea tenemos la del contraste histórico entre dos formas culturales y religiosas antagónicas autónomas; cf. *infra,* n. 14.

una autoafirmación de Israel en su peculiaridad yahwista, que es exclusividad, dentro de su contexto histórico-religioso es el fruto de su proceso (que incluye su fracaso y reacción) histórico, no de su vivencia normal y sostenida[10].

Incluso la concepción histórico-religiosa del propio Yahweh no resulta ser la correspondiente al ideal último, sino que incluye muchos elementos de asimilación de lo cananeo, que se suponen fácilmente en los modelos de asentamiento por infiltración y revolución. Frente a ellos, el modelo de conquista y exterminio (cf. Jue 1,27-35; Jos 17,14-18), que programa la Biblia Hebrea en exclusividad, adquiere su expresión y justificación más nítida en el precepto de la expulsión de los cananeos y exclusión de todo acuerdo de paz con ellos, presentados como grandes seductores y proselitistas, la gran tentación de Israel:

> Ten en cuenta lo que hoy te ordeno Yo. Por mi parte te voy a quitar de delante a los amorreos, cananeos, hititas, perezitas, heveos y jebuseos. Guárdate de hacer alianza con los moradores de la tierra que vas a invadir, no sea que te resulten una trampa. Debes sin contemplaciones destruir sus altares, romper sus estelas y cortar sus cipos sagrados. En manera alguna te prosternarás ante otro dios, pues Yahweh, que lleva por nombre «el Celoso», es un Dios celoso. Que no se te ocurra, pues, hacer alianza con los moradores de la tierra, pues se prostituirán con sus dioses y les ofrecerán sacrificios y te invitarán a que participes de su banquete sacrificial y tomes de entre sus hijas esposas para tus hijos, y a su vez sus hijas se prostituirán con sus dioses y harán prostituirse a tus hijos con ellos (Ex 34,11-16; cf. Ex 23,27-28.32-33; Dt 7,1-6).

Lo mismo cabe decir del propugnado desprecio de toda religión extranjera, que es, ante todo, la cananea[11]. Incluso, según la etiología

---

[10] Cf. G. GNUSE, *Heilsgeschichte as a Model for Biblical Theology: The Debate concerning the Uniqueness and Significance of Israel's Worldview*, Lanham 1989.

[11] Para los múltiples textos de las diversas tradiciones bíblicas al respecto cf. H. D. PREUSS, *Verspottung fremder Religionen im Alten Testament* (Beiträge zur Wissenschaft von Alten und Neuen Testament 92/12), Stuttgart 1971.

histórica de Gn 9,22-25, Canaán estaba ya señalado por una maldición primordial en razón de la conducta desconsiderada de su padre Cam (!). Pero todo hace pensar que las cosas no funcionaron así históricamente, e incluso determinados estratos de la misma tradición bíblica tienden a ofrecer una imagen más matizada de este contraste, que clásicamente se ha entendido como una pugna entre dos concepciones histórico-religiosas[12].

Afortunadamente, hoy en día disponemos, amén de la referencia sesgada y polémica de la BH, de todo un cuerpo de textos literarios y cultuales cananeos (ugaríticos) que nos permiten apreciar, ahora desde una comprensión directa del cananeísmo en sus textos, el grado de identificación o rechazo con que Israel vivió su ideal religioso en el contexto cultural de su época, del siglo XII al VI a.C. También por fortuna, desde su descubrimiento, dichos textos han sido analizados con interés por los biblistas, aunque desde perspectivas distintas, y es universalmente reconocido el valor que tienen para una acertada comprensión histórico-religiosa del Antiguo Testamento[13].

---

[12] Cf. N. C. HABEL, *Yahweh versus Baal. A Conflict of Religious Cultures,* Nueva York 1964; W. F. ALBRIGHT, *Yahweh and the Gods of Canaan. A Historical Analysis of Two Contrasting Faiths,* Londres 1968; K. JAROS, *Die Stellung des Elohisten zur kanaanaischen Religio* (OBO 4), Friburgo 1974; W. DIETRICH, *Israel undKanaan. Vom Ringen zweier Gesellschaftssyteme* (Stuttgarter Bibelstudien 94), Stuttgart 1979. Diversos elementos de asunción y rechazo aparecerían en la tradición bíblica, sobre todo en textos como Gn 28,10ss. (Betel, santuario cananeo-yahwista); Nm 25,3.5 (Baal Peor); Ex 20,23; 22,19; 23,24.33 (exhortaciones); sobre todo Dt 6,4 (exigencia de exclusividad); mientras profetas como Oseas asumen el discurso cananeo en su defensa del yahwismo.

[13] A este propósito asegura Loretz: «Aunque la Biblia se presenta a sí misma como la superación de lo cananeo que debe llevarse a cabo a partir del Sinaí de manera autónoma, los textos ugaríticos muestran, en cambio, de manera inequívoca que la reconstrucción judía de la historia de Israel se ha de entender cada vez más como una *interpretación monoteísta* de la herencia cultural cananea. Tenemos ante nosotros la tarea de comprender mejor desde el punto de vista literario, histórico y teológico el constraste con los cananeos, disimulado bajo apariencia histórica, que la Biblia conserva»; cf. O. LORETZ, *Ugarit und die Bibel,* p. 28; también pp. 230 y ss., 243 y ss.; N. P. LEMCHE, *The Canaanites and Their Land,* pp. 13-24. Téngase también en cuenta lo dicho más arriba, n. 8, sobre la significación de Filón y el Pseudo-Luciano en este sentido.

La utilización de la literatura ugarítica, en su más amplio sentido, para elucidar el *texto* y *contexto* de la Biblia Hebrea ha sido abundante, a partir del mismo momento de su descubrimiento[14]. En otro

[14] Para un cómodo acceso a las innumerables referencias y estudios de deta-
lle se pueden seguir las sucesivas síntesis que los recogen: W. BAUMGARTNER, «Ras
Samra Mythologie und biblische Theologie», *Theologische Literaturzeitung* 263
(1938) 153-156; IDEM, «Ras Schamra und das Alte Testament», *Theologische
Rundschau* 12 (1940) 163-188; 13 (1941) 1-20, pp. 85-102, pp. 157-183; R.
DUSSAUD, *Les découvertes de Ras Shamra et l'Ancien Testament,* París 1941; R. DE
LANGHE, *Les textes de Ras Shamra-Ugarit et leurs Rapports avec le Milieu Biblique
de l'Ancien Testament I-II,* Gembloux-París 1945; J. GRAY, *The Legacy of Canaan.
The Ras Shamra Texts and their Relevance to the Old Testament,* 1957-1965; E. JA-
COB, *Ras Shamra et l'Ancien Testament,* Neuchâtel 1960; F. F. HVIDBERG, *Weeping
and Laughter in the Old Testament. A Study af Canaanite-Israelite Religion,* Leiden
1962; N. C. HABEL, *Yahweh versus Baal. A Conflict of Religious Cultures,* Nueva
York 1964; A. S. KAPELRUD, *Die Ras Shamra Funde und das Alte Testament,* Múnich-Basilea 1967; W. F. ALBRIGHT, *Yahweh and the Gods of Canaan. A Historical
Analysis of Two Contrasting Faiths,* Londres 1968; así como los respectivos volú-
menes de *Ras Shamra Parallels I-III,* Roma 1972-1975-1981; y los índices de las
obras de M. Dahood por E. MARTÍNEZ, *Hebrew-Ugaritic Index I-II...,* Roma
1977-1981. Una buena colección de obras que pretenden utilizar sistemáticamente el material ugarítico en relación con la Biblia Hebrea puede encontrarse en
las series *Biblica et Orientalia* (van Dijk, Tromp, Blommerde, van der Weiden, Sa-
bottka, Cathcart, Kuhnigk, Penar, Irwin, Viganó, Krašovec, Ceresko, Boadt, Althann, Michel, Zurro), *Harvard Semitic Monographs* (Clifford, Miller, L'Heureux,
Mullen, Maier, Hendel) y *Alter Orient und Altes Testament* (Avishur, Margalit, Si-
van, Spronk, Tropper). Últimamente diversos autores han prestado atención al tema «Ugarit y la Biblia», tanto desde el punto de vista metodológico como en el
plano nuevamente de la síntesis: K. L. BARKER, «The Value of Ugaritic for Old
Testament Studies», *Bibliotheca Sacra* 133 (1976) 119-130; J. GRAY, «Canaanite
Religion and Old Testament Study in the Light of New Alphabetic Texts from
Ras Shamra», en *Ugaritica VII,* París-Leiden 1978, pp. 79-108; E. JACOB y CA-
ZELLES, H., «Ras Shamra et l'Ancien Testament», *Supplément au Dictionnaire de
la Bible,* París 1928-, vol. IX, col. 1425-1439; T. L. FENTON, «Questions Dealing
with the Relevance of the Ugaritic Literature on the Biblical Lexicon», *Leshonenu*
44 (1980) 268-280; H. CAZELLES, «Ugarit et la Bible», en J. AMITAI (ed.), *Biblical Archaeology Today,* Jerusalén 1981, pp. 244-247; W. HERRMANN, *Die Funde
von Ras Schamra und ihre Wert für die Forschung am Alten Testament,* Universität
Osnabrück, 1981; I. MIHALIC, «Ugarit and the Bible (A question still unanswered)», *UF* 13 (1981) 147-150; P. C. CRAIGIE, *Ugarit and the Old Testament,* Grand
Rapids 1983 (*vid.* IDEM en G. D. YOUNG [ed.], *Ugarit in Retrospect,* Winona La-

lugar hemos señalado el *triple nivel* en el que se ha llevado a cabo tal elucidación: *lexicográfico, literario, temático-institucional*[15].

Los estudios de correlación *lexicográfica*, en los que se pretende que el léxico ugarítico precisa o simplemente desvela el valor semántico de determinado lexema hebreo, con frecuencia *hapax* o raro, son numerosos, así como son abundantes las operaciones similares de lectura, corrección o división lexemáticas unidas a tal correlación[16]. Es-

ke 1981, pp. 99-112; British Archaeological Reports 9 [1983] 62-73; *Tyndale Bulletin* 34 [1983] 145-167); D. Pardee, «Background to the Bible: Ugarit», en *Ebla to Damascus...*, Washington 1985, pp. 253-260; M. Hutter, «Die religiosen Verhälmisse in Ugarit und ihre Bedeutung für das Alte Testament», *Bibel und Liturgie* 60 (1987) 80-89; M. P. O'Connor, «Ugarit and the Bible», en M. P. O'Connor y D. N. Freedman (eds.), *Backgrounds for the Bible*, Winona Lake, pp. 151-164; J. C. Greenfield, «The Hebrew Bible and Canaanite Literature», en R. Alter y Kermode, F., *The Literary Guide to the Bible*, Cambridge Mss 1967, pp. 545-560; O. Loretz, *Ugarit und die Bibel. Kanaanäische Götter und Religion im Alten Testament*, Darmstadt 1990. Más concretamente, en relación con el ideario religioso: M. C. A. Korpel, *A Rift in the Clouds. Ugaritic and Hebrew Descriptions of the Divine*, Münster 1990; J. C. de Moor, *The Rise of Yahwism. The Roots of Israelite Monatheism*, Lovaina 1990; H. Niehr, *Der höehste Gott. Alttestamentlicher JHWH-blaub eim Kontext Syrisch-Kanaanäischer Religion des 1 Jahr tausends v. Chr.* (BZAW 190), Berlín 1990.

[15] Cf. G. del Olmo Lete, *Mitos y leyendas de Canaán según la tradición de Ugarit*, Madrid 1981, pp. 74 y ss.

[16] Es paradigmática al respecto la obra de M. Dahood, *Ugaritic-Hebrew Philology*, Roma 1965; y sus artículos «Hebrew-Ugaritic Lexicography I-XI», en *Biblica* (1963-1974) (cf. J. C. de Moor, «Ugaritic Lexicography», en P. Fronzaroli [ed.], *Studies on Semitic Lexicography*, Florencia 1973, pp. 61-102); también Driver, en *Ugaritica VI*, París 1969, pp. 181-186; S. Segert, «Hebrew Bible and Semitic Comparative Lexicography» (SVT 18), Berlín 1969, pp. 204-211; O. Loretz, «Ugaritische und hebräische Lexicographie, I-IIV», *UF* 12 (1980) 279-286; 13 (1981) 127-135; 14 (1982) 141-148; 15 (1983) 59-64. Para el problema metodológico *vid.* M. Dahood, «Ugaritic and Phoenician or Qumran and the Versions», en Hoffner (ed.), *Orient and Occident. Essays presented to Cyrus H. Gordon...*, Kevelaer-Neukirchen-Vluyn 1973, pp. 53-58; R. Althann, «Textual Criticism: The Northwest Semitic Approach», *Die Oud-Testamentiese Werkgemeenshap in Suid-Afrika* 27-28 (1984-1985) 1-18; M. Szny-cer, «Quelques aspects des rélations lexicales entre l'hébreu et l'ugaritique. Problèmes et méthodes», en *Papers of the 16th WCJS*, vol. I, Jerusalén 1967, pp. 109-112.

ta correlación lexicográfica ha sido ya asumida por los últimos diccionarios del hebreo bíblico, a veces de manera un tanto acrítica[17].

Útiles en determinados casos, tales intentos padecen con frecuencia de la fragilidad inherente a toda transposición comparativa y etimológica: entre el cananeo septentrional de la edad del Bronce Reciente y el cananeo meridional de la época del Hierro existe un *décalage* temporal, espacial y cultural que obliga a la prudencia en las equiparaciones, habida cuenta del *deslizamiento* semántico que en tales circunstancias padecen los ámbitos lingüísticos aparentemente homogéneos[18].

Por otro lado, la manifiesta coincidencia (que supone pervivencia semántica y cultural) de ambos estratos lingüísticos en una amplia base de isoglosas autoriza, en principio, a hacer tal equiparación en casos en que ésta no resulta tan clara. En todo caso, el contexto propio de cada discurso será la última instancia de convalidación[19], mientras una sistemática voluntad de igualar ambos niveles semánticos, cuando cada uno funciona bien en su contexto lingüístico y temático propio, está fuera de lugar. Como lo estaría, por ejemplo, pretender leer los salmos en clave ugarítica, cuando en realidad son expresión consolidada de una experiencia religiosa diferente[20].

---

[17] Cf. L. KOEHLER y W. BAUMGARTNER, *Hebräisches und Aramäisches Lexikon zum Alten Testament,* 3ª ed., Leiden 1967-1995 (véase a este respecto su recensión por M. DAHOOD, en *Orientalia* 45 [1976] 327-365; y por M. DIETRICH y O. LORETZ, en *Biblische Zeitschrift* 21 [1977] 102-110).

[18] Cf. J. BARR, *The Semantics of Biblical Language,* Oxford 1969.

[19] Cf. G. DEL OLMO LETE, *Interpretación de la mitología cananea,* Valencia 1984, pp. 11 y ss.

[20] Para la crítica a los *Salmos* de Dahood cf. O. LORETZ, «Die Ugaritistik in der Psalmeninterpretation. Zum Abschluss des Kommentars von M. Dahood», *UF* 4 (1972) 167-169. Otro enfoque: S. TALMON, «On the Emendation of Biblical Texts on the Basis of Ugaritic Parallels» (hb.), *Eretz Israel* (F. H. L. GINSBERG) 14 (1978) 117-124; O. LORETZ, «Textologie des Zephanja-Buches. Bemerkungen zu einen Misverstandnis», *UF* 5 (1973) 219-228; IDEM, «KTU 1.101:1-30 und 1.2 IV 10 als Parallelen zu Ps 29, 10», *ZAW* 99 (1987) 415-421; IDEM, «Adaption ugaritisch-kanaanäischer Literatur in Psalm 6», *UF* 22 (1990) 195-220; S. SCHROER, «Psalm 65 – Zeugnis eines integrativen JHWH-Glaubens?», *UF* 22 (1980) 285-301; A. CAQUOT, «Psaume LXXII 16», *VT* 38 (1988) 214-218.

En el nivel *literario,* el recurso a la literatura ugarítica es más seguro, dada la mayor estabilidad de sus formas y recursos frente al mentado deslizamiento, más pronunciado, de la semántica. En este sentido, la comparación de estructuras poéticas, formales y semánticas, como las diferentes formas de paralelismo y pares léxicos, así como otras estructuras de composición (modelos estróficos, colon expandido, etc.), resultan muy útiles para una más adecuada configuración y comprensión de este nivel del discurso bíblico[21].

Tales estudios han permitido desarrollar una «prosodia» cananea que es válida y se confirma en el texto hebreo bíblico, demostrando la pertenencia de ambas tradiciones a un mismo e idéntico ámbito cultural que pervive a lo largo de los siglos. Se trata de un nivel formal que afecta sobre todo a las estructuras prosódico-poéticas y es aplicable a otros *corpora* de textos semítico-occidentales. Fenómenos retóricos como la repetición, los formularios y estructuras dialógicas, los modelos estróficos y los esquemas sonoros (aliteración, asonancia, etc.) exhiben una inocente validez que suscita escasa reticencia y oposición, al no afectar a los contenidos y quedarse en el nivel estilístico del discurso, sobre todo poético[22].

Finalmente, se ha producido una intensa preocupación por descubrir en la Biblia Hebrea temas, motivos o simples alusiones *ideológicas* que encontrarían su elucidación plena en la mitología y praxis religiosa cananeo-ugarítica[23]. Normalmente esos motivos-temas se

---

[21] Cf. W. van der Meer y J. C. de Moor, *The Structural Analysis of Biblical and Canaanite Poetry,* Sheffield 1988; W. E. G. Watson, *Classical Hebrew Poetry: A Guide to its Tecniques,* Sheffield 1984; O. Loretz y I. Kottsiepper, *Colometry in Ugaritic and Biblical Poetry,* Altenberge 1987; A. Ceresko, «Recent Study of Hebrew Poetry: Implications for Theology and Worship», *Toronto Journal of Theology* 1 (1985) 98-112. Prescindimos de la cuestión de los «pares lingüísticos», ampliamente estudiada y de sorprendente y claro sentido literario.

[22] Para un primer esbozo de estructuras formales, más allá del nivel estrictamente prosódico, cf. G. del Olmo Lete, *MLC,* pp. 31 y ss.; S. B. Parker, *Pre-Biblical Narrative Tradition,* Atlanta 1989, pp. 7 y ss.

[23] Cf. las obras citadas *supra,* n. 14. También, para la metodología de la comparación de rituales, A. Caquot, «De la connaissance des anciens rituels sémitiques», en A. M. Blondeau y K. Schipper (eds.), *Essais sur le rituel,* vol. 1, Lovaina-

los ha visto utilizados en la descripción de la religión cananea desde la perspectiva hebrea, que hasta hoy no tenía posibilidad de ser controlada a través de una formulación original, o bien como elementos retórico-poéticos usados traslaticiamente para describir el propio universo religioso: objetivación de lo divino o configuración religiosa del cosmos. Tales correlaciones se han puesto de manifiesto básicamente en estudios relativos a un libro o autor bíblico, un profeta sobre todo, y más que en ningún otro en el sector de la poesía bíblica (Salmos, Job y demás libros poéticos) [24].

El riesgo en este caso vuelve a ser tan grande como en el primer nivel léxico-semántico con el que se halla íntimamente relacionado (la idea es la palabra). De todas las maneras, esos elementos de comparación son mantenidos por lo general en un nivel ilustrativo de comprensibilidad del universo implícito referencial del discurso, tanto en relación con la descripción de la creencias cananeas, como por lo que hace a la representación enfatizada, metafórica, de las propias, por medio del uso de tales elementos religiosos de descripción ya consolidados en su mundo cultural; uso que no se desechó incluso en casos tan llamativos, como en la concepción de Yahweh como «*baᶜal* de la tierra» y de la nación, y se encuentra en los defensores más acérrimos de la peculiaridad yahwista, los profetas.

Estos tres niveles de uso de la literatura o textos ugaríticos para elucidar el texto hebreo bíblico representan en el fondo una utilización apologética de los mismos: se hace con vistas a esclarecer, es decir, poner de relieve la validez de aquél, acaso su justeza o exactitud, incluso su preeminencia y trascendencia que le permiten servirse de las mismas objetivaciones religiosas cananeas para su propia construcción [25]. La Biblia y su poesía vienen a resultar un paralelo del tem-

París 1988, pp. 31-30; J. C. DE MOOR, *An Anthology of Religious Texts from Ugarit*, Leiden 1987, p. 146 (KTU 1.100 = Gn 3,15) (?); cf. *ZAW* 105 (1988) 105-111.

[24] Cf. las series mentadas *supra* en n. 14.

[25] Curiosamente una descripción precisa de este enfoque puede leerse en J. C. DE MOOR, *The Rise of Yahwism*, p. 7: «Este material (tomado del Próximo Oriente Antiguo) será usado de las siguientes maneras: ... 2. Se utilizarán paralelos para comprender mejor la tradición hebrea. 3. Se aducirán paralelos para demostrar que cier-

plo renacentista-neoclásico erigido al Dios cristiano: estructuras, imágenes incluso, grecorromanas, paganas, al servicio y epifanía del Dios vencedor de las mismas. Si Salomón contrató arquitectos fenicios para construir un templo que albergase y en el que se adorase a su Dios Yahweh, los escritores bíblicos utilizan la retórica cananea para describirlo y alabarlo.

Creo que se impone una nueva perspectiva en la confrontación de ambos *corpora* de textos que podría definirse, como a continuación diseñaremos, teniendo en cuenta la peculiaridad histórico-religiosa de cada uno. Mientras la literatura religiosa ugarítica se manifiesta como una expresión inmanente y directa de sus propios contenidos, la bíblica se presenta como esencialmente polémica y combativa; significa en realidad la revisión religiosa de un comportamiento y una historia religiosa fracasados. La Biblia, en su expresión canónica actual, es fruto de una reacción/revisión llevada a cabo en y desde el Exilio[26]. Reacción que se hace así normativa –sin dejar de ser genial– y crea la nueva actitud religiosa que es el judaísmo, mientras deja traslucir un universo religioso diferente, imperante antes de tal revisión triunfadora[27]. La misma tiene su antecedente inmediato en la predicación profética del siglo VIII en relación con la caída del reino del Norte, y por tanto del mismo signo in-

---

tos fenómenos de la primitiva religión hebrea se entienden mejor proyectados sobre el fondo del clima espiritual de la edad del Bronce (Tardío). ... 5. Se intentará definir la peculiaridad de la primitiva religión vista en la perspectiva de su tiempo»... «Pero aquí se pretende que fue Yahweh, no Baal, quien derrotó al Mar. Tal pretensión se aloja en lo que sólo puede ser llamado lenguaje mítico, muy próximo al de la literatura de los mismos cananeos» (p. 134). En relación con la postura bien conocida de M. Dahood y su escuela, cf. los estudios citados *supra,* nn. 14 y 16.

[26] La BH no es un libro que funda una religión, como el Avesta, el Evangelio, el Corán, etc., sino que refunda, recrea, reforma. Esta valoración de la Biblia como fruto de la reacción exílica-postexílica es hoy en día ampliamente compartida; cf. *infra,* p. 195 y ss.; también las obras de M. SMITH, *Palestinian Parties and Politics that Shaped the Old Testament,* Nueva York 1971; G. GARBINI, *Historia e ideología del Israel Antiguo,* Barcelona 2002; N. P. LEMCHE, *Ancient Israel. A New History of Israelite Society,* Sheffield 1988.

[27] En la naturaleza y origen de esta reacción radica el valor teológico de la Biblia que aquí no discutimos. Sobre la circunstancia histórica en la que se produjo el Exilio, véase *infra,* p. 241 y ss.

terpretativo-revisionista, y en el movimiento deuteronomístico, de inspiración igualmente profética, que acompañó a la caída del reino del Sur un siglo y medio más tarde. Esta reacción inicial se hace normativa a falta de contrapeso social a partir del Exilio. La única forma de judaísmo que puede a partir de ahora subsistir es la «reaccionaria» yahwista.

Pues bien, partiendo de esta naturaleza revisionista de la Biblia Hebrea y del carácter positivo-dogmático de la literatura cananea, aunque sin perder de vista el carácter regional y arcaico de su forma ugarítica, cabe una utilización distinta de esta misma en relación con aquélla que podríamos definir como lectura en negativo de la Biblia Hebrea, en transparencia, sobre el fondo estático de la descripción ugarítica. La intención no será ya esclarecer la Biblia Hebrea, sino descubrir el mundo religioso, cananeo, realmente vigente en el antiguo ámbito hebreo antes de la reacción normativa yahwista. No se ha de utilizar Ugarit para entender la Biblia Hebrea, que se entiende bastante bien desde sí misma y su tradición posterior, sino para leer la religión subyacente, la realidad que la Biblia vela. Para ello ésta ofrece múltiples elementos que podemos redefinir de esta manera: descriptivos (históricos), polémicos (proféticos), suplantadores (legislativos) [28], asimilativos (cúltico-institucionales). Todos ellos pueden ser contrastados y comprobados por el cananeísmo positivo: en primer lugar, el proveniente de Ugarit, pero también, aunque en menor grado, por el aportado por los contemporáneos usos cananeo-fenicio-arameos (certificados, por ejemplo, en las inscripciones provenientes de la zona) y en modo especial por las aportaciones del hebraísmo extrabíblico contemporáneo [29].

Todo ello nos llevará a una reconstrucción de la religión cananea de los antiguos hebreos que integre a éstos en el contexto religioso y cultural de los reinos fenicios de la época (s. XII-VI), permitiendo la reconstrucción cultural del todo unitario que constituye la región siro-palestina del momento. Esta visión fenicio-cananea del antiguo

---

[28] Es decir, el «código penal» como descripción en negativo del comportamiento social.

[29] Cf. M. DIETRICH y O. LORETZ, *Jahwe und seine Aschera*, Neukirchen-Vluyn 1992. Igualmente Lemche y Garbini insisten en este aspecto; *vid. supra*, n. 26.

Israel se va afirmando cada día con más evidencia[30], superando la configuración especificadora que la revisión bíblico-exílica nos había impuesto. Creo que ha llegado el momento de superar la composición de obras del tipo *ANET (Ancient Near Eastern Texts) relating to the Old Testament* y similares para pasar a las del tipo *Old Testament Texts relating to the Ancient Near East.*

Un esquema provisional de reconstrucción del cananeísmo del antiguo Israel incluiría tres partes:

1. Descripción de la religión cananea según el Antiguo Testamento y su contraste con lo que sabemos por sus fuentes propias.

2. Asimilación del cananeísmo por el Antiguo Testamento: instituciones, conceptos y recursos de todo tipo abiertamente asumidos de él por el sistema religioso yahwista.

3. Profesión de cananeísmo en el Antiguo Testamento como se manifiestan, suponen e implican la «Historia, la Ley y los Profetas» en sus tradiciones y polémica contra él.

Un primer ensayo de tal reconstrucción ya ha sido realizada por nuestra parte y aparece en la obra conjunta *Mitología y religión del Oriente Antiguo,* vol. II/2, a la que remitimos. En la misma se analizan los elementos siguientes:

1. Concepción de la divinidad
   a) Yahweh y los dioses
   b) Yahweh y El
   c) Yahweh y Ashera
   d) Yahweh y Baal
   e) Yahweh y otros dioses
   f) Ángeles y demonios

---

[30] Cf. la bibliografía citada en nn. 14 y 26; también M. S. SMITH, *The Early History of God...,* San Francisco 1990; J. HILLERS, «Analysing the Abominable: Our Understanding of Canaanite Religion», *Jewish Quarterly Review* 75 (1985) 253-269; J. H. TIGAY, *You Shall Have No Other Gods. Israelite Religion in the Light of Hebrew Inscriptions,* Atlanta 1986; B. PECKHAM, «Phoenicia and the Religion of Israel: The Epigraphical Evidence», en P. D. MILLER ET ALII (eds.), *Ancient Israel Religion. Essays in Honor of FM. Cross,* Filadelfia 1987, pp. 79-99.

2. La morada divina y la estructuración del espacio teológico: santuario (tierra), cielo e infierno

3. El culto oficial

I.

  a) Festival de Año Nuevo
  b) Ritual de *yôm (hak)kippûr(îm)*
  c) Otros rituales de purificación
  d) Religión de la fertilidad

II.

  e) El ámbito del culto cananeo
  f) El emblema del culto cananeo
  g) La serpiente de bronce
  h) El culto de la sexualidad
  i) Otros rituales reprobados

4. El culto de los muertos: nigromancia y evocación

5. Culto y magia. La Profecía

6. La ideología regia

7. Cosmología y antropología religiosas

8. El nivel del lenguaje

El análisis de todos estos elementos proporciona una primera visión de conjunto de la estructura cananea de fondo de la antigua religión hebrea, en muchos casos ya estudiada por los diferentes autores y en otros apenas esbozada.

Lo que aquí nos proponemos resaltar es esa génesis dialéctica dentro de la coincidencia de una serie de elementos significativos y en conjunto diferenciadores del universo religioso hebreo-bíblico y que como tales tienen una incidencia insoslayable en los correspondientes del universo representativo cristiano. No se trata, pues, de proporcionar paralelos cananeos de nociones bíblicas (lo que no deja de ser válido y aquí se da por supuesto) y ver cómo los adopta y adapta la Biblia, sino constatar cómo ésta se autodefine, se construye frente a ellos. Para lo cual resulta ineludible conocer el modelo cananeo en sí mismo, sin que nos baste la «imagen dialéctica» que la Biblia nos ofrece y que no es más que el resultado de su reacción, de su «deglución» de aquél; podríamos decir, un simple detritus. Tal imagen cananea de la Biblia es una imagen inevitablemente distorsionada, dialéctica, el resto que queda después de haber asimilado los elementos homologables con la propia concepción, el reflejo de la propia visión del contrario, que ha permitido desarrollar y explicitar los propios contenidos. En ese sentido cabría asegurar que la fe en el Dios uno se afirma y explicita dialécticamente como resultado de extrapolar hasta el ridículo la noción de «ídolo». Teológicamente lo llamaríamos una revelación progresiva y homogénea[31], conceptualización bastante ardua y que implica cierto grado de conflicto en las etapas previas; una «revelación total» habría anulado el proceso, pero a la vez habría anulado la historicidad intrínseca del sujeto humano. Tal proceso es una auténtica «agonía», una lucha de concepciones y valoraciones; cuando tal lucha se da y se plantea el reto cultural, surge la novedad creadora y superadora; si hay rendición, aceptación, aparece el «sincretismo». Para percibirlo en su genuinidad nos importa mucho formular adecuadamente la concepción cananea correspondiente, a fin de constatar cómo se comporta ante ella la respectiva creencia bíblica y cuál es el resultado en su propia formulación y en la interpretación que nos ofrece de su antagonista; o si simplemente no ha habido antagonismo, sino plena aceptación, lo que *a priori* no es muy verosímil, si se trata de representaciones discriminantes; otra cosa será cuando se trate de simples elementos funcionales de simbolización, como por ejemplo en el caso de los usos cultuales.

A continuación vamos a desarrollar con más detalle cuatro aspectos de ideología y culto en los que se pone de manifiesto el modelo cananeo y su reflejo hebreo.

---

[31] Fenomenológicamente tal «revelación» tiene forma de «proceso dialéctico»; lo confesional se refiere sólo a la creencia o fe en quién induce y guía tal proceso. Véase K. VAN DER TOORN, «Sources in Heaven: Revelation as a Scholarly Construct in Second Tempel Judaism», en U. HÜBNER y E. A. KNAUF (eds.), *Kein Land für sich allein. Studien zum kulturkontakt in Kanaan, Israel/Palästina und Ebirnâri für Manfred Weippert zum 65. Geburtstag* (OBO 186), Friburgo de Suiza 2002, pp. 265-277.

Canaán e Israel
I. Cosmogonía

I. LA ESTRUCTURA BÁSICA: EL CAOS Y LA MUERTE

Es conocida la concepción babilónica [1] y egipcia [2] que sitúa, en el origen de la realidad empírica y previa a su organización como creación, un estadio de la misma como conglomerado informe, tenebroso y acuoso, que se acostumbra a definir como «caos». En la concepción mitológica griega (dejando aparte la especulación filosófica) tenemos algo similar. En todas estas concepciones está ausente la idea ontológica de la «creación de la nada»; incluso el «no-ser» egipcio se refiere al «Uno e indiferenciado» primordial [3]. Creación es básicamente organización y distinción. Operaciones que afectan en primer lugar a los dioses, los primeros en surgir de aquel conglomerado y asumir la función de creadores o padres de otros dioses y demás criaturas en virtud de su poder de actuación sobre aquél.

La concepción siro-cananea parece divergir un tanto de ese esquema [4]. Mientras la concepción fenicia, pasada por el euhemerismo

---

[1] Es el horizonte que supone el *Enuma elish (apsu-tiamat)*. Véase p. ej. J. O'-BRIEN y W. MAYOR, *In the Beginning. Creation Legends from Ancient Mesopotamia, Israel and Greece*, Chico 1982, pp. 9 y ss.; y la obra clásica de H. GUNKEL, *Schöpfung und Chaos im Urzeit und Endzeit...*, Gotinga ²1921.

[2] Según la teo/cosmogonía hermopolitana, al principio era el *nun*. Véase p. ej. S. SAUNERON y J. YOYOTTE, «Mythes égiptiens de création», en *La naissance du monde (Sources Orientales* 1), París 1959, pp. 17-91; E. HORNUNG, *El Uno y los Múltiples. Concepciones egipcias de la divinidad*, Madrid 1999, pp. 137, 202 y *passim*, cf. p. 257 [índice de dioses]).

[3] Cf. E. HORNUNG, *op. cit.*, p. 171.

[4] Véase más abajo pp. 76 y ss.

griego, coincide con el mismo, la ugarítica y la hebreo-bíblica sitúan una divinidad primordial en paralelo con ese fondo caótico primitivo en el que y con el que convive (El/Elohim) y al que organiza, bien por su palabra (Gn 1–2), bien por su distribución generativa (mito baálico)[5]. Dejaremos de lado por el momento la descripción hebrea de ese proceso de distinción creadora (Gn 1), a partir de aquel punto caótico, por tratarse de una descripción clara y muy elaborada, no exenta de intención desmitificadora, polémica, en el fondo[6]. Por su parte la mitología siro-cananea supone que el dios primordial tiene tres hijos territoriales y cosmogónicos (Yam, Baal, Mot), que como los demás lo son asimismo de Ashera, también primordial y «marítima». Luego lo primordial para esta concepción es la pareja, la fuerza generativa coetánea del caos. En éste subyace un impulso de organización, no es caótico sin más. En la misma concepción hebrea, la *rûᵃḥ 'elōhîm*, «el viento o aliento divino», forma parte del caos, aunque la fuerza creadora corresponda a continuación a la «palabra»[7]. Las otras dos formulaciones (la ugarítica y la fenicia) resultan más imprecisas. De la ugarítica cabe incluso afirmarse que no existe como relato explícito de creación[8]. Aquí vamos a intentar precisar el alcance creacional de su mitología y la posible coincidencia con la formulación fenicia tal y como nos ha llegado trasvasada en griego. Comenzaremos por ella.

[5] Al parecer también en Egipto se presupone la aparición de un dios creador de todo lo demás «que hunde sus raíces en el infinito atemporal de antes de la creación»; cf. E. HORNUNG, *op. cit.*, p. 140.

[6] Véase a este propósito, entre otros muchos comentarios, T. SUAU I PUIG, «Del Caos al Cosmos. El concepte de creació en els onze primers capitols del llibre del Gènesi», en M. L. SÁNCHEZ LEÓN (ed.), *op. cit.*, pp. 89-113.

[7] Por razones de forma literaria y sintaxis considero Gn 1,2 un inciso, casi una interpolación, que supone la mezcla de dos concepciones cosmogónicas diferentes: por emanación caótica y por la palabra. Sobre el trasfondo mitológico de ese inciso véase últimamente O. LORETZ, «Genesis 1,2 als Fragment eines amurritisch-kanaanäischen Schöpfungsmythos», en *Veenhof Anniversary Volumen*, Leiden 2001, pp. 287-300; cf. n. 11.

[8] Sobre la creación en la mitología ugarítica véase más abajo pp. 80 y ss.

Según el testimonio del Pseudo-Filón, recogido por Eusebio (I 10,1), Sanjunyatón en su *Historia fenicia*[9]:

> Establece como origen de todo un aire oscuro y ventoso o un soplo de aire oscuro y un caos turbulento y tenebroso. Estos elementos eran infinitos y durante mucho tiempo no tuvieron límite. Pero cuando, dice, el viento se enamoró de sus propios principios y se produjo una mezcla, esta combinación se llamó Poto. Y ése fue el principio de la creación de todas las cosas, pero él mismo no conocía su propia creación, y de la conexión con él nació del viento Mot.

Se supone (ὑποτίθεται), pues, que el principio de todos (los seres) es doble: un aire tenebroso y huracanado (ἀέρα ζογῴδη καὶ πνευματῴδη) o, lo que es lo mismo, un vendaval opaco, tenebroso, junto con un caos (χάος θολερόν, ἐρεβῶδες), él también turbulento y tenebroso como el infierno[10]. Uno, el huracán, sería el elemento dinámico, y el otro, el caos, el estático, o mejor dicho, lo dinámico y estático se hallan íntimamente entreverados (dos perspectivas de la misma realidad) hasta constituir un mismo fondo primordial a punto de estallar. Cualidades básicas de ambos son la os-

---

[9] Τὴν τῶν ὅλων ἀρχὴν ὑποτίθεται ἀέρα ζογῴδη καὶ πνευματῴδη ἤ πνοὴν ἀέρος ζοφώδους, καὶ χάος θολερόν, ἐρεβῶδες. ταῦτα δὲ εἶναι ἄπειρα καὶ διὰ πολὺν αἰῶνα μὴ ἔχειν πέρας. Ὅτε δέ, γησίν, ἠράσθη τὸ πνεῦμα τῶν ἰδίων ἀρχῶν καὶ ἐγένετο σύγκρασις, ἡ πλοκή ἐκείνη ἐκλήθη πόθος. αὕτη δ' ἀρχὴ κτίσεως ἁπάντων. αὐτὸ δὲ οὐκ ἐγίνωσκε τὴν αὐτοῦ κτίσιν, καὶ ἐκ τῆς αὐτῆς συμπλοκῆς τοῦ πνεύματος ἐγένετο Μώτ. Para el texto véase H. W. ATTRIDGE y R. A. ODEN, *Philo of Byblos the Phoenician History* (*Catholic Biblical Quarterly* Monographs 9), Washington 1981, p. 36 (con el pertinente comentario en sus notas); J. CORS I MEYA, «Filón de Biblos. La *Historia fenicia*», apéndice a G. DEL OLMO LETE, *El continuum cultural cananeo...* (AuOrSuppl. 14), Sabadell 1996, p. 150, versión que aquí seguimos. Para una valoración actual del testimonio del Pseudo-Filón véase S. RIBICHINI, «Rileggendo Filone di Biblo. Questioni di sincretismo nei culti fenici», en *Les synchrétimes religieux dans le monde méditerranéen antique. Actes du Colloque International...*, Roma 1998, pp. 149-177.

[10] Como veremos más abajo, según Hesíodo el *caos* primigenio engendra el *erebo* y la *noche*; es decir, la oscuridad es de su sustancia.

curidad y la turbulencia. Es la misma concepción que manifiesta el inciso[11] Gn 1,2:

> la tierra era (o siendo) una masa informe con la tiniebla (extendida) sobre el océano (caos) primordial y el aliento divino que incubaba las aguas...

Sino que aquí se explicitan mejor esos elementos. Dentro de una situación de oscuridad que envuelve los inicios, éstos, también dos, son: la «tierra», que es *tōhû-wābōhû/tᵉhôm* (caos), y la *rûᵃḥ* (viento). Además, se precisa: el abismo o caos (o si se prefiere: la «tierra abisal o caótica») es «agua», el viento es «de Dios o divino». El *tᵉhôm* (caos) no es sólo un espacio, un «abismo», es un «mar de aguas». De hecho el «mar» *(yām)* emergerá de la separación/limitación de ese abismo primordial (Gn 1,9-10). Y lo mismo cabe decir del *tōhû-wābōhû*: es un estado de la materia primordial. Por ser indiferenciado se define mejor como espacio que como cuerpo, pero el espacio puro no existe, lo es siempre de una realidad.

El dinamismo o potencialidad del caos primordial están presididos por la fuerza del «aliento» de Dios. Éste no está ausente del sustrato primordial ni aquél es independiente de Él. El viento de Dios cerniéndose/incumbado[12] sobre las aguas resulta, por una parte, una

---

[11] *wᵉ-hā-'āreṣ hāyᵉtāh...*, en vez de *watᵉhî hā-'āreṣ...* en forma consecutiva de *bārā'*; luego la sintaxis implica contemporaneidad, como más abajo *wāyiqrā' ᵉlō hîm lā'ôr yôm wᵉlāḥošek qārā' lāylāh*; o incluso anterioridad con valor de pluscuamperfecto. La consecución auténtica se da entre *bārā'* y *wayyòmer*, cf. P. JOÜON, *Grammaire de l'hebreu biblique*, Roma 1947, pp. 321 y ss., 471 (hay tr. española). Véase, por ejemplo, la versión ofrecida por *The Torah: The Five Books of Moses,* Filadelfia 1962, publicada por The Jewish Publication Society of America: «When God began to create ... –the earth being unformed and void ...– God said...». Tal versión es citada y defendida por W. G. LAMBERT, «Mesopotamian Creation Stories», en M. J. GELLER y M. SCHIPPER (eds.), *Imagining Creation (Journal of Jewish Studies* Studies in Judaica, 5), Leiden-Boston 2008, pp. 15 (15-59).
[12] Para la semántica de esta base cf. *HAL*, p. 1135; F. BROWN, S. R. DRIVER y Ch. A. BRIGGS, *A Hebrew and English Dictionary of the Old Testament,* Oxford 1966, p. 93, que cita el valor de «brooding» en siríaco.

traducción dinámica del mito baálico que sitúa al dios primordial El morando en el manantial, el punto de emanación de los dos océanos (el caos primordial):

> Puso (la diosa Anat) entonces cara hacia El (que mora) en la fuente de los dos raudales, en el venero de los dos océanos[13].

Este caos es agua, océano, habitado en su mismo origen por la divinidad. Por otra parte, la actitud «incubadora» o al menos «planeadora» que se le atribuye en el relato hebreo, relaciona a ese «viento divino» con el «enamoramiento» procreador que acomete al «huracán» primordial de la cosmogonía fenicia. Ésta, por su parte, de acuerdo con su visión euhemerística, ha anulado la presencia y fuerza divinas en el principio de todo (τὴν τῶν ὅλων ἀρχὴν).

A su vez la versión hebrea de los orígenes introduce variantes importantes en esta concepción de la creación. El principio «amoroso», apenas insinuado en el «incubaba» *(meraḥephet)*, es sustituido por la palabra-orden (el amor es aquí voluntad) que establece con claridad la distinción entre las dos esferas: la divina y la creada, según los dos modelos de creación bien conocidos en las cosmogonías egipcias. El hebreo resulta así un auténtico «relato de creación», mientras los otros los son básicamente de emanación o transformación, aunque se hipostasien mitológicamente los «principios». Por otra parte, el relato hebreo parte también de la organización del caos acuoso primordial, que es transformado en *Mar* a través del «límite» (cf. Sal 104,9) que se le impone, mientras en la mitología ugarítica el Mar es hijo de El, que sufre derrota y muerte a manos de Baal (KTU 1.2 IV 32). No cuenta, en cambio, el relato hebreo con la Muerte como estructura primordial, de acuerdo con un parámetro básico de su concepción teológica: el Dios hebreo que vence al Mar, no lucha contra la Muerte[14], y ésta queda relegada, por otra tradición (Gn 2,17), a la esfera

---

[13] *idk lttn pnm ᶜm mbk nhrm qrb apq thmtm* (KTU 1.4 IV 20-22 y par.). Véase G. DEL OLMO LETE, *Mitos, leyendas y rituales de los semitas occidentales* (Pliegos de Oriente, 1), Madrid 1998, p. 83.

[14] Sobre el particular véase más abajo pp. 83 y ss.

moral como un avatar humano incidental, que pudo evitarse y será al fin superado por el retorno al primer orden, al «seno del Padre». De todos modos, aparece en los relatos bíblicos de los orígenes como una posibilidad que incumbe sobre el cosmos, aunque se materialice como una derrota del hombre, no de Dios, es decir, no como exigencia cósmica. Con estas salvedades, las tres formulaciones, fenicia, hebrea y ugarítica, resultan bastante homogéneas.

Parecidos elementos encontramos en la cosmogonía de Hesíodo[15]: «Antes de todo existió el *Caos* (χάος)», después vino la *Tierra* (γαῖα), el *Infierno* (τάρταρα) y por fin el *Amor* (ἔρος). En una primera generación asexuada el Caos engendró el Erebo y la Noche; la Tierra a su vez, el Cielo (οὐράνος), las Montañas y el Ponto (πόντος). Se definen así los ámbitos primordiales: tierra, infierno, cielo, mar, su primordial tenebrosidad, y se coloca al origen de todo una fuerza generadora, el Eros, al que no se atribuye ninguna prole, pero que las posibilita todas.

También la concepción egipcia de los inicios del cosmos es similar: se parte de un Caos primordial, «el reino oscuro y acuoso de antes de la creación, caracterizado por el océano primordial y las tinieblas primordiales en el que los puntos cardinales están abolidos, que no conoce fronteras»[16]. Tenemos así, como en Hesíodo, el *ápeiron* [ἄπειρον], una masa acuosa y tenebrosa ilimitada. Sus componentes hipostasiados son: *Nun* (el océano primordial), *Huh* (el infinito), *Kuk* (la oscuridad)[17].

---

[15] Ἦ τοι μὲν πρώτιστα Χάως γένετ᾽, αὐτὰρ ἔπειτα Γαῖ εὐρύστερος πάντων ἕδος ἀσφαλὲς αἰεὶ ... Τάρταρά τ᾽ ἠερόεντα μυχῷ χθονὸς εὐρουοδείης ἠδ᾽Ερος, ὅς κάλλιστος ἐν ἀθανάτοισι θεοῖσι ...ἐκ Χάεος δ᾽Ερεβός τε μέλαινά τε Νὺξ ἐγένοῦ το· ... Γαῖα δέ τοι πρῶτον μὲν ἐγίνατο ἶσον ἑαυτῇ Οὐρανὸν ἀστερόενθ᾽ ... ἤ δὲ καὶ ἀτρύγετον πέλαγος τέκεν, οἴδματι θυῖον Πόντον, ἄτερ φιλότητος ἐφιμέρου ... Para el texto véase H. G. EVELYN-WHITE, *Hesiod. The Homeric Hymns and Homerica* (The Loeb Classical Library), Londres-Cambridge MA 1954, pp. 86-88. Para la confluencia de la triple tradición: filoniana, griega y semítica véase «Chaos» en H. CANCIK y H. SCHNEIDER (eds.), *Der neue Pauly Enzyklopädie der Antike*, Band II, Stuttgart 1996, cols. 1093 y ss.; J. O'BRIEN, *op. cit.*, pp. 47 y ss.

[16] Cf. E. HORNUNG, *op. cit.*, pp. 156 y ss., también pp. 164 y ss., 166, 152.

[17] Cf. E. HORNUNG, *op. cit.*, p. 65. Para la concepción egipcia nos hemos basado en el estupendo estudio de este autor, que cita los textos y bibliografía pertinentes.

Resulta, pues, que también en la cosmogonía fenicia el Amor es la fuerza del viento/espíritu divino (ἠράσθη τὸ πνεῦμα), el principio de su vigor (pro)creador, lo que sin duda supone una proyección de la función sexual a nivel cosmogónico, o simplemente el reconocimiento de su primordialidad. Por ese enamoramiento de «sus principios», que no pueden ser otros que el «Caos turbulento y tenebroso», se produce una conjunción o abrazo de ambos (σύγκρασις, πλοκή), que resulta ser el principio de la creación de todo lo demás, un principio inconsciente de su propio origen y que se denomina «Deseo» (πόθος). Y de aquel «abrazo» (συμπλοκῆς τοῦ πνεύματος) nace Mot (Μώτ), la Muerte. Éste, realidad desconocida en la mitología griega [18], es universalmente reconocido como el dios Mot de la literatura ugarítica *(mt)*, en la que aparece como «hijo amadísimo» del dios primordial El *(mdd il)*. En tal sentido la tradición de Sanjunyatón se muestra fiel a su fuente siro-cananea al afirmar que «los fenicios le (a Mot) llaman Thánatos y Plutón» *(Praeparatio Evangelica* 1.10,34). Pero el dios El tiene otro «hijo amadísimo», el dios Yam *(ym)*, el Mar/Océano, llamado también *nhr*, nombre que define la morada caótica de su padre El. Contra ambos «hijos amadísimos» y por orden (Yam/Mot) se enfrentará Baal, que nunca es calificado así [19].

Dentro de esta clara mezcla de elementos tomados de las dos tradiciones, la griega y la semítica [20] (la mención de las misteriosas criaturas llamadas *dsophasēmin* [Ζοφασημίν], «celestes vigías» [?], lo co-

[18] Cf. a este propósito la glosa interpretativa que recoge el mismo Filón: «algunos dicen que éste es el barro, pero otros, que es la putrefacción de una mezcla oscura. Y de ella surgió la semilla de creación y origen de todas las cosas» (cf. J. CORS I MEYA, *op. cit.*, p. 150). Se refleja aquí la perplejidad ante una entidad mitológica desconocida, su interpretación de nuevo euhemerística, que retiene con todo ecos de la concepción ugarítica de Mot como «semilla» (cf. KTU 1.6 II 34-35).

[19] Recuérdese a este propósito la tríada de los crónidas: Zeus, Poseidón y Plutón/Hades; cf. P. GRIMAL, *Diccionario de mitología griega y romana*, Barcelona-Buenos Aires 1981, pp. 447, 547.

[20] Véase a este propósito la obra de M. L. WEST, *The East of the Helicon. West Asiatic Elements in Greek Poetry and Myth*, Oxford-Nueva York 1997, pp. 137 y ss., 144 y ss.

rrobora), se manifiesta una cierta inconsistencia interna que hemos de aclarar. Antes de su «abrazo enamorado», el Viento y el Caos constituían una realidad sin límite, infinita (ἄπειρα, μὴ ἔχειν πέρας); como consecuencia de aquél aparece la Muerte, el límite de toda creatura que después resulte. Deseo y Muerte[21] aparecen así como los principios operativos de la creación: el impulso y su freno (anticipando, en cierto modo, el freudiano par Thánatos/Eros como estructura de la *psyché*).

Pero ni uno ni otro son sustancia/materia, sólo avatar, energía o función...; de ellos solos no puede resultar «algo»; en todas las otras uniones productivas que a continuación recoge (el Pseudo-)Filón, nunca falta el contenido sustancial; el Deseo, en cambio, resulta ser un elemento a-físico, idealizado, demasiado poético para describir los orígenes caóticos por un materialista euhemerista como muestra ser este autor. Por otra parte, el Deseo ya estaba presente en el Eros que lleva al abrazo del Huracán con el Caos, y es éste, el Eros, el que es primordial, según la cosmogonía de Hesíodo citada más arriba, resultando extraño, por lo demás, que el Deseo *nazca* del Eros y no se le deba considerar más bien como su equivalente o su efecto[22]. De hecho en la mitología griega, frente a la amplia funcionalidad y mención del Eros, Pothos, el Deseo, apenas obtiene significación mitológica alguna[23].

En consecuencia, uno se siente inclinado a leer, en vez de *pothos*, *pontos* (Mar/Yam), en razón de una transformación fonética debida a simple error de escriba, por lectura o audición errónea (debilitación de la nasalización y subsiguiente espirantización intervocálica: *pontos* →

---

[21] El «deseo» vuelve a aparecer en la versión de Damascio, donde los elementos primordiales son Cronos, Pothos y Omichle («vapor», «nube»), con un desarrollo muy confuso, que mezcla de nuevo las dos tradiciones. Cf. J. CORS I MEYA, *op. cit.*, p. 159.

[22] De hecho para Filón, en la subsiguiente *Historia de Cronos*, transmitida por Eusebio (*Praeparatio Evangelica* 10,24b), Pothos, como Eros, son hijos de Astarte; cf. J. CORS I MEYA, *op. cit.*, p. 153. Esta historia ya no es primordial, sino de *héroes* humanos que se convierten en dioses.

[23] Cf. P. GRIMAL, *op. cit.*, p. 449: «Poto no posee mitos especiales y es sólo una abstracción».

pogtos → *pottos* → *potos* → *pothos*)²⁴ o por simple error de transmisión oral que confundió los nombres. Se podría ver así en aquel texto el reflejo exacto de la mitología ugarítica: el primordial *'ápeiron* (masa caótica/huracán tenebroso) se transforma por el Amor *('éros)* en la primera forma cósmica, Pontos, circunscrita y determinada a su vez por Mot, es decir, el límite/muerte. Dicho elemento acuoso veíamos que aparece también en el relato hebreo y en la cosmogonía de Hesíodo, amén de en Ugarit, Babilonia y Egipto. Faltaría en la cosmogonía fenicia (líneas más abajo menciona Filón, de manera incidental, la aparición del mar empírico: διὰ πύρωσιν καὶ τῆς θαλλάσσης...). Sin embargo, el Ponto como elemento primordial de la mitología siro-fenicia era conocido por esta tradición que le hace nieto de Belo (Baal) y le enzarza en luchas primordiales con Urano y con Demaro, padre de Melqart (*Praeparatio Evangelica* 10,26-28), que en la mitología ugarítica resulta ser un epíteto de Baal, y en la misma fenicia, de Zeus. Ponto acabará recibiendo culto, es decir, tratado como dios, en Beirut. Dentro de la confusión sufrida por la tradición a lo largo de la transmisión cultural, ésta conserva rasgos suficientes de la relación/oposición que vige entre Ponto/Yam y Baal en la mitología ugarítica y de su carácter primordial.

En todo caso, y se acepte o no esta interpretación/corrección del texto del (Pseudo-)Filón, lo que éste sugiere con toda claridad es que, como realidad/entidad/ser, el cosmos/orden lleva siempre dentro de sí su propio destino de muerte, que ha permitido su organización. Es la idea que de la ontología egipcia ofrece tan lúcidamente Hornung: «es característico para la justificación egipcia de todo lo existente el que ya los *Textos de las Pirámides* del III mileno a.C. vean en el fenómeno de la muerte un producto necesario de la creación». El caos queda definido por su límite que le hace «finito» y así perecedero. Aún más, puede incluso un papiro de la dinastía XXI figurar/hipostasiar a la Muerte y proclamarla como «el gran dios que creó a dioses y hombres»²⁵. Tal Muerte en forma de sentencia de caducidad

---

²⁴ Véase a este propósito la hipótesis de M. L. WEST, *op. cit.*, p. 147, que sugiere derivar griego Tethys (Τηθύς) de acadio *têmtu*.

²⁵ E. HORNUNG, *op. cit.*, pp. 79, 162 [159-171].

tiene la forma, en nuestro mundo científico, de la segunda ley de la termodinámica. La muerte, el límite, es una coordenada positiva de la existencia; lo ilimitado es indefinido o caótico. Somos hijos de la muerte. Y así morir es integrarse en formas más primarias del cosmos, para resultar la muerte total en definitiva una integración en el caos. Morir es perder el propio límite, liberarse de él, de la propia muerte inherente, para «i(n)-limitarse», «caotizarse». El sentido que luego se dé a esa vuelta al origen o forma primordial es labor reservada a las escatologías.

Para la concepción hebrea el Cosmos es una limitación del Caos (*t^{e}hôm*), el cual puede romper ese límite (diluvio/colapso) y reaparecer de nuevo, por orden divina, desde luego. Se podría decir que el Cosmos es un experimento inestable y pasajero. Lo primordial, permanente y duradero es el Caos. Pero a su vez éste no se contenta consigo mismo y tiende incesantemente a explotar, a salir de sí mismo y organizarse, encierra en sí su propia descalificación, la necesidad y la energía para superarse. Por eso el orden se resiste a morir, por eso la vida/muerte es una agonía, aunque con derrota segura del orden. Esto lo vivió la mitología cananea como una lucha incesante y repetida entre el dios de la vida, Baal, y las fuerzas del Caos y la Muerte, Yam y Mot. Lo definitivo, pues, es el ritmo alternante: el ser es el ritmo.

Sobre esta base de textos y concepciones orientales podemos esbozar cuatro tipos de relato de creación.

II. LOS RELATOS SIRO-CANANEOS DE CREACIÓN

Aunque «Canaán» y «cananeo» sean nociones bastante imprecisas desde el punto de vista étnico, político y lingüístico, aquí las tomamos como designación cultural de un espacio geográfico que correspondería *grosso modo* al que hoy ocupan Siria, Palestina y Jordania. Esta franja de tierra del Asia anterior, también llamada «Levante» o «Próximo Oriente», ha sido un punto de referencia clave en el desarrollo de nuestra cultura: de allí nos vinieron, entre otras aportaciones, las divinas palabras, la *Biblia,* Primero y Segundo Testamento (y, a partir de ella y de ese entorno, el Corán), y el instrumento para consignarlas y transmitirlas, el «alfabeto» [26]. Seguimos escribiendo con los caracteres que sus gentes descubrieron en el II milenio antes de nuestra era y pensando con las categorías que nos inculcaron. La cultura de la palabra escrita, del libro, principio de desarrollo de nuestra ciencia y de nuestra conciencia, arranca de aquel epicentro.

Para entender la concepción global del cosmos que allí se fraguó, que ha sido la nuestra hasta no hace mucho y de la que pretendemos hablar a continuación, bueno será que nos fijemos primero en sus coordenadas físicas, en su dinámica geofísica, pues a partir de ella va a ser como el hombre, su poblador, va a estructurar y proyectar su idea y su creencia, su imagen de la totalidad, su concepción del Cosmos, su cosmología, que será ante todo cosmogonía, pues la génesis, el parto, es el arquetipo explicativo primordial. Como diría el filósofo Ortega y Gasset: «las cosas sólo se las entiende cuando se las ve nacer».

La dinámica física de esta tierra está determinada por su suelo y por su cielo, es decir, por su geografía y su climatología, en irremediable sintonía. Salvo una franja montañosa litoral, que la recorre de norte a sur, y le sirve de barrera y muro frente al mar, separándola y a la vez privándole de él, y unas modestas rugosidades en el sur palestinense, la región es un vasto altiplano estepario al principio y luego simplemente desértico. Es aquella barrera montañosa la que configura su clima en dos estaciones: la seca y la húmeda, la del estiaje y la de las lluvias. En esta zona el agua, y con ella la vida, viene del cielo. Algunas escasas y periféricas corrientes la surcan (el Orontes, el Litani, el Jordán), pero el «gran río», el Éufrates, se le escapa por el extremo norte, encajonado en un estrecho valle fluvial. El grueso del territorio queda al margen de este tipo de irrigación.

Esta peculiar configuración geoclimática va a tener un influjo decisivo en su comprensión de la vida y de sus dioses patronos, que la va a diferenciar de otras zonas, como Egipto y Mesopotamia, con

[26] Cf. *infra,* p. 395.

sus peculiares sistemas de irrigación y fertilización de la tierra. En la Siria-Palestina antigua el dios del agua y de las nubes, que la aportan, será su dios patrón por excelencia, mientras en las zonas mentadas tal divinidad, el dios de la tempestad, tiene sólo una significación menor y no necesariamente benéfica. No obstante, en la concepción siro-cananea la vida que viene del agua y su dios, Baal, se integran en un sistema mito-teológico más amplio, en una cosmoteología en la que la vida terrena es un avatar del orden cósmico, azaroso y arriesgado, siempre a punto de ser engullida por las fuerzas de la muerte.

Al frente y origen de esa totalidad cósmica se encuentra, como comienzo incondicionado, el dios primordial, El, (pro)creador de todo ser vivo. En primer lugar, padre de los vivientes eternos, los dioses, sus hijos, pero también de los hombres. Naturalmente en colaboración con su *paredra,* la diosa Ashera, primordial como él, pero en segunda lugar, como mujer: se trata de un desdoblamiento exigido por el esquema generativo empírico que es el módulo representativo más obvio para explicar toda génesis. No hay, con todo, en esta mitología un relato de creación, sino más bien esbozos de relatos de procreación: para ella el ser es la vida[27]. Ésta tiene, así, en tal ideología un origen y principio anterior al agua de la lluvia, aunque dependa de ella para su preservación en el contexto terrestre, en su forma segunda y limitada. El agua, sin embargo, tiene un origen también primordial, como en todas las cosmologías/cosmogonías orientales, y aparece como el ámbito en que se asienta la divinidad primordial mentada: el dios El tiene su morada en el «venero de los dos océanos», que resulta así el ombligo del Caos/Cosmos original, y que otras veces es descrita como la montaña primordial[28]. Dos concepciones que se complementan en la visión cosmológica global, pues dicha montaña se sitúa en la confluencia y origen de los dos océanos primordiales. Tan primordial como el propio dios supremo, este Caos no es objeto de creación ni procreación: es el contexto y contextura

---

[27] Cf. J.-L. CUNCHILLOS, «Peut-on parler de mythes de création à Ugarit?», en *La création dans l'Orient Ancien*, París 1987, pp. 79-96.

[28] Cf. *infra,* p. 118.

de la realidad primordial y total. Ese Caos primordial, acuoso y dual, de aguas dulces y amargas, es el sustento y el nido de lo divino en todas las concepciones orientales, en la egipcia y en la mesopotámica, por ejemplo[29]. Y de esa agua primera fluirán las emanaciones que aportarán el agua segunda a la tierra bajo la tutela del dios correspondiente.

Pero esta función fertilizadora que expanda el agua fecundante más allá del venero caótico primordial no es sin más evidente ni fácil[30]. El Caos primitivo encierra en sí otras fuerzas y el dios que lo habita e hipostasía engendra diversos hijos, los tres dioses principales: su hijo queridísimo, quizá el primogénito, Yam, el Mar, como prolongación sintética del Caos primordial ambiguo: agua, pero amarga y furiosa; y luego la pareja que desdobla esa ambigüedad: el dios de la Muerte, Mot, y el de la Vida, el «Señor», Baal. Esta tríada: Yam, Mot y Baal, representa la configuración primordial del cosmos siro-cananeo y un reparto de funciones y de ámbitos de actuación: océano, infierno, tierra, que constituyen la geografía mítica común a muchas religiones. Por que esa configuración no será estática, sino dinámica. Esos tres representantes resultan en realidad tres antagonistas que se enfrentan incesantemente, míticamente, en torno al hecho primordial que absorbe el interés, la preocupación del creyente y del mito-teólogo siro-cananeo: la salvaguarda de la vida. Ellos son y serán el enemigo, el patrón, el devorador de la vida, que resulta así amenazada por sus extremos: su principio y su fin.

Sobre este marco genérico de organización y reparto del espacio cósmico vamos a rastrear las sucesivas descripciones/dramatizaciones que el mundo siro-cananeo nos ofrece del mismo a lo largo de su historia. Distinguiremos a ese respecto *tres horizontes* o perspectivas desde las que se plantea el origen y funcionamiento de nuestro mundo, básicamente en forma de drama, de relato dramático personalizado.

[29] Cf. *supra,* p. 72.
[30] Para una visión más desarrollada de la mitología siro-cananea al respecto y sus textos véase G. DEL OLMO LETE, *Mitos y leyendas de Canaán según la tradición de Ugarit*, pp. 143 y ss.; IDEM, en *MROA* II/2, pp. 85 y ss.

1. El primer horizonte de la creación/organización del Cosmos: la creación de la vida de todos los vivientes (Ugarit)

La más antigua y completa versión del pensamiento mítico siro-antiguo nos la ofrecen los textos ugaríticos (s. XIII a.C.). En ellos el interés se centra, como decíamos, en la salvaguarda de la vida como contenido y sentido del Cosmos: ser es vivir, la nada es la muerte. Éste es su horizonte de la totalidad, pues el Cosmos como un todo es primordial, no se crea. El desarrollo de este proceso de salvaguarda se dramatiza en un doble antagonismo que enfrenta a los tres dioses primordiales como detentores de las fuerzas básicas del Caos/Cosmos, bajo la supervisión del supremo dios-padre, El, que asiste impasible a esos enfrentamientos, los fomenta incluso y acaba sancionándolos.

El primero de esos contrastes es el que enfrenta a Yam, dios del Mar, y a Baal, dios de la Tierra. Es como si la ciudad portuaria de Ugarit se viera atrapada entre esas dos realidades y de una experimentara su beneficencia y de la otra su constante amenaza. En realidad no se trata de una mitología simplemente geográfica: el dios Yam es el correlato del mesopotámico *têmtum* y del bíblico *t^ehôm*, la emergencia del «abismo» o Caos primordial sin fondo ni frontera que todo lo envuelve y amenaza con engullir en su indiferenciación informe, y sobre el que se sustenta de manera inestable y arriesgada la tierra. Defenderla es defender el ámbito de la vida, de la primera diferencia, de las nuevas formas de ser, aunque sea de un ser perecedero y provisional. Por eso la tierra se entiende siempre como espacio fértil: el desierto es otra forma de vuelta al Caos, y como tal, dominio del dios de la Muerte que atacará así a la vida por la espalda, después de la ardua victoria que ha asegurado su afirmación.

El adalid de este enfrentamiento es Baal, el gran héroe y protagonista de esta mitología. Él es el «Señor de la Tierra», su esposo y fertilizador, el gran dios de la vida, que ha recibido el encargo más arduo en la configuración del Cosmos: defender y salvar en lucha incesante la diferencia y el orden, la vida en todas sus formas, frente a las fuerza entrópicas del Caos y la Muerte que la insidian sin cesar e intentan anegarla y borrarla. La dramatización de este primer contraste es viva e intensa. En un primer momento, y de acuerdo con su naturaleza caótica, el dios Yam cuenta con el apoyo y beneplácito del dios supremo, El, el morador de la «aguas primordiales» que tiene en él su imagen más próxima y directa, su primogénito, diríamos («el amado de El», se le llama), aunque esto no se afirme de modo claro. Le recomienda destronar a Baal, impedir su afirmación, que en el fondo es impedir la «renovación» de su soberanía sobre la tierra. No debe olvidarse que estamos ante una mitología cíclica cerrada, que podría iniciarse por cualquier punto: éste, que señala el contraste Yam-Baal, es el aparentemente más lógico y primordial para nuestro modo de ver. El bautiza a Yam con un nombre de predilección y le promete un palacio, es decir, la soberanía sobre sus hermanos los demás dioses, grandes y pequeños, mayores y menores, pero no impone su favor. Éste debe ganarse en la lucha y la victoria sobre su oponente. Las fuerzas que representan estos tres dioses primordiales, sus hijos, son su propia fuerza y están ahí operantes una vez que se las ha engendrado, más allá de sus predilecciones naturales como dios primero con su propio ámbito y ambiente: el océano primordial y la corte de los seres divinales. La fuerza de la vida, de su propia vida, que incorpora Baal, se abre ahora a un nuevo ámbito, el de la vida mortal, que resulta una participación muy parcial de la divina, muy costosa y un poco caricaturesca. No es de extrañar que esa expansión le resulte en principio carente de importancia, incluso molesta, frente a la potencia caótica, inmanente y homogénea con su ser original, que representa Yam. Más tarde veremos a El cambiar de opinión y tornarse en defensor de la vida y de Baal, encontrar incluso regusto al juego de la vida terrena en aventuras amorosas con las hijas de esta vida, según nos certifica la mitología del ciclo menor.

Yam está, pues, abocado a enfrentarse con Baal y a las primeras de cambio su superioridad se impone: la del furioso Mar contra la inerme y estática Tierra[31]. Baal está a punto de sucumbir; la vida, de

---

[31] La exposición básica más detallada de las dos primeras tablillas que refieren este contraste Yam-Baal resulta todavía la de M. Smith, *The Ugaritic Baal Cycle. Volume I. Introduction with Text, Translation and Commentary of KTU 1.1-1.2* (SVT 55), Leiden-Nueva York-Colonia 1994; véase también nuestra exposición citada en n. 30.

quedar engullida. Pero en este preciso momento viene en su ayuda una fuerza autónoma, todopoderosa por encima de la voluntad misma de los dioses, a la que el mismo dios supremo, El, tendrá que recurrir cuando quiera imponer su voluntad en contraste con la de otras divinidades, en concreto con la de su paredra, Ashera, que manifiesta tendencia a obrar por su cuenta. Es la fuerza de la magia y de su dios Kothar, que en la mitología siro-cananea aparece siempre al servicio de la vida. Es como si el Caos, el todo primordial, se hubiese fraccionado en dos poderes: el de la voluntad, encarnada en los dioses, y el de la fatalidad (la ley natural), con sus estructuras propias e infalibles, que hay que saber dominar si se quiere escapar a ellas y que son el dominio (la magia) de un dios particular, Kothar. En el esquema canónico este dios debería ser hijo de El y Ashera; en el mito aparece, con todo, como completamente autónomo y en este caso concreto decididamente del lado de Baal, contrarrestando así el favoritismo de El para con Yam, y eso de manera comprometida, práctica y activa, posiblemente desde un compromiso previo, desde una táctica tramada y consensuada de antemano entre los dos.

Cuando Baal está a punto de ser abatido por Yam, en el momento al parecer en el que éste se siente más ufano y seguro de su victoria, aparece el socio mágico:

> ¿No te lo dije, ¡oh Príncipe Baal!,
>> no te lo repetí, ¡oh Auriga de las nubes!?
> Ahora a tu enemigo, Baal,
>> ahora a tu enemigo debes aplastar,
>> ahora debes destruir a tu adversario.
> Posesiónate de tu reino eterno,
>> de tu dominio por los siglos de los siglos.
> ...
> Saltó la maza de las manos de Baal,
>> como un águila de sus dedos;
> golpeó en el cráneo al Príncipe Yam,
>> en la frente al Juez Nahar.
> Se desplomó Yam,
>> cayó a tierra.

Pero no tengamos miedo, los dioses nunca mueren; para ellos la muerte es sólo un avatar de su indestructible existencia: la muerte misma será un dios inmortal. Yam estará siempre al acecho, dispuesto a renovar su ataque. Ha sido sólo domeñado, hecho siervo de Baal, que le extraerá el jugo vital de su agua en forma de nubes, sobre las que cabalgará triunfante, expandiendo sobre la tierra la lluvia fecundante. Pues la vida es la lluvia en aquel contexto geofísico de que hablábamos al principio. El «Señor de la Tierra» es el «Auriga de las nubes», su dulce voz, anunciadora de la vida, es el trueno, su arma el rayo. Baal es el dios de la tempestad, del aguacero, y así el dios Señor de la tierra fértil.

Un segundo mitema baálico desarrolla esta afirmación de Baal como rey de los dioses y de los hombres, aspecto este que a ellos sobre todo interesa; afirmación que la suprema pareja, El y Ashera, sanciona a pesar de las primeras reticencias y simpatías caóticas. Un palacio maravilloso le es concedido en el que el Baal se asienta y desde el que afirma su dominio incontrastado y reparte su benéfica bendición de fertilidad[32].

Pero la mitología siro-cananea es tremendamente empírica, científica podríamos decir, y no pierde de vista el carácter frágil y transitorio de esta vida arrancada al Caos bajo el patrocinio de Baal. Éste, como encarnación suya, deberá ahora enfrentarse al segundo enemigo que la va a acechar, inscrito en su propia caducidad: ésta no es la vida divina, es perecedera, está abocada a la muerte. En el momento mismo en que Baal celebra su triunfo y convoca a tal fin a todos sus hermanos a un banquete, el dios de la muerte, Mot, se hace presente y le reta a venir a su encuentro para enfrentarse a su destino. Parecería como si Baal se hubiera olvidado de este destino circular de la vida que él reparte y que sólo se afirma en su incesante renovación: la vida continúa, pero los vivientes mueren. Y Baal, el viviente por excelencia, asume este destino y «muere» él mismo, desciende a las fauces de su enemigo, la Muerte, que lo devora.

---

[32] Véase el reciente estudio en el que analiza este mitema, M. S. SMITH y W. T. PITARD, *The Ugaritic Baal Cycle. Volume II. Introduction with Text, Translation and Commentary of KTU/CAT 1.3-1.4* (Supplements to Vetus Testamentum, 114), Leiden-Boston 2009.

La situación parece irremediable, se diría que la otra fuerza caótica, entrópica, ha triunfado, allí donde la primera falló. El mismo dios supremo deplora la situación creada por la muerte de Baal, que deja desamparados a sus otros hijos (El es también «padre del hombre», aunque no sepamos cómo, ni se nos describa su creación/generación), que el triunfo de Baal le permitió tener. Nada ni nadie puede sustituir a Baal, ningún dios está a su altura para poder ser «Rey de la tierra». El deplora la muerte de Baal y decide ir a su búsqueda:

> Alzó su voz y exclamó:
> ¡Baal está muerto! ¿Qué va a ser del pueblo?
>   ¡El hijo de Dagón! ¿Qué va a ser de la multitud?
> En pos de Baal voy a bajar al «infierno».

Pero la búsqueda, que a él le resultará infructuosa –El no puede bajar a las fauces de su hijo Mot, donde ha quedado atrapado Baal–, resultará afortunada a otra divinidad. Como en el caso de la primera situación desesperada en que se vio envuelto Baal, también en esta segunda tendrá a su disposición una fuerza divina que lo salve. Si en aquella situación fue la magia, ahora será la fuerza del amor celoso y avasallador, fuerte más que la muerte, de su «hermana/esposa» la diosa Anat, como Ishtar en Babilonia diosa del amor y de la guerra, a la que ningún dios, ni siquiera el dios supremo, se puede oponer con éxito. Como la magia, se trata de una fuerza primordial que la paternidad de El ha liberado del Caos y puesto en pie como fuerza autónoma, encarnada en su hija Anat. Lo curioso, o certero, de aquella visión fue el hermanar el amor y la guerra, la pasión destructora y avasalladora, bajo una misma figura femenina divina.

El dios Mot se vanagloria ante ella de haber devorado a Baal y ante su negativa a devolverlo, pues la muerte es inmisericorde y no devuelve/vomita jamás a sus muertos, menos al muerto total, el dios de la vida, la diosa Anat atrapa, despedaza y tritura a Mot, a la Muerte, la disemina en el campo y posibilita, así, que el «alma» de Baal escape a sus fauces y se reincorpore a su cuerpo, que ella misma había enterrado en su palacio del monte Safón, la mítica morada del dios.

De nuevo, no tengamos miedo, que el dios de la Muerte no muere, aunque lo maten. Está ahí como una potencia indestructible y aún habrá de medir sus fuerzas con Baal en singular combate.

Éste aparece así como el dios que muere y resucita, que asume y sufre el destino de la vida misma, que en él se incorpora. Vuelto a la vida, se encarga a la «Lámpara de los dioses», el dios Sol, que dé con él, pues su resurrección es segura. El mismo dios supremo, convertido en oniromante, le ha visto brotar en sueños: la vuelta de la lluvia de otoño, el aceite y la miel que fluye por las torrenteras, son el testimonio seguro de que Baal está vivo y operativo. La vida sigue, el Cosmos está a salvo. En esta concepción cosmológica el ser es un oasis, un *pardēs* o paraíso. La existencia es el agua, el ser, la vida. Se trata de una metafísica «biológica» y empírica en que el tiempo cíclico, el ritmo estacional empírico, ha distribuido y acoplado el momento de actuación de cada fuerza cósmico-caótica: el tormentoso invierno, que paraliza toda actividad y amenaza las playas con sus galernas, es el momento de Yam, el de la sequía estival, que abrasa la vida y seca la tierra, es el de Mot, el de las lluvias benéficas y mansas de otoño y primavera, que hacen germinar las cosechas, el de Baal, que se encuentra así asediado y amenazado insistentemente por sus hermanos divinos de poder caótico.

El colofón del mito lo forma el enfrentamiento directo de Baal, vuelto a la vida, con Mot, el dios muerto de la Muerte que no muere. Se trata de demostrar la supremacía entre ellos y de paso aniquilar, dejar fuera de juego de una vez por todas a la Muerte. Pero de nuevo es aquí donde la sabiduría siro-cananea del mito baálico alcanza cotas de altísimo realismo y lógica. Vida y muerte miden sus fuerzas y el combate queda en tablas: «Mot era fuerte, Baal era (tan) fuerte». No podía ser de otra manera en una concepción cíclica de la vida: ésta se debe afirmar cada año, en el *tempo* vital de cada ser. En esta situación la sabiduría del dios Sol aconseja a Mot aceptar la sumisión momentánea a Baal, que tiene ahora su tiempo con el beneplácito del dios supremo. Pero la fuerza de la muerte queda intacta. El mito siro-cananeo manifiesta así, lejos de un optimismo simplista en el triunfo de la vida, una concepción agónica de la existencia, como contraste permanente entre la vida y la muerte, perennemente renovado y con sus respectivos momentos de afirmación. Lo que comenzó en su mitología como una configuración del Caos primitivo en tres esferas de poder divino (océano, tierra, infierno), acaba como una estructuración de la existencia humana desde el contraste vida/muerte, en cuanto reflejo del influjo de esos poderes y de la inserción en su interacción[33]. La vida, como forma definitiva del ser, se presenta como una realidad lábil, encorsetada en un círculo sin escape, atacada en su origen y en su desenlace por dos fuerzas caóticas y entrópicas, y denodadamente defendida por otra que la saca adelante a costa de su propia pasión y muerte. Tardarán mucho aún en llegar aquellos visionarios de los últimos tiempos que aseguren: «Yahweh Sebaot hará desaparecer la Muerte para siempre» (Is 25,8); «Yo les libraré del poder del Sheol, yo les salvaré de la Muerte» (Os 13,14); «La Muerte ha sido engullida por la victoria. ¿Muerte, dónde está tu triunfo?» (1 Cor 15,54ss.). El cristianismo se alzará sobre este empirismo agónico poniendo la fe en su Señor, quien con su poder divino y su propia pasión y muerte vencerá a la Muerte y transformará para los creyentes la evidente agonía en esforzada esperanza.

No tenemos, pues, en el ámbito siro-cananeo, un relato mítico de creación propiamente tal, sino una dramatización mitológica que trata de interpretar la vida terrena como fenómeno cumbre del Cosmos. Tenemos, eso sí, una estructura básica de su configuración que perdurará durante siglos.

2. El segundo horizonte de la creación/organización del Cosmos: la creación de la casa del hombre (Israel)

La representación hebrea antigua del origen del Cosmos asume y desmitifica muchos elementos de la concepción siro-cananea expuesta más arriba, así como otros provenientes de la tradición mesopotámica. En general, manifiesta una preocupación más antropoló-

---

[33] Véase a este propósito B. MARGALIT, *A Matter of «Life» and «Death». A Study of the Baal-Mot Epic* (CTA 4-5-6) (AOAT 206), Neukirchen-Vluyn 1980; G. DEL OLMO LETE, *Mitos y leyendas de Canaán*, pp. 147 y ss.

gica. El hombre y su ámbito social, sobre todo el propio pueblo, ocupan el centro; el resto del Cosmos es sólo su casa y su ajuar, todo él a su servicio. Pero esta vez sí que tenemos un relato de creación, por partida doble y con amplia resonancia en la propia literatura hebrea. Pero de nuevo, más que de un relato de creación, se trata de un relato de ordenación del Caos primordial. Éste no es creado, se parte de él. De acuerdo con este tipo de relatos en toda la literatura oriental, la primera cláusula del mismo debe traducirse[34]:

> En el momento inicial de la creación por Dios de los cielos y de la tierra, siendo ésta un caos informe, con las tinieblas recubriendo el abismo y un huracán potentísimo (o «enviado por Dios») que se cernía sobre las aguas, dijo Dios: ...

Cuando Dios comienza a crear (Gn 1,1), su palabra cae sobre un caos primigenio, acuoso, turbulento y oscuro, para ir separando y domeñando sus elementos básicos, que se hallan en él mezclados: la luz y las tinieblas, las aguas superiores y las inferiores, el viento impetuoso. Este caos *(t^ehôm)* recuerda la confluencia de los dos océanos en que mora el dios El y sobre todo el *apsu-tiamat* de la cosmogonía babilónica, pero desprovisto en todo caso de carácter divino[35]. El Dios de Israel no lo crea, no podría crear algo así, pero tampoco lo tiene como contrincante que escape a su control. No se plantea, pues, tampoco en este caso la creación en el horizonte del ser y la nada, sino del Caos y el Cosmos, de lo indiferenciado y el Supremo Ordenador. El Cosmos nacerá como una especie de «huevo», como una burbuja luminosa y palpitante de vida en medio de la confusión oscura y estéril de aquél; o según otra visión más pragmática, como un oasis *(pardēs)*. En todo caso, como una morada perfectamente amueblada para uso y disfrute del hombre.

Así, según el primer relato bíblico (Gn 1,1–2,4a), el Cosmos habitable se organiza como una gran tienda cuya cúpula, el firmamento,

---

[34] Cf. *supra*, n. 11.
[35] Cf. *supra*, n. 1.

lo estructura, según el modelo cananeo, en un triple espacio: los dos océanos, superior e inferior, la gran matriz caótica, el espacio habitable cielo-tierra, y el mar, que es el reflujo del océano inferior. La tierra, según la representación mesopotámica, se presenta como una extensa plataforma sostenida por columnas que se hunden en el abismo, mientras la cúpula celeste se apoya en los «Montes eternos», situados en el confín de la plataforma terrestre, que se configura así como una gran hondonada, vista en perspectiva pluridimensional. Esta organización del Cosmos ocupa tres días, los otros tres se dedican a repoblar esos espacios con astros, peces y aves, animales y humanos. La creación de éstos, que cierra la labor, era en realidad su intención primera y el hombre aparece como el único ser que poseerá algo de divino, aunque nada más sea el reflejo de Dios: su imagen. Antes de culminar este proceso, Dios se detiene y delibera:

> Dijo Dios: Hagamos al hombre a nuestra imagen y semejanza; que ellos dominen a los peces del mar, las aves del cielo, los animales domésticos y a todo bicho que se mueva sobre la tierra. Y creó Dios al hombre a su imagen, a imagen de Dios lo creó, varón y hembra los creó.

Se trata, pues, de un ser levemente divino, soberano, dual y vegetariano, el que culmina la primera creación bíblica de los seis días. El séptimo es ya el día de la celebración y la contemplación de la tarea realizada, de la entropía divina a que esta afanosa obra está llamada.

La otra narración (Gn 2,4b–2,25) parte del desierto seco, sin agua, la experiencia cultural de la nada y el caos informe propia de pueblos seminómadas de zonas desérticas.

> Cuando el Dios Yahweh hizo la tierra y los cielos, y antes de que hubiese brote alguno de las praderas en la tierra, y la hierba del campo hubiese germinado, pues el Dios Yahweh no había hecho caer la lluvia sobre la tierra, ni existía el hombre que trabajase la tierra y corriente alguna que surgiese de la tierra y regara la superficie del terreno, modeló (entonces) el Dios Yahweh al hombre con polvo del suelo e insufló en sus narices aliento vital, con lo que el hombre se convirtió en un ser vivo.

En este caso el hombre varón es la primera obra, y el resto, sin calendario previo, viene a completar su bienestar. Pero es un relato mucho más sintético que el primero y en él se mezclan los elementos de supervivencia física con los de diferenciación moral, intelectual y afectiva. Empieza ofreciendo un ser que no sólo se parece a Dios, sino que lleva en sí un soplo divino, según el modelo mesopotámico que le hace proceder de la tierra mezclada con sangre del dios vencido por Marduk[36]. En realidad, casi todas las religiones han concebido al hombre como un ser intermedio entre la naturaleza y la divinidad. Para garantizar su feliz subsistencia se planta un vergel, un oasis regado por cuatro ríos, ideal supremo del morador del desierto. Pero esta felicidad va acompañada del despertar de su conciencia moral, de su obligación para con su Creador, de su sumisión y obediencia, aunque el objeto sea aparentemente vanal y nada complicado. En el momento mismo en que es creado en total felicidad se ve enfrentado a su destino trágico: ley, pecado y muerte son un horizonte histórico primordial:

> Puedes comer de todos los árboles del jardín, pero del árbol de conocer el bien y el mal no comas, porque el día en que comas de él, tendrás que morir.

Con ello el hombre entraría en una esfera que le trasciende y que se le daría resuelta en la «ley» divina. Entrar en esa esfera es embocar un camino de tragedia y muerte, de desorientación y búsqueda extenuante, que le hará trágicamente infeliz. Al querer trazar por su cuenta su propio camino, vagará descarriado por los siglos entre «sangre, sudor y lágrimas», como diría el poeta.

Luego se le rodea de un contexto de diversidad ecológica que desvela su capacidad para organizarla, nombrarla: el lenguaje aparece también como una componente primordial de la humanidad:

> El Señor modeló de arcilla todas las fieras salvajes y todos los pájaros del cielo, y se los presentó al hombre para ver qué nombre les ponía. Y cada ser vivo llevaría el nombre que el hombre le puso.

---

[36] Véase sobre el relato mesopotámico de creación la obra conjunta citada *supra,* n. 11.

Y finalmente, cuando se completa su propio ser con la creación de la mujer (creada aquí al final del proceso, como su culminación, mientras en el primer relato se los creó conjuntamente como un ser «hombre» [*'ādām*] dual), se descubre el amor como la suprema realidad antropológica:

> ¡Ésta sí que es hueso de mis huesos y carne de mi carne!... Por eso un hombre abandona padre y madre, se junta a su mujer y se hacen una sola carne.

Este segundo relato, mucho más colorista y desordenado, refleja más plenamente la experiencia religiosa global que el Israel histórico vivió a lo largo de los siglos. El primero, en cambio, resulta más cultural, ordenado y «científico», fruto de una reflexión erudita. Con estos relatos el antiguo Israel programa su visión del mundo, cosmológica y antropológica, que presidirá todo su desarrollo, su historia religiosa, tal y como se refleja en su escrito canónico, la Biblia Hebrea. O, mejor dicho, este programa inicial es el fruto de tal experiencia histórica. En ella asume elementos de representación del Cosmos propios de las culturas circundantes y los despoja de todo contenido divino, llevando a cabo un profundo proceso desmitificador del mismo.

Ese marco cosmológico operará como fondo implícito de su experiencia y expresión religiosa que en momentos específicos recibirá una formulación solemne y festiva, convertido en un motivo clave de celebración cúltica y de reflexión sapiencial. La primera alcanza su expresión más alta en el Salmo 104, canto al Dios Creador, asentado en su palacio, que se sitúa en el «gran océano superior», desde donde envía la lluvia a la tierra, montado sobre el «carro de las nubes», lo que nos recuerda motivos míticos cananeos. El canto lírico se desarrolla sobre la plantilla narrativa del primer relato del Génesis.

> Bendice, alma mía, al Señor: Señor Dios mío, eres inmenso.
> Te revistes de belleza y majestad,
>   la luz te envuelve como un manto.
> Despliegas los cielos como una tienda,
>   tus altos salones techas sobre las aguas.

Las nubes te sirven de carroza

...

Pero a tu bramido huyeron (las aguas),

...

Trazaste una frontera infranqueable,
      para que no vuelvan a cubrir la tierra.

Esta exaltación poético-cúltica del Creador se hace exaltación
mística y contemplativa de su obra en la reflexión de los sabios, que
ven ella su reflejo, la obra de su sabiduría, y en ésta el instrumento,
el mediador, el arquitecto de la actuación del Dios trascendente (Prov
8,24ss.; Eclo 24,3-6; 43,1ss.), en una perspectiva más amplia, pero
que rememora los elementos cosmogónicos que suponía el relato de
Génesis 1.

El Señor me estableció al principio de sus tareas,

...

antes de comenzar la tierra.
Antes de los abismos fui engendrada,

...

No había hecho aún la tierra y la hierba,

...

      cuando trazaba la bóveda sobre la faz del abismo,
cuando sujetaba el cielo en la altura,
      y fijaba las fuentes abismales,
cuando ponía un límite al mar y las aguas
      para que no traspasasen su mandato,
cuando asentaba los cimientos de la tierra

...

La voz de su trueno estremece la tierra
      y al verlo, tiemblan las montañas.

...

Su sabiduría domeña el océano

...

Él es más grande que todas sus obras.

...

Israel tuvo plena conciencia de la función creadora de su Dios, así como del carácter sublime, pero en ningún caso divino, de su obra.

3. El tercer horizonte de la creación del Cosmos: la génesis especulativa de la totalidad (Fenicia-Grecia)

Así como la cosmología hebrea supuso una desviación de la concepción cananea en razón de una distinta experiencia religiosa, monoteísta y desmitificadora, la cosmogonía que nos transmite Filón de Biblos (s. II d.C.) en su denominada *Historia fenicia* se presenta como traducción de una obra escrita siglos antes en fenicio por el sacerdote Sanchunyatón[37]. Supone en realidad también una revisión de la tradición cananea desde el enfoque y perspectiva del pensamiento griego euhemerístico, es decir, desde una reinterpretación de la mitología como disfraz de la historia: lo que el mito transmite son en realidad experiencias y hechos históricos de hombres mortales de un pasado remoto que la ignorancia o el interés convirtió en dioses. Recobrar esa historia por encima o por debajo del mito es la pretensión del euhemerismo. Se puede decir que estamos ante una cosmogonía «atea», desdramatizada, en la que la génesis de las realidades no está presidida por una voluntad exterior que determina su estructura. En lugar de dioses tenemos principios inmanentes. Podemos, pues, hablar de un cierto planteamiento especulativo, a medio camino entre la física y la psicología. En ningún caso metafísico: tampoco aquí aflora el horizonte del ser y la nada.

Como principio original, dentro de la más ortodoxa ideología siro-cananea, se menciona «el caos turbulento y tenebroso»; viento y tinieblas son las más primordiales realidades o, mejor dicho, los componentes de la realidad infinita y eterna, amorfa pero bullente, que hoy definiríamos como un magma de alta energía[38]. Pero a conti-

[37] El texto de Filón puede consultarse en J. CORS I MEYA, «Filón de Biblos. *La Historia fenicia*», véase *supra*, p. 69, n. 9.

[38] Cf. *supra*, p. 69.

nuación, estos principios neutros adquieren caracteres antropológicos: resulta que el viento se enamoró de sí mismo y de su entorno, la energía primera se polarizó *(sýgcrasis)* diríamos nosotros, se tensó en «Deseo» y «Muerte», *Póthos* y *Môt*, polos positivo y negativo, principio de orden y de entropía. Recuérdese la teogonía siro-cananea en la que también aparecía el dios de la muerte con el mismo nombre, Mot, como una realidad primordial[39]. Los otros dos dioses, Yam y Baal, podrían ocultarse en ese «deseo» como fuerzas vitales al fin y al cabo.

> Y éste fue el principio de la creación de todas las cosas, pero él mismo no conocía su propia creación [es decir, fue increado], y de la conexión con él del viento nació Mot.

La confusión de esta formulación es ella misma caótica, como toda especulación sobre el origen que pretende deducir la múltiple de lo uno. El viento o el «Espíritu» *(pnéuma)*[40] es en todo caso la energía primera que se desdobla, se hace «Amor» y por ello mismo genera su propia destrucción, como un proceso eternamente renovable y cíclico de deseo y muerte, curiosamente similar a lo que el moderno psicoanálisis formuló como la alternancia de *'éros* y *thánatos*. Y podemos confiadamente suponer que Freud no había leído a Filón de Biblos. Estas fuerzas primordiales, el deseo y la muerte, la acción y la pasión, constituyen la primera formulación antropomórfica, no mitológica, de la ley de la entropía. Huyendo del mito estos «filósofos» cayeron en el antropomorfismo.

Esta energía tempestuosa e informe primera otros autores, según Filón, la concebían como un barro o una masa en putrefacción de la que germinó toda semilla, según un modelo diferente, el vegetal, curiosamente también esta vez parecido a las representaciones que en nuestros días se hacen sobre el origen de la vida, de los seres vivos y su medio original. De todos modos, una vez deducida esta polariza-

---

[39] Cf. *supra*, p. 83.
[40] Cf. *infra*, p. 68 y s.

ción del Caos primordial, el proceso de creación ya está asegurado, las realidades irán saliendo unas de otras, de nuevas parejas originarias, en un proceso por etapas cada vez más precisas, hasta abocar a la configuración del mundo tal como el hombre histórico lo ha conocido. Todo paso decisivo en la evolución del mundo y de la cultura tiene su momento y origen precisos.

En un principio surgen de aquella polarización primordial indefinida, por una parte, estructuras de vida insensible que generan a su vez otras inteligentes, es decir, perceptivas, pero en forma de «huevos», en estado latente. Se establece así una progresión en la aparición de las formas de vida. Por otra parte, aparecen los astros, brillantes bajo el poder de Mot, el dios del destino último. Curiosamente, en la literatura ugarítica, el dios Sol está a las órdenes de Mot como su instrumento, el que acarrea la sequía y la muerte; divinidad ambigua que tanto ilumina y guía como mata: dios de vivos y muertos, nada escapa a su influjo. Viajero eterno de oriente a occidente, por el día ilumina y calienta, en algún momento en exceso, a los vivos; por la noche, a los muertos. No hay que olvidar, por otra parte, que para los antiguos el firmamento, presidido por el sol, era un cuadro de sabiduría palpitante, pero también fatídico, del que dependían la vida y la muerte, que se debía aprender y padecer. Y comenta a continuación Filón: «Ésta es su cosmogonía, que introduce abiertamente el ateísmo». Es decir, la no necesidad de dioses para explicar el origen del cosmos.

A continuación, una vez organizado el firmamento, como en la cosmogonía bíblica, comienza la organización del mundo empírico. En primer lugar, el ámbito celeste o meteorológico, ahora ya despejado y luminoso, con la aparición de la lluvia y la tormenta que pone en movimiento la vida latente de los animales mencionados más arriba, que empiezan a pulular sobre la tierra y en el mar, según el conocido esquema bíblico, con animales sexualmente diferenciados. Y como siempre del viento, organizado ahora en pareja progenitora, nace la primera pareja de hombres, *'Eón* y *Protógonos*, el «Tiempo» y el «Primogénito». Y comienza con ellos (nada se dice del principio femenino, por lo que se ha especulado que se trata de personajes hermafroditas) la historia y sus descubrimientos que les dan nombre y fama. El alimento obtenido de las plantas fue el primero, es decir, la primitiva humanidad fue recolectora y vegetariana, como ya programaba la Biblia. El segundo gran invento de la humanidad primera fue la divinidad, como dadora de la fecundidad por la lluvia:

> Cuando había grandes sequías, tendían sus manos al cielo, hacia el sol, pues consideraban dios a éste, único señor del cielo y le llamaban Beelsamen, que es para los fenicios «el señor del cielo», y para los griegos, Zeus.

Los dioses, y el primero el sol, según la fe de Akhenatón, son para el ateo y euhemerista Filón de Biblos obra de los hombres: éstos nacieron del hambre, como para el autor romano nacieron del miedo[41]. A partir de aquí todos los sucesivos inventos de la humanidad llevan el nombre de sus descubridores, identificados objeto y autor: «Luz», «Fuego», «Llama». Nacen los «Gigantes», cuyos nombres se perpetúan en las montañas en que viven, y que engendran hijos en un ambiente de desenfreno sexual, como recuerda también la Biblia (Gn 6,1-4). De su descendencia arranca la historia de la cultura: la choza, el vestido, la deforestación, la navegación en balsa, el culto de los muertos, la caza y la pesca. La invención del hierro y su forja se atribuyen a un tal *Khúsor*, el Kothar ugarítico, el Hefesto griego, descubridor de la magia y de la técnica (anzuelo, cebo, sedal, almadía, barca), por lo que mereció ser adorado también como un dios. De su progenie nacen los inventores de la arquitectura y sus técnicas, el urbanismo y la cultura sedentaria (agricultura y ganadería), así como el arte culinario (la sal). La Biblia hará derivar estos elementos culturales del linaje de Caín (Gn 4,17-26). La escritura, la navegación de alta mar y la medicina (herboristería y conjuros) cierran la lista de los inventos que los grandes hombres de antaño lograron para sus descendientes, quienes los exaltaron al rango de dioses.

---

[41] *Primus in orbe deos fecit timor*, según P. PAPINIUS STATIUS (40-96 d.C.), *Thebais* 3, 661; véase a este respecto J. SANMARTÍN, «Mitología y religión mesopotámicas», en *MROA* I, p. 264.

También de estos hombres-dioses se traza la historia y genealogía, narradas como historia humana, que se inicia, al parecer, en una época contemporánea de la de los primeros hombres, si nos atenemos a algunos de sus nombres, que parecen duplicarse. La primera pareja divina la formaron *'Elioûm ('Elyôn)/Hípsistos* y su mujer *Beroúth*, «que vivieron cerca de Biblos», de los que nació *'Epígeios-Aủtóchthōn*, «que más tarde llamaron Urano». De todos modos, se trata de una historia privada, propia de los dioses, sin la significación cultural que presenta la de los hombres-hombres. En ella se mezcla la teogonía griega (Hesíodo) con la mitología siro-cananea, en un complicado sincretismo que queda, de todos modos, lejos ya de nuestra preocupación cosmogónica. Es básicamente una historia de familia, la de Cronos, que fue mitificada en razón de su propio valor simbólico y de los méritos culturales atribuidos a sus protagonistas. Para el autor de la *Historia fenicia* la mitología y el mundo de los dioses constituyen un invento tardío de la humanidad que camufló el verdadero sentido de la historia. Este racionalista desmesurado, huyendo de la mentira del mito, le otorgó una verdad mucho más engañosa, convirtiéndolo en una historia increíble, sin entender su carácter simbólico.

4. El cuarto horizonte de la creación del Cosmos: la creación del todo (cristianismo), un epígono siro-cananeo

Cuando se escribe/traduce la *Historia fenicia* (época de Adriano), hace ya un siglo que se está fraguando en el mundo grecorromano una revolución ideológica que acabará por avasallarlo: el cristianismo. Heredero de la fe religiosa hebrea, la libera de todo resto de representación cananeo y promulga como artículo primero de su credo la fe en «Dios-Padre todopoderoso, creador del cielo y de la tierra». La resonancia bíblica es clara, pero ahora ha desaparecido toda alusión al caos primitivo: sólo aparecen, relacionados y distintos, Dios y su obra. De la forma primaria de lo divino, el Dios-Padre, sólo se confiesa esta actividad: la creación, pero de ella no hay relato, cosmogonía; se asumirá, no sin riesgos históricos, la representación hebrea: el esquema de los seis días. La especulación posterior, asumiendo el planteamiento metafísico griego, la formulará en términos absolutos de «el ser y la nada», de lo necesario y lo contingente. Incluso algún Padre de la Iglesia se atreverá a designar a la divinidad primordial, el Padre, como el *bythós*, «abismo», en cuanto hontanar insondable del ser, que no nace de y en un Caos primordial, sino que es Él mismo la fuente luminosa de toda existencia[42]. Han desaparecido el agua y las tinieblas, sólo resta en ese «abismo» la «luz» (el Hijo: «luz del luz») y el «viento-espíritu» (*ágion pnéuma*: la tercera persona de la Trinidad). La purificación de la representación mítica ha sido total, hecha ahora especulación metafísica sobre la estructura tripersonal del ser originario. Se salvan, con todo, algunos ecos, las palabras justas («luz», «viento/espíritu») que aquélla comportaba, pues no hay de momento otras, y que serán pronto sustituidas por las impuestas por la sublimación especulativa: *lógos*, *'agápē*.

No obstante, el cristianismo ha vivido largamente condicionado por la representación cosmogónica de la Biblia Hebrea. La polémica ciencia/religión se centró desde los tiempos del Renacimiento en el geocentrismo que supone el relato de Jos 9,12ss., ordenando al sol y a la luna que pararan su curso en torno a la tierra, geocentrismo que de alguna manera está supuesto en el relato del Génesis: los astros son creados el cuarto día para definir el ciclo del calendario de una tierra que les ha precedido en su organización. Es significativo a este respecto el diálogo entre los hermanos Karamazov, en la novela homónima de Dostoïevsky, en el que Smerdiakoff pregunta cómo es posible que se creara la luz el primer día de la creación y el sol el cuarto. La respuesta fue un solemne bofetón de parte de Iván, el filósofo de la familia, que acepta, no obstante, la representación bíblica. El caso Galileo, cuyos últimos ecos apenas acaban de extinguirse, fue la expresión más llamativa de esa polémica, generada por una hermenéutica fundamentalista que confundió un poema con un tratado de as-

---

[42] La noción de *bythós* es típica del gnosticismo valentiniano para referirse al eón primordial, «pre-principio, pre-padre», la «matriz» primordial; cf. G. FILORAMO, *L'attesa de la fine. Storia della gnosi* (Biblioteca Universale Laterza, 189), Roma-Bari 1987, p. 100, que aporta el texto correspondiente de Ireneo (*Adversus haereses*, I,1,1).

tronomía. En el siglo XIX el «Hexámeron» volvió a recobrar toda su vigencia en la misma polémica, centrada ahora en el binomio creación/evolución, a cargo del darwinismo emergente y que sabemos está todavía viva en círculos fundamentalistas cristianos y judíos.

El mundo siro-cananeo y oriental antiguo en general sintieron la urgencia de explicarse el origen y estructura del cosmos y nos legaron una serie de atisbos y representaciones que han tenido larga vigencia y han configurado en gran medida nuestra concepción cultural del mismo. Debemos mirarlos como un gigantesco esfuerzo de imaginación creadora, poética, por entender y configurar una «totalidad» que a nosotros mismos aún nos elude y que nunca podremos dibujar de manera adecuada. Por más que ante nuestros ojos coloquemos potentes telescopios, a la luz y al tiempo, que son su sustancia, no lograremos atraparlos.

Canaán e Israel
II. Escatología

I. LA RELIGIÓN DE LA VIDA Y LA MUERTE

La religión siro-cananea, tal y como la conocemos por la tradición ugarítica, se presenta en esencia como la religión de la vida y de la muerte, tanto en su representación mitológica como en su celebración cúltica. Ambas, Vida y Muerte, son hijas del dios supremo y mantienen un inagotable pugilato para afirmar su poderío, que queda en tablas: ninguna es capaz de anular a la otra. Tanto Baal, dios de la vida, como Mot, dios de la muerte, ellos mismos viven, mueren y vuelven a la vida, para morir de nuevo. En este ritmo trepidante e incesante se inserta la ideología regia y su celebración funeraria. El rey también vive y muere, para volver a la vida eterna y convertirse en inmortal («divino»), incorporado al ser y función de Baal, como el *rpu/ rāfā'*, «vivificador» por antonomasia.

La religión de Yahweh, en cambio, se deshizo de la muerte y se quedó sólo con la vida. Pero como tal, ésta se revela breve y truncada, una vez perdida la referencia a una realización ulterior. Ningún muerto, ni siquiera el rey, accede a la eternidad de Yahweh, el Dios único y solo que no admite tales incorporaciones baálicas. El muerto queda abandonado a su suerte a la boca de su tumba. La Biblia Hebrea carece así de escatología personal, lo que resulta su flanco más vulnerable frente a la seducción cananea. Una segunda Biblia, la apocalíptico-intertestamentaria, buscará complementar este aspecto, haciendo sitio, en el «día último y definitivo, al juicio de buenos y malos». Con ello se recupera la incorporación aludida, la vuelta al «seno del Padre», y se abre la muerte a la esperanza en la vida.

Las breves consideraciones que siguen van a intentar elucidar ese contraste histórico-religioso, que no deja de sorprender. ¿Qué motivó que el yahwismo original se desentendiese de los muertos hasta convertirlos en objeto impuro e impurificador, cediendo así a sus contrincantes una esfera tan decisiva de lo religioso, que al fin habría de recobrar?

Bien conocida es la precisión y valor moral de la escatología personal egipcia con su *psychostásis,* hasta el punto de poder considerarse esta religión como la religión de los muertos por antonomasia: «sus muertos son dioses y sus dioses son muertos», como apostrofa T. Mann en su *José y sus hermanos*[1]. La muerte es el gran momento que da sentido a la vida del individuo de a pie y determina la definitiva epifanía del rey, el Horus encarnado, como Osiris. La muerte adquiere así un profundo sentido político-social: regula las conductas y determina el carácter divino del poder regio.

En la mitología siro-cananea la concepción de la muerte va más lejos: es una hipóstasis divina derivada directamente de la divinidad primordial[2]. El dios Mot es uno de los tres hijos primordiales de la divinidad suprema y originante, El. Recibe incluso el nombre de «hijo amado/predilecto de El» *(mdd ilm),* título que, por ejemplo, nunca recibe Baal. Esta primordial emanación, podríamos decir, de la Muerte hace de ella una categoría ontológica, previa a la que supone su oposición a la vida, oposición que pondrá de relieve el contraste entre Baal y Mot, encuadrado ya en el ciclo estacional y específico de

---

[1] Cf. T. MANN, *José y sus hermanos. III José en Egipto,* Barcelona 2008: «Vuestros muertos son dioses y vuestros dioses son muertos, y vosotros no sabéis lo que es el Dios vivo» (citado por E. HORNUNG, *infra* n. siguiente, p. 145; y T. N. D. METTINGER, p. 167, en las obras citadas más abajo).

[2] Excepcionalmente encontramos una vez en Egipto la hipostatización de la Muerte como principio «creador». Un papiro de la dinastía XXI nos habla de «la "Muerte, el gran dios que creó a dioses y humanos" (cf. *supra,* p. 75), por tanto, una personificación de la muerte como dios creador y una impresionante ilustración de la idea de que la muerte pertenece a las condiciones del mundo creado, del Ser»; texto citado y glosado por E. HORNUNG, *El Uno y los Múltiples. Concepciones egipcias de la divinidad,* Madrid 1999, p. 79. ¿Se puede pensar en un influjo semítico occidental?

la fertilidad, de la lluvia y la sequía. Ahora bien, esta proximidad e intimidad de la Muerte con el Ser primordial es algo que escapa a nuestra visión metafísica, mientras la concepción del Caos/Mar *(ym)*, como hijo también «amado de El», se comprende desde la situación de éste en «la fuente de los dos raudales, en el seno del venero de los dos océanos» *(mbk nhrm qrb apq thmt,* KTU 1.4 IV 22 y par.). La primordialidad se entiende así «cosmológicamente», no metafísicamente, desde sus componentes básicos. Pienso que desde esta perspectiva cosmológica se debe entender también la primordialidad de la Muerte: forma con el Caos una unidad de entropía que envuelve a la Vida y se opone a ella antes y después de su afirmación. Lo curioso y sorprendente es que esas dos fuerzas primordiales negativas resulten ser las predilectas del dios supremo, como si la Vida fuese arrancada a un estadio primero en que su negación, Caos y Muerte (la «no-vida»), fuese lo originario, como parece sugerir el mismo texto bíblico (cf. Gn 1,2)[3]. El mito nos pone a la Muerte luchando con la Vida, o al revés, en una pugna por la subsistencia de ambas, que se implican y se necesitan. Vivir es resistir a la muerte, pero la misma Muerte muere si no tiene vida que devorar.

El contraste entre esas fuerzas es lo que objetiva el mito baálico. Baal, en primer lugar, domina y domeña el Caos/Yam, el primer enemigo de la vida[4]. Operación que en la teología yahwista corresponde a la disolución del Caos tenebroso, turbulento y acuoso *(tōhû wābōhû, tᵉhôm,* Gn 1,2-3a) y a la contención del Mar *(yammîm,* Gn 1,9ss.; Sal

---

[3] Cf. a este propósito la obra clásica de H. GUNKEL, *Schöpfung und Chaos in Urzeit und Endzeit. Eine religionsgeschichtliche Untersuchung über Gn 1 und Ap Joh 12,* Gotinga ²1921, pp. 3-170. También O. LORETZ, «Genesis 1,2 als Fragment eines amurritisch-kanaanäischen Schöpfungsmythos», en W. H. VAN SOLDT ET ALII, *Veenhof Unniversary Volume...,* Leiden 2001, pp. 287-300; cf. también *supra,* p. 80, e *infra,* p. 109. Para una bibliografía sobre la lucha contra el dragón primordial; también J. RABINOWITZ, *The Faces of God,* Woodstocks 1998, pp. 40 y ss.

[4] El eco de esta lucha primordial del mito (protología) se siente en la configuración de la lucha final de la historia (escatología) en Is 24-27; cf. H. GUNKEL, *op. cit.,* pp. 171-398; J. RABINOWITZ, *op. cit.,* pp. 49 y ss.; S. GULDE, *Der Tod als Herrscher in Ugarit und Israel* (Forschungen zum Alten Testament 2/22), Tubinga 2007; *infra,* pp. 109 y ss.

104,6-9), al que Yahweh fija un límite que no puede traspasar, sin necesidad de combate, por el simple imperio de su palabra[5]. Los diferentes dragones mitológicos, adláteres de Yam, le sirven de mero entretenimiento. A partir de ahí la vida puede fructificar en la tierra (en el mito: Baal puede ahora reinar desde su palacio como rey de los dioses y de los hombres). En un segundo momento Baal tiene que enfrentarse a Mot (la Muerte), a la que en principio se somete, compartiendo así el destino estacional de la vida que él ha patrocinado. Baal baja, pues, al Infierno, a las fauces del dios Mot, y de ellas es arrancado por el amor de su hermana/esposa Anat, para acabar enfrentándose con aquél y venciéndole. Baal es, pues, un dios que muere y resucita según un arquetipo bien conocido en toda la antigüedad oriental[6].

Ahora bien, en este caso, ninguno de los elementos del arquetípico contraste siro-cananeo Vida-Muerte tiene su paralelo en la teología yahwista. La Biblia Hebrea desconoce un combate de su Dios Yahweh con la Muerte, a la vez que rechaza toda relación suya con el reino de los muertos. Su ámbito es la vida, esta vida, que garantiza sin contraste alguno, sin intervenir en un combate que la experiencia estacional y biológica da por perdido. De hecho la victoria de Baal sobre su contrincante Mot es, en realidad, una suerte de compromiso entre la vida y la muerte[7]. En el Antiguo Testamento sólo una vez, en un texto tardío, se alude a esa victoria, en perspectiva escatológica universal, no personal: «(Yahweh) aniquila(rá) la muerte para siempre» (Is 25,8), sin que, por consiguiente, tal promesa entre a configurar la antropología

---

[5] Cf. *supra,* pp. 86 y ss.

[6] Cf. B. MARGALIT, *A Matter of «Life» and «Death». A Study of the Baal-Mot Epic (CTA 4-5-6)*, Kevelaer-Neukirchen-Vluyn 1980; P. XELLA, «Da Baal di Ugarit agli dèi fenici: una questione di vita o di morte», en P. XELLA (ed.), *Quando un dio moure. Morti e assenze divine nelle antiche tradizioni mediterranee*, Verona 2001, pp. 73-96; T. N. D. METTINGER, *The Riddle of Resurrection. «Dying and Rising Gods' in the Ancient Near East»*, Estocolmo 2001, pp. 55-81 («Ugaritic Baal»); A. WATERSON, «Death and Resurrection in the A.B. Cycle», *UF* 21 (1989) 425-434. En general sobre la concepción cananea de la muerte véase J. C. L. GIBSON, «Death in Canaanite Thinking», *AuOr* 1-18 (1999-2000) 91-95; cf. *supra,* pp. 80 y ss.

[7] Véase más abajo p. 115.

bíblica[8]. Yahweh no lucha con, ni vence, por tanto, a la Muerte: ésta se lleva sus presas sin esperanza de escape o rescate. Expresiones como «en el reino de la muerte nadie te invoca, en el *šᵉ'ôl* ¿quién te da gracias?» (Sal 6,6) o «¿harás Tú maravillas por los muertos? ¿Se alzarán las sombras para darte gracias?» (Sal 88,11ss.) equivalen a una confesión de fe en la no-escatología individual del Antiguo Testamento[9]. En la historia santa no se menciona un cielo como destino posible del fiel yahwista, a pesar de que ciertos atisbos de la lírica sacra expresan la confianza de que «Dios rescate su (del justo) vida, le arranque de la mano del *šᵉ'ôl*» (Sal 49,16) o «no entregue su vida al *šᵉ'ôl*» (Sal 16,10), siendo acogido por Yahweh, como de alguna manera ya lo habían prefigurado los arrebatos de Henoch y Elías o lo hacía suponer la tumba ignota de Moisés[10]. Pero tales atisbos y esbozos no encuentran lugar en la teología de la Promesa y la Alianza, la teología del Antiguo Testamento, donde el destino personal más allá de la muerte no es tomado en cuenta[11]. Sobre todo, la ausencia y prohibición de todo culto o cuidado de los muertos[12] es la más clara expresión del abandono religioso en que quedan éstos (en la tumba y el *šᵉ'ôl*), fuera del influjo de Yahweh.

[8] Véase más abajo, n. 22.

[9] Cf. J. RABINOWITZ, *The Faces of God*, pp. 25 y ss. En este sentido resalta enormemente el contraste entre la concepción hebrea y la egipcia, así como entre las figuras del dios siro-cananeo Mot y el egipcio Osiris como dioses de los muertos. Es ilustrativa a este respecto la expresión de las *Amonestaciones de Amenemope* (25,19-20): «¡Qué gozoso está aquel que ha llegado al Occidente (el reino de los muertos), cuando se encuentra a salvo en la mano de Dios!»; véase A. MARZAL, *La enseñanza de Amenémope*, Madrid 1965, p. 149.

[10] Para una valoración sistemática de estos atisbos véase R. MARTIN-ACHARD, *De la muerte a la resurrección según el Antiguo Testamento*, Madrid 1968.

[11] H. W. WOLFF, *Anthropologie des Alten Testament*, Múnich 1973, pp. 162-166 (hay tr. española); J. B. BURNS, «The Mythology of Death in the Old Testament», *Scottish Journal of Theology* 26 (1973) 327-340; L. BRONNER, «From Death to Life in the Bible in Light of the Ugaritic Texts» (hb.), *Beth Mikra* 25 (1979) 202-212; J. M. BREMMER, T. P. J. VAN DEN HOUT y PEETERS, R. (eds.), *Hidden Futures. Death and Immortality in Ancient Egypt, the Classical, Biblical and Arabic Islamic World*, Amsterdam 1994.

[12] Para una visión «minimalista» de esta cuestión véase B. B. SCHMIDT, *Israel's Beneficent Dead. Ancestors Cult and Necromancy in Ancient Israelite Religion and Tradition*, Tubinga 1994.

Es precisamente en este aspecto en el que la religión siro-cananea aporta elementos nuevos. Aparte de la *deploratio* hecha por el difunto[13], que Israel también practicó, el muerto queda incorporado en el ámbito familiar, como certifica la arqueología. Las casas de Ugarit, al menos las de su núcleo central, próximo al palacio real, posiblemente el de su gente más acomodada, tienen dos puertas yuxtapuestas: la de los vivos y la de los muertos, acomodados éstos en espléndidas tumbas de la misma factura en piedra que la habitación familiar. Por desgracia no poseemos datos documentales que nos ilustren sobre el código que regulaba las relaciones entre los dos estamentos a nivel ciudadano, en otras palabras, sobre el culto de los muertos, obligado sujeto pasivo de aquéllas, y sobre los presupuestos ideológicos que lo sustentaban, el destino que se les atribuía y el influjo que se les otorgaba. Es posible que la correspondiente concepción se aproximase más a la que supone y desarrolla la religión mesopotámica (la del *erṣetu/šᵉʾôl* como destino indiferenciado y amorfo, más bien penoso, necesitado de refrigerio y cuidado para hacerlo soportable), que a la egipcia.

Tenemos, sin embargo, una amplia documentación sobre el culto de los reyes muertos, que adquieren como tales el carácter de divinales y forman parte del panteón oficial *(mlkm)*, apoyada en la ideología regia que la sustenta. Aparte de los textos que celebran su memoria y describen su cuidado por medio de abundantes oblaciones sacrificiales en determinados momentos del calendario lunar, nos han llegado otros aún más sorprendentes a este respecto. Uno (KTU 1.161) describe el *funus* regio en el contexto de la mentada ideología: el rey difunto, que ya forma parte del clan de los *rapaʾuma/rᵉfāʾîm* ancestrales, de los «espíritus protectores», es llorado y acompañado por

---

[13] Los textos mitológicos y épicos son los que mejor nos ilustran sobre su desarrollo: véase la *deploratio* por Baal muerto (KTU 1.5 VI 11-1.6 I 31), por el príncipe Aqhat, igualmente fenecido (KTU 1.19 III 40-IV 22), y por el rey Kirta, a las puertas de la muerte (KTU 1.16 I 1-II 49). Cf. K. VAN DER TOORN, «Funerary Rituals and Beatific After-life in Ugaritic Texts and in the Bible», *Bibliotheca Orientalis* 48 (1991) 40-62; E. BLOCH-SMITH, *Judaite Burial Practices and Beliefs about the Dead*, Sheffield 1992.

su trono, que baja a la «tierra», para que pueda seguir allí reinando junto con sus antepasados regios. Otro texto (KTU 1.108) nos especifica más este destino último de rey-*rāfā'* o *rāpi'u*: reinará como «rey eterno» *(mlk ᶜlm)* en Edrei y Ashtarot (ug. *hdrᶜy, ᶜštrt)*, incorporado a Baal y a su función vivificadora. Ecos de esta concepción de una morada específica de ultratumba reservada a los reyes –y según la épica cultual también a los héroes regios (Aqhat)–, los recoge la Biblia Hebrea (cf. Dt 1,4; Jos 12,4; 13,12.31) en una de las más sorprendentes pervivencias textuales cananeas que tenemos en la misma, al tratarse de topónimos, las mentadas ciudades de Edrei y Ashtarot. En la Biblia resultan ser tales ciudades la sede del mítico rey amorreo de Basán («un resto de los *rᵉfā'îm*»), historización sin duda de esta ideología, como lo supone igualmente la caracterización de Milkom (< ug. *mlk-m* o *mlkm)* como dios patrono del reino adyacente de Ammón. La coincidencia de la tradición ugarítica (norte) con la israelítica (sur) acerca de esta zona de la Transjordania como lugar de los Campos Elíseos de la ideología regia, aboga por su pertenencia al fondo común de la religión amorrea-cananea del II-I milenio a.C. Se puede suponer que la misma estaba vigente en o al menos fue conocida por el Israel histórico. Como sin duda podemos creer que estuvo vigente un culto general de los muertos, como hacen suponer referencias a instituciones recordadas por los profetas (*tofet, marzēᵃḥ* y todo tipo de prácticas de evocación y cuidado de los muertos), *pace* Schmidt[14].

Lo interesante es reconocer que, según esa concepción, un ser mortal, el rey siro-cananeo, que al contrario del egipcio[15] y en algún caso del mesopotámico, no es divino en su existencia empírica, alcanza la inmortalidad y con ella la incorporación a la divinidad baálica. Como pasó con la hierogamia y con el mito de Osiris en

---

[14] Cf. entre otros P. XELLA, «Il culto dei morti nell'Antico Testamento: tra teología e historia delle religioni», en *Religioni e civiltà. Studi in memoria di Angelo Brelich*, Bari 1982, pp. 645-666; T. L. LEWIS, *Cults of the Dead in Ancient Israel and Ugarit*, Atlanta 1989.

[15] Cf. G. SCANDONE MATTHIAE, «Osiride, l'africano, ovvero la morte regale», en P. XELLA (ed.), *Quando un dio moure*, p. 23.

Egipto[16], es muy probable que esta faceta de la ideología regia se democratizara y se abriera a la esperanza del pueblo. En todo caso, con ella se abría una brecha en el fatal y general destino del *š˚'ôl* que aguardaba al hombre mortal. Los hijos de dios –y el rey cananeo, como el israelita, lo era por antonomasia– podían esperar el acceso a la divinidad que les arrancase de aquel tétrico destino. Sobre todo cuando la religión se moraliza y la fidelidad al propio Dios se juega en el ámbito de la obediencia a sus leyes, en la fidelidad a la Alianza con Él solo, nace la convicción de que Yahweh no puede abandonar a los suyos a un destino idéntico al de los perversos, ajenos a su Alianza.

Un caso peculiar y más próximo en el tiempo y el espacio a Israel lo tenemos en la probable democratización del mito de Melqart[17]. Se trata de una metamorfosis de la ideología regia siro-cananea a través de la autocremación y posterior resurrección de ese dios, Melqart de Tiro, el «rey de la ciudad», como una nueva manera de alcanzar la inmortalidad divina[18], a imagen y semejanza de otras figuras de héroes que mueren hombres y resucitan, o mejor, se transforman en dioses inmortales y privilegiados en el más allá[19].

[16] Cf. G. SCANDONE MATTHIAE, art. cit., pp. 16 y ss.; R. B. FINNESTAD, «The pharaoh and the "democratization" of post-mortem life», en G. ENGLUD (ed.), *The religion of the ancient Egyptians...*, Uppsala 1989, pp. 89-93; T. N. D. METTINGER, *The Riddle of Resurrection*, p. 174; J. RABINOWITZ, *The Faces of God*, p. 56; E. HORNUNG, *El Uno y los Múltiples*, p. 91.

[17] Cf. T. N. D. METTINGER, *op. cit.*, pp. 97 y ss.; G. DEL OLMO LETE, «Glosas ugaríticas III. Reyes, difuntos y armas», *AuOr* 20 (2003) 146-147 (2. El banquete celestial).

[18] Cf. S. RIBICHINI, «Morte e sacrificio divino nelle tradizioni sul pantheon fenicio», en *Atti della settimana Sangue e antropologia biblica nella patristica (Roma, 23-28 novembre 1981)*, II, Roma 1982, p. 821 y *passim*.

[19] Cf. S. RIBICHINI, art. cit., pp. 835, 845 y ss. Sobre la categoría del «dying and rising god» cf. T. N. D. METTINGER, *The Riddle of Resurrection*; P. XELLA (ed.), *Quando un dio moure*. Sobre el origen baálico de la idea de la resurrección y su difusión de Canaán a Israel cf. J. DAY, «Resurrection imagery from Baal to the Book of Daniel», en J. A. EMERTON (ed.), *Congress volume Cambridge 1995* (VTSup. 66), Leiden 1997, pp. 125-133; J. RABINOWITZ, *op. cit.*, pp. 55 y ss. Téngase en cuenta que, como asegura E. Hornung: «Los dioses ciertamente mue-

Estas concepciones político-religiosas eran conocidas en el antiguo Israel, como certifica el oráculo de Ezequiel contra el rey de Tiro (Ez 28)[20] y el de Isaías contra el rey de Babel (Is 14,9ss.), y como advertíamos más arriba a propósito de la tradición de la entronización de los reyes cananeos muertos en Edreí/Ashtarot. El rey divinizado se convierte así en un paradigma de posible y deseable inmortalidad una vez que ser «hijo de dios» deja de ser una categoría derivada de la religión de la fertilidad, de la que el rey es el único mediador físico, para pasar a ser una categoría moral, inherente a la religión de la Alianza de Dios con su pueblo, es decir, con cada uno de sus fieles. No en vano la época de la reforma deuteronomística y del Exilio ve florecer una conciencia clara de la responsabilidad personal en el yahwismo[21].

En este sentido cabe decir que la muerte del rey[22] representa el punto álgido de la experiencia religioso-política que configura la sociedad y la cultura cananeas. Se presenta como la paradigmatización más poderosa de la experiencia inagotable de la vida y de la muerte. Su celebración y representación mitológica constituyen el carácter distintivo de esta religión, que la tradición judeocristiana prolonga y modela. Recuérdese que la misma soteriología cristiana formula la salvación última del fiel como una participación en la incorporación a la muerte y resurrección de Cristo, el auténtico y divino vencedor de la muerte: «La muerte ha sido aniquilada definitivamente. ¿Dón-

---

ren, igual que los humanos, pero no están muertos» (*El Uno y los Múltiples*, p. 149). En realidad, la muerte es una experiencia estrictamente humana (animal); sólo un dios que se hace hombre puede tenerla.

[20] Cf. S. RIBICHINI, art. cit., pp. 820, 841 y ss.

[21] Cf. J. BLENKINSOPP, «Deuteronomy and the Politics of Post-Mortem Existence», *VT* 45 (1995) 1-16.

[22] Y en el mismo sentido el avatar baálico era ya un paradigma decisivo: el del dios que resucita, que pone la Muerte bajo su control y se convierte en el «salvador» *(rpu)* de los difuntos; cf. P. XELLA, «Da Baal di Ugarit agli dei fenici. Una questione di vita o di morte», en P. XELLA (ed.), *op. cit.*, p. 80; IDEM, «Il re, la morte e gli antenati nella Siria antica», en U. BIANCHI y M. J. VERMASEREN (eds.), *La soteriologia dei culti orientali nell'impero romano. Atti del Colloquio internazionale di Roma (24-28 settembre 1979)*, Roma 1982, pp. 645-666.

de queda muerte tu victoria?» (1 Cor 15,54ss.). Cristo se presenta como el único Dios que realmente muere y así el único que vence a la Muerte.

Las razones por las que la compilación de la tradición hebrea en el Exilio se desentendió del destino del individuo pueden derivar de la peculiaridad del momento histórico. En primer lugar, la preocupación por la restauración nacional, de acuerdo con el sentido comunitario de la Alianza entre Yahweh y su pueblo, relegó a segundo término la preocupación soteriológica individual. Era la suerte de la nación la que acaparaba el interés de los teólogos-historiadores, dejando para otro momento y otra reflexión (sapiencial) la respuesta a la esperanza o angustia personal de cara a la muerte (Job y Qohelet, los Salmos y el Eclesiástico, Tobías y Daniel, hasta Macabeos). La respuesta reafirmó el antiguo atisbo (bíblico y extrabíblico) de recobrar la vida después de la muerte, la resurrección, de que la muerte era sólo un avatar de la existencia, no su punto final[23]. Por otra parte, la recién redescubierta exclusividad de Yahweh como Dios único imponía garantizar de manera enfática su alteridad frente a todo lo creado. En ese sentido la muerte y los muertos se presentaban, e históricamente lo habían sido, como una trampilla por la que el hombre mortal podía infiltrarse en ese exclusivo ámbito divino. El recién estrenado monoteísmo radical no dejaba lugar a peligrosas matizaciones ni a la creación de ámbitos ambiguos que se tocasen y desdibujasen la neta frontera trazada entre lo divino y el resto, después de la experiencia histórica que había hecho de los muertos, según el modelo cananeo, transmisores de palabras divinas y dispensadores de bendiciones de vida. La palabra y la vida eran propiedad y don exclusivo de Yahweh.

Cuando la restauración se asiente y Yahweh se afirme incontrastado, habrá de reflexionar Israel y responder a preguntas que a sus fieles acuciaban desde antaño. Habrá en fin de abrirles, dentro del yahwismo, una puerta a la esperanza con un horizonte de eternidad que otras religiones ya habían esbozado a su manera.

---

[23] Cf. *supra* en n. 19, el trabajo de J. Day.

II. Datos para una escatología apocalíptica

Se debe entender, claro está, que hablamos ahora de escatología cósmico-histórica, no personal[24]. Ahora bien, en tal sentido no tenemos propiamente una escatología cananea, por no tratarse de una religión histórica, sino de la naturaleza, es decir, basada en el eterno retorno, en el ciclo estacional. Hay, sin embargo, diseminados en la mito-teología baálica, una serie de elementos que han repercutido sin duda en la síntesis escatológica bíblica[25], sobre todo por lo que a su orquestación apocalíptica se refiere:

1. *Victoria en combate* de Baal contra sus enemigos radicales el Mar/Caos y la Muerte en forma de monstruos o bestias feroces, dentro de una imaginería precisa que recoge la tradición apocalíptica bíblica: serpiente tortuosa, dragón de siete cabezas, monstruo de fauces insaciables...[26]

---

[24] Ésta debería ser estudiada en relación con el culto de los muertos de que hemos hablado más arriba; cf. G. DEL OLMO LETE, *La religión cananea*, p. 162, n. 77, para una bibliografía básica sobre el tema. El estudio de M. Fantar, *Eschatologie phénicienne punique*, Túnez 1970, se refiere a un aspecto concreto (el viaje/vuelo del alma a la ciudad de los muertos) en relación con un mural funerario púnico (cf. *infra*, p. 123); sus referencias, en cambio, a la escatología individual ugarítica no las creo acertadas.

[25] Cf. J. C. DE MOOR, *The Sensorial Pattern in the Ugaritic Myth of Baᶜlu*, Kevelaer-Neukirchen-Vluyn 1971, p. 244, n. 8, quien ve en Is 26,19–27,5 una tal síntesis bíblica de elementos que se encontrarían en la celebración mítica del Año Nuevo cananeo.

[26] Cf. M. K. WAKEMAN, *God's Battle with the Monster. A Study in Biblical Imagery*, Leiden 1973; J. DAY, *God's conflict with the dragon and the sea. Echoes of a Canaanite myth in the Old Testament* (University of Cambridge Oriental Publications 35), Cambridge 1985; *infra*, n. 32, los estudios generales sobre el «Mito en el Antiguo Testamento», en especial el de Ohler. Tiene razón DAY (pp. 188 y ss., 198 y ss.) cuando constata que no hay en la Biblia Hebrea reflejo de un enfrentamiento de Yahweh con la Muerte (Mot) tal y como la supone la mitología cananea. Asume, con todo, elementos retóricos del mismo, que alcanzan hasta la escatología cristiana (cf. *infra*). La misma imagen del demonio con cuernos y rabo sería de ascendencia oriental (cf. KTU 1.114,20; Gordon, *Newsletter for Ugaritic Studies* 33 [1985] 15). Últimamente C. KLOOS, *Yhwh's Combat with the Sea. A Cannanite Tradition in the Religion of Ancient Israel*, Amsterdam-Leiden 1986.

2. *Epifanía terrorífica* de Baal, una vez afirmado en su realeza, que impone respeto a todos sus posibles enemigos, que huyen ante él. Tal epifanía, que conmueve los «fundamentos de la tierra» (cósmica), va acompañada de los elementos típicos de la manifestación de la divinidad en la «tempestad», entre los que el rayo y el trueno son los más característicos[27].

3. *Muerte y resurrección* de Baal, esta última como presagio de bienandanza para sus fieles («los cielos llueven aceite, los arroyos fluyen con miel», KTU 1.6 III 6-7, 12-13) y preludio de su victoria sobre la Muerte, a la que someterá, garantizando así la vida hasta su próximo envite[28].

4. *Presencia de auxiliares* que ayudan a su triunfo en los combates, de modo más o menos remoto (Kothar, Shapash) o directo (Anat). Ésta, «ungida» por Baal para el combate, le consigue la victoria sobre la Muerte, impulsada por su ardiente amor hacia él, y le devuelve a la vida, después de haberse desecho previamente de los muchos enemigos que acechaban a Baal[29].

A estos datos de la mitología normativa, la épica añade otros dos, que en aquélla sólo se insinúan o se dan por supuestos:

5. *Promesa de inmortalidad,* que se considera, sin embargo, propia de los dioses e imposible para el hombre[30].

---

[27] Cf. KTU 1.4 VII 29ss.; cf. KTU 1.3 III 20ss. Para el tema general de la «epifanía» divina cf. J. JEREMIAS, *Theophanie. Die Geschichte einer alttestamentlichen Gattung,* Neukirchen 1965; para el fondo oriental cf. los estudios citados en nn. 32 y 35, así como para su historización («combate de las naciones»).

[28] Cf. KTU 1.5 V-6 III. Sobre el sentido de la resurrección de Baal cf. G. DEL OLMO LETE, *MLC,* pp. 147 y ss.; para la pervivencia de esta ideología en el I milenio a.C. cf. E. LIPIŃSKI, «La féte de l'ensevelissement et de la résurrection de Melqart», en *Actes de la XVIIͤ Rencontre Assyriologique Internationale, Bruxelles, 30 juin-4 juillet 1969,* Ham-sur-Heure 1970, pp. 30-58; J. TEIXIDOR, «L'interprétation phénicienne d'Héraclès et d'Apollon», *Revue de l'Histoire des Religions* 203 (1983) 243-255.

[29] Cf. KTU 1.2 IV 7ss. (Kothar); 1.2 III 15ss.; 1.6 VI 22ss. (Shapash); 1.3 III 38ss.; 1.6 II 4ss. (Anat); sobre la «unción» *(mšḫ)* de Anat por Baal cf. KTU 1.10 II 21-22. Los textos parecen suponer dos combates diferentes de Baal/Anat con Yam y los monstruos primordiales; pero podría tratarse de meras variantes literarias.

[30] Cf. KTU 1.16 I 1ss.; 1.17 VI 25ss.; E. ASHLEY, *The «Epic of AQHT» and the «RPUM Text»: A Critical Interpretation,* I/II. Dis. 1977 (New York University), pp. 280, 361 y ss., 368 y ss., 382 y ss., 419 y ss.

6. *Descripción del banquete celestial,* al que Baal invita a sus elegidos y en el que resuena la música y el canto[31].

Con todo, estos elementos no forman una «escatología» en la mito-teología cananea por el simple motivo, ya apuntado, de que falta la «razón histórica». Todo sucede en el tiempo fijo y perenne del mito, idéntico y recurrente, y por eso mismo «primordial» o extra-temporal y transhistórico. Es decir, pertenecen propiamente a la «protología», no a la «escatología», dentro de un proceso que afecta a la «historia de los dioses», no al tiempo humano. Pero ya sabemos desde la obra de Gunkel (*Schöpfung und Chaos in Urzeit und Endzeit* [Gotinga 1895]) la equivalencia de ambas proyecciones transtemporales de la representación religiosa.

Israel, frente a este planteamiento mítico, reacciona y lleva a cabo una triple operación teológica, de acuerdo con su propia experiencia religiosa fundamental: historiza, escatologiza, absolutiza.

a) Ya es sabido y repetido que, frente a la religión naturalista cananea, Israel es portador de una experiencia religiosa histórica[32].

---

[31] Cf. G. DEL OLMO LETE, *MLC,* pp. 36 y ss. para las «escenas de banquete» en la mitología cananea; cf. en especial KTU 1.17 VI 30ss.; Is 25,6; G. DEL OLMO LETE, «Glosas ugaríticas III. Reyes, difuntos y armas», *AuOr* 20 (2003) 146-147 (2. El banquete celestial). Aquí nos vamos a fijar básicamente en los elementos del «combate».

[32] Sobre estas diferentes categorías y en general sobre la historización del mito cf. G. VON RAD, *Teología del Antiguo Testamento. II, Teología de las tradiciones proféticas de Israel,* Salamanca 1972, pp. 131 y ss. (y la bibliografía allí citada); además, los estudios sobre el «Mito en el Antiguo Testamento»: B. S. CHILDS, *Myth and Reality in the Old Testament* (Studies in Biblical Theology 27), Londres 1962; J. W. ROGERSON, *Myth in Old Testament Interpretation* (Beihefte Zeitschrift für Alltestamentliche Wissenschaft 134), Berlín 1974; A. OHLER, *Mythologische Elemente im Alten Testament. Eine Motivsgeschichtliche Untersuchung* (Kommentare und Beiträge zum Alten und Neuen Testament), Dusseldorf 1969; B. OTZEN ET ALII, *Myths in the Old Testament* (Studies in Biblical Theology), Londres 1979; C. PETERSEN, *Mythos im Alten Testament: Bestimmung des Mythos- begriffs und Untersuchung der mythischen Elemente in den Psalmen* (Beihefte Zeitschrift für Alltestamentliche Wissenschaft 157), Berlín 1982; J. ASSMANN ET ALII, *Funktionen und Leistungen des Mythos: Drei altorientalische Beispiele* (OBO 48), Gotinga 1982; T. L. FENTON, «Differing Approaches of the Theomachy Myth in Old Testament Writers», en Y. AVISHUR y J. BLAU (eds.), *Studies in the Ancient Near East Presented to Samuel E. Loewenstamm on His Seventieth Birthday,* Jerusalén 1978, pp. 337-381.

Tal experiencia, como expresión de la fe en la intervención divina en la historia humana, es conocida también en Canaán, así como en otras culturas del entorno[33]. Baste recordar el texto KTU 1.119,26ss.:

> Cuando ataque un fuerte vuestra puerta, un poderoso vuestros muros, vuestros ojos a Baal elevaréis: ¡oh Baal!, arroja, sí, al fuerte de nuestra puerta, al poderoso de nuestros muros. Un toro, ¡oh Baal!, (te) consagraremos... Al santuario de Baal subiremos... Y escuchará Baal, sí, vuestra plegaria: arrojará al fuerte de vuestra puerta, al poderoso de vuestros muros[34].

Podría tomarse por un clásico salmo bíblico con sólo cambiar el nombre divino. Lo decisivo es que Israel hace de esa conciencia salvífica el núcleo estructural de su religión, articulado en una línea de eventos salvadores, en un «plan». En realidad, porque no tiene ningún otro núcleo diferencial que oponer a una religión urbana plenamente organizada en sus mitos y ritos. Su «salvación», su diferenciación en este enfrentamiento, estriba en su propia pobreza, en la conciencia de su salvación original y fundante en un momento sin gloria humana: huida de la esclavitud al Monte Santo a través del desierto. De hecho, el yahwismo será, al interior mismo de la historia de Israel, la revolución perenne de los «pobres», de los desheredados («nabíes» y profetas), frente al perenne riesgo de culturización y naturalización que acucia a la religión hebrea sedentarizada, el riesgo de su «reciclaje». Con esa reafirmación histórica de su experiencia fundante Israel rompe el ciclo del *combate divino y* consiguientemente la identidad de sus enemigos. La «historia del Dios Yahweh» se con-

---

[33] Cf. B. ALBREKTSON, *History and the Gods. An Essay on the Idea of Historical Events as Divine Manifestations in the Ancient Near East and in Israel* (Coniectanea Biblica. Old Testament Series 1), Lunds 1967, en relación con Mesopotamia básicamente; últimamente M. WEINFELD, «Divine Intervention in War in Ancient Israel and in the Ancient Near East», en C. TADMOR y M. WEINFELD (eds.), *History, Historiography and Interpretation,* Jerusalén 1984.

[34] Cf. 1 Re 8,37ss.: «... cuando le asedie su enemigo en el país sus puertas..., si te dirigen plegarias..., escúchalas tú...».

vierte en la historia de su pueblo y el «día de Su victoria» en el de la derrota de aquéllos[35].

Por otro lado, esto le permitirá asumir toda la imaginería que acompaña al combate de Baal con Yam, el océano de las aguas primordiales y caóticas, para describir la victoria del Yahweh sobre el Faraón en el Mar de las cañas y sobre Canaán en el paso del Jordán, precisa inclusión temática que enmarca el periodo normativo del desierto. Se podría pensar que la coincidencia en el elemento acuoso ha favorecido ese préstamo literario, pero igualmente válida es la hipótesis contraria: la imaginería mitológica disponible ha resaltado un elemento y suceso posiblemente de reducida significación histórica[36]. Lo decisivo en este caso ha sido la confrontación dialéctica que ha sabido retener para el propio «Guerrero divino», equiparado en armas y bagajes al Baal cananeo y que asume de éste incluso las técnicas de lucha, la peculiaridad de su combate por lo que al campo (historia) y enemigo (otros pueblos) se refiere[37]. Consecuencia inmediata de esta historización de la experiencia religiosa, situada en el campo de la acción humana, es su carácter moral, frente al cultual que corresponde al de una experiencia religiosa de base natural. Pero éste es un aspecto que no vamos a considerar de momento.

---

[35] Cf. J. DAY, *God's conflict,* pp. 89-140 («el combate con las naciones»). Desde esta perspectiva mitológica historizada habría de analizarse el conocido tema del «día de Yahweh»; cf. últimamente Y. HOFFMANN, «The Day of the Lord as a Concept and as a Term in the Prophetic Literature», *ZAW* 93 (1981) 37-50; H. M. BARSTAD, *The Religious Polemics of Amos* (SVT 34), Leiden 1984, pp. 89 y ss.

[36] Cf. F. M. CROSS, *Canaanite Myth and Hebrew Epic. Essays in the History of the Religion of Israel,* Cambridge MA 1973, pp. 121 y ss.; A. T. C. BUTLER, *«The Song of the Sea»: Exodus 15.1-18: A Study in the Exegesis of Hebrew Poetry,* Dis. 1971 (Vanderbilt University); W. WIFALL, «The Sea of Reeds as Sheol», *ZAW* 92 (1980) 325-332; P. C. CRAIGIE, *Ugarit and the Old Testament,* Grand Rapids 1983, pp. 88-90; E. ZENGER, «Tradition and Interpretation in Exodus XV 1-21», en J. A. EMERTON (ed.), *Congress Volume,* Viena 1980 (SVT 32), Leiden 1981, pp. 452-483; E. FORESTI, «Composizione e redazione deuteronomistica in Ex 15,1-18», *Lateranum* 48 (1982) 41-65; y *supra,* n. 26 la obra de Kloos.

[37] Cf. P. D. MILLER, *The Divine Warrior in Early Israel* (Harvard Semitic Monographs 5), Cambridge MA 1975; M. P. LINO, *Yahwed as a Warrior. The Theology of Warfare in Ancient Israel,* Scottdale 1980.

b) También a lo largo de la lírica bíblica (Salterio, Profetas, Job) se atribuyen a Yahweh abundantes motivos de las luchas mitológicas de Baal. Leviatán, Rahab, Behemot y otros monstruos, correspondientes en el mito cananeo al combate primordial, anterior a la afirmación de Baal como «rey de los dioses y de la tierra», son sometidos por Yahweh[38]. En uno y otro caso (recuérdese el modelo babilónico desarrollado en el *Enuma elish*) el combate está en relación con la «creación», pero en el ámbito bíblico tales motivos quedan relegados a episodios marginales o a retórica formular impuesta por la forma literaria, que no puede encontrar sin más lugar en la formulación teológica refleja del tema; en ésta Yahweh no tiene contrincante válido. El posible antagonismo frente a Yahweh no se sitúa en la acción primordial de crear, sino que brota luego en su obra. En ésta aparece ya una «serpiente» original que se encarama al corazón del hombre, que le da acogida, y repta a lo largo de la historia, creciendo hasta hacerse al «final» un monstruo casi invencible, que osará plantar batalla al mismo Yahweh, que no podrá menos de enfrentársele. La teología hebrea proyecta así, de acuerdo con su mencionado arquetipo histórico-lineal, el antagonismo primordial cananeo al final de los tiempos: escatologiza la lucha divina, utilizando la misma imaginería baálica, a veces literalmente idéntica, para describir ese combate definitivo contra «Leviatán, la serpiente huidiza, la serpiente tortuosa»

---

[38] Cf. la literatura citada en nn. 26 y 35, sobre todo el estudio de Day; además, R. D. NELSON, *Double Redaction of the Deuteronomic History* (JSOT Suppl. 18), Sheffield 1981; H. RINGGREN, «Jahvé et Rahab-Leviatan», en A. CAQUOT y M. DELCOR (eds.), *Mélanges bibliques et orientaux en l'honneur de M. Cazelles* (AOAT 212), Kevelaer-Neukirchen-Vluyn 1981, pp. 387-393; J. C. L. GIBSON, «The theology of the Ugaritic Baal Cycle», *Orientalia* 53 (1984) 202-219 (211). Sobre el tema de la creación en el Oriente Antiguo, cf. S. G. F. BRANDON, *Creation in the Ancient Near East*, Londres 1963; J. O'BRIEN y W. MAJOR (eds.), *In the Beginning. Creation Myths from Ancient Mesopotamia, Israel and Greece* (American Academy of Religion), Chico 1982; AA.VV., *La creación del mundo y del hombre en los textos del Próximo Oriente Antiguo*, Estella 1982; R. J. CLIFFORD, «Cosmogonies in the Ugaritic Texts and in the Bible», *Orientalia* 53 (1984) 183-201; L. DEROUSSEAUX (ed.), *La création dans l'Orient Ancient. Congrès de l'ACFEB, Lille (1985)* (Lectio Divina 127), París 1987; M. L. SÁNCHEZ LEÓN (ed.), *La Creació* (II Cicle de Conferències Religions del món antic), Palma de Mallorca 2001.

(cf. Is 27,1; KTU 1.5 I 1-2), y otras bestias (cf. Dn 7,3ss.), que se oponen al triunfo definitivo de Dios y de su pueblo.

La protología cananea se ha hecho escatología hebrea, según el modelo gunkeliano, erróneamente relacionado en primera instancia con la tradición babilónica, que en este aspecto más bien es tardía[39]. No es de extrañar, pues, que sea en la orquestación apocalíptica de la escatología donde más abunden las coincidencias literarias cananeo-hebreas. Pertenecen a la tradición poética oral-formular que Canaán había desarrollado, con todas las posibilidades de su expresión lingüística, para describir y plasmar el combate divino contra el enemigo primordial y definitivo (en la esencia y en el tiempo). El tema estaba ya fijado, Israel no tenía más ni podía menos que asumirlo, después de asimilarlo.

c) Por otra parte, este combate proto-escatológico adquiere en Israel una dimensión que no posee en Canaán y que viene de nuevo determinada por su peculiar concepción histórico-lineal de la acción divina. Se trata de un combate «definitivo», que comporta sojuzgar o exterminar al oponente sin posibilidad de repetición. En Canaán las victorias entre los dioses son provisionales, los combates se repiten cíclicamente. Los dioses vencidos y «muertos» vuelven a reaparecer.

La Muerte misma, «descuartizada», vive todavía. En realidad, no hay victoria definitiva sobre la Muerte en Canaán[40]. Ésta, como el Caos, es siempre un riesgo que acecha a la vida. La victoria de Baal es en realidad una suerte de compromiso entre vida y muerte. Este sano realismo del mito, que elude toda utopía inmortalizadora, va unida a su desdramatización de la muerte a través de un intenso culto de los muertos, mantenidos, hasta físicamente, en el ámbito familiar. La Biblia Hebrea, en cambio, asumiendo ese mismo realismo, pero rechazando toda relación con el «reino de los muertos», desconoce una lucha de Yahweh con la Muerte (Mot)[41]. Como decíamos más arriba, su

---

[39] Cf. J. DAY, *God's conflict,* pp. 10-12 y *passim* (p. 229, índice).

[40] Cf. B. MARGALIT, *A Matter of «Life» and «Death». A Study of the Baal-Mot Epic (CTA 4-5-6)* (AOAT 206), Kevelaer-Neukirchen-Vluyn 1980, pp. 201-205.

[41] Cf. *supra,* nn. 6 y 24. De todos modos, los dos combates de Baal, contra Yam y Mot, reproducen el mismo tema mítico; cf. M. K. WAKEMAN, *God's Battle,* pp. 37 y ss.

ámbito es la vida, esta vida, que garantiza sin contraste alguno, sin intervenir en un combate que la experiencia estacional y biológica da por perdido[42]. De hecho la fuerza de la Muerte recorre toda la Biblia Hebrea, pero habrá que esperar hasta Pablo de Tarso que anuncia que la Muerte ha sido vencida para siempre (1 Cor 15, 26, 54), con lo que se escatologiza a su vez este conflicto baálico y se utiliza el mismo recurso, desmitologizado, de la personificación de la Muerte[43].

Esta escatologización de la muerte ya se inicia en la Biblia Hebrea, que asume rasgos del combate Baal-Mot uniéndolos a los del combate con el Dragón primordial, en una mezcla que perdurará en toda la apocalíptica judeocristiana. Escatologización que es naturalmente «absolutización» también. La misma resurrección de Baal, su victoria, es un mero retorno a su combate con la Muerte; tal victoria sólo garantiza la vida por un año, a lo sumo por siete. La absolutización de la victoria divina (victoria final, resurrección final, noción que tardó mucho en incorporarse al universo religioso bíblico, a pesar de su claro antecedente cananeo, referida a Baal) va unida precisamente a la ruptura de la misma línea histórica de la experiencia religiosa hebrea, al salto a otro eón, que tarda mucho en adquirir, si es que lo logra en el Antiguo Testamento, un neto carácter trascendente. El combate final se lleva a cabo todavía en la historia humana; la victoria, con todo, abre las puertas al «Reino del Altísimo», donde ya no es posible el contraste[44]. El combate baálico, en cambio, se libra-

---

[42] Véase *supra,* p. 79. Sobre el carácter estacional o no del conflicto baálico cf. G. DEL OLMO LETE, *MLC,* pp. 143 y ss.

[43] El Antiguo Testamento deja entrever repetidas veces la supremacía de Yahweh sobre la muerte (cf. H. W. WOLFF, *Anthropologie des Alten Testaments,* Múnich 1973, pp. 162-166), anuncia incluso la promesa de su victoria sobre ella (cf. Is 25,8: «aniquilará la muerte para siempre»). Pero tal victoria no es todavía un elemento central en la antropología y soteriología del Antiguo Testamento; cf. R. MARTIN-ACHARD, *De la muerte a la resurrección según el Antiguo Testamento,* Madrid 1968.

[44] Sobre el particular últimamente A. MOMIGLIANO, «The Origins of Universal History», en R. E. FRIEMAN (ed.), *The Poet and the Historian. Essays in Literary and Historical Biblical Criticism* (Harvard Semitic Studies, 26), Chico 1983, pp. 145 y ss.

ba en el ámbito mismo de lo divino, era una lucha entre dioses. Al fondo, pues, de la absolutización de la victoria final se halla la radical trascendencia de Yahweh-Creador sobre su creación, que por más «inquietudes» que sufra, a Él no le inquietan.

En este contexto de lucha definitiva se desarrolla también en la Biblia la figura del «mediador/colaborador divino», que ya hemos visto se da igualmente en la mitología cananea y que no aparece en contradicción con la suficiencia divina. El «Hijo del hombre» (Dn 7,13) y el ángel Miguel (Dn 10,13; 12,1; cf. Ap 12,7) combaten con la bestia/dragón escatológico[45]; su posterior asimilación por el mesianismo escatológico cristiano corresponde ya a un desarrollo en que se han hecho converger líneas de perspectiva religiosa en principio autónomas.

De nuevo, pues, la peculiar concepción religiosa de Israel ha reaccionado dialécticamente ante el sistema protológico de la mitología cananea, aceptando sus arquetipos (combate victorioso, epifanía cósmica, resurrección definitiva, mediación angélica, nueva existencia, banquete celestial), pero transformándolos hasta elaborar paulatinamente el propio esquema que la diferencia de aquél y lo desborda. En este sentido podríamos decir que la fe cristiana ha ido más lejos en la aceptación del arquetipo baálico, hasta hacer al propio Dios/Mediador momentánea víctima del combate escatológico y someterlo transitoriamente a la Muerte, para acabar con ella, a través de su resurrección, de manera definitiva y absoluta. Cristo es el Dios que muere y resucita a un nivel en que lo cósmico (vivido en esperanza) y lo histórico (poseído en fe) se presentan disociados, pero interrelacionados en él «ya pero todavía no»[46].

---

[45] Cf. J. DAY, *God's Conflict*, pp. 157 y ss., 174 y ss., para la caracterización de esas figuras y su posible origen baálico; la equiparación de ambas topará sin duda con el recelo, quizá hasta con el enojo, de los biblistas. Por lo demás, el tema del «combate con el dragón» tiene una larga resonancia en la literatura griega y en la hagiografía cristiana; cf. ibíd., pp. 32, n. 92, 107, 109-111, 173, 183.

[46] En la escatología cristiana confluyen las figuras del Mesías, el Siervo y el Hijo del Hombre. Para una síntesis y exposición del estado de la cuestión cf. T. W. MANSON, *The Servant Messiah. A Study of the Public Ministry of Jesus*, Cambridge 1966; K. MÜLLER, «Menschensohn und Messias», *Biblische Zeitschrift* 16 (1972) 161-187; 17 (1973) 52-66.

III. La morada celeste

En la historia de las religiones es normal asumir que los dioses moran en el cielo. Así es también el caso en el Oriente Antiguo, incluida la Biblia Hebrea[47]. El cristianismo ha heredado esa representación e invoca al «Padre nuestro, que estás en los cielos». Sin embargo y a pesar de la frecuente y detallada intervención que los dioses de las culturas del Próximo Oriente despliegan en la planificación y construcción de sus moradas terrestres, sus templos, son escasísimas las referencias en tal sentido respecto a sus moradas celestiales. Podemos, con todo, seguir en líneas generales las huellas de la «Arquitectura celestial» en el Levante antiguo, que van desde el palacio de Baal a la Jerusalén celestial: de lo primordial a lo definitivo.

1. El palacio celestial

Una excepción llamativa dentro de este estado de cosas la ofrece la mitología siro-cananea en su versión ugarítica. Ya del dios supremo El tal mitología asegura que habita en la «confluencia de los dos océanos»[48] donde tiene su casa-palacio (KTU 1.3 V 6-8 y par.), que se supone sublime e inexpugnable, compuesto de «siete estancias, ocho antesalas» (KTU 1.3 V 19-21, 25-26), es decir, de otras tantas «suites», según el modelo del conocido templo sirio[49]. Pero no ofrece más detalles del mismo. Es a propósito del dios Baal, su hijo, cuando el te-

---

[47] Así se confiesa p. ej. en la oración de Salomón al consagrar el Templo de Jerusalén (1 Re 8,43). Para los múltiples lugares bíblicos del cielo como morada de Dios véase H. Haag, A. van den Born y S. de Ausejo, *Diccionario de la Biblia* (Biblioteca Herder. Sección de Sagrada Escritura, 27-28), Barcelona 1978, cols. 325-326.

[48] Cf. G. del Olmo Lete, *MLC*, p. 64. Una versión revisada y actualizada de los textos ugaríticos se ofrece en G. del Olmo Lete, *Mitos, leyendas y rituales de los semitas occidentales*, Madrid 1998. El último comentario a los mismos lo ofrecen M. S. Smith y W. T. Pitard, *The Ugaritic Baal Cycle. Volume II. Introduction with Text... of KTU/CAT 1.3-1.4* (SUT 114), Leiden-Boston 2009.

[49] Cf. G. del Olmo Lete, «Sacred Times and Spaces. Syria-Canaan», en S. I. Johnston (ed.), *Religion of the Ancient World*, Cambridge MA 2004, pp. 255 y ss.

ma de la construcción del palacio adquiere una significación decisiva, hasta convertirse en el centro sobre el que pivota todo su mito.

Parecería que una vez afirmada su supremacía en la teomaquia que le ha enfrentado a su opositor y hermano, el dios Yam, el camino quedaba expedito para su reconocimiento y entronización como «rey de los dioses y de los hombres» (KYU 1.4 VII 49-51). Pero no es así. A ello se opone un requisito imprescindible que toda la corte divina corea: «no tiene casa Baal, no, como los dioses» (KTU 1.4 IV 47ss.). No puede, por tanto, emanciparse, alcanzar la «mayoría de edad» y de prestigio que corresponde a un «rey» que emerge de este modo por encima del conjunto de sus «hermanos», los «setenta hijos de Ashera». Éstos o viven todos en las estancias del palacio de su padre El o tienen su propia morada como los auténticos «hijos amados» de la pareja primordial, es decir, Mot y Yam. Pero conseguirlo no es cosa fácil. Se precisa un decreto o sanción del dios supremo a petición de su esposa, en cuanto tal decreto supone el reconocimiento de la supremacía de uno de sus hijos sobre todos los demás [50]. En el fondo, la realeza divina supone de hecho una delegación de poderes cósmicos que pertenecen como tales a y derivan del dios supremo.

El trámite es largo y el mito se demora en su descripción, prueba de la importancia del tema en el sistema político-religioso que el mito objetiva. Una vez superado, se obtiene la divina sanción que reconoce la demostrada supremacía de Baal: «Constrúyase una casa a Baal» (KTU 1.4 1V 62). El decreto de El es elogiado y asumido por la diosa-madre, que precisa el significado cósmico de tal edificio: el palacio de Baal será su morada y a la vez el centro de operaciones de una divinidad dinámica por naturaleza:

Ya que así podrá almacenar su lluvia Baal,
hacer acopio de abundante nieve.

Y podrá dar su voz desde las nubes,
fulminar a la tierra rayos (KTU 1.4 V 6-9).

---

[50] Sobre la implicación de Ashera en la entronización del «rey de los dioses» véase G. DEL OLMO LETE, «Athiratu's entreaty and the order of the Ugaritic tablets 1.3/4», *AuOr* 1 (1983) 67-72.

La orden-concesión se transmite a Baal, a través de su hermana-esposa Anat, el agente determinante en toda esta tramitación, y se le encarga a la vez que haga los preparativos pertinentes. Comienza así a delinearse la construcción del palacio celeste de Baal, cuya descripción resulta única en toda la literatura mitológica del Oriente Antiguo, como apuntábamos más arriba. El primer paso consistirá en la conscripción de la mano de obra y el correspondiente acopio de materiales. Ambos elementos nos remiten a datos sociológicos del momento: a la prestación del trabajo forzado *(corvée)* por parte de los súbditos en las obras públicas promovidas por el palacio, y por otra, al valor otorgado a la plata, el oro y el lapislázuli como materiales preciosos en bruto, únicos considerados dignos de servir para alzar una morada celeste. Son los mismos que se emplearán en la fabricación de las estatuas de los dioses y cuyo fulgor es el que resplandecerá en las visiones celestes.

Una vez cumplido este primer requisito, Baal se ocupa de hacer llamar al arquitecto idóneo, que no puede ser otro que Kothar, el dios de la magia, que ya le ayudó a desembarazarse de su primer contrincante, el dios Yam. Una vez en su presencia y después de agasajarlo convenientemente, le transmite el encargo. Como ocurre normalmente con todo nuevo rico, el encargo es perentorio: urge la construcción del palacio que se ha de llevar a cabo inmediatamente. Se añaden dos datos que lo precisan: el emplazamiento y las dimensiones del edificio.

El palacio de Baal ha de ser levantado en el «Monte de su heredad y su triunfo» (KTU 1.3 III 29-31)[51], Ṣapunu, el Safón de la tradición bíblica, el mítico Norte. En Ugarit se lo identificó con el Monte ḫazzi, el *Kasios* de la tradición helenística[52], correspondiente al *Ǧebel ʿAqra* moderno, la cumbre más alta de la cadena del Anti-

---

[51] Véase Sal 68,17: Sión, «el monte que ha escogido Dios para habitar de mi heredad...», sede del templo de Yahweh; véase también Sal 132,13-14.

[52] De hecho Baal es denominado en el panteón silábico ᵈadad be-el ḫuršãn ḫa-zi (RS 20.24,4); cf. G. DEL OLMO LETE, *La religión cananea según la tradición de Ugarit*, Sabadell 1992, pp. 54 y ss.; G. DEL OLMO LETE y J. SANMARTÍN, «ks (Kásios/Casius) = ḫazzi = ḫš», *AuOr* 13 (1995) 259-261.

tauro, perfectamente visible desde Ras Shamra-Ugarit y cubierto de nieves perennes. Estas identificaciones están garantizadas documentalmente. Nos encontramos así con un punto de unión entre el cielo y la tierra. La morada celestial de Baal, el Olimpo cananeo, se puede entrever en la cumbre cubierta por nubes del «Monte Pelado», desde donde los rayos del dios de la tempestad relumbran y sus truenos retumban. Pero esta aproximación empírica del cielo a la tierra no anula la dimensión mítica del edificio que desborda los límites de la montaña física. El encargo precisa: «Mil acres abarcará la casa, diez mil fanegas el palacio» (KTU 1.4 V 56-57).

Naturalmente, el encargo no entraña problema alguno para el divino arquitecto. Pero éste, como buen profesional, sabe que no se trata de un palacio normal, por más grande que se quiera. Se trata de la «Casa/Palacio de Baal», cuya funcionalidad precisó la diosa-madre como vimos. Consiguientemente, debe incluir un elemento distintivo que los palacios de otros dioses no precisaban: un «ventanal» especial. Curiosamente este tema se convierte en el elemento central en torno al que gira el mitema de la construcción del palacio de Baal. En un primer momento, y a pesar de la insistencia del arquitecto divino que sabe muy bien lo que se lleva entre manos, Baal rechaza la sugerencia: no quiere ventanas en su casa. Viene de conseguir la supremacía en duro combate y sabe que su enemigo, muerto en aquel instante pero vivo en el tiempo mítico, está al acecho y puede colarse por cualquier abertura y plantarle cara, amén de producir el pánico y la desbandada entre sus «hijas». Kothar sabe, con todo, que ese temor carece de peso frente a la inevitabilidad de su propuesta. Pero el cliente manda; él se limita a predecir: «ya atenderás, Baal, a mis palabras» (KTU 1.4 VI 16).

Completado el acopio de materiales con la aportación de la proverbial madera de cedro (Ashera ya lo había predicho) proveniente de los montes del Líbano[53], la construcción del palacio se desarrolla según un procedimiento técnico-mágico. Al parecer se construye un

---

[53] Recuérdese la utilización de la madera de cedro en la construcción del templo de Salomón (1 Re 6,9ss.) y su proverbialidad cantada en los Salmos.

modelo rápido de palacio con los materiales amontonados de cualquier manera y a continuación se le prende fuego. Durante siete días:

> Y, mira, al séptimo día... Se había convertido la plata en láminas, el oro transformado en ladrillos (1.4 VI 29-35).

Se trata, pues, de un fuego mágico que transforma en vez de consumir. El resultado es una magnífica construcción en la que los materiales oro y plata se combinan. Una vez llevada a cabo la distribución de sus espacios, tiene lugar la solemne inauguración, celebrada con un opíparo banquete celestial en el que participan todos los dioses.

Acto seguido hace Baal una primera incursión en sus dominios y de vuelta a su palacio advierte que el ejercicio de su poder requiere acomodarlo a tal propósito, de manera que, sin moverse ya de su sede, todo el mundo tiemble ante la exhibición del mismo. Y es aquí donde vuelve a aparecer el tema de la ventana. Baal advierte que le es necesaria, si quiere hacer sentir su voz y lanzar sus rayos. Tenía razón, como no podía ser menos, el divino arquitecto, Kothar. Manda por él y le hace el encargo. La reacción del dios de la magia era de esperar: «Se echó a reír Kothar-Hasis... ¿No te lo dije yo, ¡oh Baal, el Victorioso!?» (KTU 1.4 VII 21-25). Una vez abierta la famosa ventana, se desata la tempestad de truenos y rayos que infunde pavor y somete a todo enemigo que Baal pueda tener en la tierra, su dominio incontrastado, en la que reina como soberano único.

2. La ciudad infernal y celestial

Frente a la celeste morada de Baal, la mitología cananea nos menciona también la de su gran contrincante, el dios Muerte. Se trata del «infierno», del ámbito subterráneo donde éste reina y cuyo vasallaje reclama también Baal (curiosamente «tierra» es también el nombre de «infierno»). Pero será él quien habrá de someterse, como describe el tercero y más decisivo episodio del mito baálico. Baal envía para parlamentar a sus mensajeros, que a través de «las puertas del Infierno», que se hallan bajo los míticos montes que delimitan la tierra, podrán descender «a su ciudad, la "Fangosa", (pues) una poza es el trono de su sede, un lodazal la tierra de su posesión» (KTU 1.4 VIII 10-14).

No se nos dan más detalles de la morada de Mot, pero es significativa su caracterización como «ciudad», no como simple «palacio», en el que este dios mora. El mismo dios de la Muerte la define como «sumidero», como «las fauces del divino Mot» (KTU 1.5 I 7ss.). Allí deben encontrar acomodo todos los vivos-muertos que engulle la Muerte. Y a esta tierra de muerte, denominada también «tierra de peste» o «playa mortandad», eufemísticamente considerada una «delicia/hermosura» (KTU 1.5 VI 6-8), descienden el dios supremo El y la diosa Anat, acompañada de la diosa Shapash, el «Sol», y allí encuentran a Baal muerto. No tenemos más precisa y detallada descripción de la ciudad infernal[54] en la literatura ugarítica.

Esta caracterización de la trascendencia como «ciudad» se mantiene también cuando ha de acoger a los mortales beatíficos que escapan a las «fauces de la muerte». Así, en línea de continuidad cultural cananea, en una tumba (VIII) de época púnica de *Ğebel Melezza* (Túnez) (ca. s. IV a.C.) se representa, según la interpretación de Fantar[55], a modo de mural historiado en tres paneles, el alma del difunto, bajo la forma de un gallo, que entra primero en el mausoleo, en el mismo permanece por un tiempo y sale luego de él para dirigirse a una «ciudad» circular amurallada y bien distribuida en bloques.

Estamos ante la representación plástica de un mitema que se remonta a la mitología ugarítica. Efectivamente, en la *Saga de los Refaim*, los héroes de antaño que adquieren un destino peculiar de inmortalidad (del que luego serán también partícipes los reyes de Ugarit, entroncados con aquella ancestral saga [KTU 1.161,1-12]), son convocados a la «ciudad de los dioses», donde el dios supremo tiene su trono (KTU 1.22 II 3-6, 19ss.).

---

[54] Una bella representación de infierno como monstruo que engulle a los muertos condenados la ofrece el fresco del ábside de la catedral románica de Salamanca.

[55] Cf. M. FANTAR, *Eschatologie phénicienne punique*, Túnez 1970, pp. 35-37.

Una vez llegados los Refaim a destino y rendida pleitesía al dios supremo, se les ofrece un banquete que dura siete días y en el que finalmente toma parte también el dios Baal, el proto-*rpu/rāpā'*, su patrón y valedor. En la perspectiva de la religión de la fertilidad, la ciudad de los dioses, en la que se encuentra el palacio de El, se halla rodeada de fértiles campos y cosechadoras eras. Los Refaim reflejan así su función de deidades protectoras de esa fertilidad de la que son partícipes y patronos. Si no datos especiales sobre la arquitectura de la ciudad celestial, al menos se nos aporta uno colateral que ilustra una de sus funciones: además de la sala del trono del dios supremo, el palacio dispone de una sala de banquete. Éste pasará a ser un parámetro normal en la escatología posterior para describir la felicidad de ultratumba[56]. Como los héroes legendarios, los reyes difuntos también bajan, junto con su trono, a su propio infierno a través de su propia tumba (KTU 1.161,20-26). Se les atribuye, como «reyes eternales», la morada en las ciudades de Ashtarot y Edrei[57], sedes del dios *Milku* (KTU 1.108,1-3; 1.100,40ss.), su epónimo, donde se incorporan al ser y función de Baal (KTU 1.108,19-27), escapando así al común destino de los mortales en la ciudad de Mot. Su morada se configura como una especie de Campos Elíseos, según el módulo griego, propio de los semidioses inmortales. Por este aspecto clave la ideología regia vemos cómo en Canaán la eternidad, prerrogativa de los dioses, y eternidad beatífica, quedaba abierta a los mortales.

3. La Jerusalén celestial

Esta difusa concepción del más allá como «ciudad» se irá afianzando y precisando en el imaginario posterior; la descripción que de la «Jerusalén celestial», la «Nueva Jerusalén» (Ap 3,12) nos ofrece el Apocalipsis cristiano, resulta el modelo prototípico. Se basa en la

---

[56] Véase más arriba p. 111.

[57] El par de ciudades aparece en la Biblia como sede del legendario Og, rey de Bashán (cf. Jos 12,4 y par.).

exaltación que de la Jerusalén terrestre hacen sobre todo los Salmos de Sión y el III Isaías[58]. Su aparente precisión descriptiva es en realidad una acumulación de elementos tópicos, tomados de las descripciones bíblicas y de la imaginación apocalíptica. En la misma se entrecruzan diversos niveles de significación: místico, moral, físico:

> Ven, te enseñaré a la novia, esposa del Cordero. Y me transportó en espíritu a un monte de gran altura y me enseñó la ciudad santa, Jerusalén, bajando del cielo, desde Dios, con la gloria de Dios. Su resplandor es semejante a piedras preciosas, como piedra de jaspe cristalino: tiene una muralla grande y alta, con doce puertas, y en las puertas doce ángeles, con nombres grabados, que son los de las doce tribus de los hijos de Israel. A oriente, tres puertas, y al norte, tres puertas, y al mediodía, tres puertas, y al occidente, tres puertas. Y el muro de la ciudad tiene doce cimientos, y sobre ellos, los doce nombres de los doce apóstoles del Cordero. Y el que hablaba conmigo tenía una vara de oro como metro para medir la ciudad y sus puertas y su muralla. Y la ciudad es cuadrada, y su longitud es tanta cuanta su anchura. Y midió la ciudad con la vara: unos doce mil estadios: su longitud, su anchura y su altura son iguales. Y su muralla medía ciento cuarenta y cuatro codos, medida de hombre, que es la del ángel. Y las piedras de la muralla son de jaspe, y la ciudad es de oro puro, semejante a cristal claro. Los cimientos de la muralla de la ciudad están adornados con todas las piedras preciosas: el primer cimiento, de jaspe; el segundo, de zafiro; el tercero, de calcedonia; el cuarto, de esmeralda: el quinto, de sardónice; el sexto, de cornalina; el séptimo, de crisolina; el octavo, de berilio; el noveno, de topacio; el décimo, de crisopacio; el undécimo, de jacinto; el duodécimo, de amatista. Y las doce puertas, son doce perlas; cada una de las puertas era de una sola perla. Y la plaza de la ciudad era de oro puro como cristal transparente. Y no vi templo en ella, pues su templo es el Señor Dios...» (Ap 21,9-22).

Resalta en esta descripción la riqueza y brillo de sus materiales –ningún material es vulgar (recuérdese el empleado en la construcción del palacio de Baal)–, la precisión del diseño (cuadrada como un campamento romano) y la magnitud de las dimensiones (un invero-

---

[58] Cf. G. WANKE, *Die Ziontheologie der Korahiten*, Berlín 1966.

símil cubo que supera sus propios muros) [59]. El conjunto se inspira ampliamente en la arquitectura y distribución del nuevo templo y de la nueva tierra diseñadas por Ezequiel (Ez 40–48). La indicación última sobre la ausencia de templo corrige o precisa, si se prefiere, indicaciones anteriores que nos hablan del «trono de Dios» y su sala *(passim)*, expresamente incluso de «templo»: «Y se abrió el templo de Dios que hay en el cielo» (Ap 11,19; cf. también 7,15; 14,17; 15,6; 16,17). Hay que tener en cuenta que la redacción de este libro no es unitaria y en todo caso se aprecia una incesante tensión entre el arquetipo literario y el sentido religioso último, ahogado bajo un descomunal simbolismo descriptivo, hijo de la imaginación apocalíptica.

Por otra parte, la Biblia (como puede verse en los secciones apocalípticas de Isaías, Ezequiel y Zacarías, y en el Libro de Daniel), tan rica en visiones de ángeles y bestias que se retoman en el Apocalipsis, no nos ofrece una descripción de la Ciudad Celestial, paralela a la del Apocalipsis cristiano; la arquitectura del templo de Ezequiel quiere ser terrenal, aunque sea quimérica. Se halla más centrada en la visión de la nueva Jerusalén terrestre renovada.

Sí que nos ofrece en cambio el profeta Ezequiel (Ez 1) una sorprendente y alucinante descripción de la carroza de Yahweh sobre la que se asienta su «trono» en el que aparece Él en pie. Ahora bien, si hay trono hay sala, hay palacio y hay ciudad. Esta lógica deducción es la que desarrolló la Cábala judía que arranca del «Carro» *(merkābāh)* de Ezequiel para organizar sus especulaciones sobre la morada o moradas celestes. Este paso lo sintetiza así el *Zohar*, el gran libro de la Cábala medieval:

> Por encima de todos estos ángeles se encuentra Matrona (otro nombre de la Shekhinah), que sirve en el Palacio del Rey Supremo... Recordad que Rabí Simón dijo: El Santo, bendito sea, ha erigido Arriba un Palacio y también una Ciudad sagrada. Ésta es Jerusalén, la Ciudad Santa (III 50-51). Arriba todo está dispuesto de una manera análoga (a la creación de aquí abajo), donde también hay un océano y por

---

[59] Cf. J. Massyngberde Ford, *Revelation* (Anchor Bible 38), Garden City 1975, pp. 360-370 (369) (se trata de un texto reordenado y expurgado).

encima del mismo, otro océano. El Río de Fuego rodea el Palacio Celeste y Sagrado, el cual contiene asimismo compartimentos y un lugar para el Sanedrín, de donde emana el Rigor y al que nadie tiene acceso, a excepción del Descendiente de la casa de David (III 161).

En realidad esta representación de la Jerusalén celestial es rara en el judaísmo rabínico[60]. Será misión de la Cábala judía, continuadora en este aspecto de la apocalíptica, con sus viajes al más allá, llenar este vacío[61]. Y la obra primordial y cumbre en ese sentido es el Libro III de Henoch o Henoch Hebreo (s. VI-VII d.C.), que lleva el significativo nombre de *Libro de los Palacios (Sefer Hēkālôt)*. Este libro inicia lo que será todo un género literario cabalístico con abundantes obras[62]. En el mismo se describe con desenfrenada imaginería el aparato celeste con sus infinitos moradores, entre los que destaca el ángel supremo *M^{e}tātrōn*, girando siempre la descripción en torno a la *Merkābāh*, la más explícita visión de Dios y su sede, aportada por la revelación bíblica, junto a otras que sólo mencionan su trono (2 Re 22,19; Is 6,1ss.; Dn 7,9ss.) o lo presentan sentado en su consejo (Job 1,6ss.).

Permítaseme citar el inicio del *Libro de los Palacios* que nos sitúa bien ante lo que será el *leitmotiv* y cuadro de fondo de sus «especulaciones» posteriores sobre la arquitectura celestial en que se alojan Yahweh, su *Š^{e}kînāh*, y la cohorte innumerable de sus ángeles:

> Cuando ascendí a lo alto, asegura Rabbi Yishmael, para contemplar la visión de la *Merkabah,* fui introducido en los seis palacios que

[60] Cf. *El Zohar. El libro del Esplendor,* introducción y traducción de C. Giol, Barcelona 1996, p. 80, n. 71. En esta obra se nos ofrecen dos descripciones del séptuple palacio celeste: una breve (*Bereshit* 1,38a-48b) y otra amplia (*Pekudei* 2,244b-62b), incluida una descripción de «los siete palacios de la impureza», es decir, del Infierno (2,262b-8b); cf. G. SHOLEM, «Zohar», en *EnJud,* vol. 16, cols. 1193-1215 (1195).

[61] Véase a continuación pp. 321 y ss.

[62] Cf. A. DÍEZ MACHO (ed.), *Apócrifos del Antiguo Testamento,* tomo I, *Introducción general,* Madrid 1984, pp. 248 y ss.; tomo IV, *Ciclo de Henoch,* Madrid 1984, pp. 203-291 («Libro Hebreo de Henoch», introducción y traducción de Mª Ángeles Navarro).

están uno dentro del otro; tan pronto como alcancé la puerta del séptimo palacio comencé a orar ante el Santo ... Entonces penetré en el séptimo palacio y él *(Metatrón)* me condujo a los pabellones de la *Shekhinah* y me colocó ante el Santo, bendito sea, para contemplar la *Merkabah...»* (I:1-6).

Como puede apreciarse, toda la tradición siro-palestina (cananea, judía y cristiana) se ha preocupado de habilitar una magnífica arquitectura celestial para albergar a su Dios y sus fieles. Ante lo inefable, la imaginación ha suplantado a la comprensión.

Canaán e Israel
III. Liturgia

I. ESTRUCTURAS BÁSICAS: CULTO Y ÉTICA

En el tratamiento de los arquetipos anteriores hemos dejado de lado expresamente un elemento que resulta decisivo en la caracterización del yahwismo frente a la religión de la naturaleza: su dimensión moral, exaltada muchas veces en oposición a la cúltica de ésta. Tal dimensión o contenido ético puede también analizarse como resultado de un proceso dialéctico a la luz de las peculiaridades del culto cananeo y su noción de «pecado», amén de estar implícita en el nivel histórico de la experiencia religiosa hebrea: la historia desemboca en la moral.

Tratando del culto, vamos a dejar de lado una serie de estructuras básicas frente a las que Israel no hizo otra cosa que someterse culturalmente: lo mismo que aceptó el templo siro-cananeo o fenicio, pues no tenía uno propio, aceptó igualmente todo su sistema sacrificial, probablemente su organización sacerdotal y quizá también su calendario, tanto festivo-estacional (como se aprecia desde la propia liturgia bíblica) como mensual-hebdomadario de «días sacros» (como se aprecia desde la ugarítica)[1]. Se trata de elementos cultuales, válidos para toda expresión religiosa, de que Israel carece, sin embargo, al entrar en Canaán. Sobre los mismos llevará a cabo el triple proceso aludido: historización, escatologización, absolutización.

Esta masiva aceptación/asimilación de las estructuras cultuales cananeas va unida al masivo rechazo de su dimensión más llamativa:

---

[1] Para el sentido de las fiestas hebreas y su historización puede verse R. DE VAUX, *Las instituciones del Antiguo Testamento* (versión del original francés), vols. I-II, Barcelona 1985, pp. 610-640.

el culto de los antepasados, sobre todo de los antepasados regios, en cuanto «manes divinizados» y protectores *(rpum/rᵉphā'îm)*. Son varias las liturgias ugaríticas de este tipo que han llegado hasta nosotros y sabemos de la convivencia familiar con los muertos, a los que se tenía bajo el suelo de la propia casa o a su vera y se ofrecían regulares libaciones[2]. Esta acentuada convivencia con la muerte fue excluida por Israel, tanto de su vida cotidiana (leyes de impureza y cementerios) como cultual (prohibiciones de evocación)[3]. La raíz de tal actitud no puede ser otra, como ya apuntábamos más arriba, que su peculiar concepción de Yahweh como Dios únicamente de la vida y de los vivientes, que no tiene ninguna relación con el *šᵉ'ôl* y sus divinidades[4]. Además de que tal culto ponía en manos del particular un enorme poder incontrolado, que atentaba contra la libertad y soberanía de Yahweh: de ahí la oposición bíblica a la nigromancia (como a la magia en general). La reacción dialéctica en este caso, pues, será de total rechazo oficial-dogmático por parte de la Biblia (no histórico ni social), como característica discriminante.

Yahweh no tiene relación alguna, ni siquiera de lucha, como decíamos, con la Muerte (Mot) y su ámbito, en el que no precisa ni admite colaboradores, por suponer ello un proceso de deificación cananeo incompatible con su exclusividad divina. Esto lleva consigo un empobrecimiento de la escatología personal hebrea y su correspondiente oscurecimiento de la representación del más allá, con la contrapartida de su afirmación y pervivencia histórica como «pueblo de Yahweh». Ahí encuentra su futuro, no en la inmortalidad personal de sus miembros. Por lo demás, este soslayo de la inmortalidad es una idea que se halla también expresamente formulada en la épica cananea, incluso a propósito del rey, «hijo de El», no obstante la ideología regia imperante, la promesa de los dioses, y la creencia oficial y popular que la sostiene, reflejada en el culto a los antepasados[5].

---

[2] Cf. *supra,* pp. 103 y s.

[3] Cf. al respecto *supra,* p. 105, n. 14. En esa perspectiva habría de interpretarse el episodio de la pitonisa de Endor (1 Sm 28,3-25) y textos como Is 8,19.

[4] Cf. 1 Sm 28,13: «(veo) un *ᵉlōhîm* que sube de lo hondo de la tierra».

[5] Cf. KTU 1.16 120-23; 1.17 VI 26-38.

Otra liturgia, próxima a la anterior de evocación, que también rechazó Israel, es la adivinadora-oracular, es decir, la magia cultual (extispicina, aruspicina, hepatoscopia, teratomancia y demás sistemas de «consulta-respuesta», presagio y conjuro), como consecuencia de su concepción-experiencia de la trascendencia histórica, autónoma, de la acción de Yahweh, precisamente el Dios que no conoce límites en su acción, mientras la magia supone una barrera que afecta a los mismos dioses, paradójicamente encomendada en Ugarit a uno de segunda línea (Kothar), quien puede decidir con su intervención los más altos conflictos mitológicos. En sí esto significa simplemente la divinización autónoma de esta fuerza, su inclusión en el panteón divino, en el que, no obstante, resulta una instancia supradivina que escapa a una total y racional integración en el mismo. Es claro que ante este mundo de representaciones la reacción dialéctica del yahwismo normativo es de total rechazo una vez más, aunque en la religiosidad popular, incluso en el «culto» oficial, los usos mágicos siguieran existiendo[6].

Dejando de lado este panorama, nos interesa ahora fijarnos en algunos aspectos del culto que a primera vista resultan peculiarmente hebreos y poco cananeos. Nos referimos en concreto a la denominada «liturgia de expiación», tan significativa en Ugarit como para habérsenos transmitido en cinco copias, aunque fragmentarias cuatro y sólo una relativamente completa (KTU 1.40)[7]. Se trata de un texto cúltico recitativo en el que la rúbrica se enuncia en forma de invitatorio, con descripción de efecto y motivación (confesión de pecados), y la correspondiente ejecución en forma de presentación/impetración del tipo de fórmula sacramental. Se trata, pues, de una acción sacrifi-

[6] Cf. P. ARATA MONTORANI, «La magia nei testi preesilici dell'Antico Testamento», *Henoch* 3 (1981) 1-21.

[7] Cf. KTU 1.40; 1.84; 1.121; 1.122; 154; P. XELLA, *I Testi rituali di Ugarit-1, Testi,* Roma 1981, pp. 253-276; J.-M. DE TARRAGON, *Le culte á Ugarit d'aprés les textes de la pratique en cunéiformes alphabétiques* (Cahiers de la Revue Biblique, 19), París 1980, pp. 92-97; J. SAPLIN, *UF* 15 (1983) 181-184; G. DEL OLMO LETE, *Religión cananea,* pp. 99-109; D. PARDEE, *Les textes rituel. Fascicule I* (Ras Shamra-Ougarit, XII), París 2000, pp. 42-142.

cial verbalizada en su sentido y desarrollo. La estructura del texto es repetitiva (cinco o seis veces), como con frecuencia las fórmulas/acciones cúlticas y mágicas; sólo varían el sujeto de la expiación y la víctima ofrecida. Naturalmente, aparte de los «hijos de Ugarit», especial mención obtienen «el rey y la reina». Se trata, pues, de una liturgia de expiación general, una especie de ritual de *yôm kippûr* cananeo, en el que la confesión de todo posible pecado cometido va unida al rito sacrificial dirigido al dios supremo y a todos los demás en general, en una curiosa reagrupación de tipo reductor, «cuasi-monoteístico». He aquí la versión del texto base con sus variantes:

> —«Ofreced, sí, un carnero/asno de justificación[8], de justificación, de los/¡oh hijo/as de Ugarit!,
> y expiación[9] habrá, de los huéspedes de los muros de Ugarit/
> y expiación... y expiación de Ugarit/
> y expiación de *Yamanu* y expiación de *ʿrmt*, y expiación... y expiación de *Niqmaddu* (el rey)
> y expiación de *Nešetu* (la reina).
> Tanto si habéis pecado según[10] el uso de los *qṭy*[11],
> según el uso de los *ddmy*,
> según el uso de los hurritas,
> según el uso de los hititas,
> según el uso de los chipriotas,
> según el uso de los *gbr*,
> según el uso de vuestros depredadores,
> según el uso de vuestros opresores,

[8] Para una discusión detallada de ésta y otras opciones lexicográficas véase *RC* citada en la n. precedente. En la lín. 35 se precisa: «Volved a recitar...».

[9] En II. 9-10, 18-19, 26-28, 35-36 se enumeran los diversos sujetos de la expiación/purificación.

[10] Como sinónimo de «pecar» *(ḥṭa)* las dos últimas veces se dice «transmutar el decoro» *(šn yp)*.

[11] Varios de estos gentilicios resultan por el momento desconocidos. Una nueva interpretación de los mismos ha sido ofrecida por D. ARNAUD, «Prolégomènes à la redaction d'une histoire d'Ougarit III: Ougarit et Tukulti Ninurta», *Studi micenei ed egeo-anatolici* 45 (2003) 7-20, los cuatro últimos: *gbr*, «Habur», *qrzbl*, «Karduniaš» (Babylon), *ḫbtm*, «pillards» y *mdllm*, «opresseurs», «Assyrians».

según el uso de los *qrzbl*,
como si habéis pecado por vuestra ira,
o por vuestra pusilanimidad,
o por (otras) transgresiones que hayáis cometido,
como si habéis pecado en relación con los sacrificios,
y en relación con las ofrendas».
–«¡He aquí nuestro sacrificio que sacrificamos,
ésta es la ofrenda que ofrecemos,
ésta es la víctima que inmolamos!
¡Que suba al padre de los dioses,
que suba a la familia de los dioses,
a la asamblea de los dioses,
a *ṯkmn-w-šnm*![12]
¡Aquí está/éste es el cordero/asno!».

Los pecados, como puede apreciarse, se reagrupan en tres categorías: «pecados de las gentes», en que el pueblo de Ugarit ha incurrido por acomodación/aceptación de otros usos; pecados propios, derivados de una triple fuente moral de pecado: la ira, la debilidad, la inadvertencia (?) o trasgresión en general; faltas cultuales. Se trata de una categorización de tipo sapiencial que la Biblia Hebrea aceptaría sin más, introduciendo sólo dos correcciones en el ritual: exclusión de la víctima «asno» y supresión de la mención de la «familia de los dioses», por lo menos en cuanto situada al nivel del Dios-Padre supremo[13]. Así corregida, esta liturgia podría representar el *lógos* del sacrificio *ḥaṭṭā't* (Lv 4–5). Corrección que pone de manifiesto el carácter dinámico y creador, a la vez que abierto y asimilador, del yahwismo frente al cananeísmo. Pero es claro que éste no era la simple expresión religiosa depravada de la orgía y el desenfreno que los pro-

---

[12] Divinidades ugaríticas, que aparecen en los textos cúlticos, pero no en los mitos y leyendas. Posiblemente, en razón de su estrecha relación con el dios supremo como sus «dióscuros», funcionan aquí como intermediarios entre éste, con su «familia», y el pueblo de Ugarit.

[13] Es conocido el uso bíblico de *'ĕlōhîm/'ēlîm* para referirse al ámbito de lo divino; cf. Gn 6,2-4; Dt 32,8-9; Sal 29,1; 68,16-17 (?); 89,7; Job 1,6; 41,17; Dn 11,36 (?).

fetas nos suministran. Poseía estructuras ideológicas y cultuales de gran valor ético-religioso, que el mito ya suponía al certificarnos que «dos sacrificios abomina Baal, tres el Auriga de las nubes: el sacrificio de desvergüenza y el de lujuria, el sacrificio de lascivia con esclavas» (KTU 1.4 III 17-21). La noción ética de pecado es determinante en su religiosidad y culto.

Estas reflexiones han querido únicamente poner de relieve algunos aspectos del universo representativo de la religión hebrea. Constituyen un excelente paradigma de su constante proceso de superación de la religión de la naturaleza, sin por otra parte excluirla. Recuérdese, por ejemplo, la oración inaugural del Templo salomónico, que tiene como uno de sus temas la sequía ocasionada por el pecado (1 Re 8,35ss.). Tal proceso sólo podrá comprenderse a partir de la recta inteligencia del medio religioso ante el que Israel supo reaccionar, sin sometimiento, pero digiriéndolo en gran medida. Hoy en día tenemos acceso directo al mismo, mientras la imagen que de él nos proporciona la Biblia es el residuo de su enfrentamiento dialéctico, no su punto de partida. Sólo desde ese conocimiento directo de la religión cananea en sí misma se podrá apreciar en todo su valor el proceso que permitió al yahwismo extraer del magma plurivalente y ambivalente de la religión de la naturaleza esa síntesis específica que le ha valido su triunfo como religión «verdadera» [14].

II. Sukkôt: Pervivencia de un ritual «en el terrado»

Un caso particular donde se aprecia la pervivencia en Israel de usos cultuales cananeos lo constituye el ritual de la festividad hebrea de *Sukkôt*. R. de Vaux, comentando esta «Fiesta de las Cabañas», asegura:

---

[14] Similar proceso habría de repetirse más tarde en su confrontación con el mundo griego; cf. A. Momigliano, *op. cit.*, p. 148; y J. Gray, «Social Aspects of Canaanite Religion», en *Volume du Congrès. Genève 1965* (SVT 15), Leiden 1966, pp. 170-192, para la visión bíblica de la religión cananea.

Esta fiesta no puede haber sido instituida sino después de la sedentarización y cabe presumir que tiene origen cananeo. Tal presunción encuentra confirmación en Jue 9,27: después de la vendimia, las gentes de Siquén celebraban una regocijada fiesta en el templo de su dios. El antiguo episodio que refiere Jue 21,19-21 sirve de lazo de unión entre esta fiesta cananea y la fiesta israelita[15].

1. La tradición ugarítica

No aporta, en cambio, De Vaux ningún testimonio directo para corroborar esta suposición[16]. Tenemos, sin embargo, en los textos rituales de Ugarit uno muy significativo al respecto, que los estudiosos de los mismos han relacionado por su parte con la fiesta hebrea en cuestión[17], sin llevar a cabo, con todo, un análisis a fondo de tal correlación. Desde luego, en la perspectiva actual sobre los orígenes cananeos de Israel, hablaríamos en todo caso más bien de continuidad o pervivencia cultual que de préstamo. Dice así el texto ugarítico KTU 1.41,5:

> Entonces sacrificará el Rey a *prgl ṣqrn* en el terrado *(bgg)*, en el que habrá cuatro más cuatro habitáculos *(mšbt)* (hechos) de ramas *(azmr):* un carnero en holocausto, un toro y un carnero en sacrificio pacífico (se sacrificarán) siete veces; *ad libitum* dará el Rey respuesta. A la puesta del sol el Rey (quedará) desacralizado y, revestido espléndidamente y limpio su rostro, le entronizarán en el palacio y, una vez allí, alzará sus manos al cielo[18].

[15] Cf. R. DE VAUX, *Les institutions de l'Ancient Testament. II Institutions militaires. Institutions religieuses*, París 1960, p. 405.

[16] Tampoco lo hacen los tratados clásicos de A. ALT, «Zelte und Hütten», en *Alttestamentliche Studien (Festschrift Nötscher)*, Bonn 1950, pp. 16-25; H.-J. KRAUS, *Gottesdienst in Israel. Studien zur Geschihte des Laubhüttenfestes*, Múnich 1954; IDEM, *Gottesdienst in Israel. Grundriss einer alttestamenlicher Kultgeschite*, Múnich 1962, pp. 79-84.

[17] Cf. J. C. DE MOOR, *New Year with Canaanites and Israelites, Part One: Description, Part Two: The Canaanite Sources*, Kampen 1972 *(passim)*; G. DEL OLMO LETE, *RC*, p. 84; D. PARDEE, *Les textes rituels. Fascicule 1* (Ras Shamra-Ougarit XII), París 2000, pp. 210, 212.

[18] Cf. G. DEL OLMO LETE, *RC*, p. 83; D. PARDEE, *Textes rituels*, pp. 208-212, donde se discuten las diferentes interpretaciones.

Dejando de lado cuestiones de epigrafía y crítica textual[19], el ritual ugarítico manifiesta unos parámetros que conviene poner de relieve.

1) En primer lugar, se presenta como un ritual autónomo, pero ligado a la neomenia *riš yn*, el mes del «primer vino», de la que resulta ser un apéndice. La coincidencia de tal mes con la época de la cosecha es clara y de hecho esta misma denominación *('āsîp)* se aplica también al festival hebreo[20]. El ritual está ligado, pues, al ciclo estacional y al culto de la fertilidad.

---

[19] La principal *crux* que presenta el texto es la relativa a la divinidad protagonista de la fiesta y destinataria de la ofrenda: *prgl ṣqrn*. Cabe optar por una divinidad desconocida o tratar de hacer inteligible el texto e interpretarlo como designación de dos emblemas divinos de fertilidad, «sarmiento» y «cuerno». Se puede suponer un error del escriba o una imperfección del texto (cf. G. DEL OLMO LETE, *RC*, p. 84), que, a pesar de la acostumbrada apodíctica aseveración del sabio americano (cf. D. PARDEE, *Textes rituels,* pp. 208-209), que excluye cualquier otra lectura, manifiesta aquí «une éraflure» (p. 147), recogida en su propia copia (figure 3, p. 1265). La restauración de una /l/ en este contexto epigráfico (dada la apariencia en ugarítico de las letras *ṣ/l*) y morfosintáctico («sacrificar a») es perfectamente coherente. De todos modos, esta incógnita no afecta a la correlación del rito con el festival hebreo; en este caso la divinidad destinataria es el dios nacional.

[20] Cf. H.-J. KRAUS, *Gottesdienst,* p. 79; R. DE VAUX, *Instituciones,* pp. 622 y ss. La polémica en torno al lugar del calendario que ocupa tal mes (el primero/último del año agrícola-civil) es irrelevante. La argumentación de Pardee a favor de lo segundo resulta enormemente especulativa y está viciada por la pretensión de hacer coincidir la celebración con el momento preciso de la operación agrícola, dependiente de la climatología y sólo aproximadamente constante. Si hubiera tenido en cuenta este *décalage,* el sabio americano podría haberse ahorrado sus especulaciones (cf. D. PARDEE, *Textes rituels,* pp. 157-158) El tema entretiene a los autores, teniendo en cuenta, además, el cambio de fecha que se atribuye a Jeroboán en 1 Re 12,32-33 (cf. *infra*; R. DE VAUX, *Instituciones,* pp. 625 y ss.; H.-J. KRAUS, *Gottesdienst,* p. 80; J. C. DE MOOR, *New Year,* pp. 18 y ss.). ¿Es posible ver en la autonomía textual del ritual ugarítico un indicio de su celebración en momentos diferentes cada vez, aunque siempre ligados a la cosecha, y por tanto no encuadrado en la secuencia fija de las neomenias? El citado texto de Jue 9,27 sólo dice «después de la vendimia». Esta imprecisión en el tiempo explicaría la situación del ritual al final de la neomenia sacrificial sin datación fija. Hasta se podría especular que ésta iba ligada a la «proclamación del día» de que habla el tex-

2) El oficiante del ritual, como de todos los demás que nos han llegado de Ugarit, es el Rey. Se trata, por tanto, de una liturgia oficial, «de Estado», no privada.

3) La ceremonia comporta la preparación de unas estancias provisionales hechas con «ramas», lo que está implicando una transposición simbólica de diferentes niveles de hábitat: del campo a la ciudad. Se acentúa con ello el originario carácter agrario de ritual, pero a la vez se certifica su transformación en un ritual ya urbano, a celebrar en el santuario de la capital del reino, sin excluir que ceremonias similares pudiesen tener lugar en las aldeas. Tal origen agrario se perdía ya para los ugaritas del siglo XIII a.C. en una remota antigüedad. Se trata, pues, de una fiesta cananea ya bien establecida.

4) Aunque expresamente no se dice, el lugar de la celebración es asimismo un lugar oficial y público: un templo, como lugar del sacrificio, como presupone éste y los demás textos cultuales ugaríticos: el santuario palatino o uno de los de la ciudad. Se concreta, en cambio, un detalle muy significativo al respecto: dentro del templo el espacio preciso de la celebración es «el terrado» *(gg)*. Se trata de un emplazamiento cultual bien conocido por la población y que los arqueología ha puesto de manifiesto, al descubrir la existencia de escaleras que conectaban los templos de Baal y Dagán con su parte superior. La Biblia reconocerá este emplazamiento como ligado específicamente al culto cananeo y abominará del mismo, para lo que el yahwismo debía tener sus motivos [21].

---

to ugarítico en lín. 7-8 *(qra ym)*, expresión equivalente a la que encontramos en Lv 23,35-36 y Nm 29,12 *(miqrā' qodeš)* a propósito de esta fiesta. ¿Por qué si no se habría de «proclamar el día», si éste correspondía a una fecha fija y conocida? Esta determinación se debería a una operación cultual tardía, cuando la fiesta perdió su sentido agrícola a favor del sentido de rememoración histórica. En tal caso ya importaba poco que coincidiese o no con el calendario agrícola. Cf. B. A. LEVINE y J.-M. DE TARRAGON, «The King Proclaims the Day: Ugaritic Rites for the Vintage (KTU 1.41//1.87)», *Revue Biblique* 100 (1993) 176-165.

[21] Cf. a este propósito la *Leyenda de Kirta* (KTU 1.14 II 26-27): *wyrd krt lggt*, «y descienda Kirta de los terrados», a donde se supone ha subido para implorar al dios El. Para los textos hebreos contra el culto en el terrado cf. *infra*.

5) Las prácticas rituales supuestas son: el sacrificio, probablemente el oráculo sacro y la intercesión del Rey, quien al parecer experimenta una renovación en sus funciones. No sólo es el liturgo de una ceremonia ritual, sino el sujeto pasivo de una nueva situación que aquélla instaura. Es difícil precisar hasta qué punto estos elementos rituales entroncan con la liturgia de Año Nuevo en Mesopotamia[22].

6) Finalmente, el ritual implica una cierta «aritmética sacra»: *dos* grupos de *cuatro* estancias (4/4)[23], que podemos imaginar contrapuestas, *dos* tipos de sacrificio (con dos víctimas sacrificiales en el segundo), cuya ofrenda se repite *siete* veces. No se puede precisar si esa repetición era inmediata, en una misma ceremonia, o si ésta se repetía en siete días consecutivos, lo que resultaría más verosímil, tal y como se realiza en la liturgia hebrea[24]. De todos modos, para un registro contable, como en cierto sentido es el texto ugarítico, el resultado era el mismo.

2. La tradición bíblica

Cabe ahora rastrear hasta qué punto los testimonios bíblicos han preservado estos elementos de un ritual cananeo antiguo, certificado y, posiblemente por eso mismo, su modelo originario. De ese cotejo podremos colegir qué tradición parece ser la más arcaica y cómo las sucesivas acomodaciones del rito se van alejando del modelo primitivo.

---

[22] Sobre al fiesta de Año Nuevo en contexto ugarítico véase entre otros J. C. DE MOOR, *The Seasonal Pattern in the Ugaritic Myth of Baʿlu. According to the Version of Ilimilku* (AOAT 16), Kevelaer-Neukirchen-Vluyn 1971, pp. 57-59, 61-62, 77-80; O. LORETZ, «Die Rückkehr des Wettergottes und der königlichen Ahnen beim Neujahrsfest in Ugarit und Jerusalem», en M. KROPP y A. WAGNER (eds.), «*Schnittpunkt*» *Ugarit* (Nordost-afrikanisch/westsemitische Studien 2), Berna 1999, pp. 163-244.

[23] Cf. I. ABRAHAMS, «Numbers. Typical and Important», en *EnJud*, vol. 12, pp. 1254-1261; el número cuatro es prominente en la visión de Ez 1–3.

[24] Interesante resulta a este propósito la acotación de D. PARDEE, *Textes rituels*, p. 212: «Si esta fiesta corresponde de algún modo a la "fiesta de las tiendas" hebrea y teniendo en cuenta su función probable de fiesta de fin de la cosecha, uno está obligado a aceptar que duraba más de una noche».

A. *Textos prescriptivos (norma)*

Ex 23,14-16:

Tres veces al año me festejarás... y en la fiesta de la cosecha *('āsīp)*, al término del año, cuando recojas los frutos de las labores del campo. Tres veces al año toda tu población masculina *(zākûr)*[25] se presentará ante tu Señor Yahweh... Las primicias de los frutos *(rē'šît bikkûrê)* de tu tierra los traerás a la casa de Yahweh, tu Dios.

Ex 34,22-26:

También (celebrarás) la fiesta de la cosecha *('āsīp)* a la vuelta del año. Tres veces al año se presentará toda tu producción masculina ante al Señor Yahweh, Dios de Israel... Las primicias de los frutos *(rēšît bikkûrê)* de tu tierra las traerás a la casa de Yahweh, tu Dios.

Lv 23,33-43:

Habló Yahweh a Moisés así: Di a los hijos de Israel esto: en el quince del mes séptimo (tiene lugar) la fiesta de las cabañas *(sukkôt)* durante siete días en honor de Yahweh. El día primero, convocatoria de (día) santo *(miqrā'-qodeš)*, con prohibición de que llevéis a cabo trabajo alguno. Durante siete días ofreceréis sacrificios *('iššeh)*[26] a Yahweh. El día octavo, haréis convocatoria de (día) santo y ofreceréis un sacrificio a Yahweh, habrá una asamblea solemne *('ašeret)*, con prohibición de que llevéis a cabo trabajo alguno... Mas en el día quince del mes séptimo, cuando cosechéis los productos de la tierra, celebraréis la fiesta de Yahweh durante siete días. El día primero será día de descanso, lo mismo que el octavo. Os procuraréis el día primero frutos de árbol de adorno, palmas y ramas de árbol frondoso y (de) sauce de torrente. Os regocijaréis ante Yahweh, vuestro Dios, durante siete días. Celebraréis la fiesta de Yahweh durante siete días al año, como ley perenne a lo largo de vuestra historia; el mes

---

[25] El término precisa un análisis más detenido que el que ofrecen los diccionarios.

[26] El término dice relación más bien a «ofrenda, don» que a «(sacrificio de) combustión»; para la bibliografía sobre esta tema cf. D. PARDEE, *Textes rituels*, p. 28, n. 57.

séptimo la celebraréis. Habitaréis *(tēšᵉbû)* en cabañas *(sukkôt)* durante siete días; todo aborigen israelita habitará en cabañas. Para que sepan vuestros descendientes que hice morar en cabañas a los hijos de Israel cuando los saqué de la tierra de Egipto. Yo Yahweh, vuestro Dios.

Nm 29,12-38:

En el día quince del mes séptimo, tendréis convocatoria de (día) santo *(miqrā'-qodeš),* con prohibición de que llevéis a cabo trabajo alguno. Celebraréis la fiesta de Yahweh durante siete días. Ofreceréis un holocausto, (como) ofrenda de suave olor a Yahweh, que consistirá en trece novillos de vacuno, dos carneros, catorce corderos añojos sin defecto, amén de una ofrenda de masa de harina amasada con aceite: tres décimas partes por cada uno de los trece novillos, dos décimas partes por cada uno de los dos carneros y un décima parte por cada uno de los catorce corderos; además de un chivo (como sacrificio) por el pecado, aparte del sacrificio perpetuo con su ofrenda y libación. El día segundo, doce novillos de vacuno, dos carneros, catorce corderos añojos sin defecto, amén de su ofrenda y libaciones correspondientes a los novillos, carneros y corderos según su número, como está prescrito; además de un chivo (como sacrificio) por el pecado, aparte del sacrificio perpetuo con su ofrenda y libación... En el día séptimo, siete novillos de vacuno, dos carneros, catorce corderos añojos sin defecto, amén de su ofrenda y las libaciones correspondientes a los novillos, carneros y corderos según su número, como está prescrito; además de un chivo (como sacrificio) por el pecado, aparte del sacrificio perpetuo con su ofrenda y libación. En el día octavo celebraréis una asamblea solemne *(ᶜᵃṣeret),* con prohibición de que llevéis a cabo trabajo alguno. Ofreceréis un holocausto, (como) ofrenda de suave olor a Yahweh, que consistirá en un novillo, un carnero, siete corderos añojos sin defecto, amén de su ofrenda y las libaciones correspondientes a los novillos, carneros y corderos según su número, como está prescrito, además de un chivo (como sacrificio) por el pecado, aparte del sacrificio perpetuo con su ofrenda y libación.

Dt 16,13-16:

Celebrarás durante siete días la fiesta de las cabañas *(sukkôt),* cuando recojas la cosecha de tu era y de tu lagar. Y te regocijarás en tu fiesta con tus hijos e hijas, con tus esclavos y esclavas, con el levita y el huésped, el huérfano y la viuda que hubiese en tu ciudad. Durante siete días celebrarás la fiesta de Yahweh en el lugar que escoja Yahweh, pues (así) te bendecirá Yahweh, tu Dios, en todos tus productos y en toda empresa de tus manos y estarás por tanto contento. Tres veces al año toda tu población masculina se presentará ante Yahweh, tu Dios, en el lugar que escoja... y en la fiesta de las cabañas. No te presentarás ante Yahweh con las manos vacías...[27].

Dt 31,10-11:

Les ordenó Moisés así: al cabo de siete años, en la reunión del año de indulgencia *(šᵉmiṭṭāh)*, en la fiesta de las cabañas *(sukkôt)*, cuando venga todo Israel a contemplar la presencia de Yahweh, su Dios, en el lugar que escoja, leerás esta ley...

Ez 45,25:

En el (mes) séptimo, en el día quince del mes, en (el día de) fiesta, otro tanto hará (el príncipe, *nāśî'*) durante siete días, en sacrificio por el pecado, en holocausto y ofrenda adicional y en (ofrenda de) aceite.

B. *Textos descriptivos (celebración)*

1 Re 8,2.65-66:

Se reunieron en torno al rey Salomón todos los varones de Israel en el mes de *hā'ētānîm* en la fiesta del mes séptimo ... Celebró Salomón en ese momento la fiesta y con él todo el pueblo, una gran multitud desde *Lᵉbô' Ḥᵃmāt* hasta el Torrente de Egipto ante Yahweh, nuestro Dios, durante siete días más siete días, catorce días. El día octavo despachó al pueblo. Bendijeron al rey y marcharon a sus moradas contentos y de buen ánimo por todo el bien que Yahweh había hecho a David, su siervo, y a Israel, su pueblo.

---

[27] «El Deuteronomio asigna la fiesta a Jerusalén, organizando al mismo tiempo el festejo en los pueblos del territorio» (J. NEUSNER, *Halakhah,* p. 164; cf. n. 50).

2 Cr 7,8-10:

Celebró Salomón la fiesta en aquel momento durante siete días y con él todo Israel, una gran asamblea, desde *L^e bô' Ḥ^a māt* hasta el Torrente de Egipto. Y en el día octavo hicieron una fiesta solemne *(^c a ṣeret)*, pues la inauguración del altar la celebraron siete días y siete días duró la fiesta. Y el día veintitrés del mes séptimo despachó a las gentes del pueblo a sus moradas, contentos y de buen ánimo...

1 Re 12,32-33:

Celebró Jeroboán una fiesta en el mes octavo, en el día quince del mes, como la fiesta que se celebraba en Judá, y subió al altar. Así hizo en Betel, sacrificando a los novillos que había fabricado. Instaló en Betel sacerdotes de los altos que había establecido. Subió al altar que construyó en Betel en el día quince del mes octavo, en el mes que se inventó por su parte. Instituyó la fiesta para los israelitas, subiendo al altar a ofrecer incienso».

Neh 8,13-18:

En el día segundo se congregaron los jefes de familia de todo el pueblo, los sacerdotes y levitas con el escriba Esdras para escudriñar las palabras de la Ley. Hallaron que estaba escrito en la Ley que había ordenado Yahweh por medio de Moisés que habitaran los israelitas en cabañas en el día de fiesta en el mes séptimo. Y así que lo oyeron, hicieron correr la voz por todas sus ciudades y en Jerusalén diciendo: salid al monte y traed ramas *(^c a lê)* de olivo, ramas de oleastro[28], ramas de mirto, palmas y ramas de árbol frondoso para construir cabañas *(sukkôt)*, como está escrito. Salieron las gentes del pueblo y (lo) trajeron y se construyeron cabañas, cada uno en su terrado *(^c al-gaggô)* y en sus patios y en los patios del templo y en la plaza de la Puerta de las Aguas y en la de la Puerta de Efraín. Hicieron todos los miembros de la Asamblea que volvieron del Exilio ca-

---

[28] Posiblemente se trata de una glosa a «olivo»: «árbol del aceite»; tendríamos así cuatro clases de vegetales, en vez de cinco; para el estado de la cuestión cf. K.-D. SCHUNCK, *Nehemia* (BKAT XXIII/23), Neukirchen-Vluyn 2003, p. 235.

bañas y se aposentaron en las cabañas *(wayyēšᵉbû bassukkôt)*, ya que no lo habían hecho así los israelitas desde los días de Josué Bin-Nun hasta entonces. Y hubo un gran regocijo. Se leyó el libro de la Ley de Dios día tras día, desde el primero al último, e hicieron fiesta los siete días. El día octavo hubo una asamblea solemne *(ᶜᵃṣeret)*, según lo prescrito.

C. *Textos alusivos (rememoración)*

Jue 9,27:

Salieron al campo y vendimiaron sus viñas, pisaron (la uva) e hicieron jolgorio. Entraron luego en la casa de su dios y comieron y bebieron y maldijeron a Abimelek...

Jue 21,19-21:

Se dijo: he aquí que hay una fiesta anual de Yahweh en Silo, al norte de Betel, al este, por el camino que sube de Betel hacia Siquén, al sur de Lebona. Se dio orden a los benjaminitas en estos términos: Id y apostaros en las viñas; ya veréis que salen las hijas de Silo a danzar en corro. Saldréis entonces de las viñas y se llevará cada uno su mujer de entre las hijas de Silo. Luego os dirigiréis al territorio de Benjamín.

1 Sm 1,3.14-15:

Subía este hombre de su ciudad cada año a adorar y ofrecer sacrificios a Yahweh Sebaot en Silo. Allí actuaban de sacerdotes de Yahweh los dos hijos de Elí, Hofni y Pinhas. Vino el día y ofreció Elcana un sacrificio y repartió raciones a Penina y a sus hijos e hijas. A Ana le dio una ración sola, a pesar de que la quería, pero Yahweh había cerrado su vientre... La dijo Elí: ¿hasta cuándo estarás borracha? Aparta el vino de tu lado. Respondió Ana así: No es eso, mi Señor, que soy una mujer angustiada, pero no he bebido ni vino ni cerveza, sino que estoy derramando mi alma ante Yahweh.

Zac 14,16.18:

Y los que queden de todas las naciones vendrán a Jerusalén y subirán año tras año a adorar a Yahweh Sebaot Rey y a celebrar la fiesta de las cabañas *(sukkôt)*.

2 Mac 10,6-8:

Celebraron con alegría ocho días de fiesta a la manera de las cabañas (σκηνωμάτων τρόπον), recordando que hacía poco, durante la fiesta de las cabañas (σκηνῶν ἑορτὴ), moraban en los montes y en las cuevas a la manera de las fieras. Por eso, llevando tirsos, ramas verdes y palmas entonaron himnos al que había tenido a bien purificar su lugar.

De entre todo este cúmulo de referencias bíblicas a la fiesta de *sukkôt* y en relación con la noticia cananea, que por hipótesis suponemos representa su testimonio más antiguo y en ese sentido su modelo más original, vamos a destacar una serie de datos. Las tradiciones bíblicas manifiestan ya de por sí múltiples interconexiones cuyo análisis permite organizar la historia de su redacción. Pero se trata en tal caso de una comparación interna. Aquí vamos a introducir un parámetro externo que puede hacer variar el resultado final de tal historia redaccional.

1. En cuanto a la fecha de la celebración, cabe suponer con un notable margen de seguridad que en ambas tradiciones, cananea y hebrea, se trata de la época de la cosecha de los frutos de estío y, más en concreto, de la uva. Las fuentes normativas hebreas manifiestan una cierta imprecisión. «Esto significa únicamente que por entonces no estaba determinada la fecha con exactitud: dependía de la sazón de los frutos, era la "fiesta de la recolección" y se celebraba cuando se recogían los frutos, poco antes o poco después, del comienzo del año»[29]. El dato original sería el periodo de siete días de fiesta para celebrar la cosecha. Su fijación en el calendario sería posterior[30]. El comportamiento de Jeroboán puede ser indicio de esa misma indeterminación,

---

[29] Cf. R. DE VAUX, *Instituciones II*, p. 625.
[30] Cf. *supra*, n. 20.

atribuida por el autor bíblico a puro capricho diferenciador; quizá reflejase simplemente la fluctuación de la fecha en el ciclo agrario. Ligada como estaba a la celebración de la cosecha, el rey no tenía mucho margen para desplazar su fecha. La tradición cananea se muestra igualmente imprecisa a ese respecto, como vimos, dejando sin fecha la celebración del ritual, aunque ligado al mes *riš yn*.

2. Frente a la tradición cananea que hace del rey el protagonista de la ceremonia, las fuentes normativas hebreas callan al respecto. No obstante, en los textos que recogen la tradición histórica el protagonismo del rey (Salomón y Jeroboán) es manifiesto. Sobre todo el texto de 1 Re 12,32-33 insiste en el protagonismo sacrificial de Jeroboán, en perfecto acuerdo con la tradición cananea, probablemente mejor conservada en Israel que en Judá. Es perfectamente verosímil que ése fuese siempre el papel del rey en la fiesta anual, por tratarse de una fiesta oficial, religiosa y nacional, que no podía prescindir de la presencia del soberano. Sorprende en este sentido el testimonio del sacerdote-profeta Ezequiel, quien en un momento en que la monarquía ha quedado anulada y él mismo prescinde del mesianismo regio, que no davídico, en su visión del futuro, atribuya al «Príncipe», en cuanto distinto del «Sacerdote», la función sacrificial y expiatoria en esta fiesta y en la de Pascua (Ez 45,22-25) [31]. Podríamos tener aquí un reflejo claro de la función del rey en esta fiesta todavía en los últimos tiempos de la monarquía, cuando Ezequiel servía como sacerdote del templo de Jerusalén, de acuerdo con el modelo cananeo, el sacerdocio «según el orden de Melquisedec» (Sal 110,4). En el caso de los textos normativos estamos probablemente ante una redacción de la legislación cultual en contexto exílico o postexílico, cuando la monarquía ha perdido su significación y sobre todo sus prerrogativas cultuales en el templo oficial. La tradición histórica resulta en este aspecto más antigua y conforme a la naturaleza y origen (cananeo) de la fiesta que la sistematización legal.

3. El elemento específico de la fiesta, la erección de «cabañas», está igualmente implicada en ambas tradiciones, aunque de manera de-

---

[31] Adviértase cómo el texto ugarítico, además de la «convocatoria del día», supone también, al parecer (?), un ritual de expiación *(mḫ[y)...* (cf. G. DEL OLMO LETE, *RC*, p. 74).

sigual. El texto cananeo habla de «mansiones» (*mṯbt* </yṯb/) hechas con ramas *(azmr)*, mientras la tradición hebrea menciona explícitamente, incluso como nombre de la fiesta, las cabañas *(sukkôt)*, sin especificar su modo de construcción; en la tradición normativa de Ex, Nm e incluso de Ez, éstas ni se mencionan. En este sentido el texto de Neh 8,3-18 es de un valor decisivo: certifica que una Ley (sin duda Lv 23,33-43, una legislación reciente)[32] ordenaba a los Israelitas habitar (/yšb/; cf. Ug. *mṯbt*) en cabañas *(sukkôt)*, un dato no recogido (¿dado por supuesto?) tampoco en los códigos más antiguos ni explícitamente en el texto ugarítico. Para su construcción se recogen ramas *(ʿāleh)* de diferentes árboles[33]. Las dos tradiciones, aunque con diferente terminología, vienen en el fondo a coincidir. La tradición cananea añade, con todo, un elemento, de sentido críptico, que no tiene paralelo aparente en la hebrea: las «mansiones» se han de disponer en dos grupos de 4 + 4. De este procedimiento no hay eco aparente (cf. *infra*) en la tradición hebrea, ni conocemos su sentido cultual preciso en la ugarítica.

4. Se trata de una de las tres peregrinaciones anuales al santuario oficial de Yahweh: «Tres veces al año tu población masculina se presentará ante Yahweh» (Ex 23,17–34,23; Dt 16,16). La tradición deuteronomística precisa el lugar en el que había de llevarse a cabo la ceremonia: «el lugar escogido por Yahweh» (Dt 16,16; 31,11), es decir, el Santuario reconocido por la comunidad como templo de su Dios y que en la perspectiva deuteronomística no podía ser otro que el Templo de Jerusalén. Es lo que supone igualmente el texto de 1 Re 12,32-33: instauración en el santuario de Betel de una fiesta como la de Judá. La intervención del rey se puede dar por supuesta en los demás textos legales y rememorativos. Se trata de una festividad de primicias en la que se llevan a la divinidad los frutos de la cosecha, fiesta nacional y pública, no privada[34]. Los textos bíblicos no mencionan, con

---

[32] Cf. J. M. MYERS, *Ezra. Nehemiah* (Anchor Bible 14), Garden City 1965, p. 156.

[33] Adviértase la diferente terminología: *ʿāleh* en Neh, como elemento constructivo, frente a *pᵉrî*, *kappôt* y *ʿānāp* de Lv, como ramo de «celebración» o «adorno».

[34] No queda claro en qué consistió la «novedad» de esta fiesta, que pretendía retomar una antigua tradición de los tiempos de Josué. Véase a este respecto R.

todo, el «terrado» como lugar de celebración de la fiesta. Sin embargo, 2 Re 23,12 deja bien en claro la existencia de un terrado en el Templo de Jerusalén donde se celebraba un culto baálico, que Josías eliminó: «Los altares existentes en el terrado *(ᶜal haggāg)* de la cámara alta de Ahaz[35], que habían construido los reyes de Judá y los altares que erigió Manasés en los dos patios del Templo de Yahweh los demolió, los arrancó de allí y arrojó sus escombros al torrente Cedrón».

Dejando de lado menciones del «terrado» *(gāg)* en la Biblia Hebrea que parecen tener un simple valor funcional de elemento normal arquitectónico del edificio (cf. Dt 22,8), como cuando los filisteos se amontonan en el terrado del templo para ver el espectáculo de los «juegos de Sansón» (Jue 16,27), o como cuando Samuel acuesta a Saúl en el terrado y habla con él allí (1 Sm 9,25-26), o como cuando Absalón cohabita con las concubinas de su padre en el terrado a ojos de todo el pueblo (2 Sm 16,22); en otros casos la connotación sacra del terrado como lugar de la ululación cultual resulta posible (Is 22,1), atribuida sobre todo a Moab (Is 15,3; Jer 48,38)[36]. Tenemos, de todas la maneras, tres textos proféticos que no dejan lugar a duda sobre la práctica de un culto baálico del antiguo Israel llevado a cabo en el terrado. Nos los ofrecen los profetas Jeremías y Sofonías, con-

---

DE VAUX, *Instituciones*, p. 625: «más bien el hecho de que por primera vez se erigieran las cabañas en Jerusalén, cosa de que no hablaba Dt 16 15». Resulta difícil aceptar esta hipótesis, ya que si en algún lugar se supone que se celebró la fiesta de las «cabañas» a lo largo de la historia fue en Jerusalén. Más bien tal novedad habría de buscarse en el sentido y modo de la acomodación en las cabañas en conmemoración (historización) de la marcha por el desierto, que Lv 23,34 añade. Cf. H.-J. KRAUS, *Gottesdienst*, p. 83; R. VICENT, *La fiesta de las cabañas (sukkôt). Interpretaciones midrásicas en la Biblia y en el judaísmo antiguo* (Biblioteca Midrásica, 17), Estella 1995, p. 79: «La novedad en este momento es que la celebración es fruto de la lectura y exégesis de la Escritura, precisando por primera vez los dos elementos del rito: *hacer* la cabaña y *habitar* en ella, novedad del yahwismo respecto a las fiestas agrícolas cananeas».

[35] La Biblia Haebraica Stuttgartensia supone esto último *(ᶜaliyyat 'āḥāz)* como una posible añadidura; cf. M. COGAN y H. TADMOR, *II Kings* (Anchor Bible 11), Garden City 1988, p. 289.

[36] Adviértase el par terrado/plaza *(gāg/rᵉḥôb)* de estos dos textos, el mismo que aparece en el texto de Neh, quizá de manera casual, así como en 2 Re 23,12.

temporáneos de la citada expurgación del Templo de Jerusalén en tiempos de la reforma de Josías, que incluyó la abolición del mismo. Ellos nos precisan más la naturaleza de tal culto desarrollado en los terrados: «Cortaré de este lugar lo que queda de Baal, el nombre mismo de los *k^emārîm*, junto con los sacerdotes, y a los que se prosternan ante el ejército de los cielos en los terrados» (Sof 1,5); «Serán todas las casas de Jerusalén y todos los palacios de los reyes de Judá impuros, sí, como el emplazamiento del *tophet*, todas esas casas en cuyos terrados se ofrecía incienso a todo el ejército de los cielos y se hacían libaciones a otros dioses» (Jer 19,13); «vendrán los caldeos y combatirán contra esta ciudad, le prenderán fuego y la abrasarán junto con las casas en cuyos terrados se ofrecía incienso a Baal y se hacían libaciones a otros dioses, para irritación mía» (Jer 32,29). Está, pues, documentado que hasta el último momento de la monarquía hebrea, el terrado, tanto del Templo como de los palacios y de las casas particulares, fue un lugar de culto baálico y estelar[37], aunque no conozcamos el ritual allí desplegado. En este contexto se inserta bien el de las cabañas, tal y como lo supone el texto ugarítico *(bgg)*.

A este respecto de nuevo Neh 8,3-18 nos aporta un dato interesante: la mención del «terrado» *(gāg)* como emplazamiento expreso de las «cabañas», pero referido no al del Templo, sino al de las casas particulares, como uno de tantos lugares, junto con los patios del templo y otros sitios públicos abiertos[38]. Esta coincidencia hace que se pueda considerar el dato como antiguo y original, además de poseer un sentido funcional obvio en la arquitectura de la casa en Oriente[39]. La desaparición de su mención en la legislación bíblica va probablemente ligada a la general reprobación del culto en el «terrado» que formula sobre todo la predicación profética mentada. No

[37] Sobre el sentido de *ṣ^ebā' haššāmayîm* cf. H. NIEHR, «Host of Heaven», en K. VAN DER TOORN, B. BECKING y P. W. VAN DER HORST (eds.), *Dictionary of Deities and Demonds in the Bible*, Leiden-Boston-Colonia 1999, pp. 428-430.

[38] Nada dicen estos textos proféticos de cabañas en los campos o en las aldeas; el aspecto festivo agrícola ya se ha perdido o es en aquel momento imposible.

[39] Cf. a este respecto Tos. 4,11-12: «El ministro de la Sinagoga coge una trompeta y sube al terrado más alto de la ciudad»; J. NEUSNER, *Halakhah*, pp. 174 y ss.

obstante, en el Rollo del Templo de Qumrán (11QT 42,11-13) se hace todavía mención de terrados del templo donde se construían cabañas para los prohombres de la comunidad[40], lo que probablemente representa la pervivencia de un antiguo uso, que superó la censura de Josías. En este sentido la misma Mishnah (M 4,4) recoge el uso de colocar los *lûlābîm* «en el terrado del pórtico».

Curiosamente vemos cómo una tradición tardía se manifiesta más coincidente con la tradición cananea original que otras formulaciones bíblicas que se han tenido siempre por más antiguas y que en realidad experimentaron una estricta «censura» homologadora. Por su parte la «historización» de la fiesta privó ya de significado a un tal elemento del ritual cananeo al desplazar el sentido de la «cabaña»: de choza-cobijo de cosechadores a tienda de seminómadas como mansión transitoria de urbanitas; de elemento de culto de la fertilidad se pasa a testimonio de un hecho «histórico», interpretado como acto de salvación divina, del cielo como dador de la fertilidad a la tierra como sostén de la habitación del hombre. El «terrado» ya carecía de importancia, importancia que ahora asume el «techo» de la *sukkāh*, según el testimonio de la Mishnah.

5. Ambas tradiciones coinciden en el elemento ritual básico: el rito sacrificial y sus víctimas, toros y carneros, aunque en proporciones diferentes: siete carneros + un toro + siete carneros en Ugarit, repartidos en dos tipos de sacrificio, claramente distinguidos («holocausto», «sacrificio de comunión»). La tradición bíblica en unos textos no precisa su número, sólo el modo de ofrecerlos, sus características de «primicias» y su género. Nm 29,12-38 determina con todo detalle el número de víctimas del holocausto para cada día (en grado descendente los novillos) y sus elementos complementarios de ofrenda. Este texto es una agenda ritual. Nada dice, en cambio, de los sacrificios de comunión que sin duda acompañaban «el comer y beber» en el santuario a que se refiere el texto de 1 Sm 1,3.14-15 con su mención de «raciones» y vino. Sin embargo, de acuerdo con lo mentado más arriba, otras actuaciones cúlticas atribuidas al rey de Ugarit son ignoradas

[40] Cf. R. Vicent, *La fiesta de las cabañas,* pp. 131 y ss.

en la tradición bíblica (cf. *supra*). Posiblemente están relacionadas con el sentido más amplio que el festival de Año Nuevo tenía en Canaán[41] (a modo del de Mesopotamia) y la participación del rey en el mismo, sentido que se perdería (o fue censurado) en el ritual hebreo.

6. Finalmente, en ambas tradiciones se advierte una similar aritmética sacra. El ritual se repite en una «siete veces» *(pamt šbᶜ)*, en otra dura «siete días» *(šibᶜat yāmîm)*[42]; las cabañas se disponen en una en dos series de cuatro + cuatro, en otra, según una de sus tradiciones (1 Re 8,66), la fiesta dura siete + siete días[43]. A este respecto de la aritmética sacra, la posterior tradición judía añadirá la aportación de «cuatro» tipos de plantas ceremoniales (reducidas finalmente de hecho a dos), quizá como desarrollo y suplencia de los igualmente cuatro/cinco tipos de «ramas» que Neh 8,13-18 supone se han de emplear en la construcción de las cabañas. La mención de las plantas la recogen también 2 Mac, el Nuevo Testamento y Josefo[44].

Conjugando estos datos podemos delinear el siguiente modelo y evolución del ritual de las cabañas. En Ugarit tiene ya un sentido estrictamente «urbano», aunque hunda sus raíces en primitivas celebraciones agrarias en los campos mismos. Israel lo asume ya desarrollado como liturgia pública que se celebra a lo largo de su historia en el santuario oficial/nacional y bajo la conducción del rey, como supone la tradición cananea de Ugarit, y la hebrea de Jue 9,27 y de 1 Sm 1,3.14-15, incluso todavía la de Zac 14,16.18. Del mismo ritual la tradición hebrea normativa ha conservado únicamente la fecha, el componente sacrificial, común a toda fiesta, y al parecer, de modo soterrado y en la medida en que la estructura arquitectónica lo permitía, la celebración en el terrado del templo.

Este aspecto del ritual parece estar ligado al culto mesopotámico en las terrazas de las *siggurats*, que posiblemente acomodó una faceta del culto semito-occidental de la fertilidad a la estructura del templo de di-

---

[41] Cf. *supra*, n. 22.

[42] Lo que a lo mejor es lo mismo; cf. *supra*, n. 24.

[43] Considerada una glosa repetitiva o una mezcla de la fiesta de la consagración del altar con la de las cabañas; véase a este respecto 2 Cr 7,8-9.

[44] Cf. R. DE VAUX, *Instituciones*, pp. 622-625.

seño sumerio y así quedó ligado a sus ritos de fertilidad/fecundidad, sobre todo durante el festival de Año Nuevo *(akitu)*[45]. Como decíamos,
los profetas se opusieron decididamente a tal ritual, considerado como
una forma de cananeísmo (con el mismo sentido que el culto en los «altos»). ¿Pero tal oposición se dirige contra un ritual oficial del templo de
Jerusalén o contra una cananeización de culto doméstico en el terrado
de la propia casa? Según 1 Re 12 la fiesta se celebraba en Judá en el Templo de Jerusalén, como supone la instauración de su doble en Betel. Si
se tratase sólo de una fiesta popular y doméstica tal instauración carece-
ría de sentido por innecesaria. En ambos casos, la polémica testifica que
el ritual «en el terrado» estaba en uso; y no deja de llamar la atención su
rememoración/aceptación posterior en Nehemías, mientras que resulta
lógico el silencio del Levítico (Sacerdotal) al respecto. El ritual, por otra
parte, parece que pervivió en las postrimerías del culto cananeo[46].

En la legislación antigua (Ex, Dt, incluso en Nm [S?]) no se impone a la gente la construcción de «cabañas» para acomodarse en ellas
durante la fiesta. Este elemento, de todos modos, lo desarrollará la
tradición posterior (Lv 23,33-43), convirtiendo la fiesta cultual en
fiesta además popular, extracultual y urbana (no agrícola), que es la
forma como pervivirá en el judaísmo. A esta legislación se refiere probablemente Neh 8,13-18, certificando a la vez su carácter innovador:
«se aposentaron en las cabañas *(wayyēšᵉbû bassukôt)*, ya que no lo habían hecho así los israelitas desde los días de Josué Bin-Nun hasta entonces»[47]; el ritual cananeo no lo suponía. Innovación que va unida
a la anacrónica historización del ritual que realiza el mismo texto citado del Lv, al convertir la «tiendas» del seminómada del desierto en
«cabañas» del recolector de frutos de la tierra[48]. Se trata del mismo ti-

[45] Cf. *supra*, n. 22.
[46] Cf. E. DI FILIPPO BALESTRAZZI, «Fra Oriente e Occidente: La terraza cul-
tuale di Ebla e il rito "sull tetto" nelle Adonie occidentali», en E. ROVA (ed.), *Pa-
tavina Orientalia Selecta* (History of the Ancient Near East IV), Padua 2000, pp.
103-138.
[47] Cf. *supra*, n. 34.
[48] Cf. *supra*, n. 20. Este sentido «histórico» como original persiste en la interpretación de muchos biblistas, cristianos y judíos, pero la existencia del festival
en Ugarit la desmiente.

po de historización que se observa a propósito del precepto del sábado en Dt 5,15 frente a Ex 20,11 (racionalización). La historización
se convierte así, como no podía ser menos, en una ocasión para la
proclamación solemne y lectura pública de la Ley, el punto que realmente interesa al emergente judaísmo[49].

3. La tradición judía postbíblica

La tradición rabínica recoge y desarrolla ampliamente esta festividad tanto en la Mishnah/Tosefta como en los dos Talmudim[50], para li-
mitarnos a las fuentes clásicas antiguas. La Mishnah *(seder mô*ʿ*ed, masseket sukkāh)* señala la pauta de ese desarrollo al centrar su interés en los
aspectos precisamente innovadores de los que la tradición bíblica más
antigua no habla y que se refieren al modo de «construir» la *sukkāh* (pa-
redes y techo) y de «habitar» en la misma (momento y acomodo), así
como a los cuatro tipos de plantas que se han de llevar en las manos
durante la fiesta. Muchos de estos elementos suponen el Templo como
escenario de la fiesta, sobre todo los relativos a las ceremonias concomitantes de la libación del agua y a las actuaciones de danza y música,
mientras otros están suponiendo la celebración doméstica.

[49] A este propósito es ilustrativo el sentido religioso que la fiesta adquiere en
la teología rabínica: «Dentro del ritmo temporal de la Torah, Sukkôt constituye
un momento de meditación sobre hechos en relación con la vida insegura abierta todavía a enjuiciamiento más allá incluso del periodo penitencial *[el contexto en
el que se inscribe]*. Israel recapitula su vida en el desierto, más allá de la muerte, antes de la vida eterna, aposentándose en el frágil presente, no en la vida perfecta
que se obtendrá en la Tierra cuando Israel recupere el Edén» (cf. J. NEUSNER, *Halakhah*, p. 163).
[50] Un buen compendio de la tradición legal rabínica en su conjunto puede
hallarse en J. NEUSNER, *The Halakhah. An Encyclopaedia of the Law of Judaism. IV
Inside the Walls of the Israelite Household. Part A* (The Brill Referente Library of
Judaism, 1/IV), Leiden-Boston-Colonia 2000, pp. 163-184 (en este compendio
se reduce la legislación a lo esencial y se omiten las opiniones particulares de los
*ḥ*ᵃ*khāmîm*; el texto de la Mishnah es citado aquí por la edición bilingüe de P.
BLACKMAN, *Mishnayot, volume II. Order Moed*, Gateshead 1973, pp. 317-347; el
de la Tosefta y de la Gemara se cita por el compendio de Neusner).

Sukkāh: Se deciden sus dimensiones máximas y mínimas (M [51] 1,1; T 1,2; TB 1,1 I.11/3B-4A), las condiciones de su apertura al espacio abierto (M 1,2-3; 2,1; T 1,3), la estructura de su techo [52] *(sᵉkāk, sikkûk)* y los materiales de su construcción (M 1,4-8; 2,2; T 1,4[53].5), la de sus costados y su suelo (M 1,9; 2,2-4), la posibilidad de aprovechar edificaciones previas (M 1,10; T 1,8), su forma y el uso de esteras de cañas como yacija o cobertura del techo (M 1,11; T 1,10), las personas exentas de acomodarse en la *sukkāh* (M 2,4, 8; T 2,2-3), la ingesta de alimentos en ella (M 2,5-6, 9; T 2,4), la obligación y el tiempo de acomodarse en la cabaña (M 2,9; T 2,4).

Plantas: Las condiciones de validez (tamaño, procedencia, estado) de la palma *(lûlāb)*, de la rama de mirto *(hādās)*, de sauce *(ᶜᵃrārāh)*, de cidro *(ʾetrôg)* (M 3,1-8,11; T 2,7-9; 11), la obligación de tomarlos en mano y agitarlos (M 3,9, 12-15; TY 3,12 I,1), la recitación a la vez del *hallēl* y las bendiciones (M 3,10-11), el tiempo de las diferentes ceremonias, teniendo en cuenta si cae en sábado el inicio de la fiesta: rito de la palma y el sauce, recitación del *hallēl*, desarrollo del «regocijo» (banquete cultual), acomodo en la *sukkāh*, libación del agua, toque de la flauta (M 4,1-3.8.10; T 3,1.16; T Berakhot 6,9-10), rito antiguo del *lûlāb* en el (monte del) Templo (M 4,4) y del sauce en torno del altar [54] (M 4,5-6), consumición de las cidras (M 4,7), rito de la libación del agua (M 4,9; T 3,14.16-17), toque de la flauta (M 5,1), ceremonia de las luces (en el Templo) (M 5,2-3; T

---

[51] Se cita por *peraqim* y *mishnayot*, presuponiendo que se trata del *masseket sukkah* del *seder* segundo de la Mishnah (II:6:...); idem de la Tosefta/Talmudim.

[52] La Mishnah y la Tosefta hablan de *sᵉkak/sikkûk*, «techo» de la *sukkāh*, o de *gāg* en el mismo sentido, no del «terrado» sobre el que pueda aquélla erigirse. Éste no se menciona, dado por supuesto, ya que representa un espacio abierto por antonomasia, sobre todo en Oriente Medio, ligado al diseño de la casa en la zona.

[53] Resulta curiosa la provisión de la Tosefta a este propósito, que invalida las *sukkôt* de pastores y trabajadores del campo (desde luego las robadas), sin duda por no estar hechas con la «intención» (cf. M 1,1: *ʾᵃbāl ʾim ᶜᵃśāʾāh lᵉšēm ḥag* ...) de servir de implemento de la fiesta. Por la misma razón el Talmud considera una *sukkāh* válida si en calidad de tal fue construida por gentiles, mujeres, samaritanos (incluso por/para «ganado»...); cf. J. NEUSNER, *Halakhah*, p. 165.

[54] La procesión de siete más siete vueltas recuerda la toma de Jericó (Jos 6,3ss.).

4,12), danza ritual y música sacra (M 5,4.5; T 4,7-8.11-12.19), sacrificios, ofrendas de víctimas y reparto del pan de presentación por los diferentes órdenes *(mišmārôt)* sacerdotales (M 5,6-7; T 4,15)[55].

Se separan así los dos elementos, la estructura y sus componentes; y lo que en la tradición cananea *(azmr)* y todavía en la celebración de Esdras-Nehemías eran productos vegetales destinados a la erección de las cabañas (*lacśôt sukkōt kakkatûb*, Neh 8,15), ahora resultan elementos independientes que sirven para orquestar el regocijo y el colorido festivo (su sentido de «fertilidad» queda difuminado: a ese propósito se esperarían más bien pámpanos y espigas...)[56]. El curioso número de «cuatro» plantas, que remonta quizá a aquella aritmética sacra que veíamos esbozada en el texto ugarítico, que nos habla de dos series de 4 + 4 mansiones, y acaba ahora reduciéndose a dos: cidro y sauce, cuya interpretación suscita una amplia discusión. Por otro lado, el rito sacrificial queda ladeado, si no ya completamente preterido (imposible ya sin templo), pero que era, sin embargo, el componente primordial en el ritual cananeo/hebreo antiguo. Se incorporan, en cambio, otros ritos de origen más impreciso, como el toque de trompetas, la danza y, sobre todo, un ritual de hidroforía[57], desconocido en la tradición bíblica de esta fiesta.

Pero ante todo, la fiesta oficial y comunitaria ha dejado el paso a una fiesta individual/familiar (con ribetes sinagogales en la tradición

---

[55] Las *mishnayot* 8-9 se refieren a los sacrificios en general que se ofrecen en las tres fiestas de peregrinación y han sido colocados aquí como continuación de los ofrecidos en la fiesta de *sukkôt*.

[56] Sobre las «cuatro especies» *('arbācāh mînîm)* de plantas véase la síntesis de L. JACOBS, «Sukkot in Rabbinic Literature»,en *EnJud,* vol. 15, cols. 498 y ss.

[57] Sobre un posible (?) rito de este tipo en Ugarit cf. M. DIETRICH y O. LORETZ, *Studien zu den ugaritischen Texten I. Mitos und Ritual...* (AOAT 269/1), Münster 2000, pp. 124 y ss.: «El rito del agua (KTU 1.12) II 55b-61 con el rey como actor central (II 58) hace sospechar que KTU 1.12 se halla en estrecha relación con las fiestas de Año Nuevo en otoño al comienzo de la estación de las lluvias»; véase mi recensión en *AuOr* 25 (2007) 155-168 (156-162). Más en general, M. DELCOR, «Rites pour l'obtention de la plui à Jérusalem et dans le Proche-Orient», en *Religion d'Israel et Proche-Orient Ancien. Des Phéniciens aux Esséniens,* Leiden 1976, pp. 404-419; R. VICENT, *Cabañas,* pp. 186 y ss.

posterior), que ya se insinuaba en Nehemías, en la que el templo, el rey y desde luego el terrado, como específico lugar sacro, han desaparecido[58]. La fiesta se ha desbordado, y de un festival de romería anual, nacional y oficial, al templo con ocasión de la ofrenda de las primicias, se ha sancionado de manera oficial y exclusiva únicamente la tardía historización que conmemora la vida en el desierto y la liberación de Egipto; es ahora la «cabaña» la que se ha convertido en «tienda»[59].

Por otra parte, el texto mishnaico parece preocupado, obsesionado por la validez legal del ritual: la fiesta es una obligación que cumplir con unos requisitos muy precisos. Los detalles llegan a resultarnos chocantes, pero en el fondo no representan otra cosa que la casuística que ofrecían las circunstancias de la vida cotidiana del judío oriental. Por lo demás, la teología rabínica ha asumido esta fiesta en el contexto general de su teología de los ciclos festivos de Israel entre la penitencia y el regocijo agradecido[60].

Para acabar, no entraremos aquí a glosar el desarrollo de la fiesta de *sukkôt* en la tradición midrásica, muy bien documentado por R. Vicent en su citada tesis sobre la misma, a la que remitimos[61]. Sirvan estos dos casos (*yôm Kippûr* y Sukkôt) como modelos de la raigambre cananea del culto de Israel y del judaísmo hasta nuestros días.

---

[58] Es con todo curiosa en este sentido la acotación de la Mishnah, citada más arriba, que recoge cómo los superintendentes del Templo *(haḥazzanîm)* colocaban los *lûlābîm* en el monte del Templo *ᶜal gab ’iṣṭabbā’*, «en el techo de la columnata/pórtico» (M 4,4). Pero resulta difícil ver aquí un reflejo del uso cananeo certificado por el texto ugarítico.

[59] Ésta es, por ejemplo, la idea que preside la interpretación de Neusner: «Ésta es la vivienda del desierto... que conmemora la morada de Israel en el desierto...» (J. NEUSNER, *Halakhah*, pp. 177 y ss.); de ahí la importancia que se concede a la protección del sol (sombra) en la construcción de la *sukkāh*.

[60] Cf. R. VICENT, *Cabañas*, pp. 238 y ss., 245 y ss. La «teologización» que de esta fiesta hace NEUSNER (*Halakhah*, pp. 180 y ss.) resulta excesivamente repetitiva y atormentada en su razonamiento, un nítido ejemplo de la evolución ideológica que pueden experimentar ciertos usos a partir de los diversos sistemas religiosos o culturales que los adoptan, un paradigma de *fides quaerens intellectum*.

[61] Cf. *supra*, n. 40.

Israel contra Canaán.
Teología

I. LA IDEA BÍBLICA DE DIOS

Dada la importancia que la idea original, la idea bíblica, de Dios tiene en el judaísmo como religión y su influjo en otros sistemas de creencias que de ella dimanaron, vamos a detenernos un rato a precisar su contenido. Tal idea será reelaborada por la teología posterior, como luego veremos[1].

La Biblia judía, el «Antiguo Testamento» en la denominación cristiana, no es un tratado sobre Dios, sino la condensación de una experiencia y vivencia histórica de lo religioso o, si prefiere, una vivencia religiosa de la propia historia. Experiencia, por otra parte, condensada en un momento preciso de ésta, por un grupo preciso y desde unas coordenadas y perspectivas precisas. Éstas son las impuestas por la coyuntura, decisiva para el judaísmo desde tantos puntos de vista, del Exilio babilónico en el siglo VI a.C. Más abajo volveremos sobre su importancia al respecto[2]. Naturalmente, tal evento histórico no «crea» el Dios de los judíos, que estaba presente desde muchos siglos antes, pero significa, por un lado, su primera y canónica fijación literaria, y, por otro, su explicitación polémica frente a otras concepciones religiosas, como desarrollo de la tradición bíblica anterior. Aparte de eso, tal momento se puede considerar como el de la génesis del judaísmo en cuanto forma religiosa diferenciada que empieza a desarrollar, al margen del orden político del antiguo Israel, definitivamente perdido, y del culto oficial, que perdura en el segundo

---

[1] Cf. *infra,* pp. 293 y ss.
[2] Cf. *supra,* pp. 195 y ss.

templo restaurado, una religiosidad de la Ley y la Palabra[3]. Ésta se consolidará y dará paso al judaísmo clásico a partir del desastre del año 70 d.C., desaparecidos definitivamente todos los restos institucionales del «judaísmo» bíblico (Estado y Templo).

No deja de llamar la atención, por otro lado, la escasa teología que ofrece la literatura rabínica, entendida aquélla como reflexión sistemática sobre la divinidad, a pesar de que su presencia, apenas disimulada bajo diversos nombres, la llena por completo. Si algo se detecta en ella a ese respecto es su insistencia en defender la unidad y la proximidad de Dios, y la consiguiente oposición a toda forma de idolatría y divinización de lo humano, pero igualmente su suspicacia ante toda forma de acercamiento especulativo a lo divino (mística y gnosis). La auténtica teología judía no aparece, y ello no sin oposición y enfrentamiento interno, hasta la época medieval. Hubo ciertamente un precedente, Filón de Alejandría, quien llevó a cabo una especie de traducción sistemática de la idea bíblica de Dios en categorías especulativas griegas, básicamente platónicas, pero la suya es una teología judía para griegos que no entró sino más tarde a formar parte del desarrollo del pensamiento judío clásico y normativo[4]. La auténtica teología judía nace bajo el influjo de la escolástica árabe y cristiana que reasume el reto y aprovecha las categorías del pensamiento filosófico griego para organizar su propia especulación religiosa[5]; sólo a través de ella se hace ahora presente la especulación filoniana.

Dentro de la diversidad de enfoques y tradiciones de una obra tan compleja como la Biblia Hebrea, es manifiesto que sus compiladores definitivos tuvieron la idea de que era uno y el mismo el Dios que actuaba en toda ella. Es ese Dios, esa representación de lo divino común a toda la literatura bíblica la que nos interesa recoger aquí como síntesis de la «fe de Israel», al margen de representaciones más o menos folclóricas o míticas que en aquélla emerjan de tanto en tan-

---

[3] Cf. *infra,* pp. 197 y ss.
[4] Cf. *infra,* pp. 384 y ss.
[5] Cf. *infra,* pp. 293 y ss.

to y que testimonian que tal idea bíblica de Dios no fue la única vigente en el Israel histórico. Resulta ser más bien el fruto de un largo proceso religioso enfocado desde su fase terminal[6].

Vista en su conjunto, se puede decir que la Biblia es un trozo de «historia divina», precisamente de la historia común de Dios y su pueblo. Pero Dios aparece como anterior, superior y posterior a tal historia común de la que es protagonista. E igualmente trasciende cualquier otra historia o realidad que pueda imaginarse. El Dios de la Biblia no tiene contrincante ni acompañante, porque no tiene par; es el incomparable y así el único y solo; solitario, si no fuera por que es plenitud. La Biblia no demuestra, en principio, su existencia, como ningún pueblo antiguo lo hace en relación con su dios; la idea/fe en Dios es un *a priori* de la propia identidad social. Consiguientemente, no hay un precepto que ordene creer en Dios, en el propio Dios. Pero la peculiar y absoluta exclusividad del Dios bíblico plantea pronto una polémica, un enfrentamiento con otros dioses de otros pueblos, enfrentamiento que en otras culturas sincretistas no se da. A través de ella se va abriendo camino la idea monoteísta, germinalmente presente desde un principio, pero que sólo adquiere su forma refleja plena en la época exílica, en el momento del fracaso de esa historia divina de que hablábamos. El Dios aparentemente derrotado se presenta a sus creyentes como el único y, en cuanto tal, como el causante de su propio fracaso, la deportación de su pueblo. Fracaso buscado como ocasión de una nueva y definitiva epifanía que le revele como Dios de todos y para todos los pueblos.

Esta eclosión del monoteísmo reflejo y demostrado, que anula a los demás pretendidos dioses como simples trozos de leño seco, es el culmen de una concepción de lo divino que ciertamente no tiene par en su contexto histórico, a pesar de esporádicos indicios y movimientos en tal sentido. Los autores griegos consideraron a los hebreos como los más grandes filósofos orientales, más allá de su propio mundo helénico, por esta «idea» de la unicidad de Dios que ellos consi-

---

[6] Cf. las «historias de la religión» de Israel (judías) y «las teologías» del Antiguo Testamento (cristianas).

deraban como un logro racional. Idea que se completa con la de la aniconía divina: si Dios es trascendente, único e incomparable, es claro que resulta irrepresentable; ninguna imagen se le adecua, todas lo degradan. Pero también es claro que esta concepción tan excepcional de lo divino, vista desde su contexto histórico-religioso, no se presenta en la Biblia como fruto de una reflexión lógica, sino como don de una experiencia, como «revelación». Y es que ese Dios trascendente, y como tal inaccesible, aparece simultáneamente en la Biblia como autorrevelado. Se sabe la historia divina de Israel porque su protagonista se la ha dicho desde el principio y así ha podido registrarla. Se ha hecho de ese modo accesible, próximo a su pueblo. Pero esta paradójica proximidad y trato, que tan ampliamente desarrollará la religiosidad judía, no atenta contra la trascendencia divina: el Dios de Israel continúa siendo el Dios trascendente e incondicionado al que nada ni nadie puede forzar. Una incondicionalidad e independencia que quedará fijada en su nombre propio como Dios de Israel: Yahweh, «el que (es como) será» (Ex 3,14); definición que remite a su incognoscibilidad, a su propia revelación. Dios es tal y como se manifiesta ser en su acción y presencia; por tanto, Dios es plena autonomía y libertad en su propia revelación-actuación. De Él se puede tener una confirmación de presencia, pero no una auténtica definición, un instrumento, aunque sea sólo mental, que le contenga y constriña. Con lo cual Israel se alza de nuevo sobre las representaciones religiosas de su tiempo, negando toda base a la magia como praxis religiosa, tan universal en el Oriente Antiguo. La voluntad divina es irrastreable por encima de su propia decisión. Y ya veremos cómo Israel tiene noticia directa de cuál sea ésta, sin necesidad ni posibilidad de forzarla; simplemente deberá seguirla.

Dejando, así, de lado las categorías o atributos con que la Biblia Hebrea caracteriza a su Dios [7] y que serán luego sistematizadas por la teología en su intento de fijar el Ser divino, nos vamos a detener en la idea/percepción de Dios como un proceso continuado de autorre-

---

[7] En el fondo la representación de Dios en la Biblia Hebrea es profundamente antropomórfica y debe ser leída desde una hermenéutica de la analogía del discurso teológico.

velación activa de Yahweh. Así, después de establecer el escenario de su acción (creación) y organizar/dar a conocer las pautas clave de la misma (gracia/castigo, ley/desobediencia: bajo los paradigmas de Adam-Eva, Caín-Abel, Noé y Babel), es decir, su estructura ética, Dios inicia su «historia» particular como respuesta y remedio al fracaso que ha supuesto la primera historia, la intentada con el hombre primero y sus descendientes, con la humanidad; la historia universal, en la que debía, sin embargo, ser también reconocido como único protagonista. El Dios bíblico se recluye aparentemente en un círculo limitado y crea un nuevo hombre, sacado, eso sí, de la masa de la humanidad ya formada, pero configurado con un nuevo ingrediente, un plus de compromiso y gracia: la elección divina. Ese hombre es Abrahán, y la historia que con él comienza Dios es la del «pueblo elegido». Éste es el gran presupuesto que define todo el proceso bíblico: la conciencia y confesión de que Dios, el único Dios, está presente en la historia de Israel de un modo peculiar, preferente y único, aunque dentro de un designio último que alcanza a toda la humanidad, designio que como último no resalta tanto frente a la comprometida y dura experiencia que impone la implicación en la propia y cotidiana historia. Esta elección en Abrahán tiene su renovación en la liberación de Egipto, que es la demostración de que tal elección funciona por parte divina y extiende su sentido a nivel «nacional». Constituye la gran manifestación de la presencia y actuación del Dios de Israel en su pueblo, hasta tal punto que se convierte en su definición histórica más característica: «El que te sacó de Egipto».

Pero la elección divina, si implica un mayor compromiso de gracia especial por parte de Dios, no implica una disminución o cambio del compromiso del elegido: sólo le garantiza la salvación definitiva, que no es otra cosa que el éxito del plan universal intentado con él. En la empírica e histórica realización de tal plan Dios se comporta con Israel según la misma pauta ética desvelada en la creación primera, y esto con especial rigor, correspondiente al mayor compromiso asumido por Él. De ahí que la historia de Israel, tal y como la configura la visión teologal de la Biblia, sea fruto de una incesante dialéctica de salvación-pecado-castigo-conversión que interpreta todas sus vicisitudes y comportamientos, siempre en la perspectiva del perdón y la misericordia, como expresión de aquella inicial gracia de elección, pues Yahweh es un Dios que «quiere la vida y no la muerte», que «el pecador se convierta y así se salve y no muera» (Ez 33,11). Esta dialéctica otorga a la relación religiosa de Israel con su Dios una base ética, aparte del contenido concreto de las obligaciones que impone, que son ellas mismas de carácter marcadamente ético más que cultual. Tal elección y la dialéctica que desencadena se configuran en una forma de religión que explicita claramente todas sus implicaciones. La elección se configura como «alianza», primero con Abrahán, luego con el pueblo, por la que el elegido, en un acto incondicionado y gratuito, elige él mismo, acepta o cree en su condición de tal y en (el) Dios que se la ofrece. La religión es así compromiso mutuo: promesa y obediencia, como condición –no causa– de la fe en la gracia recibida y en la salvación que conlleva. Esta configuración de la religión judía como alianza le proporciona una estructura «racional» (confirmando la primordial de elección por gracia más arriba aludida), una lógica por la que el fiel sabe a qué atenerse en su relación con la divinidad: conoce lo que Dios quiere de él. Elección y alianza revelan los dos aspectos decisivos del Dios del judaísmo: su amor y su justicia, los que a su vez configurarán la actitud religiosa del *homo biblicus*.

El contenido o exigencia de esa voluntad divina queda fijado, como estipulación de la alianza, como compromiso aceptado, bajo forma de «Ley». Y es este aspecto, ampliamente desarrollado en la literatura bíblica, el que otorga al judaísmo la consideración de religión de la Ley o Torah y, consiguientemente, a su Dios como legislador. Su alcance es total y engloba todos los aspectos de la vida privada y social del antiguo Israel[8]. Una vez fijada se convierte irremediablemente en el objeto primario de atención para Israel, pues en su cumplimiento está su vida, su salvación. En su Ley tiene/entiende Israel a su Dios, en ella se deja Él entrever y alcanzar de la manera más completa; representa su acto de presencia más profundo en medio de su pueblo. No es de extrañar que la especulación sapiencial postexílica culminará en

---

[8] Cf. *infra,* pp. 309 y ss.

la exaltación de la Ley como la suprema sabiduría que distinguía a este pueblo [9] y que la ulterior religiosidad judeo-rabínica se configurase como una preocupación en torno a ella: lectura, estudio, veneración.

Pero antes de llegar a este estadio nivelador de todo precepto como ley divina, la Biblia se permite una crítica profética de la misma, que trata de resaltar sus puntos esenciales, sin los que el resto del compromiso resultaría demasiado fácil y por tanto ficticio. Esa ley esencial, a la que se limitará prácticamente la ulterior revelación profética, esa prolongación de la presencia de Dios en su pueblo, podríamos muy bien verla formulada en el decálogo o incluso en los dos preceptos: confesión de un solo Dios y respeto del prójimo. Sobresale así en esa concepción esencial el aspecto de compromiso ético que tal religión implica. Su Dios no reclama de su elegido/aliado, como su primer derecho y deber, un riguroso y generoso servicio cultual, sino un corazón recto y sincero; en primera instancia reclama al hombre, no el templo. Este básico humanismo ético de la religión bíblica es de nuevo una formulación programática que lo distingue de otros universos religiosos de la antigüedad oriental y en primera instancia del cananeo. Y la tragedia de la existencia histórica de Israel, tal y como la interpreta la Biblia, estuvo en la confusión de estos niveles de exigencia: no fue fiel a su Dios ni a su hermano. Naturalmente que una religión sin templo es difícilmente concebible y que las leyes del culto eran también divinas; pero Israel lo perdió y no obstante sobrevivió, no pereció con su destrucción, como otras religiones, porque continuó viviendo la presencia de su Dios en su propio corazón, santuario donde pudo cumplir el culto esencial antes mentado. De hecho, la religión bíblica favoreció y desarrolló ampliamente esta interiorización espiritualista de la vivencia religiosa al hacer del único Dios de todos el Dios de cada uno.

Resumiendo, podemos conceptualizar la figura del Dios del «judaísmo» bíblico, y por tanto normativo, como la del ser supremo y trascendente, único, incomparable e irrepresentable, por tanto, que crea el cosmos y dirige la historia de la humanidad hacia una meta de plenitud, empeño último que se le frustra al fallar la respuesta ética,

[9] Cf. *infra*, p. 291.

la obediencia sostenida del hombre. Una recreación de aquel primer esquema concentra su voluntad salvadora en la elección de un pueblo al que compromete en una respuesta precisa que sirva de modelo a toda la humanidad. El mantenimiento de este segundo empeño constituirá la historia bíblica y por tanto su autorrevelación como Dios de gracia y justicia. Su exigencia es la Ley (amor y servicio), su intervención, la retribución ética (premio-castigo-perdón), su meta final, la salvación (triunfo de Israel, nueva creación).

Es esta idea histórica y narrativa de Dios la que los teólogos judíos del Medioevo tratarán de elaborar como teología.

II. El Espíritu en el hombre

El «espíritu» *(rûaḥ)* es una categoría bíblica decisiva y su semántica abarca un amplio abanico de matices: es el torbellino caótico primordial, viento, aliento vital, fuerza interior. Toda actuación peculiar del hombre es para la Biblia fruto del «espíritu». Éste arrebata sobre todo a los profetas y abre al hombre a un diálogo directo con Dios. Vamos, pues, a tratar de bucear un tanto en los orígenes, presupuestos y algunos desarrollos del «espíritu» que se atisban en la Biblia. Y lo vamos a hacer en tres tiempos: origen, configuración, expansión.

El espíritu se dice en hebreo *rûaḥ* y nos sale al paso en la Biblia, como hemos visto más arriba, ya en sus primeros versículos con unas connotaciones que van a definir su esencia y presencia á todo lo largo de la misma: «y una *rûaḥ ᵉlōhîm* se cernía (o incubaba) sobre las aguas (primordiales o Caos)» (Gn 1,2)[10]. Se nos presenta así como un

---

[10] Cf. *supra*, p. 87; véase D. Lys, *Nèphèsh. Histoire de l'âme dans la révélation d'Israel au sein des religions proche-orientales* (*Études d'Histoire et de Philosophie Religieuses* 50), París 1959; Idem, *Rûach. Le souffle dans l'Ancien Testament* (Etudes d'histoire et de philosophie religieuses, 56), París 1962; H. W. Wolf, *Anthropologie des Alten Testament*, Múnich 1973, pp. 25-48 («*näpäš* – der bedürfttige Mensch»); R. Lauha, *Psychophysischer Sprachgebrauch im Alten Testament: eine strukturalsemantische Analyse von* lb, npš *und* rwḥ (Annales Academiae Scientarum Fennicae, Dissertationes Humanarum Litterarum 35), Helsinki 1983.

elemento primordial cósmico con sus características de poder («divino») y preeminencia («sobre»), como el «alma del Caos» mismo, podríamos decir. Por contraste cabría contraponer esta primera comparecencia del espíritu/viento en la Biblia con la escena última que de alguna manera cierra el ciclo bíblico cristiano: la de la venida del Espíritu en Pentecostés: «y acaeció de súbito, viniendo del cielo, el retumbar como de una poderosa ráfaga de viento *(pnoé)* avasalladora» (Hch 2,2); ráfaga que pone en pie la nueva creación, la Iglesia espiritual de Cristo, sobre las ruinas del caos histórico previo.

Es ésta la primera y básica acepción, el sema básico, de *rûaḥ* en hebreo y de *pnéuma* en griego. Sus connotaciones son: vigor, permeabilidad u omnipresencia e invisibilidad; las mismas hacen de tal noción la más adecuada representación de lo divino. Dios es *ruaḥ*, «espíritu». De hecho, las grandes teofanías bíblicas se basan en formas del viento: bien sea la tempestad (Ex 19 y Sal 29), bien sea la brisa queda que percibe Elías en el monte Horeb (1 Re 19,12). Y ya veremos como Dios se mete en la más profunda realidad humana en forma de viento. Esto acontece ya a nivel de ser vivo, que se distingue por su soplo o aliento vital (*ruaḥ ḥayyîm*): casi se podría decir que la vida es viento/aliento, su ausencia es muerte (aunque también, según una concepción más sacral y posiblemente más tardía, la vida se espese y concentre en la sangre). El viento resulta ser así la gran fuerza que domeña el Caos, la indiferenciación primordial, y ordena la forma suprema del Cosmos, la vida, como «aliento» contrapuesto a «carne» *(bāšār)*, a la vez que como su sostén.

Pero es en la forma humana de vida, en el hombre, donde la *rûaḥ* desvela todas sus potencialidades, sin dejar de ser la *rûaḥ* cósmica y vital. Se convierte en la expresión y síntesis de todas las potencialidades del ser humano: sus sentimientos, su inteligencia, su capacidad de decisión y comportamiento son fruto de la *rûaḥ* que lo habita. Todo lo específicamente humano se podría decir así que es, según la Biblia, «espiritual», «alentador», «hijo del viento».

Aún más, esa *rûaḥ* será el vehículo o la emanación, no sabríamos cómo definirlo, en todo caso, el modo de presencia de Dios en el hombre. Viene de El en toda su gama de vigorización cósmica y creadora; pero sobre todo, y es lo que aquí nos interesa, es el testimonio de su presencia directa y personal, la que abre el diálogo directo Dios-hombre: el mundo del alma como último viento/espíritu de Dios. Cuando el hombre hace algo que excede y eleva su comportamiento vital es porque una nueva *rûᵃḥ* divina le ha poseído o le ha sido dada, un *plus* de presencia divina. La expresión más alta de la misma será la *rûᵃḥ* profética[11], aquella presencia que se hace palabra y que sin dejar de ser «viento» o «aliento» introduce en el mundo una iluminación que le alza sobre su opacidad y permite la vuelta a su origen, al diálogo o relación personal con su Creador.

El aliento vital se transforma así en el vehículo de la palabra y ésta en la objetivación inteligible de aquél. Es el salto cosmogónico que se programa ya en Gn 1,2-3: la *rûᵃḥ* *ᵉlōhîm* incubando sobre el Caos está esperando y preparando, como un vientre pletórico, la «Palabra» *(dābār)* que lo raje y haga brotar de él el Cosmos: «y dijo Dios...». La palabra cabalga sobre el aliento: en esta perspectiva vivir y hablar tienen la misma estructura.

Pero no sólo el profeta, todo carismático aparece en la Biblia poseído por la *rûᵃḥ* divina que le pone en pie y capacita para su misión. A la vez que «espíritus» secundarios pueden subrepticiamente infiltrarse en el hombre y trastornar su humanidad prototípica: vientos de enfermedad, locura, mentira... El mundo de la Biblia es un mundo poblado por el «espíritu» en su integridad[12].

Es esta dimensión del espíritu bíblico la que interesa resaltar, desde la perspectiva de la antropología hebreo-bíblica, más allá de la función cósmico-cosmogónica y bio-antropológica, porque de ella brotará la Biblia. Sus formas básicas serán: la profecía, la sabiduría y la lírica sacra, y a partir de ellas, la narrativa sacra y la legislación religioso-ética en

---

[11] Sobre la inspiración profética véase L. ALONSO SCHÖKEL, *La palabra inspirada. La Biblia a la luz de la ciencia del lenguaje* (Biblioteca Herder, Sección de Sagrada Escritura, 75), Barcelona 1966, pp. 77 y ss. y *passim*.

[12] Sobre la «posesión» y la locura en Mari véase J.-M. DURAND, «La religion amorrite en Syrie à l'époque des archives de Mari», en G. DEL OLMO LETE (ed.), *Mythologie et Religion de Sémites Ocidentaux* (Orientalia Lovaniensia Analecta 162), Lovaina 2008, pp. 433 y ss.

sus diferentes vertientes. Como literatura «espiritual» que es, la Biblia arranca básicamente de la tercera dimensión del espíritu: viento/aliento/*anima*. En ella aparece el hombre moviéndose en un mundo de representaciones no empíricas, que le elevan a un ámbito trascendente, creación directa de esa tercera forma del «espíritu» de Dios en él[13].

Incluso el pensamiento griego considera al *pnéuma* fuente de múltiples y poderosas manifestaciones del hacer humano. También para una parte de tal pensamiento el *pnéuma* era el principio activo de toda manifestación vital y de toda inspiración poética o profética. Y para el estoicismo en concreto el *pnéuma* caracteriza lo divino[14].

Basten estas consideraciones para situar la semántica básica del espíritu en la Biblia y su valor como catalizador de un universo representativo. Pero permítaseme una observación puramente lingüística que puede ser relevante en la situación actual de los estudios bíblicos. Hemos venido hablando constantemente de la *rûªḥ* de Dios. Y es que el espíritu en hebreo, no en griego ni en latín, es predominantemente femenino (cuando no lo es, podemos considerarlo fruto de una revisión masculinizante). Y lo es por naturaleza propia, sin marcador morfemático que lo condicione. Se trata de una percepción primaria de la semántica semítica que cataloga de esa manera la fuerza elemental que organiza el mundo, la vida y el ser humano como

---

[13] Esta situación hace que la literatura bíblica tenga todos los requisitos para, desde una perspectiva meramente crítica, ser catalogada como «literatura en estado puro», creación del espíritu, más allá de todo empirismo. Su experimentabilidad se resuelve en su propia formulación: viento o aliento poderoso pero intangible. Lo cual no significa que sea una literatura fantasmagórica. Al contrario, es tremendamente válida en sí, como fenómeno estético, y revolucionaria en su incidencia, como fenómeno humano. Colabora a elevar al hombre y a su historia a una nueva dimensión, a abrir una brecha en la jaula o trampa existencial en que se ve metido. Y ello a nivel personal, no tanto social; nivel éste que queda reservado a la religión en sentido amplio.

[14] A partir del *pnéuma* en Grecia y en la Biblia Hebrea, será el Nuevo Testamento el que llevará al extremo este predominio del *Espíritu de Dios* hasta hacerle una faceta personal suya: el *Espíritu Santo*, causa, razón y consumación del cristianismo en su radicalidad. Sin él, éste ni siquiera es inteligible, menos aún practicable, ni personal ni socialmente. La comunidad de Jesús sin el Espíritu puede resultar una banda de demonios.

fuerza/viento divino. Las modernas corrientes de interpretación fe-
minista o de feministas[15] ven aquí con satisfacción un indicio que
permite recuperar el lado femenino del Dios bíblico, que el estricto
monoteísmo yahwístico, unilateralmente sexista, excluyó de raíz.
Históricamente, en cambio, se comprueba hoy en día, desde la epigrafía y el análisis crítico del texto bíblico, que Yahweh tuvo su paredra, Ashera, a lo largo del periodo monárquico del pueblo hebreo. En
el momento de la reforma del rey Josías, al final de tal periodo (2 Re
23,4ss.), el templo de Yahweh resulta ser el templo de Ashera; el rey
la saca de allí y se ensaña en su aniquilación y profanación, lo que no
se narra de ninguna otra divinidad[16]. Pero resulta aún más significativo interrelacionar la imagen que veíamos de Gn 1,2, con la *rûªḥ*
ᵉlōhîm incubando sobre el Caos, y la de la Sabiduría (*ḥokmāh*, en
griego *sophía*) como hija (engendrada, no creada) primordial de Dios,
colaboradora suya en la obra de la creación y poseedora de todas las
virtualidades que se atribuyen a la *rûªḥ*, como si fuera su sinónimo,
tal y como nos la dibuja Prov 8. Su valor de glosa al relato de la creación del Gn 1 es evidente:

> El Señor me estableció al principio de sus tareas, al comienzo de
> sus obras antiquísimas. En un tiempo remotísimo fui modulada, antes
> de comenzar la tierra. Antes de los Abismos primordiales fui engen-
> drada, antes de las fuentes, veneros de aguas. Todavía no estaban aplo-
> mados los montes, antes de las montañas fui dada a luz. No había
> hecho aún la tierra y las campiñas, ni los primeros eriales del orbe.
> Cuando colocaba los cielos, allí estaba yo; cuando trazaba la bóveda
> sobre la faz del Abismo; cuando sujetaba las nubes en la altura y fija-
> ba las fuentes del Abismo. Cuando ponía un límite al mar y a las aguas
> para que no traspasaran su mandato, cuando asentaba los cimientos de
> la tierra, yo estaba junto con él como artesano, yo era su encanto co-

---

[15] Cf. Claudia Camp, Phyllis Bird, Christa Kayatz, Elisabeth Moltmann-
Wendel, Sylvia Schroer, Elisabeth Schüssler Fiorenza; y varones como Christian
Frevel y Urs Winter.

[16] En las inscripciones de Kuntillet ᶜAğrud se menciona a «Yahweh y su
Ashera»; véase G. DEL OLMO LETE, «La religión cananea de los antiguos hebreos»,
en IDEM (ed.), *MROA II/2*, pp. 245-249 («Yahweh y Ašerah»).

tidiano, todo el tiempo jugaba en su presencia: jugaba con la bola de la tierra, gozaba con los hijos de los hombres (Prov 8,22-31)[17].

Esta visión alucinante y encantadora de una hija de Dios primordial que nace antes de su creación y juega en su presencia con ella, recupera esa nostalgia del eterno femenino que el austero yahwismo excluyó pero que no pudo ahogar en sus más inspirados poetas. Se trata de una glosa complemento al posiblemente coetáneo, escueto y frío relato de Gn 1. El texto resulta así un espléndido ejemplo de interpretación lírica de la soledad de Dios y de su acción creadora. El himno viene a decir: «no es bueno que Dios esté solo» y «en toda la creación no encontró nada semejante a Él» (Gn 2,18.20). Una soledad que el politeísmo cananeo y oriental en general nunca sintió. Sus dioses «viven» siempre en familia.

La noción, pues, de espíritu en la Biblia nos asegura la presencia invisible de Yahweh en su creación y en concreto en el hombre. Éste adquiere así una refinada aplicación de la noción oriental *(Enuma elish)* que vio desde antiguo en el hombre algo que lo alzaba sobre el resto de las criaturas y lo acercaba a la esfera divina: sangre y espíritu son la manifestación de lo divino en él.

III. LA REDENCIÓN

Lo apuntado más arriba nos lleva de la mano a la consideración de otra noción-estructura básica de la religión bíblica, que presenta un antecedente baálico, que sin embargo desborda. Suficientemente conocida es la lenta evolución-elucidación teológica que en la Biblia experimenta la idea de redención/expiación vicaria, a partir del ineludible elemento básico que se encuentra en todo rito sacrificial has-

---

[17] Cf. *supra*, p. 91; cf. J.-M. DURAND, «La religión amorrite en Syrie à l'époque des archives de Mari», en G. DEL OLMO LETE (ed.), *Mythologie et Religion de Sémites Occidentaux* (Orientalia Lovaniensia Analecta 162), Lovaina 2008; L. ALONSO-SCHÖKEL, «Motivos sapienciales y de alianza en Gn 2–3», *Biblica* 43 (1962) 295-316.

ta la figura del «Siervo paciente» de Is 52–53 (o incluso, aún mejor, hasta su realización en la figura del Hijo de Dios/Redentor, que con su propia muerte-sacrificio obtiene la salvación de sus «hermanos»). Pues bien, esa noción de sustitución/redención salvífica se encuentra formulada ya en la mito-teología baálica.

En la confrontación de Baal con Mot, la Muerte, aquél acepta someterse y compartir el destino de la vida[18], que él encarna como su dios, para luego triunfar en aquélla por su resurrección y enfrentamiento último, con la ayuda de Anat y Shapash (con la ayuda, pues, del «amor» y de la «sabiduría», mientras en su combate con Yam/Caos triunfó con la ayuda del dios Kothar, la «magia»). Una vez vuelto Baal a la vida, la Muerte le reclama como sustituto a uno de sus «hermanos» (KTU 1.6 V 19-23), so pena de acabar con todo ser viviente. Al parecer, pues el texto es defectuoso, Baal la engaña entregándole uno de los suyos propios para que lo devore[19]. La Muerte, pues, en la mitología cananea no queda vencida con la resurrección de Baal y necesita seguir devorando a alguien para que los demás vivan; la estructura vida-muerte reclama siempre una víctima, de otro modo la exigencia voraz de la Muerte se desbordaría. La sagacidad del dios resucitado, que ha garantizado así la vida a todos sus «hermanos», la condena a satisfacerse, a alimentarse en y de su propio ámbito, el infierno de los muertos, aunque sólo sea por un tiempo, el tiempo de la estación fértil.

Tenemos, pues, el arquetipo del dios «muerto y resucitado» que salva la vida de todos, sometiéndose por ellos transitoriamente a la Muerte y devolviéndoles la vida, asumiendo su destino de condena-

---

[18] Cf. KTU 1.5 II 1-20. Baal acepta someterse a la Muerte después de haber asegurado la continuidad de la vida a través de su propio hijo, engendrado de una «novilla» (nivel significativo de religión de la fertilidad); cf. KTU 1.5 V Iss. Gibson (*Canaanite Myths and Legends*, Edimburgo ²1978, pp. 15-16, 18) sugiere que ese sustituto es el que muere en lugar de Baal, lo que obligaría a cambiar el sentido de la mitología ugarítica, pero no resulta aceptable tal suposición.

[19] Cf. KTU 1.6 V 19ss.; *Enuma elish* VI 13; *Descenso de Istar* 126; A. RODRÍGUEZ, *Substitution in the Hebrew Cultus and in Cultic-Related Texts*, Dis. 1980 (Andrew Univ.).

dos a muerte[20]. Sin embargo, la aceptación del mismo por parte de la teología bíblica es muy tardía, aunque le era perfectamente conocido, no tanto por su formulación ugarítica cuanto por su pervivencia en el mito de Tammuz-Adonis, que es una transformación de la figura de Baal, celebrado en el mismo Templo de Jerusalén[21]. Otras situaciones históricas podrían haber sugerido su asunción, pero de hecho sólo aparece en el mentado capítulo 52,13–53,12 de Isaías, plenamente desmitologizado[22]. Frente a una religión que posee un dios que muere y resucita para garantizar la vida de sus fieles, Israel cuenta con un Dios que no puede morir, ni por tanto resucitar, pero que sin embargo está íntimamente implicado, como el que más, en la salvación de su pueblo. Ésta ya no puede llevarse a cabo por intervenciones externas, sino por una implicación «redentora» ante la Muerte histórica que lo acecha incesantemente y está a punto ahora de devorarlo; será a través de la muerte del Israel santo (o del «Santo

[20] Aparte de esta formulación canónica hay otro mitema (KTU 1.12 II 31ss.), al parecer de sentido algo diferente, aunque siempre en el contexto del contraste vida-muerte. En él aparece Baal sucumbiendo también ante feroces enemigos que lo asedian, «revestido con la sangre de sus hermanos como de un manto...», como consecuencia, al parecer, de su enfrentamiento con los otros dioses, los «setenta hijos de Ashera», que han hecho causa común con la Muerte, oponiéndose a su triunfo y resurrección, como lo supone también el mito normativo (KTU 1.6 V 1-6); cf. G. DEL OLMO LETE, *MLC,* pp. 478 y ss. N. WYATT, «Atonement Theology in Ugarit and Israel», *UF* 8 (1976) 415 y ss., interpreta este mitema en sentido redentor; cf. también, J. GRAY, «Baᶜal's Atonement», *UF* 3 (1971) 61-70; para la noción bíblica cf. L. SABOURIN, *Redención sacrificial,* Bilbao 1969; E. BEAUCAMP, «Alle origini della parola "redenzione". Il "riscatto" nell'Antico Testamento», *Bibliotheca Orientalis* 21 (1979) 3-11; M. HENGEL, *The Atonement: the Origins of the Doctrine in the New Testament,* Londres 1981.

[21] Cf. S. RIBICHINI, *Adonis. Aspeiti «orientali» di un mito greco* (Studi Semitici 55), Roma 1981; AA.VV., *Adonis. Relazioni del Colloquio in Roma 22-23 maggio 1981* (Studi Fenici, 18), Roma 1984; B. SOYEZ, *Byblos et la fête des Adonies,* Leiden 1977.

[22] Es conocida la referencia a la figura del «rey doliente» en el Festival de Otoño como representación subyacente a esta ideología profética; cf. p. ej. J. DAY, *God's conflict,* pp. 123 y ss. En este sentido la concepción cristiana se aproxima mucho más al arquetipo mítico, con su creencia en la filiación divina de Jesús de Nazaret, mientras en Isaías no se supera el plano de la elección.

de Israel»), aquel que propiamente no ha menester de redención y que es el testimonio más claro de la presencia y encarnación del propio Yahweh en su pueblo. Con él es como si muriese «históricamente» su Dios. La redención-salvación de Israel se programa así a través de la muerte histórica de lo divino en Israel, su resto santo, cuya resurrección subsiguiente es la garantía de su triunfo definitivo.

Como en el caso anterior, la reacción dialéctica ha historizado, y consiguientemente moralizado, un simbolismo mítico que es ya un dato seguro a estas alturas: su destrucción como castigo en el Exilio; lo ha escatologizado (Israel entra en un nuevo eón) y lo ha absolutizado (el triunfo es ahora irreversible). Israel, que nació de una redención-rescate «gratuito» (liberación de la esclavitud de Egipto), entiende su salvación como una redención por victimación del inocente (Exilio), que asegura al pueblo el triunfo histórico-religioso de manera definitiva, sin retorno ya al doloroso pasado. Este carácter definitivo o absoluto de su redención se entiende originalmente todavía en un horizonte histórico, antes de incorporarse, también en este caso a través de la confluencia de las figuras del Siervo y del Mesías, al esquema apocalíptico-escatológico de que hablamos antes[23].

No hemos de volver a insistir sobre los aspectos del proceso de transformación dialéctica que incorpora a la conciencia histórico-religiosa de Israel un arquetipo plenamente desarrollado ya en la religión de la naturaleza: la noción-representación de que la vida/salvación se consigue sólo a través del sustituto/víctima, que asume sobre sí las exigencias de la muerte/pecado, que se oponen a aquélla. Cuanto más alto es el nivel de salvación, más alto debe ser el del sustituto/víctima que lo garantiza. Y si se trata de salvar la vida misma en su conjunto, es dios quien se ofrece en pago/rescate, dios o su mejor creatura, su vivo reflejo (acaso su hijo), pues la vida es dios mismo (Baal; cf. Jn 1,4). A nivel mitológico esta representación no presenta problema, porque el juego vida-muerte (Baal-Mot) se desarrolla por debajo del dios supremo y creador (El), que lo sanciona y para quien los contrincantes son igualmente queridos (la Muerte es su «hijo ama-

---

[23] Cf. *supra*, p. 117, n. 46.

do», como vimos; y Baal reinará con su beneplácito); él se halla por encima del conflicto. En ese sentido, la pronta equiparación de Yahweh a El facilitaba igualmente esa trascendencia en principio, pero su expresa implicación en favor de la vida, como Dios sólo de ésta, así como su asimilación de los roles vitales de Baal, hacían ineludible la transformación dialéctica del modelo mitológico para homologarlo dentro de la teología bíblica.

Quizá el retraso con que Israel asimiló el arquetipo baálico de redención/expiación por parte del poseedor de la salvación (del «inocente») esté ligado al general con que la teología yahwista asimiló la baálica después de un largo periodo de oposición y confrontación dialéctica. Cabe decir lo mismo de una noción/representación tan profundamente bíblicas como la de la relación esponsalicia Yahweh-Israel, igualmente historizada, escatologizada y absolutizada por los profetas, de tan clara y antigua raíz baálica. Baal es por definición el «esposo de la tierra»[24].

---

[24] La noción es resaltada a propósito de la vocación de Oseas (Os 1–3); cf. G. DEL OLMO LETE, *La vocación del líder en el antiguo Israel. Morfología de los relatos bíblicos de vocación* (Bibliotheca Salmanticensis, Studia 2), Salamanca 1973, pp. 209-231; una exposición divulgativa puede verse en G. CAÑELLAS, «La mística cananea de la naturaleza en el profeta Oseas», *El Olivo* 16 (1982) 5-28. El tema reaparece en Jeremías (2,1ss.) y Ezequiel (16,1ss.), amén de estar al fondo de la simbología del Cantar. Por otro lado, la interpretación ctónica del título *bᶜl arṣ* propuesta por Dietrich-Loretz (*UF* 12 [1980] 392ss.) no resulta convincente.

PARTE II
EL PERIODO FORMATIVO

El pueblo judío.
Nación y Diáspora

Retomando el pensamiento de Heinrich Graetz (1846), comienza así Joseph Goldstein el primer capítulo («Migration») de su historia del pueblo judío en nuestro tiempo: «La emigración judía y el establecimiento de comunidades judías por todo el mundo existen desde la emergencia del pueblo judío como una entidad étnica y religiosa. La dispersión de los judíos en muchos países ha sido un factor principal para asegurar su pervivencia»[1]. Éste es el hecho que históricamente podemos ver iniciarse con la deportación asiria de las tribus o gentes del reino del Norte (Israel), tras la caída de Samaría (722 a.C.). Pero tanto en este caso como en las posteriores y más decisivas deportaciones de las tribus o gentes del reino del Sur (Judea), tras la caída de Jerusalén (597-586), se trata de procesos político-militares de «deportación» impuesta, de neta comprensión, como será el caso de los procesos posteriores, relativamente inversos, de «expulsión» que padecerá el pueblo judío a lo largo de la historia. Fuerzas superiores obligan a los judíos a abandonar su lugar de asentamiento (que ellos consiguieron a su vez suplantando a otros de manera más o menos violenta), instalándolos o haciendo que se instalen en otros lugares. Y es precisamente de estos hechos capitales para el pueblo judío de los que se ocupan los tratados de su historia. Los que constituyen el grueso de su desarrollo como pueblo. Hasta nuestros días la historia del pueblo judío es la historia de sus diferentes comunidades, diseminadas por todo el mundo en sus diversas épocas[2].

---

[1] Cf. J. GOLSTEIN, *Jewish History in Modern Times*, Brighton 1995, p. 6.

[2] Véanse para una síntesis del hecho y de sus bases ideológicas los dos artículos complementarios de la *EnJud*: «diáspora» (6,9-19), por M. STERN; y *«galut»*

Es evidente que no nos vamos a ocupar ahora del tema, aunque nada más fuera en un intento de esbozar el mapa de tal dispersión. Aquí vamos a tomar «diáspora» en un sentido casi subjetivo, en todo caso histórico-cultural, como la actitud libremente asumida que lleva al judío a renunciar al retorno a su hábitat propio y a acomodar su existencia judía a un medio en principio ajeno, creando de ese modo un centro propio, pero exilado, de su devenir histórico. Naturalmente que de tal diáspora sólo puede hablarse cuando realmente el judío puede elegir su acomodo (tenga o no un Estado independiente de referencia), lo que históricamente no siempre ha sido factible ni de hecho ni de derecho. Así tomada, diáspora incluye una actitud subjetiva y una plasmación objetiva. Pero sobre todo nos vamos a ocupar de este fenómeno en sus orígenes, cuando éste nace, es decir, de la «diáspora babilónica». A partir de ella ésta se convierte en un dato adquirido e incuestionado del desarrollo histórico del pueblo judío. Nos preguntamos, pues: ¿qué motivos tuvo la comunidad judía para no regresar masivamente a Judea a sólo 50 escasos años de su deportación, cuando todos (?) los elementos políticos que la habían causado desaparecen y se produce una situación altamente favorable para el retorno? Se trata de una pregunta que raramente se hace la historiografía judía y consiguientemente tampoco la responde [3].

Según asegura la tradición bíblica, en este caso de reciente memoria, el rey Nabucodonosor, después de la destrucción de Jerusalén en

---

(7,275-294), por H. H. BEN-SASSON. Sobre la diáspora babilónica consúltense las historias de Israel, p. ej., W. S. HERRMANN, *Historia de Israel en la época del Antiguo Testamento*, Salamanca 1979, pp. 367 y ss.; J. A. SOGGIN, *Nueva Historia de Israel. De los orígenes a Bar Kochba* (Biblioteca Manual Desclée, 14) Bilbao [2]1999, pp. 318 y ss. (versión del original *Storia d'Israele*, Brescia 1984; N. P. LEMCHE, *Ancient Israel. A New History of Israelite Societry*, Sheffield 1990, pp. 171 y ss., 266 y ss. (bibliografía básica); T. L. THOMPSON, *Early History of the Israelite People from the Written and Archaeological Sources*, Leiden 2000, pp. 339 y ss.

[3] En nuestros días han comenzado a aparecer planteamientos decididos, atrevidos podría incluso decirse, que tratan de responder con franqueza al problema, dentro de una perspectiva integradora: véase p. ej., W. D. DAVIES, *The Territorial Dimension of Judaism*, Berkeley 1982; J. NEUSNER, *Stranger at Home. «The Holocaust», Zionism, and American Judaism*, Chicago-Londres 1981.

587-6, «se llevó desterrados a Babilonia a los supervivientes de la matanza, y fueron esclavos suyos y de sus descendientes hasta el triunfo del reino persa» (2 Cr 36,20-21; compárese 2 Re 25,11). De la primera deportación (597) sólo el rey Joaquín es mencionado en 2 Cr 36,10[4]. Ecos de esta primera deportación los tenemos, con todo, en los libros de los profetas Ezequiel (1,1-2; 33,21-22)[5] y Jeremías (29,1-32 + 24,16-20). Historiográficamente es muy difícil de cuantificar el número de deportados en ambas ocasiones[6] y sólo por conjetura hemos de suponer que representaría una cifra más bien alta, que garantizase la eficacia política del sistema (supresión de raíz de la subversión, que en ambos casos resultó de todos modos ineficaz, como lo demuestran la revuelta de Sedecías y el asesinato de Godolías) y proporcionase una aportación sustancial y barata de mano de obra al mercado laboral de Mesopotamia.

En los aproximadamente 58-48 años que duró la deportación forzada, hasta la caída de Babilonia en 539, esa población se multiplicaría fácilmente por dos o tres, en un proceso no necesariamente aunque sí preferentemente endogámico. Al final de ese periodo algunos tendrán dificultad para demostrar su ascendencia judía (cf. Esd 2,59.61-62). Pero no hay datos suficientes de nuevo para calcular esa población judía, pura y mixta, resultante. Sí, en cambio, tenemos da-

---

[4] Cf. J. BRIGHT, *A History of Israel*, Londres 1960, pp. 305 y ss.; W. S. HERRMANN, *op. cit.*, pp. 350 y ss.; J. A. SOGGIN, *op. cit.*, p. 374.

[5] En realidad se supone que toda la primera parte de su actividad profética se desarrolla en medio de esa diáspora, a la que trata de convencer de lo inevitable de la caída definitiva de Jerusalén. Cf. M. GREENBERG, *Ezekiel, 1–20. A New Translation with Introduction and Commentary* (Anchor Bible 22), Garden City 1983, pp. 12 y ss. Véase también el comentario clásico de W. ZIMMERLI, *Ezechiel I. Teilband* (BKAT XIII/1), Neukirchen-Vluyn 1969, pp. 12 y ss.

[6] Por su parte 2 Re 24,12-16 supone una deportación de unos 10.000-8.000 en total para la primera deportación; de la segunda, habla en términos generales: «el resto de la gente» (25,11). Cf. W. S. HERRMANN, *op. cit.*, pp. 357 y ss.; J. A. SOGGIN, *op. cit.*, p. 378. Por su parte Jer 52,28-30 da una cifra global para las diferentes deportaciones de 4.600. Cf. J. BRIGHT, *op. cit.*, p. 324. Sobre el abandono del yawismo y la asimilación de los judíos exilados véase M. C. A. KORPEL, «Disillusion among Jews in the Postexilic Period», en R. P. GORDON y J. C. DE MOOR (eds.), *The Old Testament in Its World*, Leiden 2005, pp. 135-137. Agradezco al Prof. J. C. de Moor por haberme señalado la importancia del tema y la referencia bibliográfica.

tos muy precisos sobre los que se implicaron en el retorno a Judea y Jerusalén a partir del «edicto» o «decreto» de Ciro de 539. Tanto Esd 2,1-67 como Neh 7,5-72 ofrecen dos cómputos coincidentes de los que volvieron en el primer momento (en Esd 8,1ss. tenemos una ^{c}*aliyyāh* posterior), quizá de carácter oficial, uno nominativo por familias de 29.818 y otro global de 42.360 personas libres + 7.337 esclavos y esclavas[7]. La objetividad de tales cifras, documentada por la identificación onomástica, resulta aparentemente fiable, pero la sistemática predilección del Cronista por tal recurso descriptivo y su ambigüedad a veces respecto a las personas censadas (descendientes, cabezas de familia) obligan a la cautela. Si supiéramos la proporción que esa cifra representaba en relación con el total de la diáspora babilónica, se la podría extrapolar hacia atrás y obtener así una cifra aproximada del exilio inicial. Al desconocer tal proporción, sólo conjeturas se pueden hacer respecto al número de los que se quedaron en Babilonia: éste pudo ser muy bien tres o cuatro veces superior al de los retornados, acaso más. A este respecto y de acuerdo con la «razones» para quedarse que luego explicaremos, hay que tener en cuenta factores como la inercia social frente a la movilidad, motivada por situaciones socio-económicas ya arraigadas en el nuevo contexto, sobre todo pa-

---

[7] Cf. T. SUAU I PUIG, «"Junto a los canales de Babilonia...". La experiencia del destierro en la formación de la conciencia religiosa del pueblo de Israel», en Mª L. SÁNCHEZ LEÓN (ed.), *Religions de l'Antic Orient*, Palma de Mallorca 2000, p. 136, que se inclina por una cifra de unas 15-20.000 personas: véase a este propósito la opinión coincidente de J. BRIGHT, *op. cit.*, p. 324: «La población de Judea... fue escasamente superior a las 20.000 personas, incluso después del retorno de los primeros exilados». De esta cifra, unas 12.000 personas se congregarían en Jerusalén; cf. E.-M. LAPERROUSAZ, «L'étendue de Jérusalem à l'époque perse», en E.-M. LAPERROUSAZ y A. LEMAIRE (eds.), *La Palestine à l'époque perse*, París 1994, pp. 125 y ss. Véase últimamente E. M. YAMAUCHI, «The Eastern Jewish Diaspora under the Babylonians», en M. W. CHAVALAS y K. L. YOUNGER (eds.), *Mesopotamia and the Bible. Comparative Explorations*, Grand Rapids 2002, pp. 361-363 («Numbers Deported»), 366-368 («Return from the Exile»); F. BIANCHI, *«I superstiti della deportazione sono là nella provincia» (Neemia 1,3). I. Ricerche epigrafiche sulla storia della Giudea in età neobabilonese e achemenide (586 a.C.-442 a.C.)*, Nápoles 1993; F. BIANCHI, *«I superstiti della deportazione sono là nella provincia» (Neemia 1,3). II. Ricerche storico-bibliche sulla storia della Giudea in età neobabilonese e achemenide (586 a.C.-442 a.C.)*, Nápoles 1995.

ra gentes que poco o nada podían reclamar en la antigua tierra[8]. Es el paradigma de toda emigración. Por otro lado, el retorno se presenta como fruto de un «movimiento» espiritual, casi carismático, que como tal suele ser siempre minoritario: «y todos los que se sintieron movidos en su espíritu por Dios *(lᵉkôl hāᶜîr hāᵉlōhîm 'et-rûḥô)*... se pusieron en movimiento» (Esd 1,5).

Pero aparte del número, mayor o menor, de retornados, que ya de por sí implica que no todos volvieron, antes bien sólo una parte y esta sin duda muy inferior a la de los que se quedaron, hay un rasgo determinante que conviene resaltar. El edicto[9] de Ciro, «inspirado por Dios» *(hāᶜîr yhwh 'et-rûᵃḥ koreš)*, asegura, según Esd 1,3:

> El Señor, Dios del cielo, me ha entregado todos los reinos de la tierra y me ha encargado construirle un templo en Jerusalén de Judá. Los que entre vosotros pertenezcan a ese pueblo: que su Dios los acompañe y suban a Jerusalén de Judá para reconstruir el templo del Señor, Dios de Israel, el Dios que habita en Jerusalén. Y a todos los supervivientes...

El texto establece una neta distinción entre el que «sube» y el resto que se queda. Es claro que el objetivo del decreto es la reconstrucción del Templo, no el reagrupamiento y reconstrucción de la nación judía[10]. El rey persa se presenta cumpliendo un acto de «obediencia»

---

[8] Véase al respecto la luminoso síntesis de R. ZADOK, *The Earliest Diaspora. Israelites and Judeans in Pre-Hellenistic Mesopotamia* (Publications of the Diaspora Research Institute, 151), Tel Aviv 2002.

[9] El texto de 2 Cr 36,23 está corrompido. El decreto original corresponde más bien al texto transmitido en arameo en Esd 6,3-12, dirigido a la administración persa, no al pueblo judío. Cf. W. S. HERRMANN, *op. cit.*, pp. 383 y ss.; J. M. MYERS, *Ezra. Nehemiah, Introduction, Translation, and Notes* (Anchor Bible 14), Garden City 1965, pp. 5 y ss., 50 y ss.

[10] Cf. C. E. CARTER, *The Emergence of Yehud in the Persian Period* (JSOTSup 294), Sheffield 1999; E.-M. LAPERROUSAZ y A. LEMAIRE (eds.), *La Palestine à l'époque perse*, París 1994, sobre todo las contribuciones de Laperrousaz (pp. 117-122-123-156) y Lemaire (pp. 11-53); G. BOCACCINI, *Roots of Rabbinic Judaism: An Intellectual History, from Ezequiel to Daniel*, Grand Rapids 2002; D. BODI, *Jerusalem à l'Epoque Perse*, París 2002; P. BRIANT, *Histoire de l'empire perse: de Cyrus à Alexandre*, París 1996.

al Dios del Cielo, el Dios de los judíos, *que habita en Jerusalén* y que le ha dado la soberanía universal. Aquí están operantes tanto el universalismo imperial y religioso persa[11] como la nueva conciencia judía de la unicidad y por tanto universalidad de su Dios: Ciro cumple la profecía de Jeremías y se convierte incluso en el «Mesías» (Is 45,1). Es Yahweh quien decide y le encarga la reconstrucción de su Templo. Para llevarla a cabo no es preciso que todo el pueblo «suba» a Jerusalén. La formulación permisiva y persuasiva es la que mejor refleja el sentido del decreto: se trata de una autorización, no de una conminación o imposición. Se supone la respuesta positiva y entusiasmada como expresión de un anhelo retenido.

Ésta queda caracterizada de la manera antes citada:

> todos los que se sintieron movidos en su espíritu por Dios –cabezas de familia de Judá y Benjamín, sacerdotes y levitas– se pusieron en marcha y subieron a reedificar el templo de Jerusalén. El resto esparcido por todo el territorio... ofrecieron de todo... para el Templo de Dios en Jerusalén (Esd 1,3-4).

El retorno es, pues, una respuesta carismática y vocacional, liderada por el clero yahwista y de cara a la reconstrucción del templo y del culto de Yahweh. El carisma es siempre minoritario: en Babilonia quedan «sus vecinos» sin ningún remordimiento personal ni crítica por parte del escritor bíblico contra ellos por el hecho de que «se queden»; ellos colaboran de manera paralela con sus dones y apoyan así el retorno. Aparece de tal manera esa diáspora de que hablábamos al principio y el pueblo judío queda nacional y religiosamente (?) escindido en dos partes: los que vuelven y los que se quedan.

Es claro que si el objetivo de la vuelta era la reconstrucción del templo y la puesta en vigor de su culto, no se imponía la vuelta ma-

---

[11] Según la inscripción babilónica del «prisma de Ciro» es Marduk quien otorga a Ciro la soberanía universal; cf. *ANET*, pp. 315 y ss. Acerca del influjo de la ideología política del «imperio universal» sobre la génesis del monoteísmo yahwista véase M. SMITH, *The Origins of Biblical Monotheism: Israel's Polyteistic Background and the Ugaritic Texts*, Oxford-Nueva York 2001, pp. 165 y ss. e *infra*, nn. 12 y 14.

siva como una obligación «nacional», puesto que esta reconstrucción no era en sí un objetivo político en la intención de las autoridades persas. Pero la vuelta al Monte santo, al lugar que Yahweh escogió para habitar en él, a su casa reconstruida, único lugar legítimo de su culto (según la aceptada tesis deuteronomística)[12], era la mejor ocasión para restaurar la «nación», como así lo entenderían los que regresaron, que acometieron (?) en su momento la reconstrucción de las murallas (cf. *infra,* p. 198). Era el momento del nuevo y glorioso Éxodo que había previsto el Déutero-Isaías (Is 40,1-11). ¿Qué es lo que hace que el judío no se sienta obligado a sumarse a ese nuevo Éxodo, que pueda seguir sintiéndose fiel servidor de Yahweh en tierra extraña, lejos de su templo y de las obligaciones cultuales que éste supone? El caso de Nehemías se explica: él no era sacerdote, ni siquiera levita, no era por tanto imprescindible en este contexto; aparte de su función civil que le reclamaba. El caso de Esdras resulta más chocante: es un «sacerdote», descendiente de Aarón, reconvertido en «letrado de la Ley» (como el sacerdote Ezequiel fue reciclado en profeta), que sólo en un segundo momento se suma al regreso (Esd 7,1ss.), «por que se había dedicado a estudiar la Ley del Señor para cumplirla y enseñarla...»; acaso esperó que se concluyera la construcción del Templo, hasta que su lentitud le obligó a intervenir... De to-

---

[12] Cf. P. R. Bedford, *Temple Restoration in Early Achaemenid Judah* (Supplements to the Journal for the Study of Judaism 65), Leiden 2001, en concreto la contribución de L. L. Grabbe. Ya se había compilado la tradición histórica desde esa perspectiva (Jue-Re). Pero el templo de Elefantina, servido por una comunidad que arranca quizá de los fugitivos de la revuelta contra Godolías (2 Re 25,26; Jer 40–43) y que no habían vivido por tanto el Exilio babilónico y su teología, certifica que el dogma del santuario único aún no se había impuesto. Tampoco esta comunidad se muestra especialmente «sionista», mientras así se manifestaron en un primer momento, reagrupándose en torno a Godolías (Jer 40,5-12). Ahora el miedo a Babilonia lo impedía, lo que explica quizá su lejana ubicación en el Alto Egipto. Su monoteísmo es asimismo menos claro. Cf. W. S. Herrmann, *op. cit.,* pp. 51, 412 y ss.; y la obra clásica de A. Vincent, *La religion des judéo-araméens de Eléphantine*, París 1937; P.-E. Dion, «La religion des papyrus d'Éléphantine, un reflet du Judaisme (?) d'avant l'exil», en U. Hübner y E. A. Knauf (eds.), *Kein Land für sich allein. Studien zum kulturkontakt in Kanaan, Israel/Palästina und Ebirnâri für Manfred Weippert zum 65. Geburtstag* (OBO 186), Friburgo de Suiza 2002, pp. 243-254.

das la maneras la Ley que él viene a inculcar e implantar no es simplemente la del culto y su santuario, sino sobre todo la de la obediencia a un proyecto de vida global. Nace una nueva categoría y función religiosa que inaugura a su vez un nuevo acceso a Dios a través de su palabra eterna hecho escritura y que puede dejar en un segundo plano a la función sacerdotal.

Creo que en esta dicotomía se vislumbra una evolución religiosa que consuma movimientos y tendencias que se habían venido gestando desde tiempo atrás durante los años del Exilio y los cambios de situación que éste comportó. Recuérdese, a este propósito, el cambio de tono de la predicación de Ezequiel que pasa de enfrentarse a un «sionismo» sin fisuras (fe en la indestructibilidad de Jerusalén) a tener que empeñarse en una ardua predicación contra el abandono de toda esperanza que agobia a los exiliados, una vez conocidas la caída y destrucción de Jerusalén y su templo [13].

Tenemos así, por un lado, un judaísmo sacerdotal (que ha asimilado las tesis deuteronomísticas), ligado al culto y al lugar santo, ahora ya purificado, tradicional y conservador, que produce la historia cronística (Cr-Neh). Y, por otro, el judaísmo surgido de la innovación profética generada por Jeremías y Ezequiel y vivida en Babilonia como religión de la trascendencia y liberación de la tradición, del templo y de la ciudad, incluso de la Alianza antigua, la religión de la responsabilidad personal (Jer 31,31ss.; Ez 18,1ss.). Se trata del judaísmo inscrito en el corazón. A esta nueva actitud colaboró sin duda en gran manera, a su vez, el afianzamiento de la fe en Yahweh, como *Dios único y universal*, que no se recluye en el templo, y a la que quizá no fue

---

[13] Cf. *supra*, n. 5; T. SUAU I PUIG, «Junto a los canales de Babilonia...», pp. 138 y ss.; Th. WILLI, *Juda-Israel: Studien zum Selbstverstädnis des Judentums in persicher Zeit* (Forschungen zum Alten Testament, 12), Tubinga 1995. La dicotomía se desarrolla y degenera luego en Palestina (Saduceos-Fariseos), una vez afirmada también allí la *Torah* como Biblia; cf. J. RABINOWITZ, *The Faces of God. Canaanite Mythology and Hebrew Theology*, Woodstock 1998, p. 19. A este propósito últimamente R. C. MILLER II, «Popular, Ideological, and Textual Dimensions of Postexilic Judean Culture», *Estudios Bíblicos* 60 (2002) 337-350; Th. RÖMER, «Moses Outside the Torah and the Construction of a Diaspora Identity», *The Journal of Hebrew Scriptures* 8, 2008, art. 15 *(on line)*.

ajeno el nuevo clima religioso del universalismo persa[14]. Esto lo había percibido de manera agudísima Ezequiel en su visión de la «Gloria de Yahweh» que abandona el Templo de Jerusalén para instalarse en Babilonia, en medio de su «pueblo» (Ez 10,1ss.), pero fuera ya de su «tierra». La nueva tierra prometida, la «Heredad de Yahweh», era el corazón de sus fieles. Se pasa así del judaísmo étnico como pueblo o nación/religión territorial al judaísmo como cultura/religión y nación universal. Cuarenta años de exilio acostumbrarán luego al judío a la diáspora, después de haber descubierto que se puede ser judío y servir a Yahweh en Babilonia.

Por otra parte, tenemos también el descubrimiento de la «Palabra divina» en la historia nacional, convertida en «Historia santa», «Palabra que permanece para siempre» (Is 40,8), encarnada de manera definitiva en forma de libro, objeto ahora de un nuevo culto y presencia divina: el culto de la palabra escrita, la recién nacida religión de la Biblia. Se genera a partir de la misma la nueva proto-sinagoga y su culto frente al antiguo templo y el suyo. Quedaba abierta una nueva

---

[14] Sobre el resurgir de esta conciencia de monoteísmo a partir de la catástrofe total del reino de Judá véase: G. DEL OLMO LETE, «La religión cananea de los antiguos hebreos», en G. DEL OLMO LETE (ed.), *MROA* II/2, pp. 225 y ss.; véase también a este propósito T. SUAU I PUIG, «Junto a los canales de Babilonia...», pp. 133 y ss., 140 y ss. Sobre el posible influjo persa en el descubierto monoteísmo estricto judío los autores se muestran más bien escépticos; cf. E. M. YAMAUCHI, *Persia and the Bible*, Grand Rapids 1991, pp. 458-466; M. SMITH, «II Isaiah and the Persians», *Journal of the American Oriental Society* 83 (1963) 415-421; IDEM, «The Eastern Jewish Diaspora under the Babylonians», en M. W. CHAVALAS y K. L. YOUNGER (eds.), *Mesopotamia and the Bible*, 2002, pp. 356-377; G. GARBINI, «Universalismo iranico e Israele», *Henoch* 6 (1984) 293-321. Puede hablarse también de influjo griego; M. L. WEST, *The East of the Hellicon. West Asiatic Elements in Greek Poetry and Myth*, Oxford 1997, pp. 606 y ss. Pero el influjo determinante vendría más bien de la concepción universalística, cósmico-astronómica y política, del imperialismo desarrollado en Mesopotamia; cf. *supra*, n. 10 (Smith); P. SACCHI, «Le origini del giudaismo: tradizione e innovazione», en J. CAMPOS SANTIAGO y V. PASTOR JULIÁN (eds.), *Congreso Internacional «Biblia, memoria histórica y encrucijada de culturas». Actas*, Zamora 2004, pp. 24-48 (sobre el influjo griego y babilónico); IDEM, *Storia del Secondo Tempio*, Turín 1994. Últimamente, R. ALBERTZ y B. BECKING (eds.), *Yahwism after the Exile – Perpspectives on Israelite Religion in the Persian Period*, Assen 2003.

vía de acceso a Yahweh, que había venido con ellos al destierro y habitaba entre ellos, no sólo en Jerusalén como afirmaba el edicto de Ciro y continuaba profesando la vieja corriente. Vistos desde este perspectiva, la restauración y el retorno se presentaban como una actitud conservadora, hija de la añoranza; su «sionismo», como trasnochado.

Pero hay otro elemento clave que determina la creación de una conciencia judía desligada de una urgencia sionista inmediata, de un regreso de restauración. Es lo que se podría llamar «la escatologización de la esperanza», la proyección a un futuro lejano, indeterminado, dejado en manos de Dios, de la restauración gloriosa de Israel. Un sacerdote como Ezequiel, trasmutado en profeta, traza una creación virtual de esa restauración futura (Ez 40–48), fuera del tiempo, que ningún intento contemporáneo puede pretender plasmar. Se trata de una escatologización que afecta en primer lugar al mesianismo que ahora se fragua, liberado de una dependencia directa de la dinastía empírica de la casa de David y por consiguiente de la creación de un Estado-nación independiente[15]. Es Dios quien tiene que dar la orden del retorno, quien recogerá a su pueblo de los extremos del mundo, no rey alguno de Persia o de cualquier otro imperio. Es la gran restauración que predijo Jeremías (Jer 30–33; cf. también Ez 34–36), obra de Yahweh y presidida por el futuro «hijo de David» que Él suscitará. No todos creerían que la vuelta programada por Ciro correspondía a esa restauración «mesiánica», que ella suponía la hora del gran retorno. De hecho la «exaltación del rey Joaquín», que deja en el aire 2 Re 25,27-30 es un último eco del mesianismo regio-davídico que se esfuma y que ni la figura de Zorobabel llega a materializar. En todo caso, tal retorno ya tenía poco que ver con el glorioso «Nuevo Éxodo» anunciado por el profeta (Is 40,1ss.)[16].

[15] Sobre el mesianismo hebreo y su evolución histórica puede verse la obra, bien documentada aunque ya un tanto superada, de J. COPPENS, *Le messianisme royal* (Lectio divina 54), París 1968; también T. SUAU I PUIG, «Junto a los canales de Babilonia...», pp. 141 y ss.

[16] Sobre la idea de la «restauración de Israel» véase un último tratamiento general en la obra colectiva editada por J. M. SCOTT, *Restoration. Old Testament, Jewish and Christian Perspectives* (Supplements to the Journal for the Study of Judaism 72), Leiden 2001.

Esta conciencia de salvación «escatológica» que entonces nace, se irá afianzando a lo largo de la historia y perdurará hasta nuestros días en el judaísmo ortodoxo. Es ella la que está al fondo del grito «al año que viene en Jerusalén», que resuena a lo largo de toda la Edad Media judía, lanzado desde ámbitos políticos que toleraban el retorno, aunque evidentemente no aseguraban el éxito de la empresa. Y es ella la que permitirá en nuestros días al judaísmo más radical esperar, incluso anhelar tensamente, desde Manhattan, la restauración de Israel y hasta traicionar el intento laico del moderno Estado hebreo, del sionismo político, como una *ýbris* teológicamente inaceptable. Ni siquiera el resurgir del Estado judío bajo los asmoneos, nacido de la más pura revolución sionista religiosa, ni la creación del Reino judío bajo Herodes, el logro político más próximo a una soberanía nacional, consiguieron suplantar esa esperanza en una época en la que la proyección escatológico-apocalíptica estaba en plena vigencia.

Nace así y se afianza un doble judaísmo: el que llamaríamos «sionista» y el «diaspórico». Duplicidad que de ahora en adelante se perpetuará, hasta nuestros días, y que se convertirá en la estructura social determinante de este pueblo. Y fue probablemente en el seno de estos dos judaísmos originarios donde se formularon y plasmaron las antiguas tradiciones religiosas y la interpretación del pasado y del futuro que ellas soportan. La tradición yahwista y sacerdotal, junto con la corriente profética regeneracionista (Deutero- y Trito-Isaías), impelida por los sacerdotes y profetas del «regreso» y la restauración (corriente jerosolimitana), por un lado, y la tradición elohista y deuteronómica (deuteronomística), fortalecida por la predicación de Jeremías y Ezequiel (corriente profético-septentrional). En el seno de la primera se fraguaría la definitiva configuración del Tetrateuco/Pentateuco, ya en Palestina, después del primer esbozo en Babilonia, quizá por obra de Esdras[17], lo que explicaría su apropiación por parte de los samaritanos, que no tenían tradición propia comparable, y se continuaría con la obra del Cronista (Cr-Esd-Neh): de carácter nacionalista, mesiánico-

---

[17] Cf. *infra*, pp. 202 y ss.

regio, regeneracionista y «sionista», en una palabra. Mientras a la segunda correspondería la configuración de la propia tradición antigua, asumida sin remedio en el mentado Tetrateuco, cuando la significación de éste como Torah así lo impuso, completada con su propia y cerrada visión deuteronómica (Dt) de la historia sinaítica fundacional y de la Ley, incorporada al mismo, y, sobre todo, con la gran visión liquidadora del pasado que es la historia deuteronomística (Jos-Re)[18]. Para la configuración de ésta, la ley del santuario único viene a ser como la gran trampa en que cayó el Israel histórico, su piedra de tropiezo. El templo de Jerusalén, en vez de ser el lugar del encuentro con su Dios, resultó la causa de su ruina.

La diáspora supone así la primera des-etnificación del judaísmo de puertas adentro (se libera de la reclusión en sí mismo); el cristianismo supondrá su des-etnificación de cara afuera (sale al encuentro de los otros, los atrae a sí). Visto como un movimiento judío en sus inicios, el cristianismo (paulino) es en el fondo «antisionista», en cuanto pretende sacar al judaísmo de Palestina y convertirlo en una religión sin tierra[19].

Así pues, la conciencia clara y explícita de un monoteísmo universalista e incondicionado, el descubrimiento del valor perenne de la Palabra divina hecha libro, junto con la escatologización de la esperanza en una salvación definitiva, liberaron la conciencia del fiel yahwista de la vinculación religiosa con su patria original y le permitie-

---

[18] En ese medio «despegado» de su pasado regio puede muy bien situarse la crónica de la sucesión de David, doméstica y trapacera, de un reyezuelo menor que no produce ningún orgullo y en la que únicamente destaca como válida la voz de Natán profeta, defendiendo una moral de respeto al débil. Sacchi, art. cit., pp. 1 y 19 y ss., atribuye la compilación de la tradición yahwista + la deuteronomística (sin el Deuteronomio) + otros elementos varios a un grupo de redactores que trabajaron en la hipotética corte del rey judío, exilado en Babilonia (?). Sobre la promulgación del Pentateuco por parte de la autordad persa como la «Ley del Dios del Cielo» para sus fieles véase su discusión en J. W. WATTS (ed.), *Persia and the Torah. The Theory of the Imperial Authorization of the Pentateuch*, Atlanta 2001.

[19] Cf. *infra*, pp. 433 y ss. Por ello resulta todavía más paradójico un movimiento «cristiano» como las Cruzadas a la conquista de la «Tierra Santa», de los «Santos Lugares», como empresa de la cristiandad...

ron vivir «fuera» de ella en perfecta armonía de fe y costumbres, manteniendo, eso sí, una nostálgica y nunca olvidada referencia a la misma. Hablamos naturalmente del judío religioso; para el moderno judío agnóstico tal referencia será meramente cultural, a no ser que se transforme en reivindicación política. Sionistas religiosos, que vean en el instaurado Estado laico de Israel el cumplimiento de la esperanza bíblica, son más bien escasos.

Es esta capacidad de ser judío «fuera» la que atenuó y atenúa la necesidad de «retornar» en la Diáspora histórica a través de los siglos, a pesar de todas las pretendidas añoranzas. Hay casos especialmente llamativos de esa diáspora «voluntaria»: la de la Alejandría de época helenístico-romana [20], cuando el judío se desplaza por todo el Mediterráneo y se asienta en todas partes, de Asia Menor a Iberia; durante el Califato árabe o, sobre todo, durante el Sultanato otomano, cuando prefiere Esmirna a Jerusalén. Se puede asegurar que a partir de la época helenística y a pesar de todas la discriminaciones y persecuciones ocasionales, la entera cuenca del Mediterráneo se convierte para muchos judíos en su «tierra prometida», donde encuentra acomodo su actividad, prosperidad su vida y donde instalan su residencia [21]. La situación posterior de la diáspora en tierras cristianas, a pesar de la brutal presión a que está sometido el judaísmo de manera intermitente y que invitaría a la fuga, es ya la de una sociedad consolidada e integrada en el territorio, al borde con frecuencia de la asimilación o demasiado pobre como para intentar aventuras migratorias. Tal estado de cosas se prolonga hasta nuestros días.

[20] No hay que olvidar, de todos modos, que en este caso el influjo cultural aperturista de los ptolomeos, por un lado, y por otro la presión ejercida en Palestina contra los judíos, primero por los seléucidas y más tarde por los romanos, favorecieron el desarrollo de la Alejandría judía. Ésta resultaba una oportunidad, un refugio y estaba a la puerta de casa.

[21] La enorme riqueza documental de la Genizá de El Cairo es un espléndido testimonio; cf. S. D. GOITEIN, *A Mediterranean Society: the Jewish communities of the Arab world as portrayed in the documents of the Cairo Genizah*, 6 vols., Londres 1967-1993. Sobre el posible «mito» de la «diáspora» mediterránea ver la provocativa exposición a este respecto de Sh. SAND, *The Invention of the Jewish People*, Londres 2009.

No hay quizá ningún otro pueblo que de manera tan masiva y desproporcionada haya vivido en esta dicotomía: dentro y fuera de su hábitat histórico. Otros emigrados o expulsados, aun manteniendo las propias raíces vivas por un tiempo, no llegan nunca a crear una dicotomía de este tipo por su duración y proporciones. El diasporismo se convirtió en una coordenada del ser judío: simbiosis con y en otros pueblos, que no parasitismo, pues aportó siempre tanto o más de lo que tomó; fue su forma de ser «nación». Tristemente las circunstancias históricas harían que tal simbiosis tomase la forma de gueto o de *lobby*, o acabase en expulsión o asimilación. No cabe duda que otras razones de conveniencia social llevaron al judío a posponer su retorno en favor de una realización en tierra extraña que se le ofrecía atrayente. A este propósito apostilla Alonso Schökel en referencia al Exilio babilónico:

> En cuanto a la deportación, si para muchos significó la cárcel o trabajos forzados, otros se fueron estableciendo con cierta independencia y aun prosperidad económica; Isaías II es testigo de la primero, Ezequiel de lo segundo... La población en general siguió los consejos de Jeremías (Jer 29), garantizando la continuidad. Algunos mantuvieron un espíritu de resistencia pasiva, juramentados en su fidelidad a la patria (Sal 137); otros se resignaron con su suerte, como si la experiencia histórica con el Señor hubiera terminado (como testimonia Isaías II), otros supieron instalarse y mantener una fidelidad al Señor y a su pueblo sin intención de volver a la patria [22].

Es claro que los primeros quedarían disueltos en el contexto socio-religioso babilónico, faltos del soporte ideológico preciso, mientras los segundos supieron reciclar su conciencia religiosa yahwista de acuerdo con la nueva y genial visión deuteroisaiana (y deuteronomística) que supo transformar una absoluta derrota en una absoluta esperanza [23].

[22] Cf. L. ALONSO SCHÖKEL ET ALII, *Crónicas, Esdras, Nehemías* (Los Libros Sagrados 6), Madrid 1976, p. 199.

[23] Sobre el Exilio como hermenéutica de la nueva situación cf. *supra*, n. 14; también N. P. LEMCHE, *Ancient History*, pp. 182 y ss. («History as a Response to Catastrophe»).

Si comparamos ambos judaísmos, no cabe duda de que la preeminencia histórica (si prescindimos de la prestancia de la raíz bíblica, que no tiene parangón posible[24], pero que es en sí misma menor como avatar histórico en la perspectiva universal) corresponde al judaísmo diaspórico en cuanto motor, a la fuerza sin duda, de la evolución del pueblo judío. Cabe casi afirmar que el judaísmo, como contradistinto de la religión del antiguo Israel, es hijo de la diáspora. Baste recordar la prestancia que alcanza el judaísmo helenístico irradiado desde Alejandría, la significación que adquiere la Babilonia parto-sasánida en la organización del judaísmo rabínico, el esplendor de la Edad de Oro de Sefarad en todos los campos de la cultura, la aportación decisiva que significó para la emancipación y modernización del pueblo judío la «*Aufklärung*/Haskalah», la genial contribución a la cultura moderna que supusieron los círculos judíos de Viena o Nueva York. Aun hoy en día y a pesar de la reconocida modernidad del Estado de Israel, los premios Nobel judíos no han venido de allí, sino sobre todo de la diáspora. Personajes como Freud, Einstein, Kafka, Benjamin, Adorno, Levinas (también Groucho Marx, Woody Allen, Spielberg...) son fruto y gloria de la diáspora.

La relación entre los dos judaísmos ha sido hasta nuestros días más bien armónica y complementaria. La diáspora ha mantenido un gran respeto y una cierta (graduable) añoranza de su tierra (no tanta como para motivar su desplazamiento más allá de una visita turística) y de sus moradores, que tienen la suerte de vivir en la tierra de los padres.

La situación actual, que mantiene la misma dicotomía, es, con todo, fruto de una circunstancia nueva. El moderno sionismo no nace de la fe religiosa, sino de la autodefensa política; es hijo del instinto de supervivencia como pueblo, en el fondo de la negación de la diáspora como posibilidad válida en tal sentido[25]. Este sionismo de carácter estrictamente político fue generado en gran parte por el despiadado comportamiento de las naciones cristianas para con los judíos; lo con-

---

[24] Su significación cultural ideológica es un ingrediente básico del ámbito cristiano e islámico.

[25] Cf. *infra*, pp. 399 y ss.

trario de lo que sucedió en el primer sionismo babilónico, empujado por la «generosidad» y el apoyo de la política persa[26]. En ese sentido el Estado de Israel lo ha creado/motivado el Occidente cristiano, su más despiadado enemigo, favorecido por el resurgir de los ideales nacionalistas en el horizonte político del siglo XIX. Ese instinto de supervivencia nacional ha suplido la capacidad de regeneración carismática religiosa y compensado el desequilibrio entre judaísmo territorial y diaspórico que se había generado desde la época romano-bizantina. La vuelta a Palestina, las ‘*alīyôt*, se podían haber generado con toda normalidad a lo largo de los siglos de dominación turca, pero de hecho no se llevaron a cabo sino a partir del último tercio del siglo XIX y en virtud de un impulso político generado por la experiencia de una situación insostenible y que encontró en Herzl y en los miembros del Congreso de Basilea (1897) sus nuevos carismáticos, sus nuevos judíos «movidos por el espíritu» (¿de Dios?)[27]. Quizá no se midieron bien las consecuencias de este nuevo retorno, pero resulta ya un hecho inamovible (con reconocimiento internacional) que sólo espera su encaje adecuado en el contexto político de Palestina[28], lo que no se presenta nada fácil y que ha de contar con un incontenible peligro interno, de muy difícil asimilación en una estructura democrática: la demografía. Se recompone así, aunque sea de manera laica y heterodoxa, la polaridad territorialidad-diáspora, que ha definido el origen y desarrollo histórico del pueblo judío.

Pero tal recomposición es anómala, no sigue los parámetros de la historia judía bíblica, incluso los de la historia en general: es el pri-

[26] Cf. *infra*, pp. 241 y ss.

[27] Pero tampoco este sionismo «carismático» arrastró en su momento de manera masiva a la Diáspora a instalarse en Palestina, antes bien encontró denodadas oposiciones. A la vez que era fácilmente comprobable que el judaísmo, en su integridad, no cabía en Palestina, en ningún sentido. La creación del Estado israelí estaba presuponiendo y afirmando la permanencia de la Diáspora. Se configuró como un Estado «refugio», no como la patria judía única. Para una comprensión del sionismo, amén de la obra fundamental de su fundador, T. HERZL, *El Estado judío*, Zaragoza 2004, véase una exposición sumaria y divulgativa ofrecida por J. TSUR, *El sionismo. La epopeya de un pueblo*, Madrid 1980; o la amplia y documentada síntesis que presenta la *EnJud*, vol. 16, pp. 1031-1162; véase *infra*, pp. 399 y ss.

[28] Cf. *infra*, pp. 422 y ss.

mer (?) caso de creación de un Estado por un parámetro de «inmigración, aposentamiento y compra de terreno» [29], levantamiento y desplazamiento parcial del vecino, al que en parte se acoge y en parte se le mantiene al lado. Normalmente en la historia las naciones se han creado por conquista e invasión del territorio y sojuzgación del anterior ocupante, al que se absorbe. Pero ésta es la tragedia del Estado de Israel que le impide ser histórica y políticamente del todo «normal»: no puede proceder a la absorción de otras poblaciones no judías sin exponerse a su neutralización como Estado judío. Y esto es lo que genera a su vez la anomalía del estatuto político de la «Territorios ocupados», que ni son absorbidos (como lo fue el Golán) ni reconocidos políticamente como entidad independiente y autónoma. La prolongada ocupación de esos territorios da la impresión de estar programada para ir progresivamente desplazando a sus ocupantes. Pero el vaciado de los mismos (manifiesta o inconfesada aspiración de muchos sionistas israelíes) hoy ya sería internacionalmente inaceptable. Se impone una solución de arriesgada convivencia, agravada por una explosión de odio y rechazo mutuo. Quizá no se ha sabido moderar la propia pretensión, sostenida por la confianza insobornable en la propia y superior fuerza y en su capacidad de doblegar la resistencia del contrario [30].

A propósito de la posibilidad de recomposición sionista anterior al Congreso de Basilea, conviene recordar que floreció en el siglo XIX un sionismo de continuidad histórica que se ha llamado «sionismo cultural», el de Ahad Ha-Am [31], al que se adhirieron con facilidad las clases judías acomodadas, cultural y económicamente. Representa una oportunidad perdida o acaso una simple utopía, dado el contexto sociopolítico que le tocó vivir al pueblo judío a lo largo de los si-

---

[29] No se toman aquí en consideración las compras de territorios por Estados ya constituidos, como p. ej. la de Alaska.

[30] Estos aspectos son desarrollados más ampliamente *infra,* pp. 399 y ss.

[31] Cf. *EnJud,* vol. 2, pp. 440-448 (E. SCHWEID); vol. 16, pp. 1046-1050 (A. HERTZBERG, muy crítico). De todos modos, el sionismo fue un fenómeno más complejo y diferenciado de lo que aquí se deja entrever, y en ese sentido no se puede olvidar la significación de personalidades como la de León Pinsker y otros.

glos XIX y XX. Suponía reconstruir y revitalizar el sionismo vivido en sordina desde la deportación a Babilonia, cuando el pueblo judío perdió su independencia política (apenas brevemente restablecida en tiempo de Alejandro Janneo), que ya nunca recuperó. La cultura, «su» cultura, se pensó, podía ser la mejor patria de un judaísmo desde el punto de vista histórico irremediablemente disperso, que se liberaba ahora del gueto y estaba dispuesto a regenerarse y situarse en la primera línea del progreso de la humanidad. Frente a este programa, el sionismo político y la creación del Estado de Israel significó, como «movimiento de liberación nacional», una percepción mucho más realista de la situación del pueblo judío en aquel momento, pero a la vez una especie de vuelta atrás o imponente *tour de force* en una marcha contra la historia en busca una «tierra prometida y recobrada», que se ha convertido en una aporía, porque la historia y la conciencia humana moderna ya no toleraba invasiones ni conquistas, sólo liberaciones/descolonizaciones de territorios y sus pueblos. El método de «ocupación» empleado no casaba sin más con el derecho reconocido de unos ocupantes que habían llegado allí hacía mucho tiempo y según el método de conquista, históricamente asumido en su momento (como lo había hecho el Israel bíblico) [32].

Frente esta aporía sociopolítica que implica el Estado de Israel y su sionismo, todavía por resolver en el contexto palestino, la existencia de la diáspora judía ha sido y continúa siendo un elemento cultural, si ya no religioso, de gran valor para la civilización occidental cristiana, aparte del primordial que tiene como base de pervivencia para el propio pueblo judío. Es el paradigma de nuestras propias raíces culturales, morales y religiosas. Es ese cuerpo sentido históricamente como extraño, pero benéfico, que en perfecta simbiosis ha absorbido y refluido lo mejor de nuestras posibilidades; que históricamente ha tentado a la sociedad occidental al uso de la violencia y la ha obligado a recobrar la tolerancia de lo diferente. Esta prestancia de ser judío diaspórico puede ayudar a la prestancia de la propia tradición judía para defenderse contra todo peligro de asimilación y disolución.

---

[32] Cf. *infra,* pp. 413 y ss.

La génesis del judaísmo y de la Biblia Hebrea en el contexto persa-aqueménida

El Cilindro de Ciro, inscripción de fundación y consiguiente-mente de tenor conmemorativo, propagandístico *ad maiorem Regis gloriam,* nos informa de la decisión de este rey, inspirada por el dios Marduk, de restaurar los santuarios de Sumer y Akkad, devolver las estatuas desplazadas a Babilonia y permitir a las gentes el retorno a sus antiguas moradas, en torno a dichos santuarios[1]. En él no se menciona el santuario de Jerusalén ni al pueblo judío. No estaban en el horizonte político de esta inscripción de (re)fundación de las murallas de Babilonia, ni lo requería la insignificancia de este pequeño reino, anulado hacía 50 años e incorporado probablemente por la administración neobabilónica a la provincia de Samaría[2].

Sin embargo, en ese contexto sociopolítico, la reconstrucción del Templo del «Dios del Cielo» (Yahweh) en Jerusalén y el retorno del pueblo judío a su tierra ha quedado en la historia como la más paradigmática puesta por obra de esa política persa de tolerancia y absorción de las diferentes etnias y cultos en la unidad política del Imperio aqueménida. Ello es fruto de la detallada formulación que del hecho nos ha conservado la Biblia y su consiguiente significación para la religión judeocristiana, la religión de Occidente. Hoy lo definiríamos como un triunfo «mediático», fruto de la relevancia de la información ofrecida sobre el mismo.

El «edicto de Ciro», que se cita en la Biblia, no es más que la traducción en arameo (Esd 6,2.3-5[.6-12]) y hebreo (Esd 1,2-4[+7-11,

---

[1] Cf. J. *ANET*, p. 316; *TUAT* I/4, pp. 407-410.
[2] Cf. J. Bright, *A History of Israel*, Londres 1960, p. 324; pero véase P. Briant, *Histoire de l'empire perse: de Cyrus à Alexandre*, París 1996, p. 488.

cf. 2 Re 25,13-17] y 2 Cr 36,23) y la aplicación al pueblo judío de aquella actitud política, sin que sea incluso necesario suponer que tal particular edicto en concreto existiera[3]. La memoria del retorno pretende hacernos creer que éste tuvo lugar inmediatamente después de la toma de Babilonia, como resultado de una intervención política oficial (Esd 1,5-6). Pero el panorama que del relato posterior de los hechos se desprende deja entrever que el proceso fue mucho más lento, penoso y deficiente de lo que aquel primer «impulso» pretende insinuar[4]. En sí mismo tal inmediato retorno resultaba bastante inverosímil, tanto por la dificultad física (distancia, desierto, falta de medios), como sobre todo por el cambio que la religiosidad de los exiliados había experimentado en aquellos años de desarraigo[5]. En todo caso se trató de una empresa que, según el relato, no iría más allá de la reconstrucción del altar y recuperación de culto al aire libre, cosa que probablemente ya habían llevado a cabo los que se quedaron en Judea[6].

¿Qué templo se había de reconstruir? ¿Cuál era la Ley del Dios del Cielo que había de regir su culto? Es posible que un pequeño grupo soñase con la simple restauración de su memoria del pasado, de lo

---

[3] ¿Se precisaba «administrativamente» dar un edicto para cada pueblo o era suficiente el edicto general? Resulta poco verosímil, por otra parte, que en el archivo central de Ecbátana hubiera un edicto de Ciro fechado en «el año primero de su reinado», evidentemente contado a partir de la conquista de Babilonia, pues Ciro llevaba para entonces varios años de reinado; véase Esd 5,13: «En el primer año de su reinado, Ciro de Babilonia...». Cf. a este propósito P. BRIANT, *op. cit.*, p. 44: «la cronología del reinado de Ciro resulta incierta, por decir algo». Se esperaría más bien una datación a partir de la conquista de Ecbátana.

[4] Esd 6,14 parece estar suponiendo que hasta el reinado de Artajerjes no se concluyó la construcción del templo. Aunque pudiera tratarse de una glosa posterior (cf. J. M. MYERS, *Ezra* [Anchor Bible 14], Garden City 1965, p. 53); A. H. J. GUNNEWEG, *Esra* (BKAT XIX/1), Gütersloh 1985, pp. 112 y ss., es posible que este lugar refleje con exactitud la realidad, como veremos más abajo.

[5] Cf. *supra*, p. 183 y ss.

[6] Cf. J. BRIGHT, *op. cit.*, 1960, p. 325; Por otra parte, el primer jefe de la expedición de retorno, Sesbasar, se esfuma, sin deja rastro (Esd 1,8; cf. Esd 5,14-16), para dar lugar a un segundo «príncipe de Judá», sobrino de aquél, Zorobabel (Esd 2,2; 3,2...), flanqueado ahora por el sacerdote Josué, de los que nada se ha dicho en la copia y ejecución del edicto de Ciro que habla del retorno presidido por Sesbasar (Esd 1,11). La puesta de los cimientos del templo se atribuye a ambos (Esd 3,8ss.; 5,16).

que sus padres les habían contado al respecto (ninguno de ellos había vista el antiguo templo), con una nostalgia incluso de restauración política apoyada en un representante de la dinastía. Pero ésta se había ya disuelto, no tanto biológicamente cuanto como modelo de restauración nacional; en este sentido el testimonio del II Isaías es decisivo (Is 55,3)[7]. Ni, por otra parte, tal restauración se contemplaba, ni se toleraría dentro de la bien medida salvaguarda persa de las peculiaridades étnico-religiosas de los pueblos dominados y «liberados». Sin un claro programa de restauración cúltico-nacional el retorno no tenía mucho aliciente para una comunidad que, de manera del todo peculiar frente a la todos los demás cultos, había descubierto, de la mano de sus profetas (y basándose en ello había logrado en gran medida subsistir), que su Dios no precisaba un templo en Jerusalén, el que había abandonado para establecer su morada entre ellos en la misma Babilonia[8]. En este sentido las palabras del III Isaías suenan como una declaración de principios: «Así dice el Señor: el cielo es mi trono, y la tierra, el estrado de mis pies. ¿Qué templo podéis construirme o qué lugar para mi descanso?» (Is 66,1). El énfasis se pone ahora sobre la «palabra» por encima del culto: «En ése pondré mis ojos: en el humilde y el abatido que se estremece ante mis palabras» (v. 2). Se refleja aquí la más sentida representación de la situación espiritual del exiliado que ha mantenido y renovado su fe en Yahweh.

[7] A este propósito comenta Seybold: «... El Déutero-Isaías se presenta como el heredero de sus antecesores profetas que habían negado a los soberanos de la Casa de David la dignidad de "Ungidos"... lo que posibilitó al Déutero-Isaías de ver en la comunidad exílica la instancia que debía asumir las funciones de tal oficio entre los pueblos extranjeros» (cf. K. SEYBOLD, *Das davidische Königtum im Zeugnis der Propheten* [Forschungen zur Religion und Literatur des Alten und Neuen Testaments 107], Gotinga 1972, pp. 161 y ss.; véase también pp. 153 y ss.). Y más en general: «En consecuencia la "continuidad" de la "vigencia" de la alianza davídica resultó, según la concepción de los profetas, interrumpida por el intervalo del castigo divino... Por ello éste arrebata a los "Ungidos" su dignidad regia» (pp. 168, 173); véase también J. COPPENS, *Le messianisme royal* (Lectio Divina 54), París 1968, pp. 89-98 («Les oracles messianiques à la veille et au lendemain de l'Exil babylonien»).

[8] Véase sobre la «Presencia» divina R. E. CLEMENS, *God and Temple*, Oxford 1954, pp. 63 y ss., y sobre la visión de Ezequiel 8–11, ibíd., pp. 103 y ss.; W. ZIRNMERLI, *Ezechiel* (BKAT XIII/1-2), Neukirchen-Vluyn, vol. I, pp. 187-253.

Reconstruir, pues, el templo sin una Ley que lo rigiese de acuerdo con las nuevas exigencias religiosas no tenía visos de realidad. Podemos así suponer que el primer retorno fracasó por no tener pauta ni texto determinante que guiase su proceder. La colonia judía de Elefantina, cuyo origen se remonta a aquellos años (reinado de Cambises), y más aún si hemos de situarla en tiempos de Artajerjes I, proporcionaba un buen ejemplo de lo que llevaba consigo construir un templo sin Ley[9]. La simple pretensión era «ilegal» según la nueva Ley y desde luego su culto ilegítimo; retrocedía a usos anteriores a la Reforma de Josías (aceptaba incluso el culto de otros dioses: Betel, Anat). En todo caso, este episodio pone de manifiesto la diversificación con que se vivía el yahwismo antes de su oficialización.

De hecho la restauración funcionó sólo cuando la tomó por su cuenta y se implicó en ella la administración persa; primero bajo Darío (Esd 6) y luego bajo Artajerjes I (Neh 2), según el testimonio bíblico. Y esto lo hizo cuando probablemente le interesó por razones geoestratégicas[10] y sobre todo no antes de disponer de una Ley cúltico-social que determinara la función del Templo y de la comunidad que sustentaría su culto, convertida a su vez en unidad fiscal[11].

En este sentido, a partir de la nueva situación creada por la conquista de Ciro (y quizá antes)[12], los responsables del pueblo judío que no se habían integrado en la nueva situación babilónica y mantenían

---

[9] La presencia de los judíos en Elefantina se hace incluso remontar a inicios del siglo VI a.C., bajo los faraones de la XXVI dinastía, coincidiendo con la huida a Egipto de judíos después del asesinato de Godolías; cf. J. BRIGHT, *op. cit.*, pp. 485, 502; B. PORTEN ET ALII, *The Elefantine Papyri in English. Three Millenia of Cross-Cultural Continuity...*, Leiden 1996.

[10] Véase D. EDELMAN, *The Origins of the «Second» Temple: Persian Imperial Policy and the Rebuilding of Yehud*, Londres 2005, pp. 8 y ss.; pero cf. P. BRIANT, *op. cit.*, p. 603 e *infra*, p. 249.

[11] Sobre la fiscalidad persa en las provincias del Imperio véanse los estudios de M. HELTZER, *The Province Judah and Jews in Persian Times (Some Connected Questions of the Persian Empire)*, Tel Aviv 2008, pp. 71-93, 161-172, 191-195, 197-200, 229-232; y E. FRIED, *The Priest and the Great King: Temple-Palace Relations in the Persian Empire*, Winona Lake 2004.

[12] Véase más abajo a propósito de la teoría de Sacchi.

su fe en Yahweh como Dios único, emprendieron por su parte el retorno al pasado para recogerlo, comprenderlo y hacerlo hablar, transcribirlo y así convertirlo en definitivo. Los sacerdotes, durante años sin función cultual, asumen con redoblado empeño su función de depositarios de la Ley, según la cual a ellos pertenece la Torah («... y el sacerdote se quedará sin Torah», Ez 7,26; «pregunta a los sacerdotes Torah...», Ag 2,11)[13]. El cambio había sido preparado por aquella clase sacerdotal que al final de la monarquía asumió la función profética, de la que Jeremías y sobre todo Ezequiel resultan sus más conspicuos ejemplos. Éstos unieron la Ley y la Palabra, propia del profeta («puse en tu boca mi palabra», Is 51,16; y *passim* «vino palabra del Señor a...»); el paso siguiente consistirá en hacer a la Ley Palabra (que en sí ya lo es: «palabra a Moisés...») definitiva, es decir, indeleble, permanente, escrita, convirtiéndose el sacerdote en escriba, en sacerdote-legisperito de un nuevo culto, el de la Palabra definitiva, la palabra escrita, la nueva Torah, no simple instrucción, sino texto. Esta nueva Torah acabará suplantando a sacerdotes y profetas.

Así es precisamente como define la Biblia a Esdras: sacerdote-escriba, sacerdote-legisperito[14], preocupándose de dejar constancia de su genealogía sacerdotal hasta Aarón (Esd 7,1-5), para que no cupiese duda de su carácter de tal. Pertenecía a una segunda o tercera generación de sacerdotes que no habían sentido ninguna prisa por venir a cumplir su función sacerdotal en el templo supuestamente ya reconstruido y en el que estaban obligados a prestar servicio como tales[15]. Este nuevo sacerdocio crecido en Babilonia estaba hacía años llevando a cabo otro retorno, el retorno al pasado, como decíamos, para poder volver de manera eficaz a la nueva Jerusalén. Incluso en

---

[13] Véase *infra*, pp. 241 y ss.

[14] Cf. Esd 7,6: *wehûʾ sōphēr māhīr beṯōrat mōšeh;* 11-12: *hakkōhēn sōphēr dibrê miṣwôt yhwh;* 12, 21: *kāhᵃnāʾ sāphēr dāṯāʾ dî-ʾelāh šᵉmayyāʾ.*

[15] En Neh 12,1 se menciona un Esdras que retorna con Zorobabel, que no aparece en la lista de Esd 2. No se puede tratar del mismo personaje; estamos a más de 40-50 años de distancia; o habría que suponer que se volvió a Babilonia (!), lo que resultaría aún más paradójico. Cf. A. H. J. GUNNEWEG, *op. cit.*, p. 151, n. 1: «naturalmente no se refiere a Esdras legisperito».

Esdras esta operación parece tan importante que no consta que se quedara en Jerusalén como sacerdote del nuevo templo y de la nueva comunidad, aunque ninguna orden regia lo impidiera, como era el caso de Nehemías, que obtuvo un permiso limitado de ausencia. En todo caso, no ocupó el rango de Sumo Sacerdote, a pesar de ser el implantador de la Ley cultual y social desde un texto normativo de la misma y presentarse actuando como tal al frente de todos los sacerdotes. En la confección y custodia de este texto radicaba su nueva función sacerdotal. De todos modos, era esencial reconstruir Jerusalén y poner por obra la Ley que en Babilonia se había codificado.

En realidad esta codificación de la Ley del Dios del Cielo es asumida por la autoridad persa y dotada de fuerza de ley de Estado para aquella comunidad: «El rey y sus siete consejeros te envían para ver cómo se cumple en Judá y Jerusalén la ley de Dios, que te han confiado» (Esd 7,14). No se trata, de todos modos, de una actuación excepcional. Conocemos que durante el Imperio aqueménida se mantuvieron en vigor los diferentes sistemas legales de sus regiones.

> Bajo los aqueménidas, asegura Dandamaiev, el derecho babilónico alcanzó la cúspide de su desarrollo. Fue el modelo para las normas legales de los países del Oriente Próximo y empezó a difundirse por el Occidente[16].

Se compilaron las leyes neobabilónicas y siguió copiándose el código de Hammurapi; la provincia de Samaría, a tenor de los documentos conservados, manifiesta poseer un derecho privado hasta cierto punto peculiar; por su parte Darío I se preocupó de codificar las leyes egipcias y mantenerlas en vigor, codificación que acabó en 495. «Diodoro conocía la tradición de esta codificación (I, 95, 4) y llama a Darío I el sexto codificador»[17]. Este derecho egipcio manifiesta características muy diferentes de las del babilónico, por ejemplo, en lo que se refiere al régimen familiar. Las ciudades fenicias

[16] Cf. M. DANDAMAIEV, *Political History of the Achemenian Empire*, Leiden 1991, p. 1193.
[17] Cf. ibíd., pp. 196-199.

también conservaron su propio fuero legal[18]. Un caso ilustrativo de esta autonomía es el de la colonia judía de Elefantina de que hemos hablado, que se rige por sus propias leyes, con posibles influencias del derecho cuneiforme[19]. Es sobre todo el derecho de propiedad y el familiar el que nos resulta mejor conocido por estas diferentes legislaciones, lo que curiosamente coincide con la legislación que Esdras pondrá en vigor en la nueva comunidad de Jerusalén[20]. El nuevo Israel del retorno se compromete con una especie de renovado «Juramento de Alianza» como en el Sinaí, refrendado por un documento de naturaleza legal[21]. Su contenido hace referencia explícita a las regulaciones sociales y cultuales de la «Ley», de especial importancia en la nueva situación y encaminadas a «distinguir» la nueva comunidad de Yahweh de los pueblos del entorno.

Es nuestra persuasión que de Ciro (539) a Artajerjes I (464-424) se fragua ese «retorno al pasado»: se recoge la Ley del Dios del Cielo, como encargo imperial que legitima la restauración, y se implanta en Jerusalén. Es en Babilonia, donde está concentrada la élite de la deportación, donde se concentra esta operación recopiladora e interpretadora del pasado por oposición a Judea, inadecuada para tal función por falta de medios aptos. En los años del Exilio, de 587 a 539, tal operación tuvo ya precedentes gloriosos individuales, uno por lo

---

[18] Cf. ibíd., p. 204.

[19] Cf. ibíd., pp. 200 y ss.

[20] Leyes cultuales, desde luego, y sociales (tributos, propiedad, matrimonio): Esd 9 [leyes del matrimonio]; Neh 5 [problemas sociales], 8,13ss. [fiestas, *sukkôt*, *yôm kippûr*] 10,30ss. [sumario legal como compromiso, matrimonios, sábado, año sabático, diezmos, primicias y otras ofrendas al templo, tendentes a asegurar el culto del mismo y el templo como almacén], 13,1ss. [alejamiento de extranjeros, insistencia en los diezmos y ofrendas, en la observancia del sábado, en los matrimonios mixtos, mezcla de lo cultual y sacerdotal con lo social, el porqué del «compromiso»]. Al parecer se trata en ciertas imposiciones de recomendaciones sin validez «legal» y que todavía no están incluidas en el código oficial. Esdras/Nehemías han de conseguir su refrendo a su vuelta. Esto sería un nuevo indicio de la situación de progresividad en que se hallaba la compilación de las leyes del Dios del cielo.

[21] Cf. A. H. J. GUNNEWEG, *op. cit.*, pp. 131 y ss.; J. M. MYERS, *op. cit.*, p. 175; S. M. OLYAN, «The Status of Covenant During the Exile», en U. KOTTSIEPPER ET ALII, *Berührungspunkt... Fs. R. Albertz*, pp. 333-343.

que hace referencia a la Ley en el imposible Código del Templo, la llamada Torah de Ezequiel (Ez 40–49), centrada precisamente en la proyección del nuevo Templo, y otro por lo que hace a la Historia, en la biografía que Baruch nos legó de su maestro Jeremías (cf. Jer 26–29, 32, 34–45), modelo a la vez de la recogida de la tradición profética por parte de los discípulos. En este momento y en concomitancia con esa compilación de leyes se interpreta el pasado. Y desde luego memoria y reinterpretación son coetáneos, por eso la cronologización de las fuentes de la Biblia es secundaria.

Sobre este fondo, pues, del comportamiento general de la política persa es sobre el que se debe tratar de comprender la compilación de la Ley del Dios del Cielo que, llevada a cabo en Babilonia, el sacerdote-escriba Esdras y el legado Nehemías impusieron en la nueva Jerusalén a los que habían vuelto del Exilio. Amén de tal coyuntura sociopolítica externa, pero determinante, hay otra perspectiva interna esencial para explicar el nacimiento de la Biblia: la abierta por los profetas del momento, en especial los agrupados en el II y III Isaías, la perspectiva de la Jerusalén gloriosa restaurada a la que se acomodarán las tradiciones antiguas del pueblo hebreo. El proceso de la restauración como profecía cumplida funda la fe en el propio Dios, el único, y en su ciudad y templo, como el punto de referencia de toda la humanidad (Is 60).

Pero lo primero que cabe preguntarse es *quiénes* lo compilaron, *cómo* y *qué* se compiló en Babilonia de Ley del Dios del Cielo. Sacchi ha sugerido[22] que la gran historia de Israel, desde la creación al 561 a.C., que como tal incluye la «Ley», conjunto del que exceptúa, con todo, el Deuteronomio, fue obra de un grupo de cortesanos del rey Joaquín (Rl, equivalente al yahwista + el deuteronomista + algunas otras tradiciones), recién restablecido en su dignidad regia por Awil-Marduk. La idea resulta sugerente, pero el material implicado es demasiado heterogéneo para ser considerado obra de un momento

[22] Cf. P. SACCHI, «Le origini del giudaismo: tradizione e innovazione», en J. CAMPOS SANTIAGO y V. PASTOR JULIÁN (eds.), *Congreso Internacional «Biblia, memoria histórica y encrucijada de culturas». Actas*, Zamora 2004, pp. 24-48.

que políticamente no resultaba muy favorable a tal intento revisio-
nista-regeneracionista por parte de la política del Imperio neobabilónico. Por más que fuera restablecido en su dignidad, una noticia que
no deja de sonar interesada e ideológica como colofón de la visión
histórica general, Joaquín continuaba siendo un rey rehén de un reino rebelde, cuya restauración, ni siquiera cultual, no estaba prevista
ni sería tolerada, y los deportados eran y se sentían «esclavos» (Esd
9,9). El reino de Judá había desaparecido como realidad política[23]. Si
corte hubo en torno a Joaquín, ésta fue muy modesta y estuvo perfectamente controlada. No tenemos, por otro lado, testimonio documental alguno que avale tal propuesta. Y lo que es más decisivo, si tal
General Historia se compuso en aquella circunstancia, que por lo demás no sabemos cuánto duró, no se entiende que los que vuelven del
Exilio en un primer momento la ignoren y tengan que esperar a que
Esdras se la lleve e imponga cincuenta o sesenta años más tarde. La
idea me parece, con todo, válida como indicio de una actitud que comenzaría a fraguarse entre ciertos círculos, incluso antes de la fecha
indicada, pero cuya plasmación *documental* habría de esperar mejor
coyuntura.

Ésa se presentó en el contexto mentado más arriba de la «compilación de sistemas legales» promovida por la administración persa y
bajo la dirección de la clase sacerdotal que, imbuida ahora de la predicación profética de los sacerdotes-profetas Jeremías y Ezequiel y de
la exaltación del momento que proclamaban los círculos isaianos, hacía suya las tesis de la restauración de Israel y del triunfo de Yahweh,
Dios único, que había hablado y había cumplido su Palabra, destru-
yendo el Imperio neobabilónico. Se imponía recoger, atender y ob-
servarla con todo cuidado como garantía de pervivencia en esta nueva etapa de la historia de Israel que ahora se abría. El Exilio había sido
sólo un severo correctivo purificador que había dejado en claro el ser
de Yahweh como Señor de la historia y la exigencia inflexible de la
obediencia a sus palabras.

---

[23] Cf. J. BRIGHT, *op. cit.*, p. 324; también I. FINKELSTEIN y N. A. SILBERMAN,
La Biblia desenterrada..., pp. 320 y ss.

I. QUIÉNES (COMPILARON LA BIBLIA)

En esta tarea colaboraron diversos círculos, herederos de otras tantas maneras tradicionales de vivir la religión de Yahweh y de interpretar la nueva situación. Sobre cuáles fueran esos centros de interés, la teoría documentaria especuló ampliamente, tratando de encontrar *la situación en la vida (y en la historia)* de sus fuentes[24]. Éstas, que en sus líneas básicas resultan de un conjunto de datos literarios, independientes de su cronologización, deben encontrar su propio lugar de origen en la nueva perspectiva exílica, irremediablemente de carácter sincrónico, una vez rota la diacronía histórico-dialéctica que la teoría wellhausiana había ideado, nunca mejor dicho. Desde esta perspectiva las *fuentes* se convierten en tradiciones redaccionalmente coetáneas y dinámicamente comprometidas en una revisión del pasado en la que pretenden encajar y a la vez matizar. Aportan sus datos y su lenguaje, al mismo tiempo que se neutralizan mutuamente. Que esos datos fueran de carácter meramente oral o estuvieran ya *textualizados* es relativamente irrelevante para la génesis de la visión sintética general como texto normativo único, la «Ley del Dios del Cielo», que ahora pretende lograrse.

En este sentido la situación especulada por Sacchi como marco de la génesis de la Biblia Hebrea resulta altamente sugestiva y puede incluso adelantarse al reino de Josías, momento en el que las diferentes corrientes del yahwismo, tradicionalmente desautorizadas por el poder y la sociedad, se concentran en Jerusalén y logran protección oficial por parte del rey reformador[25]. Es normal que todas quisieran

---

[24] Véase la síntesis clásica de H.-J. KRAUS, *Geschichte der historisch-kritischen Erforschung des Alten Testaments,* Neukirchen-Vluyn ²1969, pp. 255 y ss. También D. A. KNIGHT, *Rediscovering the Traditions of Israel* (SBL DS 9), Missoula 1975, pp. 55 y ss.; R. N. WHYBRAY, *The Making of the Pentateuch. A Methodological Study* (JSOT SS 53), Sheffield 1987, pp. 20 y ss.

[25] Véase a este propósito la opinión de Finkelstein-Silberman, *op. cit.,* pp. 275 y ss. Para una visión diferente de la reforma de Josías, también desde la perspectiva arqueológica, véase L. S. FRIED, «The High Places *(bāmôt)* and the Reforms of Hezekiah and Josiah: An Archaeological investigation», *Journal of the American Oriental Society* 122 (2002) 437-465: «ni las reformas de Josías ni las de Ezequías contra las *bāmôt* deberían considerarse históricas» (p. 460).

hacer oír su propia voz como expresión de facetas o perspectivas de reconocida ortodoxia.

Hemos, pues, de suponer en principio en aquel contexto un grupo que representaba la visión del yahwismo sustentada desde la realeza, el grupo de los «hombres del rey». Correspondería al llamado yahwista (Y) + Deuteronomio + más grupos isaianos del Exilio. Otro grupo saldría del ámbito de los «hijos de los profetas», históricamente reprimido y socialmente postergado, ahora triunfante en su interpretación del pasado y consiguientemente en la configuración del futuro judaísmo; sería el grupo de los «hombres sin rey», el de los desengañados y tradicionalmente críticos con la monarquía, nutrido básicamente de los discípulos de los profetas y reactivado en esos momentos por el mensaje crítico de Jeremías y Ezequiel. Correspondería al elohista (E) + el deuteronomista tradicional, cuyas relaciones han sido con frecuencia señaladas. Finalmente, otro grupo dimanaría de la esfera del templo y su culto, como emblemático símbolo religioso, el grupo de los «hombres del culto y de la ley», correspondiente al clásico sacerdotal (P). Al lado de estos grupos de la tradición yahwista se actualiza en estos momentos la función de los «escribas» que como «escribas de la Ley» aparecen entonces y actúan como ensambladores e intérpretes del texto[26]. Provienen normalmente de la clase «sacerdotal» (el documento escapa a la función del escriba de corte) que ha asumido ya la visión deuteronomística y profética.

El resultado es un conjunto de perspectivas y de visiones interesadas. Cada una aporta elementos peculiares e irrenunciables del yahwismo, que esperan ser integrados en un conjunto único y normativo. Esta operación de compilación e integración es la que pretendía

---

[26] Véase a este propósito K. VAN DER TOORN, *Scribal Culture and the Making of the Hebrew Bible*, Cambridge MA 2007; así como su crítica por J. VAN SETERS, «The Role of the Scribe in the Making of the Hebrew Bible», *Journal of Ancient Near Eastern Religions* 8 (2008) 99-129; también C. HARDMEIER, «Schriftgebrauch und Literaturbildung im Milieu des Jerusalemer Führungseliten in spätvorexilischen Zeit (Jeremia 36)», en U. KOTTSIEPPER ET ALII (eds.), *Berührungspunkt... Fs. R. Alberts*, pp. 267-290; M. LEUCHTER (ed.), «Scribes Before and After 587 BCE: A Conversation», *The Journal of Hebrew Scriptures* 7, 2007, art. 10 (on line) (intervienen M. Leuchter, J. L. Wright, J. Cl. Geoghegan y L. A. S. Monroe); cf. *infra*, p. 234, n. 8.

impulsar la política persa y necesitaba la nueva sensibilidad religiosa del yahwismo salvado de la debacle nacional. Éste había unificado los restos del naufragio en una fe nueva y radical; a estos restos correspondía ahora encontrar y construir la expresión adecuada de la aquella fe que salvase el máximo posible de sus diferentes aportaciones.

Analizando más en concreto esos grupos, podemos, pues, contar, en *primer lugar,* con el de los fieles a la ideología mesiánica y «sionista» que había tenido probablemente su mejor momento en la actuación del desventurado rey Josías con su ideal del Israel unificado, de su purificación del culto yahwista y de su reorganización de la nación bajo las pautas del código del Deuteronomio, como radicalización del yahwismo. Se trataba de una ideología monárquica tradicional que había aceptado revisar la historia y descubrir en ella la causa de sus males pasados y presentes (tesis que después desarrollaría ampliamente el deuteronomista). De aquí saldrían los primeros «movidos por Dios» (Esd 1,5), impacientes por volver a restaurar el templo de Yahweh, para comenzar bajo su protección y la guía de los restos de la «casa de David» la nueva etapa de la historia del Israel. La gran exaltación del retorno que se vivió al aparecer en el horizonte político la persona de Ciro (II Isaías) nutrió esta corriente y la infundió el entusiasmo por la nueva Jerusalén (III Isaías). Naturalmente la ideología monárquica clásica, que no había revisado sus comportamientos, había quedado abolida por la crudeza de los hechos y posiblemente se disolvió en el marasmo babilónico, falta de esperanza. Ezequiel aún tuvo que hacer frente a la misma, y desde luego Jeremías[27]. Es posible rastrear esta corriente regio-yahwista, sus modalidades y su huella, en el texto de la Biblia Hebrea (cf. *infra*).

En este círculo (más o menos el *Rl* que supone Sacchi agrupado en torno al rehabilitado Joaquín) se encontrarían sin duda secretarios de palacio exiliados con el rey en la primera deportación (597). El carácter más moderado de ésta en el procedimiento, como fruto de una rendición (2 Re 24,11-17), hace suponer que se les permitiese llevar consigo parte al menos de los archivos regios, si no es que éstos no fueron

---

[27] Véase K. SEYBOLD, *op. cit.*, pp. 115 y ss.; J. COPPENS, *op. cit.*, pp. 89-97.

sin más confiscados y llevados a Babilonia como parte del botín[28]. En todo caso, este subgrupo estaba familiarizado con su contenido y consiguientemente con la historia oficial del reino, que aporta como base de la nueva relectura. Si se usó a tal efecto material escrito, como parece insinuar el texto bíblico al remitir a las «Crónicas de los reyes» («El que quiera saber más, que consulte...»)[29], o se aportó una rememoración del pasado, como harían suponer sus incongruencias históricas, no es cosa que podamos decidir. Es a este primer círculo o grupo a quien se debe, entre otros elementos, el desarrollo del Israel ideal (David-Salomón) y la «Biblia del rey» (cf. *infra*).

Un *segundo círculo* que había de aportar su propia visión y acopio de tradiciones estaría formado por los herederos y continuadores de la tradición profética, los últimos de los *bᵉnê nᵉbī'îm*. Éstos con las doctrinas de sus maestros habían asimismo fraguado una visión de la historia, de sus momentos clave presididos por aquéllos, en los que la profecía resultaba la protagonista, visión que se superpone en la síntesis definitiva (Jos-Re) al esquema normativo aportado por el primer círculo, la de los escribas de palacio. A este grupo deberíamos la revisión crítica del pasado, como se aprecia, entre otros textos, en la «Crónica de la sucesión de David», en el «Relato del cisma», y sobre todo en la tesis deuteronomística del pecado y castigo de la monarquía; al mismo se debería, desde luego, el alumbramiento del futuro y su es-

---

[28] La documentación escrita hebrea (archivos y bibliotecas) estaba consignada en papiros sueltos; de esta naturaleza serían «Las crónicas de los reyes», de acuerdo con el material que la arqueología nos ha conservado (tablillas, prismas, obeliscos); cf. W. M. SCHNIEDEWIND, *How the Bible Became a Book. The Textualization of Ancient Israel*, Cambridge MA 2004, pp. 149 y ss.; J. TEIXIDOR, «Contexto epigráfico y literario de Esdras y Daniel», en *Simposio Bíblico Español*, Madrid 1984, pp. 129-140. La obras de síntesis (1-2 Reyes, 1-2 Crónicas) se harán desde fuera del sistema, desde el Exilio. Sobre el particular véase últimamente N. NA'AMAN, «The Sources available for the author of the Book of Kings», en *Convegno Internazionale. Recenti Tendenze nella ricostruzione della storia antica d'Israele (Roma, 6-7 marzo 2003)* (Contributi del Centro Linceo Interdisciplinare «Beniamino Segre», 110), Roma 2005, pp. 105-120.

[29] Véase a este propósito A. MILLARD, «Books in Ancient Israel», en C. ROCHE (ed.), *D'Ougarit à Jérusalem, Recueil d'études épigraphiques et archéologiques offert à Pierre Bordreuil* (Orient et Méditerranée, 2), París 2008, pp. 255-264.

peranza. En aquel momento clave su fe y su proselitismo resultó decisivo para determinar el cambio religioso y asegurar la nueva e inflexible ortodoxia del «Yahweh solo» que siempre habían defendido[30]. Este momento de total descalabro nacional significa el momento de su triunfo, tan grande que morirían de éxito y los profetas desaparecerán de la escena social una vez condensadas sus palabras en Libro. Como apuntábamos más arriba, los mensajes de Jeremías y Ezequiel fueron determinantes en ese sentido.

Además de recoger la tradición anterior de su maestro, por su parte el círculo isaiano nos ha legado una importante producción profética (II y III Isaías) que Sacchi sitúa en los años posteriores al edicto de Ciro[31]. Efectivamente, su composición o promulgación en años anteriores, bajo dominio babilónico, resulta poco verosímil, dado su tenor emancipador y contrario a la situación política y religiosa del dominador. La actuación de este grupo fue determinante, en cambio, en la restauración y reconstrucción del Templo, resultando el motor que la impulsó (Ageo, Zacarías; cf. Esd 5,1-2: «alentados por los profetas de Dios»).

El *círculo tercero,* el más significativo en la génesis de la Torah, en sentido estricto y en el amplio, fue sin duda el aludido más arriba de los sacerdotes-profetas, reciclados en escribas-legisperitos, depositarios de las tradiciones cultuales y legales del yahwismo. Este círculo es el que recopiló las sucesivas legislaciones. Se puede suponer que también los sacerdotes deportados con el rey Joaquín se llevaron consigo parte al menos de los archivos del templo, material cultual y legal, que por lo demás conocían a fondo, como reclamaba la praxis litúrgica y la función adoctrinadora a ellos encomendadas. A partir de esos materiales y, consiguientemente, de su preocupación profesional, comenzaría a tomar cuerpo el documento legal, la «Ley del Dios del Cielo», que era lo que la autoridad persa requería para garantizar el culto y la organización de la correspondiente comunidad étnico-religiosa; las naciones se

---

[30] Cf. M. SMITH, *Palestinian Parties and Politics that Shaped the Old Testament,* Nueva York 1971 (citado por la versión italiana: *Gli oumini del ritorno. Il Dio unico e la formazione dell'Antico Testamento,* Verona 1984, pp. 123 y ss.).

[31] Cf. P. SACCHI, *op. cit.,* pp. 43-47.

organizaban en el imperio por cultos, por dioses. Era interés nacional primordial garantizar la complacencia y protección de todos ellos. Para este círculo la restauración política pasaba a un segundo término; incluso afloraba en él la idea, ya programada por sus mentores Jeremías y Ezequiel, de que la figura del Rey-Mesías había perdido vigencia, o al menos importancia, en su formulación clásica. Ezequiel, por ejemplo, no cuenta con el rey[32], ni siquiera en su futuro templo (sólo habla del «príncipe»); Dios es accesible en directo, está entre los exiliados, se le encuentra en sus mandatos y éstos los tenían los sacerdotes.

El papel del sacerdocio como guía de la comunidad se iba afirmando con fuerza, al principio en paralelo con el del Mesías-Príncipe y luego en solitario, como acabó por imponerse en el Israel hierocrático postexílico. También aquí se llevaría a cabo una revisión del pasado, pero en la misma el ideal del Israel unido se abandonaría a favor de la simple realidad histórica posible en el momento, la de la provincia persa de Yehud (Crónicas). Lo demás era ya irrecuperable, más bien desechable (samaritanos). De este círculo, como se puede suponer, procedió el contingente mayor del primer retorno emprendido con el propósito de reconstruir el Templo de Jerusalén y restaurar el culto según la Ley de Moisés (Esd 6,18), aún por oficializar, pero que ellos bien conocían por tradición familiar de grupo.

Podemos suponer, como apuntábamos, un *cuarto grupo* que denominaríamos *técnico*, el de los escribas provenientes del ámbito palaciego o cultual, que aparecen entonces en función de ordenadores del material aportado por las otras tradiciones. Serán los famosos y escurridizos «redactores» con los que toda operación de crítica literaria del Antiguo Testamento tiene que contar (cf. *infra*, p. 234).

II. CÓMO (SE COMPILÓ LA BIBLIA)

Cabe ahora preguntarse cómo operaron estos grupos en la compilación de la Ley. En el momento de la conquista de Babilonia por

---

[32] Cf. ibíd., pp. 38-41.

Ciro el pueblo judío no disponía de tipo alguno de vertebración social ni religiosa; incluso la figura simbólica del rey deportado, desaparecido ya de la escena, no tuvo nunca jurisdicción alguna sobre *sus* súbditos deportados, sobre su pueblo, ni el culto yahwístico funcionaba: un templo de Yahweh en Babilonia, territorio de Marduk, era impensable. La fe, allí donde se sostuvo, quedó encomendada a la fidelidad personal o a lo sumo familiar, a la fidelidad a la tradición. El pueblo, como unidad político-religiosa, quedó reducido al grupo de los fieles que no se asimilaron. De entre ellos, un número relativamente pequeño «se sintió movido» (Esd 1,5) a volver a Jerusalén, mientras la mayoría[33] no sintió ya la vinculación sionista de su creencia en el Dios único como obligatoria.

Era la dependencia de una tradición religiosa común, aunque vista desde diferentes ángulos, la que unía a sus miembros. La autoridad sobre el grupo en su conjunto resultaba así difuminada y sólo podía afirmarse por el recurso a una instancia superior aceptada por todos. A reconstruir esta instancia, la reconstrucción decisiva, se dirigía ahora el empeño de los judíos más implicados en el triunfo de su fe. Y en este sentido podemos entender el «estudio de la Ley del Señor», al que se dedicó Esdras (Esd 7,10) y que le convirtió en un «doctor de la Ley del Dios del Cielo» (Esd 7,12.21), reconocido como tal por la corte persa, presumiblemente no el único. «Estudio» traduce el hebreo «búsqueda» *(hēkîn lᵉbābô lidrôš 'et-tôrat yhwh)*. Esdras no es un nuevo Moisés que recibe la Ley de boca de Dios; debe inquirirla, «buscarla», descubrir los «preceptos y mandatos para cumplirlos y enseñarlos» (Esd 7,10).

Pero esto no podía lograrse sino desde una atenta y exhaustiva recogida de todas las tradiciones, todas las «palabras de Yahweh», según las cuales había evolucionado la fe yahwista. Sólo así los diferentes grupos verían adecuadamente reflejada su fe en esa instancia unitaria, de consenso. Esa búsqueda y compilación de las palabras divinas, viniesen de donde viniesen, sería «La Ley del Dios del Cielo», el Libro (Biblia), «El libro de la Ley de Moisés», como aparece

---

[33] Cf. *supra,* pp. 181 y ss.

passim en Esd-Neh. Por su mismo condicionamiento original, el resultado debería ser un conjunto heterogéneo, de yuxtaposición más que de elaboración, fruto de la memoria más que de la inteligencia (ésta quedaría para un segundo momento que se desarrollaría más tarde, la «Sabiduría»). Y así es como en realidad resultó ser la Biblia. La gran labor de los escribas legisperitos del momento consistió básicamente en ordenar según esquemas de secuencialidad histórica y lógica las aportaciones de las diversas tradiciones. Algo que ya la historia de las fuentes y tradiciones bíblicas había descubierto, algo evidente a simple vista: el carácter antológico de la literatura bíblica. El crecimiento por yuxtaposición o inclusión se aprecia a todos los niveles en ella.

La necesidad, pues, de afirmación religiosa y el mandato imperial de compilación de la propia Ley llevó así a la aparición de una especie de «Academia virtual de Babilonia», que fue organizando un texto en el que todas las tradiciones se sintieron reflejadas, reconocido y aceptado como la expresión de todas la palabras de Yahweh, como el profeta definitivo y oficializado por la autoridad imperial como base de la restauración del culto y el retorno al lugar y modo de vida del pueblo judío. Tal Academia se puede entender como una instancia o delegación del «Consejo de Ancianos», la única estructura social que «gobernó» la comunidad judía de acuerdo con un bien atestiguado parámetro en el periodo neobabilonio (*šibutu* URU, *puḫur ummāni*)[34]. Asimismo, el censo del retorno es presentado (Esd 2; Neh 7) agrupado por familias bajo el nombre de sus proto-parentes o «ancianos» y distribuido entre seglares *('anšê ᶜam)* y sacerdotes-levitas *(kohᵃnîm-lᵉwiyyîm)*. A este propósito comenta Dandamaiev:

En algunos casos los Ancianos tomaban sus decisiones junto con los principales ministros del Templo y gobernantes de las ciudades. Al-

---

[34] Cf. M. DANDAMAIEV, «The Neo-Babylonian Elders», en *Societies and Languages of the Ancient Near East. Studies in Honour of I. M. Diakonoff*, Warminster 1982, p. 1; véase también a este propósito T. M. WILLIS, *The Elders of the City. A Study of Elders Laws in Deuteronomy* (Society of Biblical Literature Monograph Series), Atlanta 2001.

gunas decisiones de los Ancianos estaban directamente relacionadas con asuntos cultuales (por ejemplo, la colecta del diezmo del Templo)... Los Ancianos actuaban ante el rey como representantes de sus ciudades[35].

La Academia, pues, como instancia particular de la asamblea comunitaria tenía legitimidad externa e interna y actuó por delegación, aunque la dirección técnica, en este caso escribal, correspondía a la clase sacerdotal como depositaria de la «Ley».

Si quisiéramos precisar más el método concreto según el cual se fraguó esta compilación de la memoria histórica podríamos fijarnos en los diferentes esquemas que la crítica literaria ideó para explicar la génesis del Pentateuco, el elemento principal aquí en juego. Pero se ha de tener en cuenta que, desde el punto de vista de la redacción bíblica, Ley, Historia y Profecía son coetáneas. Durante el periodo que va de Ciro (539) a Artajerjes I (464-424) los tres parámetros de la tradición religiosa están conjuntamente en proceso de compilación. Si la Ley se cierra antes, ello es debido a la significación primordial que para todos tiene aquel periodo constituyente e irrepetible que define la personalidad de Moisés como legislador primordial, una vez que en él se han integrado los códigos de las diferentes tradiciones religiosas, incluido el reciente Dt. La Historia, aunque en principio continúa, se da también por prácticamente acabada con la coda del restablecimiento del rey Joaquín (2 Re 25,27-30). La Profecía continúa, pero en ritmo decreciente, suplantada ahora por el Profeta total, la Ley-Libro, y por la nueva función de la escritura-literatura, ahora ya no como compilación de las palabras divinas, sino como palabra humana fruto de la vivencia de aquéllas, como palabra de Dios fructificada, reencarnada en la recta comprensión y práctica de la Ley divina. Es el momento, en principio abierto sin límite, de la Sabiduría de Israel (estudio y canto, reflexión y poesía).

La Biblia Hebrea nace, pues, como fruto de un proceso de compilación de tradiciones primordialmente orales. Wellhausen ligó tal

---

[35] Cf. M. Dandamaiev, *op. cit.*, p. 4. «En algunos casos en Babilonia los extraños fueron establecidos en gran número en asentamientos separados y distintos. Esos extranjeros pudieron establecer su propio autogobierno, esto es, una asamblea popular (Ez 8,1; 14,1; 20,1: *ziqnê yᵉhûdāh*)» (ibíd.).

proceso a determinados momentos históricos que resultaban los más adecuados de acuerdo con su teoría dialéctica y el desarrollo socio-político y religioso-institucional del Israel antiguo, certificado por las propias fuentes documentales[36]. Tal adscripción histórico-literaria hace tiempo que ha sido superada y hoy en día se ha abierto camino, de modo bastante generalizado, la opinión de que tal compilación se inició en los últimos años del reino judío, se afianzó en el Exilio babilónico y se culminó en los cuatro siglos posteriores[37]. Ésta resulta una perspectiva más adecuada, si se tiene en cuenta lo que el Exilio significó en cuanto ruptura con el pasado y revisión de su significación histórica en la configuración de la conciencia religiosa y nacional de la nueva comunidad que surge del mismo. Es indiscutible que la Biblia Hebrea en su original valor de interpretación normativa del pasado y generadora del nuevo culto de la «Palabra» nace en este momento. Se genera así un judaísmo paralelo al cultual, al que acabará suplantando.

En todo caso, ambas perspectivas coinciden en el hecho de que el proceso de compilación no fue unitario, sino progresivo o discontinuo (nivel del paradigma o de la diacronía) y compuesto y paralelo (nivel del sintagma o de la sincronía), sometido en definitiva a un último momento de ordenamiento y combinación que desmontó los niveles compilatorios previos y creó su propio proceso histórico. Dicho de otra manera, la tradición oral (la memoria y su vivencia interpretativa) pasa a ser texto de manera progresiva y desde varios centros de interés por su consignación, conservación y significación, para acabar convirtiéndose en un texto único y normativo.

A este propósito, en el siglo XIX, dentro de los intentos de aquel momento por definir el modelo que explicase la génesis documenta-

---

[36] Cf. J. WELLHAUSEN, *Prolegomena zur Geschichte Israels*, Berlín 1882-⁶1927; H.-J. KRAUS, *Geschichte der historisch-kritischen Erfosrchung des Alten Testaments*, pp. 260 y ss.

[37] Cf. *supra*, n. 26. Véase últimamente U. Y. KIM, *Decolonising Josiah. Toward a Postcolonial Reading of the Deuteronomistic History*, Sheffield 2005; M. LEUCHTER, *Josiah's Reform and Jeremiah's Scroll. Historical Calamity and Prophetic Response*, Sheffield 2005.

ria del Pentateuco, se formuló la teoría llamada «complementaria»[38]. Tal teoría ofrecía un modelo de crecimiento concéntrico del texto a partir de un núcleo originario esencial que induciría sucesivos complementos, a modo de círculos narrativos trazados a su alrededor y orientados a fundamentar su importancia histórica y su proyección cada vez más universal.

Tal modelo fue desbancado por la aludida formidable construcción documentaria wellhausiana en virtud, sobre todo, de su soporte ideológico y de la coherencia de su análisis literario. No obstante, la mentada teoría tiene elementos válidos y presenta un modelo dinámico mucho más eficaz, para dar razón de la génesis sociológica e histórica de la literatura de tradición, que el de la simple combinación de «fuentes» verticales o continuas independientes. Este modelo opera sin un motor catalizador primario, lo que está suponiendo un contexto cultural mucho más desarrollado y un interés por lo general y orgánico que históricamente hoy resulta inaceptable tal y como la cronologización wellhausiana lo supuso. Ésta ha tenido que ser abandonada y todo el proceso se sincroniza ahora en época tardía, como decíamos más arriba[39], con lo que el modelo wellhausiano pierde su perspectiva histórico-evolutiva y se transforma en un modelo de complementariedad activa, en el que se puede definir un núcleo de interés que guíe la redacción/compilación de la tradición religiosa y su valor hermenéutico, para dar razón de la situación presente, el Exilio. De ese modo se viene a coincidir en cierto modo con el planteamiento «complementario». Ese núcleo de interés, que marque la pauta de tal compilación, no puede ser otro que «la voluntad de Yahweh»

---

[38] Cf. H.-J. KRAUS, *op. cit.*, pp. 158 y ss.; O. EISSFELDT, *Introducción al Antiguo Testamento* I, Madrid 2000, pp. 287 y ss.

[39] Diversos autores defienden incluso la idea de que la Biblia Hebrea es una obra de época helenística; cf. H. M. BARSTAL, «Is the Hebrew Bible a Hellenistic Book? Or: Niels Peter Lemche, Herodotus and the Persians», *Transeuphratène* 23 (2002) 129-151; H.-P. MATHYS, «Das Alte Testament – ein hellenistisches Buch», en U. HÜBNER y E. A. KNAUF (eds.), *Kein Land für sich allein. Studien sum Kulturontakt in Kanaan, Israel/Palästina und Ebirnâri für Manfred Weippert zum 65. Geburtstag* (OBO 186), Friburgo de Suiza-Gotinga 2002, pp. 278-293; para una crítica de esta opinión véase W. M. SCHNIEDEWIND, *op. cit.* (n. 41), pp. 165 y ss.

(la Ley) y su cumplimiento (la Historia), al margen del carácter documental o meramente oral de la tradición que ha de ser salvada a través de una nueva interpretación/coordinación.

En el fondo éste es el modelo que presidirá la compilación de la segunda tradición, el modelo míshnico-talmúdico. Sólo que en este caso la historia se difumina en el propio cumplimiento de la norma; se deja de mirar al pasado, ya cerrado y asumido[40], para ensimismarse en el presente de la comunidad como ejecutora de tal norma. La historia se transforma así en midrash, en anécdota permanente, testimonio del esfuerzo constante de la comunidad por crear un presente que anule el fatídico pasado.

Históricamente el proceso en su fase redaccional «bíblica» comenzaría a funcionar, como apuntábamos más arriba, a partir del modelo supuesto, entre otros por Sacchi, de la «Sinagoga» o «Academia» reunida en torno al exiliado y restablecido rey Joaquín en Babilonia[41]. Esta primera Academia se afianza como tal y permanece activa durante toda la época persa y helenística, cediendo protagonismo durante este último periodo a la Sinagoga palestinense, compiladora principal de la Mishnah[42], para recobrarlo en la época parta, a partir del siglo II d.C., cuando las condiciones del judaísmo palestino se hacen más precarias. Las academias babilónicas de Sura, Pumbedita y Nahardea se inscriben así en línea de continuidad con la primera Academia del Exilio y en paralelo con las academias de Palestina, de acuerdo con la bipolarización histórico-social que experimenta el judaísmo en este momento con el nacimiento de la Diáspora y cuya im-

---

[40] En este proceso el Libro de las Crónicas y la historiografía rememorativa sapiencial (Neh 9; Eclo 44–50; Sab 16–19) representan otros tantos intentos de revisión del marco histórico que arropa y encuadra el nuevo desarrollo de la «norma»: salto de religión cultual a nueva moral sabia.

[41] Cf. P. SACCHI, *op. cit.*, pp. 41-43.

[42] Cf. J. NEUSNER, *The Mishnah. An Introduction*, Northvale 1898, pp. 1 y ss.; G. STEMBERGER, *Geschichte der jüdischen Literatur*, Múnich 1977, pp. 69 y ss. En este sentido y comentando las regulaciones ofrecidas por el Documento de Damasco, G. VERMES (1981) asegura: «Con su ordenamiento sistemático de las leyes preanuncian la Mishnah, la Tosefta y el Talmud, es decir, los códigos rabínicos compilados entre el 200 y 500 a.C.».

portancia en número y significación social certifica la abundante onomástica y la documentación de las épocas neobabilónica y persa[43].

La Academia del Exilio-Postexilio y las posteriores de la Diáspora
desarrollan dos modelos o estrategias de trabajo afines y a la vez profundamente divergentes, de acuerdo con la evolución histórica del modelo.
La primera trata de rescatar el pasado, mientras las segundas buscan ac-
tualizarlo (en mínima proporción completarlo) y recrear así *su* presente,
dos dimensiones que se alejan cada vez más en el tiempo y en la circunstancia sociocultural. Aparentemente, la primera funda su sistema de
compilación (Biblia) en la «memoria», las segundas (Mishnah) en la «interpretación», con sus respectivas prolongaciones en el Targum, por un
lado, y en el Talmud, por otro. Pero esta dicotomía, en su forma absoluta y contrapuesta, es engañosa, al coincidir ambas empresas compilato-
rias en el Midrash (el interno y el autónomo). La Biblia-Targum, la línea
de la aparente continuidad textual, es profundamente midráshica e interpretativa, como midráshico y rememorativo (comentario) es el conjunto Mishnah-Talmud, la línea de la aparente innovación. La literatura
religiosa judía normativa constituye así un *continuum* en cuanto proyecto de control de la comunidad por el texto[44] y su método de ejecución.

En ese sentido la Biblia en su conjunto canónico puede ser considerada también como una talmudización en cuanto proceso (del VII al I
a.C.) de autocomprensión y discusión de la propia tradición en las dos
líneas: la de la norma y la del acontecer, la Ley y la Historia. Se puede así

[43] Cf. R. ZADOK, *The Jews in Babylonia During the Chaldean and Achaeme-
nian Periods According to the Babylonian Sources* (Studies in the History of the Je-
wish People and the Land of Israel. Monograph Series 3), Haifa 1979; IDEM,
«West-Semitic Names in N/LB Unpublished Documents», *NABU* 1995, nº 6;
IDEM, *The Earliest Diaspora. Israelites and Judeans in Pre-Hellenistic Mesopotamia*
(Publications of the Diaspora Research Institute, 151), Tel Aviv 2000.

[44] Cf. W. M. SCHNIEDEWIND, *How the Bible Became a Book*, pp. 96 y ss.; D.
H. AKENSON, *Surpassing Wonder: The Invention of the Bible and the Talmud*, Nueva York 1998; M. FISHBANE, *Biblical Myth and Rabbinic Mythmaking*, Oxford
2004; B. GOSSE, *La constitution du corpus des écritures a l'époque perse, dans la continuité de la tradition biblique* (Supplément de Transeuphratène, 10), París 2004;
sobre la función de la «oralidad» en este contexto véase J. TREBOLLE, *La Biblia judía y la Biblia cristiana*, Madrid 1993, pp. 113-116.

decir que la combinación de Ley e Historia es el primer modelo talmúdico. Sin representar un modelo genético totalmente idéntico, ambos procesos de redacción, el de la Biblia y el de la Mishnah-Talmud, representan dos etapas de un mismo *continuum* histórico-religioso, con idéntica base social y similares principios eurísticos y hermenéuticos. Se trata de un modelo inherente al ser mismo de una revelación en y a través de la historia, tal y como se presenta la religión de Yahweh en su versión profética, que es la que acaba imponiéndose. En realidad, los sacerdotes-escribas de la Academia virtual de Babilonia son los primeros talmudistas. Su nota distintiva es que recogen material anónimo, tradicional, no atribuible a nadie en concreto, fuera de los protagonistas de los textos.

Cabe, pues, suponer que el funcionamiento de los grupos fue de tipo academia, sobre la base de la aportación e integración de datos; la Biblia se compone así como se compuso la Mishnah, el Evangelio o el mismo Corán. La época persa proporciona el clima mínimo adecuado para que fragüe el proyecto, mientras que la época helenística lo acelera, favoreciéndolo (lágidas) y contrariándolo (seléucidas).

El modelo es dinámico: la comunidad de los sabios es un núcleo respetado de renovación permanente. Ésta es la peculiaridad del proceso que realiza el pueblo judío en la recopilación e interpretación-actualización de su tradición: la aceptación de la diversidad como interpretación de la unidad. La Biblia surge así como un Acta de Parlamento, como surgirá más tarde el Talmud en continuidad con ella. Es el proceso de la cohesión de una fe en sus diferentes expresiones. Ante la necesidad de guiarse a sí mismo, por carecer de guía, el judaísmo necesita aglomerar/aglutinar su diversidad. Otros pueblos no tienen ese apremio y la escritura no les hizo de autoridad.

Por otra parte, la Biblia surge en Babilonia amén de como intento por recuperar la comunidad exílica por medio de la canonización de la tradición, como la destilación de la religión oriental, como su purificación, su superación a través del monoteísmo hecho conciencia de superioridad. Este aspecto debe tenerse en cuenta y engloba los posibles elementos asumidos o rechazados provenientes del contacto con los ámbitos religiosos oficiales: religión babilónica y zoroastrismo persa (véase a este propósito la literatura sapiencial babilónica, tan igual a la bíblica).

III. QUÉ (SE COMPILÓ COMO BIBLIA)

El núcleo que cataliza la compilación es «La Ley»/el Sinaí, el encuentro con Yahweh, la Alianza. Este núcleo se puede considerar ya textualizado y llevado por escrito o en la memoria a Babilonia. No es comprensible que la clase sacerdotal deportada lo ignorase en sus diversas compilaciones: Código de la Alianza (CA), Código de Santidad (CS), Código del Deuteronomio (Dt) (código civil, código cultual sacerdotal, código de la Reforma), bien en forma de tradición o de documento. Su localización en el tiempo remoto o fundacional, el Sinaí, es ya una operación mitológica que crea la historia religiosa como un proceso que aboca al presente exílico. La Ley es importada, viene de fuera de la tierra, no nace de ésta, que es antiyahwista (recuérdese la marcha de Elías al Horeb, como Moisés subiendo al Sinaí). Por eso, la afirmación de Israel se entiende como una entrada/conquista desde una salida/liberación (sin excluir un cierto núcleo histórico, mínimo y absolutizado). Esta nucleidad de la Ley la impone además la mala conciencia creada por la predicación profética. La redacción exílica de este gran bloque textual de la Ley puede apreciarse en el final del CS (Lv 26,27-38): «os aventaré en medio de los pueblos...» [45].

El resultado del proceso de compilación puede verse, en consecuencia, a partir del núcleo sinaítico, como la promulgación primordial de la «Ley del Dios del Cielo» (Ex 19) desde el Cielo/Monte por medio del profeta sin par, Moisés. Está compuesto por tres bloques: un código-síntesis, como definitorio de las exigencias y ser de la divinidad propia (Ex 20+21–23) [46], la ley del santuario (Ex 25,1-

---

[45] Adviértase la mención del «año sabático» de la tierra (Lv 26,34-35) que también se recuerda en Neh 10,32, junto con la anulación de deudas (cf. el *andurārum/mišārum* babilónico); cf. G. DEL OLMO LETE, «Ug. *mšr* (KTU 1.40,1) y el edicto *mišarum*», *AuOr* 8 (1990) 130-134; J.-M. DURAND, «La religión en Siria durante la época de los reinos amorreos según la documentación de Mari», en G. DEL OLMO LETE (ed.), *MROA* II/1, pp. 526 y ss.

[46] El CA puede verse como un comentario del «decálogo», su ampliación talmúdica; legislación básica de convivencia para una comunidad que comienza de cero, de una transición en la que se van a poner las bases de la organización social

31.18//35–40 + Nm 7–8) y la ley de los sacrificios (Lv 1–10). Curiosamente el primer bloque (CA) se inicia con la ley del altar y acaba con la enumeración/descripción de las fiestas nacionales. Ahora bien, el calendario del retorno sigue ese mismo ritmo: se construye el altar (Esd 3,1-3), celebran *sukkôt* (Esd 3,4-5) y comienzan a ofrecer sacrificios (Esd 3,6). La construcción del templo sigue a continuación (Esd 4–6), con los retrasos que imponen la falta de medios y la oposición de los vecinos, acompañada igualmente de la ofrenda de sacrificios y la celebración de la Pascua (Esd 6,17-22), «como manda la Ley de Moisés»[47]. Cabe así vislumbrar en qué consiste esta ley, de acuerdo con el programa de actuación que llevan a cabo Esdras y Nehemías.

De todos modos la reconstrucción del Templo es el elemento básico al que todo tiende, tanto desde la óptica de las autoridades persas que pretenden y ordenan reconstruir «el Templo del Dios que habita en Jerusalén», como desde la perspectiva de los propios judíos que ven en esa reconstrucción la vuelta al reencuentro con su Dios y el signo de su resurrección como pueblo: a partir de ahí ya se puede soñar todo. La ley del santuario está formulada según un conocido esquema «cananeo» de orden-ejecución[48], que resalta la significación teológica de la operación: es la misma divinidad la que diseña su morada, en este caso irremediablemente en forma de «tabernáculo» o «tienda», de acuerdo con la circunstancia histórica, pero como modelo claro de lo que ha de ser el templo ciudadano posterior. La traducción del modelo a la realidad ya se conocía por la tradición de Salomón, constructor del Templo de Yahweh (1 Re 6).

---

de la comunidad, de ahí la importancia de la regulación de la propiedad y la relación vecinal.

[47] A este respecto resulta curiosa la sugerencia de Schniedewind de que «Ni el código legal del antiguo Israel ni el decálogo fueron escritos en las dos famosas tablas de piedra; más bien Dios reveló el plano de su propio tabernáculo y sus accesorios, así como el mandamiento del culto sabático que se debió llevar a cabo en el Tabernáculo» (Sniedewind 2004: 129) (?). El argumento no es muy decisivo: también las inscripciones de fundación se colocaban en lugares inaccesibles a su lectura...

[48] Véase G. DEL OLMO LETE, *MLC,* pp. 58 y ss.; cf. *supra,* pp. 118 y ss.

A partir de este núcleo originario hay una doble proyección narrativa, hacia delante y hacia atrás. La proyección histórica hacia delante era la más significativa para la memoria histórica: correspondía al momento fundacional del grupo, cuando éste se fraguó como nación en su época migratoria, llena de recuerdos épicos conservados en antiguos romances de antiguas batallas, «los días de Yahweh» (Nm 21, 22–24, 27–30, 31). A la vez, en esa época se encuadra el origen de las instituciones sociales que regirán a la comunidad y se recogen las diversas «agendas» complementarias que no habían entrado en los códigos que habían regido tradicionalmente el desarrollo de la vida del pueblo. Estos complementos avalan el modelo de compilación talmúdica que hemos sugerido. Los tres grupos aportan sus tradiciones, pero predomina el material cultual o ritual, contribución de la tradición sacerdotal (Lv 11–15, 16,27; Nm 3–4, 5–6, 9–10, 17–19, 34–35, 36).

En este material sobresale la conminación a no mezclarse con los pueblos suplantados o subyugados (Ex 34,14ss.; Dt 7,3-4), tema que resulta predominante a su vez, casi monocorde, en la reorganización de la comunidad postexílica por Esdras y Nehemías, como si fuera casi el único punto (junto a la prescripción del Sábado, ligada al culto del templo) decisivo de la promulgada Ley (cf. Esd 9,1ss., 10ss.; Neh 13,1-13.23-28) [49]. Era la manera de afirmar sociológicamente su fe en el Dios único frente al sincretismo tolerante oficial. Consiguientemente se considera el matrimonio mixto no sólo un elemento de seducción idolátrica, según la tradición antigua, sino como una profesión de fe en la realidad de los muchos dioses [50]. El pueblo judío no encaja con los demás pueblos, como su fe no se acopla con otras creencias, más bien las anula.

El más absoluto desorden preside la recogida de todos estos materiales normativos. Únicamente se ha respetado la singularidad del

[49] La referencia al año sabático en Neh 10,32 tiene una fuerte resonancia social propia de la época (cf. J. M. MYERS, *op. cit.* [n. 4], p. 178) y remite a la antigua práctica babilónica del *mišārum/andurārum*; cf. *supra*, n. 45.

[50] Al contrario, los matrimonios mixtos fueron normales en el periodo monárquico y los profetas no dejaron de apuntar a ellos en sus reproches; cf. SMITH, *op. cit.* (n. 27), pp. 30 y ss.

código del Dt y su encuadre parenético, a pesar de su carácter iterativo. Representaba el punto fuerte del grupo regalista como heredero de la concepción triunfante, del orden que pudo ser y no fue, que hubiera salvado del desastre y lo explicaba: el modelo de Israel que instauró Josías[51]. Era ya un cuerpo cerrado y protegido por el engarce mosaico de su presentación, que formulaba el dogma clave del momento, la unicidad del santuario de Yahweh, y mantenía la esperanza de restauración mesiánica en la figura del rey ideal que tuvo que haber sido: el rey tiene «una copia de la Ley» y la lee diariamente (Dt 17,14-20). Este texto es decisivo para comprender el origen del código del Deuteronomio y su función de texto escrito en el momento, junto con la predicación de los profetas plasmada en los «sermones» de Jeremías. Tal código ofrecía a la vez un esquema de orden social más avanzado y humanitario. Resultaba así la última palabra, en el doble sentido, cronológico y social, la expresión de la modernidad, del nuevo Israel, el punto de partida del humanismo judío posterior[52].

La proyección hacia atrás, más allá del recuerdo (al menos del grupo levítico) de la aventura egipcia que explicaba su arranque del Sinaí como pueblo, es fruto de recreación folclórica (novela de José) y retroyección de sus experiencias históricas con los pueblos del contorno convertidas en leyendas etiológicas (Gn 12–50). Son ordenadas éstas según el esquema de la unidad causal genealógica, apoyada en viejos romances tribales (Gn 49). La historia se vive así como prefiguración, se la hace profecía, el viejo recurso que de manera explícita tanto utilizará la literatura postexílica. De ahí que éste fuera campo

---

[51] Para una visión general de los estudios actuales sobre la historiografía deuteronomística véase A. DE PURY, T. RÖMER y J.-D. MACCHI (eds.), *Israel constructs its history. Deuteronomistic Historiography in Recent Resaerch* (JSOT SS 306), Sheffield 2000, en especial las contribuciones de F. SMYTH y E. A. KNAUF.

[52] Sobre el problema del Pentateuco y su asunción por los samaritanos véase J. TREBOLLE, *La Biblia judía y la Biblia cristiana*, pp. 218 y ss., 309-313. La conciencia que los samaritanos tenían como auténticos representantes del yahwismo y la significación de su templo sobre el monte Garizim a ese respecto se aprecian en las diferentes inscripciones halladas en el lugar. Véase Y. MAGEN, H. MISGAV y L. TAFANIA, *Mount Garizim Excavations,* vol. 1: *The Aramaic, Hebrew and Samaritan Inscriptions,* Jerusalén 2004. Amable comunicación del Prof. J. C. de Moor.

abonado para los grupos de esta inspiración profética (J-E), mientras el sacerdotal se permitía únicamente algunas puntualizaciones previas (Gn 17) y el regalista fijaba además unas pautas de legitimación que se irían completando en la proyección hacia delante y que esbozan una especie de «Biblia del rey» (Gn 14,38 [cf. Gn 49/Dt 31/Nm 22–24]; 2 Sm 7 [cf. Sal 2,110]) que aboca al Deuteronomio (Dt 17,14-20), se reactiva tardíamente con la saga/idilio de Rut y se cobija como último refugio en la visión del Cronista.

La historia de los orígenes (Gn 1–11) representa la reacción de la comunidad judía frente a la concepción mitológica babilónica. Creación *(Enuma eliš)*, diluvio *(Gilgameš)*, festival de *akitu* (Torre de Babel), completada con genealogías y cuadros etnológicos al uso, reinterpretados, de probable origen fenicio[53]. Tanto el grupo sacerdotal como el profético se interesan en dibujar los orígenes desde una perspectiva cultual-cosmológica o más bien moral-antropológica, respectivamente.

Fruto de esta doble proyección histórica, la Torah y los *Primeros Profetas* (Ley e Historia) se pueden así considerar obra de la Academia babilónica (s. VI-V), llevada luego a Judea. *Los Libros de las Crónicas* serán la réplica judaíta posterior. En aquella la perspectiva de la restauración induce dos puntos de vista opuestos: el de la glorificación y el de la crítica del pasado. De ahí la ambigüedad sobre el sentido de la his-

---

[53] Cf. P. SACCHI, 2002, pp. 19 y ss. [R1]. La «historia bíblica» si no nace en Mesopotamia, al menos tiene un modelo mesopotámico claro: la crónica sincrónica de Asiria-Babilonia (*ANET*, pp. 272 y ss.), como pauta de historia empírica, completada con una inventada crónica de David y Salomón. Esta recreación del «reino unido» desde Jerusalén como capital tiene su paradigma en la Babilonia inicial, la de la gloriosa época fundacional paleobabilónica y su ancestro rey-profeta Hammurapi, fundador de la dinastía, que recibe de Shamash la Ley (a la vez Moisés y David), evocado en época neobabilónica; él también buscó sus ancestros en la «Genealogía de la Dinastía de Hammurapi»; cf. I. FINKELSTEIN, «The Genealogy of the Hammurapi Dynasty», *Journal of Cuneiform Studies* 20 (1966) 95-118. Se copia ante todo su código; como en la Biblia, la «Ley» (Pentateuco) y su mediador Moisés preceden a la conquista y su desarrollo histórico. A la vez que la relación de Marduk con Babilonia es similar a la de Yahweh con Israel. A este modelo babilónico se uniría luego el persa, inducido por la figura de Ciro, «Mesías» de Israel, al que Marduk entrega Babilonia; cf. *infra*, pp. 241 y ss. y *supra*, pp. 195 y ss.

toria que se elabora: paradigma glorioso (reinado de David-Salomón) y antítesis abominable (historia de los dos reinos separados).

De todas las maneras, Israel poseía un tradicional esquema o pauta de su pasado histórico, plasmado en su «credo» cultual: «Un arameo errante fue mi padre...»[54]. El mismo podía servir de pauta ordenadora de las diversas tradiciones y recreaciones del pasado. En el mismo libro de Esdras (Esd 9,6-37) tenemos un desarrollo de ese esquema, reinterpretado ya según la teología deuteronomística, en el que por cierto no se menciona a David ni a Salomón y que representa una síntesis posterior a partir del conjunto Gn-2 Re ya constituido[55]. De hecho serán estos sacerdotes-escribas *(kōh^anîm-sōph^erîm)* los encargados de llevar a cabo ese ordenamiento de los materiales, de la redacción definitiva de la Ley, como reconoce el rey persa al hacer el elogio de Esdras y manifestar su confianza en su discreción.

Una vez ordenadas las tradiciones del Pentateuco, con la muerte de Moisés la «Ley del Dios del Cielo» queda cerrada[56]. Comienza ahora la reinterpretación deuteronomística del pasado histórico, la historia protagonizada por Israel, contrapuesta a la protagonizada por Yahweh, el periodo de deconstrucción frente al constituyente. En Josué se mezcla el formalismo esquematizador (las dos grandes batallas, de tradición incierta la segunda) con el contenido tópico (espías, Jericó,

---

[54] Para una visión crítica de esta tradición véase J. TEIXIDOR, *Mon père, l'Araméen errant*, París 2003, que invalida la mayor parte de la tesis clásica sobre el «credo cúltico».

[55] Esta plegaria supone que los judíos son «esclavos» y «despojados» bajo los persas («ahora»; Neh 9,36-37; pero cf. Esd 9,9), lo que es inverosímil en boca de Esdras, legado de Artajerjes. Se trata de una composición tardía, de época helenística, que interpreta retrospectivamente y supone que el Pentateuco y los Primeros Profetas han sido ya compilados; cf. A. H. J. GUNNEWEG, *Nehemia* (Kommentar zum Alten Testament XIX/2), Gütersloh 1987, pp. 124-129: «... pertenece por tanto sin duda a las partes más recientes del Antiguo Testamento». Está compuesta desde Palestina desolada por el Exilio («esclavos en la tierra»), aunque que no se lo menciona directamente.

[56] Sobre la cuestión del «Hexateuco» y la exclusión de las tradiciones de Josué, véase O. EISSFELDT, *Introducción al Antiguo Testamento* I, Madrid 2000, pp. 42 y ss. Sobre la adopción del Pentateuco por los samaritanos cf. *supra,* n. 52.

pecado de Acán, renovación de la Alianza), mientras en Jueces se ordenan una serie de tradiciones tribales según el más estricto criterio y marco deuteronomístico. La fluctuación interpretativa de la introducción (Jue 2–3) es un claro ejemplo de construcción talmúdica en la que sólo falta la atribución personalizada de las opiniones, así como la fluctuación sobre la batalla del norte (Jos/Jue) testimonia la divergencia de las tradiciones de los diversos grupos, que se recogen no obstante, sin dar importancia a su incompatibilidad, como expresiones válidas ambas de una memoria religioso-nacional. El conjunto de las tradiciones Samuel-Saúl-David-Salomón, con su desmesurada dimensión textual da fe de la importancia del tema para el grupo regalista: se trata de la gran saga de la legitimación de la dinastía y de su primigenio/legendario esplendor. Aun aquí se nota la pugna de perspectivas, sobre todo la diferente visión de los orígenes de la institución monárquica (en pro y en contra) y de las figuras de Saúl y David y sus luchas. Y a pesar de la visión del grupo regalista, se admitió la visión desmitificadora («Crónica de la sucesión») del grupo antimonárquico y profético (presencia de Natán) de un David de confuso origen y proceder: jefe de banda[57], usurpador, hipócrita, lascivo..., con una historia doméstica muy enrevesada, totalmente humano, que la posterior visión sacerdotal del Cronista eliminará, expresión de la tensiones ideológicas dentro de la Academia[58]. Con Salomón, el legendarismo se desborda y su figura resulta de confusa historicidad[59].

---

[57] Véase K. Bodmer, *David Observed. A King in the Eyes of his Court*, Sheffield 2005; I. Finkelstein y N. A. Silberman, *David and Salomon. In Search of the Bible's Sacred Kings and the Roots of the Western Tradition*, Nueva York 2006.

[58] Sobre la significación del Cronista, más un colectivo que un autor, véase la introducción por G. N. Knoppers, *I Chronicles 1–9* (Anchor Bible 12), Garden City 2004, pp. 47-137. Sobre la «historicity» de este autor/obra véase I. Kalimi, *An Ancient Israelite Historian: Studies in the Chronicler, his Time, Place, and Writing* (Studia Semitica Neerlandica, 46), Assen 2005, Journal of Hebrew Scriptures 6, 2006, art. 2 *(on line)* (intervienen N. Knopper, E. Ben Zui, R. L.Hubbard, R. W. Klein, M. A. Throntveit e I. Kalimi).

[59] La confusión de las relaciones entre David y Hiram y la trasposición de las guerras arameas prueba que el autor de 1 y 2 Re no tiene documentación delante de sí, sino que escribe «de memoria». Al parecer no se llevó consigo a Babilo-

Una revisión no integrada en la síntesis histórica primera, obra del grupo sacerdotal heredero del orden regio, expurgará esos aspectos escabrosos de la saga fundacional e insistirá en el aspecto cultual[60].

El grupo del rey acaba su visión histórica, montada sobre materiales de archivo encuadrados en un férreo marco ideológico deuteronomístico, con la exaltación de Joaquín en Babilonia. Deja en suspenso la esperanza, no quiere continuarla por la vía de las «Memorias» de Esdras-Nehemías, donde no hay lugar para el rey, como hará luego el Cronista sacerdotal. Es una visión que podemos figurarnos que comienza a fraguarse en torno a la figura del dicho rey Joaquín, que no era ya un Josías reformador, sino la confirmación y el símbolo del fracaso, a la vez que de la esperanza, pero de una esperanza redimensionada[61]. Aparece como perspectiva de un círculo que habla de tú a tú con el poder (babilónico) y con la propia tradición real de la monarquía davídica, una perspectiva en declive que será suplantada por la nueva visión profética: paso del poder político a la redención moral (cf. el Siervo de Yahweh del II Isaías). Es una suplantación que viene de fuera. Desde dentro se vive el desengaño que conduce a la redimensión de las figuras gloriosas, aportada por la perspectiva profética, a partir ya de Natán. Aparece el David humano y prevaricador como antitipo del nuevo Mesías, Ciro, al que sin reproche alguno se transfiere la promesa de asistencia y triunfo (cf. 2 Sm 7,9//Is 45,1ss.). Se salvará de esta concepción lo esencial: el linaje (davídico) y la función (mesiánica). El último intento casi desesperado de preservación de esta corriente lo representa la figura de Zorobabel, último refugio de la esperanza. Pero el control del poder persa la frustra con su propia tolerancia cultual y legitimación del

---

nia el material de archivo («El libro de la Crónicas de los Reyes...»), pero los escribas lo sabían, quizá de memoria, por haberlo leído y copiado muchas veces.

[60] Se trata del Cronista, sacerdote-*sofer*, que aprovecha por su cuenta las fuentes de la restauración para ofrecer una nueva visión de la historia en que se templa el aspecto deuteronomístico, en una operación al margen de la academia, pero que puede imponerse ya en Judá por la fuerza del grupo sacerdotal.

[61] Véase J. WÖHRLE, «Die Rehabilitierung Jojachin's. Zur Entstehung und Intention von 2 Kön 24,17–25,30», en U. KOTTSIEPPER ET ALII (eds.), *Berührungspukt... Fs. R. Albertz*, pp. 213-237.

Dios propio. Los sucesores del «Mesías» Ciro son ahora los reyes persas. Si esto no lo dijeron ya los profetas, lo tenía muy claro el poder imperial. Tolerar vino a significar absorber: *Yehud* es distrito del Imperio persa.

El único poder social efectivo, el sacerdocio, se encargará de hacer la integración de todas estas perspectivas en un ordenamiento nuevo hierocrático, ajeno a la tradición del pueblo hebreo y que le aproxima tanto al poder político que acabará por codiciarlo y usurparlo en época asmonea. El futuro programado por Ezequiel quedó en mera utopía.

Por otra parte, este grupo sacerdotal fue proyectando su visión del proceso histórico nacional con sus tradiciones centradas en el arca (1 Sm 5–7; 2 Sm 6 [?]) y el templo (1 Re 6...), mientras el profético continúa colocando a sus maestros en los momentos clave del desarrollo histórico como personajes determinantes del destino del pueblo. Por su parte, y al margen ya de la historia, se preocupará este grupo de recoger y ordenar los oráculos y las enseñanzas de sus maestros desde un sentido del valor de la «Palabra» como instancia absoluta. La operación se continuará ya al margen de la Academia. *Libros proféticos* nacen así también en el Exilio-Postexilio. Cada grupo recoge o atribuye a su maestro dichos sobre el futuro y sobre el «Exilio como castigo», algo vivido y asumido. Ya hablamos más arriba de la coetaneidad de toda esta literatura profética con el resto de los bloques anteriores, aparte del ordenamiento en un conjunto único (la Biblia) con criterios mixtos de cronologización histórica (de la Creación al Exilio) y significación religiosa en cuanto «Palabra de Dios»[62].

Con Roboán entramos en situación histórica plenamente constatable (faraón Shishaq)[63] y el esquema deuteronomístico encuadra

---

[62] Los textos de Qumrán y del cristianismo repetirán el modelo de compilación de los libros proféticos, mientras la traducción griega de los LXX reflejará el proceso de canonización, de fijación de las tradiciones y su compilación. En ese sentido es de gran importancia el testimonio del Prólogo del traductor del Sirácida, que nos habla de los tres partes en que estaban ya organizados los escritos sagrados en su momento.

[63] Cf. *supra,* pp. 27, 41.

los datos seleccionados por la memoria histórica, y con toda proba-
bilidad a partir de documentación de archivo, hacia su tesis ideal del
nuevo Israel: un solo pueblo (bajo un solo rey) con un solo Dios y un
solo santuario, el ideal de la frustrada reforma de Josías [64].

Con esto se cierra propiamente la labor de la Academia de Babilonia. Una vez abierto el ámbito de la palabra escrita, del libro, la religiosidad de Israel se desborda, sabiduría y poesía, en una gran producción, eco de la vivencia de su fe, de palabra divina florecida, como
decíamos. Señalar el momento de su redacción, entre el siglo IV y I
a.C., es una labor de investigación de crítica histórico-literaria. El
Eclesiástico nos certifica que en su época (s. II a.C.) el círculo ya se
había cerrado. A los rabinos, a los escribas desligados ahora de la función sacerdotal, centrada en el culto y el poder, les quedará reservado
el menester de discernir el eco divino de esa vivencia e incluirlo en el
canon, dejando de lado una gran cantidad de obras paralelas. La Biblia emerge sobre un mar de febril agitación literaria.

* * *

Esta perspectiva de la génesis de la Biblia no es en manera alguna nueva. Muchos son los autores que han abogado por la redacción
exílica y postexílica de la Biblia, incluso helenística [65]. Por el contrario,
últimamente Rendsburg [66] ha propuesto un marco diferente desde el
que explicar el origen de la Biblia. Ésta, en paralelo con el origen de
la literatura inglesa en época isabelina, nacería en el tiempo de la recién afirmada monarquía unida de David y Salomón, como aquélla,
época de triunfo y esplendor. La llevaría a cabo un grupo de «escritores», impregnados del espíritu del momento que escogerían incluso,

---

[64] Véase a este propósito la revisión de la tesis clásica por FREID, *op. cit.* (n.
24), pp. 460 y ss.; también E. BEN ZVI, «Imagining Josiah's Book and the Implications of Imagining it in Early Persian Yehuid», en U. KOTTSIEPPER ET ALII
(eds.), *Beührungspunkt ... Fs. R. Albertz*, pp. 193-212.

[65] Cf. *supra,* n. 39.

[66] Cf. G. A. RENDSBURG, «The Genesis of the Bible» (Inaugural Lecture of
the Blanche and Irving Laurie Chair in Jewish History, October 28, 2004, Rutgers, The State University of New Jersey, October 2004 *(on line).*

frente al uso de otros pueblos en su literatura religiosa, el género literario en prosa como el más adecuado y distintivo de la literatura hebrea de este tipo. Tenemos aquí la vuelta a la más clásica teoría literaria que situaba en ese contexto la obra el yahwista, generalizada hasta comprender todos los textos bíblicos localizables con anterioridad al Exilio. Es una teoría que esperaría oír formulada el judaísmo ortodoxo y probablemente también el cristianismo conservador.

Por mi parte sólo he pretendido contextualizar la génesis de la Biblia Hebrea desde la historia del pueblo judío y el testimonio bíblico del mismo, y esbozar el método o sistema operativo (complementario-talmúdico) que la habría llevado a cabo. Se ofrece así un esquema o marco genérico máximo que deja espacio a todo tipo de especulaciones sobre el origen concreto original de tal texto o tradición, incluso sobre el ordenamiento e interacción de los elementos que se hacen presentes en la redacción definitiva. La Biblia aparece así como la redención de Israel, que la crea como la mejor manifestación de la eficacia del valor religioso de sus tradiciones históricas. Su historia atormentada acaba abriendo un futuro imperecedero a este pueblo en forma de texto en el que se reconoce y confiesa la presencia de Dios en su historia, en su pasado y por ende en su futuro.

La Biblia Hebrea: literatura y religión

I. ESTRUCTURA LITERARIA

La Biblia Hebrea (BH) se presenta como una «antología» de textos de muy vario género literario (narrativo, lírico-dramático, proverbial) y estructura formal (prosa, poesía, prosa poética, poesía proverbial). Representa la literatura de un pueblo, el hebreo, en su periodo antiguo. En principio podrían haberse reunido en ella muchos más elementos literarios que se remontasen a sus orígenes nacionales, abarcando un arco de tiempo que iría desde el siglo XII hasta el II a.C. Pero tal antología literaria es fruto de un proceso reductor que ha salvado y reelaborado únicamente los elementos que interesaban a sus compiladores desde su específico punto de vista, el religioso yahwista, impuesto por la experiencia histórica del Exilio babilónico[1]. En tal sentido, la Biblia Hebrea ofrece un cuadro fragmentario de la riqueza cultural del pueblo hebreo.

La Biblia Hebrea es así el libro de una comunidad religiosa que ha encontrado su identidad sólo a lo largo de un difícil proceso histórico, en el que ha ido desentendiéndose de aquellos elementos que le resultaban extraños. Después de las sucesivas catástrofes del reino del Norte y del Sur, que acabaron con todo su patrimonio artístico y literario, lo que recoge la nueva comunidad exílica/postexílica son los elementos que le hacen inteligible y reconstruible su nueva situación político-religiosa. El pasado para ella se ha cerrado con un saldo negativo y, fuera de los momentos normativos que aseguran la conti-

---

[1] Cf. *supra,* pp. 204 y ss.

nuidad y son irrenunciables, todo el resto es inasimilable en la nueva situación. Y es precisamente en estas circunstancias y bajo esa perspectiva cuando nace la Biblia Hebrea, con todo lo que de peculiar y limitador tiene el momento. Pero incluso el aspecto religioso que en ella se recoge resulta sesgado y doblemente reductor, aspecto que, aun siendo determinante, no agota toda la experiencia y expresión religiosas de este pueblo en aquél y anteriores momentos.

Ese carácter reductor estrechó el ámbito de referencia y encuadre cultural. La Biblia Hebrea sólo nos ofrece una pequeña parte de lo que sin duda fue la producción literaria del Israel antiguo, a la vez que deja entrever una más amplia gama de creación por lo que a géneros y temas se refiere: épica y lírica profanas, historiografía de corte, reflexión cultural. Ella misma nos remite a otras fuentes o compilaciones de la tradición hebrea: «como está escrito en el Libro de las guerras de Yahweh» (Nm 21,24); «como está escrito en el Cancionero» (Jos 10,13); «el que quiera más información que consulte el Libro de las Crónicas de los reyes de Israel/Judá» (1 Re 5,12 y par.). Menciona así mismo la «Crónica del rey Salomón» (1 Re 11,41) y unas hipotéticas «Disertaciones» de este rey (1 Re 5,12ss.), a la vez que hace repetida referencia al «Libro de la Ley», eco de posibles compilaciones jurídico-administrativas que no podemos precisar en su tenor original anterior a su configuración postexílica. Estas alusiones bíblicas, así como los escasos elementos epigráficos que la arqueología ha rescatado, sólo permiten barruntar aquella diversificación creadora en el campo literario. Gran parte de esa riqueza literaria fue salvada en su reducción en prosa o reducción temática, como resultado de la mentada operación exílica limitada a lo religioso.

Por otro lado, el carácter simbólico de la literatura religiosa en general requeriría el conocimiento de los géneros profanos que aquélla se vio ineludiblemente obligada a emplear para configurar su propio objeto y experiencia, como algo esencial para una recta valoración de su sentido. El fatigoso y muchas veces infructuoso esfuerzo que ha supuesto a la crítica literaria la determinación del marco de inteligibilidad o «situación vital» de las formas bíblicas es su mejor confirmación. El proceso reductor aludido dificultó en gran manera la adecuada valoración de la Biblia Hebrea como fenómeno literario.

Esta antología, así reducida y revisada, no fue fruto de un intento individual, obra de un autor determinado, sino que fue el resultado de un proceso de compilación en el que adquirió una distribución *tripartita* y asumió una función de *Canon* o punto de referencia de la ortodoxia de la fe que la generó.

Se presenta así la Biblia Hebrea dividida en tres partes: la *Ley*, los *Profetas* y los *Escritos*, como otras tantas subcompilaciones o antologías temáticas que a su vez compilaban (ordenaban e interpretaban) los diversos elementos de la tradición religiosa del yahwismo derrotado y sin embargo triunfante[2].

La Ley recoge, repartidas más tarde en cinco bloques o «libros» (Génesis, Éxodo, Levítico, Números y Deuteronomio), las tradiciones e interpretaciones de la prehistoria (desde la Creación a Abrahán), de la protohistoria (desde Abrahán hasta el Éxodo de Egipto) y de la historia de los orígenes o historia constituyente (desde el Éxodo de Egipto a la llegada a la tierra de Canaán) del pueblo hebreo como marco en el que se insertan sus leyes, entendidas como «Palabras» de Dios en aquel tiempo histórico privilegiado.

Los Profetas, «Anteriores» o «Primeros», continúan, por un lado, la recopilación de las tradiciones de su historia propia del pueblo (la anterior era «historia de Dios», su protagonista), desde la entrada en Canaán hasta el Exilio babilónico, repartida así mismo en bloques (libros de Josué, Jueces, Samuel y Reyes). Por otro lado, los «Profetas Posteriores» recopilan las palabras y acciones, en bloques independientes (Isaías, Jeremías, Ezequiel y conjuntamente otros doce personajes de menor relieve textual), de los que, en la perspectiva religiosa, resultaban los auténticos protagonistas de tal historia en cuanto portadores de nuevas «Palabras de Dios» en los nuevos tiempos; palabras que fijaban, corregían o precipitaban su curso, pero ahora desde la respuesta del pueblo a las mismas, no como su mero receptor. Tales personajes estaban ya presentes en la primera sección de esta segunda parte de la antología bíblica y aparecen involucrados en el desarrollo histórico que aquélla describe (recuérdese la presencia de profetas co-

---

[2] Véanse las introducciones al Antiguo Testamento, como la de Eissfeldt.

mo Elías y Eliseo o Natán), incluso la tradición posterior les hizo «autores» de tal compilación. Pero el incremento de su propia tradición en la última etapa de los reinos hebreos y su significación como protagonistas de la resistencia yahwista les proporcionó un lugar preeminente en la síntesis de la tradición religiosa que es la Biblia Hebrea[3].

La tercera parte, los «Escritos», recoge diversas subseries de textos, manifiestamente más tardíos por lo general y con un papel religioso deducido o expresivo, no fundante. Por otro lado, aflora aquí más nítidamente el carácter literario de la Biblia Hebrea. Tenemos, así, un grupo de obras poéticas, de lírica sacra (Salmos), lírica profana (Cantar de los Cantares) o drama teológico (Job); un segundo de compilaciones proverbiales de carácter moralizante, fruto de la reflexión del judío piadoso, tanto sobre el recto camino a seguir, como sobre el sentido de la existencia humana (Proverbios, Eclesiastés; a los que hemos de añadir los libros del Eclesiástico, de Jesús Ben Sirah, y de la Sabiduría, del s. III y I a.C. respectivamente, recogidos como bíblicos por la tradición judía helenística y luego cristiana); un tercer grupo ofrece interesantes modelos de narrativa breve de intención igualmente moralizante (Rut, Ester, más Judit y Tobías, pertenecientes a la mentada tradición helenística judía, a los que se puede añadir el relato de Jonás recogido en la sección anterior de los libros de los profetas); un cuarto grupo engloba obras de carácter histórico que suponen una revisión del contenido de todas las tradiciones históricas ya compiladas, desde la Creación al Exilio (libros de las Crónicas) y su continuación en la época persa (libros de Esdras y Nehemías; completados con los libros de los Macabeos de la Biblia griega); finalmente, el Libro de Daniel introduce en la Biblia Hebrea, junto a fragmentos integrados en los Profetas Posteriores, un modelo de literatura apocalíptica de tan amplio desarrollo al final del periodo bíblico.

Este proceso de «canonización» de la Biblia Hebrea[4] vino impuesto por el hecho de que se la pretendía, y progresivamente se la

---

[3] Cf. *supra,* pp. 226 y ss.
[4] Véase a este propósito la obra de J. TREBOLLE, *La Biblia judía y la Biblia cristiana*, Madrid 1993, pp. 157 y ss.

fue completando, como el depósito donde se guardaban consignadas la «Palabras divinas» en sus diversas formas, es decir, de nuevo desde una perspectiva religiosa de compilación. La *Ley* contenía la Palabra divina directa (habla Dios a Moisés) y fundante, pronunciada en el momento histórico constituyente y canónico por excelencia, con su cumbre en el Sinaí y Yahweh, Dios de Israel, como el protagonista inmediato de la historia. Los *Profetas* recogen la Palabra divina «segunda», que desarrolla y aplica la primera y así dirige la historia (Dios continúa hablando por medio de hombres), que ahora hace el pueblo hebreo confrontado a su destino de pueblo del Dios del Sinaí. Los *Escritos* ofrecen la «tercera» Palabra divina, asimilada y reformulada, que dirige al fiel israelita en la expresión de su religiosidad, comportamiento y comprensión de la realidad cósmica y humana (habla el hombre en nombre de Dios). El proceso culminaría en elevación de la Biblia Hebrea en su totalidad a la categoría de «Libro Sagrado» y «Palabra de Dios», «Ley y Sabiduría divinas», cantadas como tal en la culminación de la reflexión sapiencial de Israel (himnos a la Ley/Sabiduría)[5]. A partir de aquí arranca la hermenéutica confesional de la Biblia Hebrea, precedida por su lectura litúrgica y religiosa en el culto sinagogal por parte de la comunidad que la acepta.

Este proceso de canonización, además de ser un proceso reductor de la creatividad literaria del pasado, supuso también una ruptura cualitativa con el presente-futuro, al relegar a un segundo plano de valor y significado todo el amplio abanico de obras religiosas que surgieron coetáneamente y con posterioridad al final del mismo: la denominada «literatura apócrifa» (ya mencionamos más arriba determinados libros que la Biblia Hebrea deja fuera de su canon). En ella poseemos un claro testimonio de la creatividad de Israel en la última etapa bíblica. En ese contexto literario amplio se debe leer también la Biblia Hebrea; el mismo abarca en primer lugar la denominada literatura apócrifo-apocalíptica, pero se ha de integrar en ella también la literatura judeo-helenística, íntimamente ligada a la tradición y canon bí-

---

[5] Cf. G. VON RAD, *La sabiduría en Israel. Los Sapienciales. Lo Sapiencial*, Madrid 1973.

blico (p. ej. Filón de Alejandría) y la producida por los movimientos religiosos que parten y se apartan del judaísmo fariseo-ortodoxo, como el del Maestro de justicia de Qumrán y el del Maestro Jesús de Nazaret, el Cristo. Una visión adecuada de la literatura hebrea antigua, de la Biblia Hebrea, debe así integrar una prolongación del punto de mira hacia delante con una ampliación de la perspectiva hacia atrás.

En todo caso, la Biblia Hebrea tal y como se nos ofrece es susceptible de un análisis literario por lo que se refiere a sus estructuras de composición (formas y géneros) y a la validez de sus resultados (incidencia de temas y arquetipos). Pero en su contenido la Biblia Hebrea es literatura religiosa, y su validez en el campo de la creación literaria se ejercerá a través de temas y arquetipos de esa naturaleza, bien en sí mismos o bien como parábola de una situación existencial humana isomórfica[6].

Si atendemos al origen literario de cada una de las «unidades» que constituyen esa antología, se aprecian en ellas ciertas características que afectan de manera uniforme a su compilación[7]. Su «redactor» no crea una obra propia que le pertenezca sin más a título de creación y concepción como autor de la misma, la cual sería inteligible desde su contexto histórico. La función de «autor» es una categoría tardía en la Biblia Hebrea; sólo al final de la época bíblica aparecen libros poseedores de una autoría literaria clara, fruto de una decisión individual de escribir una obra, p. ej. el *Libro del Eclesiástico* y algún otro del mentado género proverbial y narrativo tardío. En el resto de los libros de la Biblia Hebrea se admite que el así llamado redactor es más bien el eslabón último en un largo *proceso de transmisión* en el que han ido apareciendo y agrupándose las diversas partes que lo componen. Eslabón que puede estar cargado de una profunda intención ideológica y resultar así en algún caso el autor verdadero de la significación última de la compilación[8]. Tales partes han sido, por lo general, respetadas en

---

[6] Cf. *infra*, pp. 351 y ss.

[7] Sobre la compilación de la Biblia Hebrea véase lo dicho más arriba pp. 218 y ss.

[8] Véase más arriba pp. 287, n. 29; 209, n. 26; también N. P. LEMCHE, «"Author", "Editor", or "Colector" – Terminological Confussion», en U. KOTTSIERPER ET ALII (eds.), *Beruhrungspunkt. Fs R. Albert,* pp. 171-178.

su tenor propio y ensambladas desde fuera por elementos de ilación (prólogos, glosas, introducciones, cláusulas de paso) por el dicho redactor/compilador último. Resultan así ellas mismas antológicas y tenemos que contar por tanto con diversos autores de los llamados libros bíblicos. No conocemos, por lo demás, el estado compilatorio previo o si su fusión se dio sólo en la compilación que ahora ofrecen. Al fondo queda una historia de la redacción laboriosa y por otro lado muy estudiada. La redacción, como vimos, fue fruto ella misma de una labor colectiva, no personal, que trató de preservar, en sucesivos y reiterados intentos de poner en común las tradiciones orales de los diversos estratos socio-religiosos de hebreos desplazados a Babilonia y de conjugarlas con los documentos escritos a su alcance, si éstos tales existieron. La imagen que se tenga de la autoría literaria de los libros bíblicos depende, por tanto, básicamente de la que se asuma como expresión del origen de la Biblia Hebrea en su conjunto. Yo me inclino a pensar, como vimos más arriba, que ésta surge en el Exilio y culmina en la reconstruida Jerusalén de los siglos V-III(-I) a.C. como fruto de la puesta en común de las diferentes tradiciones, básicamente orales, existentes en el pueblo judío según un proceso de reconstrucción y sistematización de las mismas no muy diferente del que se seguirá en siglos posteriores para compilar las tradiciones complementarias de la praxis religiosa tradicional (Mishnah) y su desarrollo y comentario (Talmud). Compilación que no es neutral, sino profundamente ideológica y que como tal se manifiesta en diferentes (a veces divergentes) y reiterativas síntesis y en sus múltiples teologías y versiones históricas (cf. Gn-Re *versus* Cr; Prov *versus* Eclo; Ester-Judit *versus* Tobías-Jonás).

Resultado de este carácter compilatorio de los libros bíblicos es la falta de una clara estructura de organización interna, apreciable sólo en un esquema máximo que el último compilador logra imponer a sus materiales, a los que trata, sobre todo, de salvar, no de refundir, aunque desde una perspectiva propia y en ese sentido como expresión de su peculiar ideología. Serán normales, en consecuencia, las repeticiones, divergencias (incluso contradicciones), anacronismos... Estamos, pues, ante una literatura más de tradición que de creación, como es el caso frecuente en las literaturas antiguas.

En principio, pues, ningún *libro* nos ha llegado en su forma original, salvo algún sapiencial tardío, como decíamos. Más bien ha de afirmarse que tal forma original no existió; el libro mismo *es* un proceso redaccional compilatorio y las redacciones previas, los libros en su forma precedente, son evasivos, fantasmagóricos. Existieron elementos, narrativos y de otros tipos, independientes, coordenados únicamente en la experiencia y memoria histórica de la comunidad que los transmite, pero sin coordinación literaria. Se sabe el sitio que cada uno ocupa en la tradición, pero no se ha delineado todavía el cuadro que los compone en obra unitaria. En este sentido es paradigmático el paso de ciclo o epopeya de Gilgamesh. En este caso afortunadamente poseemos los primeros elementos sueltos (poemas/escenas sumerios) y la síntesis orgánica posterior (poema canónico acadio/asirio).

Tal proceso compilatorio no constituiría mayor problema si la forma definitiva fuera una reelaboración asimilativa de los elementos previos con valor composicional propio y no se tratara de una compilación en gran parte y en muchos casos yuxtapositiva o antológica, aunque redaccionalmente sometida a un encuadre o disposición intencionada e ideológica. Ello nos permitiría prescindir sin más de tal proceso en un análisis estructural unitario, sin preocuparnos en exceso por sus «fuentes». De hecho, ya apuntábamos que tal proceso no es neutral y de ahí el gran esfuerzo de los comentaristas por descubrir la ideología propia de la forma total y última en que los libros se presentan, la teología de sus autores. Pero aun reconociendo esta perspectiva unificadora en la presentación de los materiales, de hecho éstos aparecen con la autonomía suficiente como para dejar en claro su diversa procedencia. La situación remite el problema a cada una de las partes que manifiestan clara unidad de composición (o a sus cadenas temáticas) e imponen una visión de la Biblia Hebrea como literatura más allá y más acá de su distribución en los actuales libros.

Esto significa que nos las tengamos que ver con una literatura básicamente anónima y en gran medida de situación histórica imprecisa. No es, pues, posible un estudio de la misma a partir del autor y su época. Tal anonimia generará la típica pseudonimia bíblica

(La Ley fue escrita por Moisés, los Salmos compuestos por David, los Libros Históricos, por diferentes profetas), que perdurará hasta épocas bien tardías para obras religiosas que tienen pretensiones de revelación canónica. Así, los apócrifos apocalípticos son atribuidos a venerables personajes bíblicos que garantizan su genuinidad y les dan valor de palabra antigua (Testamentos de los Patriarcas, ciclos de Henoch, Elías, etc.), cuando ya es corriente la autoría literaria en el mismo mundo judío (literatura judeo-helenística).

Esas características –obra antológico-compilatoria, tradicional y anónima o pseudónima– han impuesto en gran parte a la crítica literaria de la Biblia Hebrea una perspectiva «retrógrada», a la búsqueda de estratos y su peculiar concepción ideológica (crítica histórico-literaria), o bien «prógrada», a la caza de una percepción de su estructura e ideología global (historia de la tradición-redacción).

Pero la Biblia Hebrea puede ser vista desde otra perspectiva, más allá de la impuesta por su estudio literario directo, la perspectiva «pragmática», es decir, la del influjo y reflejo de la Biblia Hebrea en otras literaturas[9]. Esto nos obliga a y permite tomar sin más esas obras en su forma e intención última, la asumida como tal por la comunidad creyente; por tanto, más allá de su comprensión crítico-literaria, por ser aquélla la realmente operante en el contexto cultural que la sustenta. Y esto a través de un doble efecto: el religioso-cultural (fe) y el literario-creativo (arte). En tal sentido, el influjo de la Biblia Hebrea en la literatura es acrítico o anterior a su análisis histórico-literario. Es decir, se trata en principio de un influjo de superficie, a no ser en los tratamientos modernos de los «arquetipos»[10]. En éstos el influjo opera ya independientemente de la obra que los ha definido (p. ej. «el profeta», «el justo paciente»...).

De todos modos, el aludido carácter profundamente *discontinuo* de la literatura hebrea antigua hace que su influjo se haya fragmenta-

---

[9] Cf. *infra*, pp. 351 y ss.
[10] Cf. G. DEL OLMO LETE, «Introducción general: Biblia y Literatura», en IDEM (ed.), *La Biblia en la Literatura española I. Edad Media. I/1. El imaginario y sus géneros*, Madrid 2008, pp. 11-18.

do en temas, situaciones y personajes (sólo al final del periodo bíblico éstos coinciden con el libro: Judit, Ester...) que corresponden a secciones o ciclos más que a libros de la Biblia Hebrea.

Se puede tratar de individuar unos y otros, siguiendo el desarrollo de los tres géneros básicos que decíamos ofrecía tal literatura: narrativa, poesía, ensayo/reflexión (moral), más allá de su división en libros[11]. Tal categorización literaria mezcla de hecho criterios de forma/lenguaje con otros de contenido. Forma y contenido se encabalgan; así tenemos narrativa histórica en forma de reflexión poética, poesía moral como narración histórica e incluso narrativa moralizante, sobre todo en la constelación literaria que desarrolló y prolongó tales géneros al final de la época bíblica. Pero dado el carácter acrítico y de superficie del influjo, se puede prescindir de una más adecuada distribución del material literario y atender a su presencia en las diferentes obras de nuestra tradición literaria. Su repertorio es inmenso, tanto a nivel de recreación como de arquetipo[12].

II. Contenido religioso

Literariamente, pues, la Biblia Hebrea puede distribuirse en literatura narrativa, místico-profética, poética (básicamente lírica sacra) y de reflexión. Pero de hecho, la sublimación poética se distribuye por todo el espacio profético y de reflexión, a la vez que la narración se cuela por todos los resquicios del mundo literario bíblico como un módulo esencial del pensamiento religioso hebreo, y el elemento profético es omnipresente, como literatura religiosa que es: autobiografía terrenal del Dios que habla constantemente en ella.

Como «literatura» religiosa cabe destacar todos aquellos pasajes de los profetas que nos transcriben sus vivencias místicas (visiones) o personales (confesiones y escenificaciones), o bien sus expansiones líricas. Los profetas son grandes poetas, la inspiración poética y la

[11] Véase más abajo, pp. 352 y ss.
[12] Véase más abajo pp. 356 y ss.

mántica están inestricablemente unidas en Israel como eco del espíritu de Dios que posee al profeta[13], casi al modo de la interpretación griega del poeta *(théia manía)*. Sus poemas se consideran también palabras divinas, aunque no se presenten como oráculos. La transmisión de éstos estaría por encima de la literatura espiritual, que es una literatura de reacción humana, de diálogo o ascensión a la trascendencia: el reflejo de un caminar humano hacia Dios. El oráculo, en cambio, se presenta en boca de Dios, el diálogo todavía no ha comenzado; muchos de ellos serán incluso desoídos, no generarán respuesta ni diálogo. Pero con frecuencia se hallan insertos en vivencias espirituales de su mediador, el profeta, en cuyo espíritu tienen su origen y su primera caja de resonancia. Incluso la biografía profética puede escapar al género estrictamente narrativo, como la «pasión de Jeremías» por su discípulo Baruch, y convertirse en un idilio espiritual al estilo de las *Florecillas* de San Francisco, como es el caso de las peripecias de Eliseo y sus discípulos, que entran de lleno en el género de la llamada «literatura espiritual». En muchos casos se trata de un simple ejercicio de taxonomía literaria. Lo que sí debe catalogarse como literatura religioso-espiritual es todo el mundo alucinante de las representaciones apocalípticas, cuyos primeros fragmentos se cobijan en los libros proféticos y que se afirman de manera rotunda en el libro de Daniel. Pero, como decíamos, será sobre todo el mundo de la lírica profética, quizá dos terceras partes de su literatura, la que se debe catalogar como tal literatura, de respuesta a su propia vivencia de portavoz de la divinidad.

En ese mismo sentido será la lírica sacra, en sus formas de plegaria, lamento o acción de gracias, la que sobre todo se configura y configura a la Biblia como literatura religiosa. Pero sin olvidar, como ya advertíamos, que lo poético invade toda la Biblia Hebrea. Tenemos, con todo, dos composiciones poéticas que por su estructura, composición y tema resplandecen con luz propia: el *Libro de Job* y el *Cantar de los Cantares*. Se trata de literatura pura. La primera, con una intención doctrinal que es más programática que efectiva y en la

---

[13] Cf. *supra,* pp. 164 y ss.

que el valor estético prevalece sobre el argumental (me refiero al cuerpo central en poesía), mientras la segunda es en primera lectura poesía amorosa «profana», para convertirse en una segunda en poesía mística o amorosa transpuesta, prototipo de la literatura espiritual, del diálogo del alma con Dios, en la que el espíritu toma la forma definitiva del ímpetu amoroso.

Finalmente, la reflexión en Israel, de ordinario parénesis moralizante, toma con frecuencia la forma del diálogo y la expresión poética puede considerarse como una forma de «manual de espiritualidad». Alcanza incluso por momentos las más altas cotas de la expresión lírica, como en los himnos sapienciales, en los que el drama de la conciencia humana ante el problema del mal se expresa de manera intensa.

La Biblia Hebrea, pues, en su conjunto es literatura religioso-espiritual y, sobre todo, aporta los materiales con los que gran parte de la literatura espiritual se construirá en el mundo judeocristiano.

El tiempo oportuno:
Persia y el judaísmo

I. INTRODUCCIÓN

Las grandes potencias orientales y sus soberanos se hacen presentes en el texto de la Biblia en los momentos de conflicto que las enfrentó con el pueblo de Israel. Dejamos de lado los cuatro incontrolables reyes de Oriente (de Senaar, Elasar, Elam...) [1] con los que se las vio de manera brillante Abrahán, según Gn 14. Igualmente prescindimos de los dos faraones de Egipto, el que acogió a los hijos de Israel-Jacob y nombró a José su Primer Ministro («Novela de José», Gn 37–50), y el que los oprimió y de cuyas garras escaparon («Épica del Éxodo», Ex 1–15). En el periodo de la sedentarización los conflictos de Israel lo fueron con otros grupos más o menos organizados de similar nivel sociocultural, que se disputaban el mismo territorio («amorreos», amalecitas, moabitas, etc.), según nos cuenta la Biblia, conflictos que se prolongarán en los primeros tiempos de la monarquía dividida (filisteos, edomitas, arameos, moabitas) y certifican a veces fuentes epigráficas externas (estela de Moab).

Dejando de lado la mención esporádica de Israel en la estela de Merneptah, el primer testimonio, históricamente comprobable, del contacto con el pueblo judío (reino de Judá) de un Gran Rey y de la incursión de sus ejércitos en tierra de hebreos nos lo ofrece la Biblia a propósito del ataque del faraón Shishaq//Shoshenq sobre Jerusalén en tiempos de Roboán (931-914 a.C.), hijo de Salomón, primer mo-

---

[1] Sobre Arioc, rey de Elasar, cf. últimamente J.-M. DURAND, «De l'époque amorrite a la Bible: le cas d'Arriyuk», en L. KOGAN ET ALII (eds.), *Memoriae Igor M. Diakonoff* (Orientalia Classica 8 / Babel und Bibel 2), Winona Lake 2005, pp. 59-70.

narca del reino de Judá (1 Re 14,25-26ss.)[2]. Por las crónicas asirias sabemos que unos cincuenta años más tarde el rey Ajab de Israel-Samaría (874-853 a.C.) participó en, y probablemente lideró, una confederación de estados sirios y contuvo a los ejércitos de Salmanasar III de Asiria en la batalla de Qarqar[3], que naturalmente la Biblia silencia. Pero este semivictorioso encuentro con la gran potencia no auguraba nada bueno. Años más tarde, a finales del siglo IX a.C. Asiria renovará su presión sobre Siria-Palestina y en una marcha sin tregua los emperadores asirios someterán toda la zona. Les tocó a Salmanasar V y Sargón II acabar con el reino del Norte y tomar Samaría, bajo el reinado de Oseas (731-722 a.C.; 2 Re 17)[4].

El reino del Sur/Judá quedaba advertido. Unos años más tarde el rey de Jerusalén, Ezequías (727-698 a.C.; 2 Re 18–19)[5], veía cómo el rey de Asiria, Senaquerib, que nos lo cuenta también en su prisma, asolaba su territorio y ponía asedio a Jerusalén[6]. Milagrosamente se salvó de la quema, pero la suerte estaba echada. Sus sucesores, Asaradón y Asurbanipal, continúan haciendo sentir su dominio en la

---

[2] Sobre la campaña de Shoshenq en Palestina véase *ANET,* pp. 263 y ss.; J. BRIGHT, *A History of Israel,* Londres 1960, pp. 213 y ss.; S. HERRMANN, *Historia de Israel en la época del Antiguo Testamento,* Salamanca 1979, pp. 256 y ss.; M. LIVERANI, *Oltre la Bibbia. Storia anticua di Israele,* Bari 2003, pp. 114 y ss. (hay tr. española).

[3] Sobre esta campaña de Salmanasar III véase *ANET,* p. 279; O. KAISER ET ALII (eds.), *Texte aus der Umwelt des Alten Testament* (*TUAT* I/4). *Historisch-chronologische Texte* I por R. BORGER ET ALII, Gütersloh 1984, p. 361: Ajab habría participado en la batalla con 2.000 carros y 10.000 soldados de infantería; W. S. HERRMANN, *op. cit.,* p. 278; M. LIVERANI, *op. cit.,* p. 126.

[4] Sobre las campañas de los reyes asirios en Palestina, desde Adad-Nirari III hasta Sargón II véase *ANET,* pp. 281-287; *TUAT* I/4, pp. 367-387; J. BRIGHT, *op. cit.,* pp. 252-258; W. S. HERRMANN, *op. cit.,* pp. 313-326; M. LIVERANI, *Antico Oriente. Storia società eeonomia,* Bari 2003, pp. 785 y ss.

[5] Cf. *ANET,* pp. 287 y ss.; *TUAT* I/4, p. 388; J. BRIGHT, *op. cit.,* pp. 267-271, 282-287; W. S. HERRMANN, *op. cit.,* pp. 330-333; M. LIVERANI, *Oltre la Bibbia,* pp. 163 y ss., 177 y ss.

[6] La veleidad de connivencia conspiradora con el rey de Babilonia Merodach-Baladán *(Marduk-apal-iddina),* súbdito de Asiria, resulta intrascendente (2 Re 20,12-19); J. BRIGHT, *op. cit.,* p. 267.

zona[7]. A fines del siglo VII y después de que Josías cayese muerto al hacer frente al faraón Necao II, de la XXVI dinastía (2 Re 23,29ss.), de paso por su territorio en ayuda del agonizante Imperio asirio y dueño momentáneo del territorio palestino, el auténtico nuevo amo de la situación, Nabucodonosor de Babilonia, se hace presente en la zona y acaba por tomar Jerusalén en tiempos de Joaquín (598-597 a.C.; 2 Re 24,10-17), arrasada diez años más tarde, bajo Sedecías (597-587 a.C.; 2 Re 25)[8].

Como puede colegirse de este rápido recorrido, el contacto de Israel con las grandes potencias del momento fue más bien desastroso a lo largo de su historia de pueblo-nación independiente. Egipto, Asiria, Babilonia se configuran en su tradición como la encarnación del mal y causa de todas sus desgracias, teológicamente merecidas y que en ese sentido hacía de aquéllas instrumentos del castigo divino. Lo que no será óbice para que sus profetas orquesten toda una serie de «oráculos contra las naciones» que humillaron y oprimieron a Israel[9]. El plan de Dios no anula la malicia del hombre, sólo la instrumentaliza.

II. CIRO PERSA, EL MESÍAS

Pero cuando Israel se halla sumido en lo más profundo de su aniquilación histórica, destruido y deportado, cambia completamente la perspectiva, y van a ser la gran potencia del momento y su soberano, Ciro, los instrumentos ahora de su resurrección. Ésta será la nueva perspectiva que nos ofrece la Biblia, es decir, la interpretación que de las circunstancias y vicisitudes históricas hacen sus compiladores. Lo

---

[7] Para las campañas de estos dos reyes en Siria-Palestina y contra Egipto véanse sus crónicas en *ANET*, pp. 289-303; *TUAT* I/4, pp. 393-401; J. BRIGHT, *op. cit.*, p. 288; M. LIVERANI, *op. cit.*, p. 165.

[8] Véase *ANET*, pp. 307 y ss.; *TUAT* I/4, pp. 401-406, para los textos cuneiformes que nos hablan de Nabucodonosor; J. BRIGHT, *op. cit.*, pp. 302-310; W. S. HERRMANN, *op. cit.*, pp. 350-365; M. LIVERANI, *op. cit.*, pp. 203 y ss.

[9] Cf. I. H. HAYES, «The Usage of Oracles against Foreign Nations in Ancient Israel», *JBL* 87 (1968) 91-92; D. I. BLOCK, *The Gods of the Nations. Studies in Ancient Near Eastern National Theology*, Jackson 1988; M. LIVERANI, *op. cit.*, pp. 206 y ss. Estos oráculos persisten hasta época postexílica.

cual no significa, y menos que otras veces en este caso, que los hechos fueran tales como se nos cuentan. La confusión de fechas y nombres que emergen de los textos bíblicos (en particular los Libros de Esdras y Nehemías) es notable, a pesar de hallarnos en un momento histórico y cultural tardío y perfectamente controlable a través de abundantes fuentes documentales [10].

El tono cambia de tal manera que el Gran Rey persa recibe el título supremo que Israel reservaba para sus reyes y que definía el sentido de su misión religiosa en el yahwismo: Ciro, el conquistador de Babilonia, es el «Mesías» de Yahweh para Israel, su ungido, su Cristo (Is 45,1); es también el «elegido o suscitado» por Dios (Is 41,2), como sus antiguos líderes carismáticos, y el «amigo» de Yahweh (Is 48,14), como sus más fieles servidores, los profetas. Es Yahweh quien le lleva de la mano por la ruta de la victoria. Entra así en la dinastía de la salvación, que ahora se organiza al margen de la descendencia de David [11]. En realidad es la misma ideología que se refleja en el Cilindro de Ciro en relación con Marduk («Pronunció el nombre de Ciro, rey de Anshan, le nombró soberano de todo el mundo... Le encargó marchar sobre Babilonia, yendo a su lado como un auténtico amigo») [12].

Nada menos que tres poemas-oráculo le dedica el profeta del Exilio, el Segundo Isaías, los cuales promulgan su elección-vocación (Is 41,1-3), su investidura (Is 45,1-8) y su misión (Is 48,12-15), según el esquema legitimador que la Biblia reserva para sus grandes líderes como Josué [13].

---

[10] Para las fuentes persas (Cilindro de Ciro y tablilla de Persépolis, de Jerjes) véase *ANET*, pp. 315-317; *TUAT* I/4, pp. 407-410; J. BRIGHT, *op. cit.*, pp. 488 y ss.; W. S. HERRMANN, *op. cit.*, 381-392; más en general G. N. KNOPPERS (ed.), «Revisiting the Composition of Ezra-Nehemiah: in Conversation with Jacob Wright's Rebuilding Identity: The Nehemiah Memoir and its Earliest Readers (BZAW 348), Berlín 2004», *Journal of Hebrew Scriptures* 7, 2007, art. 12 *(on line)* (intervienen G. Knoppers, D. N. Fulton, D. M. Carr, R. W. Klein, J. L. Wright).

[11] Cf. P. BRIANT, *Histoire de l'Empire perse,* p. 56.

[12] Cf. *ANET*, p. 315; *TUAT* I/4, p. 408; cf. *supra,* pp. 195 y ss.

[13] Cf. G. DEL OLMO LETE, *La vocación del líder en el Antiguo Israel. Morfología de los relatos bíblicos de vocación,* Salamanca 1973, pp. 101-111. La versión castellana de los textos bíblicos se toma de L. ALONSO SCHÖKEL, *La Biblia del Peregrino,* Bilbao 1995.

¿Quién lo ha suscitado en Oriente
    y convoca la victoria a su paso,
    le entrega los pueblos,
    le somete los reyes?
Su espada los tritura
    y su arco los dispersa como paja;
    los persigue y avanza seguro
    por sendas que sus pies no hollaban.

(Is 41,2-3)

Así dice el Señor
    a su ungido, Ciro,
    a quien lleva de la mano:
doblegaré ante él naciones,
    desceñiré las cinturas de los reyes,
abriré ante él las puertas,
    los batientes no se le cerrarán.
Yo iré delante de ti
    allanándote cerros;
haré trizas las puertas de bronce,
    arrancaré los cerrojos de hierro.
Te daré tesoros ocultos,
    caudales escondidos.
Así sabrás que yo soy el Señor,
    que te llamó por tu nombre,
el Dios de Israel.
Por mi siervo Jacob,
    por Israel, mi elegido.
Te llamé por tu nombre,
    te di un título,
    aunque no me conocías.
Yo soy el Señor, y no hay otro;
    fuera de mí no hay dios.
Te pongo la insignia,
    aunque no me conoces,
para que sepan de Oriente a Occidente
    que no hay otro fuera de mí.

Yo soy el señor, y no hay otro:
>   artífice de la luz,
>   creador de la tinieblas,
autor de la paz,
>   creador de la desgracia;
Yo, el Señor, hago todo esto.

(Is 45,1-7)

Reuníos todos y escuchad:
>   ¿quién de ellos lo ha predicho?
Mi amigo cumplirá mi voluntad
>   contra Babilonia.
Yo, yo mismo he hablado
>   y lo he llamado,
lo he traído
>   y dado éxito a su empresa
>   y la raza de los caldeos.

(Is 48,14-15)

No hay duda de que la clase dirigente de Israel en aquel momento crucial de su historia tiene conciencia clara, religiosa e históricamente clara, del papel que el rey de Persia asume en la reorganización y salvación del pueblo judío como unidad étnica y religiosa. Se podría decir que para ella Ciro es históricamente, y visto desde la perspectiva profética también religiosamente, el creador del judaísmo, en cuanto fue quien lo hizo posible. Otra actitud menos favorable por parte de la potencia dominadora hubiera llevado a la desintegración del grupo de los deportados, como les pasó a sus hermanos del reino del Norte en tiempos de Sargón II de Asiria.

Y esto no sólo porque liberó al pueblo de su opresor, el Imperio babilónico; la Biblia va más allá y le otorgará el papel de promotor de la restauración, con una intención y compromiso superior incluso al que el propio pueblo judío manifestó en aquel momento o manifiesta en nuestros días, una vez que descubrió en Babilonia que Yahweh, su Dios, el único Dios, está en todas partes, que toda la tierra es suya y que por tanto no hace falta ir a Jerusalén para encontrarle[14].

Vemos así cómo la revisión histórica y continuista[15], que suponen los Libros de las Crónicas, acaba con la promulgación del llamado «edicto de Ciro», el mismo (resumido) que recoge en su portada el libro de la restauración, las «Memorias de Esdras y Nehemías»:

> Ciro, rey de Persia, decreta: «El Señor, Dios del Cielo, me ha entregado todos los reinos de la tierra y me ha encargado construirle un templo en Jerusalén de Judá [Todos los de ese pueblo que viven entre nosotros pueden volver. Y que el Señor, su Dios, esté con ellos (2 Cr 36,23)]. Los que entre vosotros pertenezcan a ese pueblo: que su Dios los acompañe y suban a Jerusalén de Judá para reconstruir el templo del Señor, Dios de Israel, el Dios que habita en Jerusalén. Y a todos los supervivientes, dondequiera que residan: la gente del lugar les proporcionará plata y oro, hacienda y ganado, además de ofrendas voluntarias para el templo del Dios de Jerusalén». Entonces, todos los que se sintieron movidos por Dios –cabezas de familia de Judá y Benjamín, sacerdotes y levitas– se pusieron en marcha y subieron a reedificar el tempo de Jerusalén. Sus vecinos les proporcionaron de todo: plata, oro, hacienda, ganado y otros muchos regalos, además de ofrendas voluntarias (Esd 1,3-6).

En realidad este texto no hace otra cosa que traducir al hebreo y aplicar al pueblo judío la programada voluntad de Ciro en su Cilindro:

> Devolví a (estas) ciudades sagradas, situadas al otro lado del Tigris, cuyos santuarios habían estado en ruinas por largo tiempo, las imágenes que allí solían habitar y les procuré santuarios estables. Reu-

---

[14] Sobre la conciencia histórica de la vinculación de Israel con su Tierra Prometida véase W. D. Davies, *The Territorial Dimension of Judaism*, Berkeley 1982; cf. *supra*, pp. 184 y ss.

[15] Frente a la que supone el Libro II de los Reyes, para el que la fase monárquica de Israel se cierra con la figura del rey Joaquín, rehabilitado pero sin futuro. Su figura y el régimen que representa se diluyen en el Exilio babilónico, no continúan más allá del mismo.

ní también a todos sus antiguos habitantes y los hice volver a sus lugares de habitación[16].

El texto bíblico refleja la concepción de la *synoikía* divina: el Dios de los judíos es «el Dios que habita en Jerusalén», como los demás dioses de los demás pueblos en sus santuarios. Es la misma ideología que se refleja en el Cilindro de Ciro: «los dioses que vivían entre ellos abandonaron sus mansiones»[17]. En el caso judío el aniconismo hace que no se pueda entender de la «estatua» de Yahweh el abandono de su templo y ahora el acompañamiento a su pueblo en el retorno; la excepción no estaba contemplada en el tenor del edicto general, el rey persa no había escuchado al profeta Ezequiel (la cita del edicto en 2 Cr 36,23 disimula este dato). Pero ya indicamos más arriba, en su lucha por explicar su pasado y encontrar su futuro, el pueblo judío se había liberado de tal concepción local-territorial de su religión y había descubierto una nueva forma de culto que le aproximaba más a Yahweh: el culto de la Palabra, la Biblia; la Sinagoga al lado del Templo[18]. Nacía así la «Diáspora» como forma del ser histórico del pueblo judío, libremente asumida y desarrollada a lo largo de los siglos. Diríamos que la tolerante permisividad persa («que suba el que quiera o se sienta movido») hace aflorar la nueva situación y obliga a tomar partido ante la doble posibilidad de realizar el ser judío: en Palestina o fuera de ella. La elección fue tan clara que a partir de entonces y hasta la conquista árabe será Babilonia el hogar donde se fragüe el judaísmo y se fije su tradición religiosa, bajo la égida orgánica y reconocida del *roʾsh haggaluth*, ciertamente en situación histórica diferente, pero que está suponiendo una continuidad de tradición religiosa. Babilonia será así el punto de partida del judaísmo y su punto de culminación, que permitió superar los aciagos tiempos del helenismo seléucida y el segundo Exilio romano[19].

[16] Cf. *ANET*, p. 316; igualmente véase la Estela de Nabonida col. III, *ANET*, p. 309.

[17] Cf. *ANET*, p. 315; *TUAT* I/4, p. 408 (Cilindro de Ciro).

[18] Cf. *supra*, p. 116; J. J. Petuchowski, «Diaspora Judaism – An Anomaly?», *Judaism* 9 (1960) 17-28; cf. *supra*, pp. 185 y ss.

[19] Para una síntesis de lo que Babilonia significó para el judaísmo véase las entradas de la *EnJud*: «Babylonia» (vol. 4, cols. 34-43) y «Exilarch» (vol. 6, cols.

De todas las maneras, estas redacciones del «edicto» dejan entrever, comparadas con la más amplia y al parecer oficial (en arameo), de que luego hablaremos, dos situaciones distintas en la puesta por obra del retorno; o simplemente un anhelo frustrado de una clase muy motivada por la restauración, la netamente «sionista». El edicto, tal y como se transcribe, recoge la devolución del tesoro del Templo, confiscado por Nabucodonosor, pero no habla de la financiación pública de las obras (Esd 1,7-11) [20]; este aspecto aparece ampliado y precisado en el texto «oficial» (Esd 6,3ss.), mientras el texto de 2 Cr 36,23 pretende funcionar como una simple alusión de ilación narrativa, no como fuente documental estricta [21].

De todas las maneras, según una visión objetiva de la situación, los años inmediatamente siguientes a la toma de Babilonia no eran los más adecuados para que la dinastía persa se implicase en la reconstrucción religiosa de sus provincias occidentales. Sólo cuando se afirmó la dinastía aqueménida y emprendió su expansión por la zona, fue cuando Jerusalén, como posible bastión vigía frente a Egipto, la satrapía díscola, adquirió significación [22].

III. LA RESTAURACIÓN DEL JUDAÍSMO POR LOS REYES PERSAS

Una tercera y más detallada redacción del decreto se nos ofrece como resultado de la consulta del archivo oficial de Ecbátana, exigida por la demanda interpuesta ante el rey Darío por las autoridades

1023-1034), entre otros (p. ej., «Akademies», «Babylonian Talmud», etc.); *supra*, pp. 177 y ss.

[20] Cf. P. BRIANT, *op. cit.*, p. 57.

[21] Cf. el comentario de J. M. MYERS, *II Chronicles* (Anchor Bible 13), Garden City 1965, p. 224.

[22] Ésta es la tesis de D. EDELMAN, *The Origins of the «Second» Temple: Persian Imperial Policy and the Rebuilding of Yehud*, Londres 2005, pero la opinión no es compartida por BRIANT, *op. cit.*, p. 603. Véanse últimamente E. VELÁZQUEZ, «The Persian Period and the Origins of Israel: Beyond the "Myths"», en R. HESS, G. A. KLINGBEIL y P. J. RAY (eds.), *Critical Issues From Israelite History*, Winona Lake 2008, pp. 61-76.

de la Transeufratene, a fin de comprobar la legitimidad de la pretensión en que se apoyaban los judíos para llevar a cabo la edificación de su templo (el edicto se busca, se halla y se completa por Darío; Esd 5–6) [23]:

> El año primero de su reinado, el rey Ciro decretó a propósito del templo de Jerusalén: «Constrúyase un templo donde ofrecer sacrificios y echen sus cimientos. Su altura será de treinta metros y su anchura de otros treinta. Tendrá tres hileras de piedras sillares y una hilera de madera nueva. Los gastos correrán a cargo de la corona. Además, los objetos de oro y plata de la casa de Dios, que Nabucodonosor trasladó del templo de Jerusalén al de Babilonia, serán devueltos al templo de Jerusalén para que ocupen su puesto en la casa de Dios. Por consiguiente, Tatenay, sátrapa de la Transeufratene... manteneos al margen y permitid al gobernador y al senado de Judá que trabajen reconstruyendo el templo del Dios en su antiguo sitio... Así mismo, ordeno: al que no cumpla este edicto, le arrancarán una viga de su casa y le empalarán en ella... La orden es mía y quiero que se cumpla a la letra. Darío (Esd 6,3-12).

El tenor de las tres ediciones del edicto parece unánime, sin embargo, sus detalles varían mucho y su ejecución implica notables desacuerdos con otros datos ofrecidos por la Biblia misma. El primer resultado de este decreto, de fecha imprecisa, parece ser la vuelta a Jerusalén de un contingente de unos 50.000 judíos (Esd 2) [24] que se establecieron mal que bien en el territorio devastado e iniciaron simbólicamente la reconstrucción del Templo, erigiendo un altar y poniendo sus fundamentos o piedra angular, es decir, reabriendo el «lugar sagrado» en el que celebrar con legitimidad sacra «ritos y fiestas» (Esd 3).

El edicto de Ciro, en el fondo una medida de política general persa a propósito de la restauración de un ciudad o comunidad [25], continúa siendo el punto de legitimidad y arranque (Esd 4,3; cf. 3,7).

---

[23] Cf. P. BRIANT, *op. cit.*, pp. 57 y ss.
[24] Sobre la cifra de los que regresaron cf. *supra*, pp. 56 y ss.; P. BRIANT, *op. cit.*, p. 179.
[25] Cf. P. BRIANT, *op. cit.*, p. 58.

De esta manera los reyes persas eran consecuentes con su politeísmo, respetando a todos los dioses, como lo serán los judíos con su monoteísmo, negando la legitimidad de esos cultos. La restauración efectiva del templo de Jerusalén hubo, con todo, de esperar varias décadas. El obstáculo primero, se nos asegura, vino de parte de los vecinos, que no veían con buenos ojos la restauración de una ciudad que había sido la dominante en la zona. En consecuencia, intrigan contra ella ante los reyes persas Jerjes (485-465 a.C.)[26] y Artajerjes (I) (464-424 a.C.; Esd 4). Lo contradictorio del dato está en que la intriga ante el rey Artajerjes tuvo como resultado que les obligaron (a los judíos) por las armas a detener las obras. Se suspendieron, pues, las obras del templo de Jerusalén y estuvieron paradas hasta el año segundo del reinado de Darío de Persia (Esd 4,23-24). Este dato resulta históricamente imposible, dado que Darío (I) (522-486 a.C.) precedió en su reinado a Jerjes y Artajerjes[27]. Debería en buena lógica tratarse de la época de Cambises, el hijo de Ciro (530-522 a.C.), ya que Darío II (423-405 a.C.) y Artajerjes II (404-359 a.C.) quedan fuera de la perspectiva histórica presumible[28].

Se cruzan aquí posiblemente dos tradiciones. Una se refiere a la construcción del templo bajo el impulso profético de Ageo y Zacarías, con la aprobación y apoyo del rey Darío I, que ratifica y amplía el edicto de Ciro, empresa que acabaría con relativa rapidez (Esd 5–6): «El templo se terminó el día tres del mes de marzo, el año sexto de Darío», es decir, el año 515 a.C. (Esd 6,15); mientras la otra se referiría a la reconstrucción de la ciudad y su muralla, que es la obra que quedaría interrumpida. Durante años el templo o altar se erguiría en medio de un paraje desolado y en ruinas, sin muros protectores. Su única protección era su propia sacralidad. De hecho, los edictos de Ciro y Darío mentados sólo hablan de la construcción del templo. Es

---

[26] Sólo mentado aquí y de paso. Recuérdese que este rey persa actuó contra los templos en Egipto y Babilonia.

[27] Sobre el orden histórico de los libros de Esdras cf. J. M. MYERS, «Book of Ezra and Nehemiah», en *EnJud,* vol. 6, cols. 111-123 (113, «Historical order»).

[28] Cf. E. M. YAMAUCHI, *Persia and the Bible,* Grand Rapids 1991, pp. 253-356.

la situación que supone Neh 2,17, como veremos más abajo. Pero tal situación del lugar sagrado podía resultar insostenible, contando con la enemiga acérrima de sus vecinos, que no podían ser alejados de un santuario oficial y no permitían a su vez la organización de la comunidad conforme a las exigencias mínimas derivadas de tal culto, tal y como las reclamaba la nueva conciencia de restauración del judaísmo.

Y es en este momento, bien entrado ya el reinado de Artajerjes I, cuando las exigencias de la fe en Yahweh ya han sido compiladas y cuando a la vez Persia necesita afianzar la frontera sur del Imperio, cuando la empresa de reconstrucción de la provincia de Yehud y su capital adquiere una nueva significación[29]. El intercambio con la metrópoli, con connacionales y autoridades, permitía conocer de manera clara cuál era la situación en Jerusalén y su entorno, en la $m^e dînāh$ de $Y^e hud$. Un nueva intervención regia, esta vez por decreto de Artajerjes I, supone el envío de dos legaciones: una de carácter religioso, liderada por «Esdras, sacerdote-letrado *(hakkōhēn hassōphēr)*, escriba de los preceptos de Yahweh y de sus mandatos a Israel..., sacerdote-letrado *(kāh^anāh sāphēr)* de la Ley del Dios de los Cielos» (Esd 7,11.21)[30]. Éste parte de la capital de la novena Satrapía, Babilonia, el centro de reinvención del nuevo Israel y sus textos (Esd 7,12ss.). Su misión es básicamente cultual y socio-religiosa (Esd 7,25ss.), orientada a implantar la vigencia de la Ley del Dios del Cielo y extirpar abusos (Esd 8–9)[31], y eso como ley de Estado, por cuya infracción se respondería ante éste. El poder desarrolla así al mismo tiempo protección y control, asume los cultos y se los apropia.

> Artajerjes... al sacerdote Esdras... «Dispongo que mis súbditos israelitas, incluidos sus sacerdotes y levitas, que deseen ir a Jerusalén, puedan ir contigo. El rey y sus siete consejeros te envían para ver cómo se cumple en Judá y en Jerusalén la ley de tu Dios, que te han confiado, y para llevar la plata y el oro que el rey y sus consejeros han ofreci-

---

[29] Cf. *supra*, n. 22, acerca de la opinión de Edelman al respecto.

[30] Si tal categorización es cierta, en este sacerdote-escriba, la segunda función prevalece sobre la primera, pues él no retorna a su templo y sus funciones cúlticas.

[31] Cf. P. BRIANT, *op. cit.*, pp. 600 y ss.

do voluntariamente al Dios de Israel que habita en Jerusalén... Emplea exactamente ese dinero. Cualquier otra cosa que necesites para el templo te la proporcionarán en la tesorería real hasta un total de tres mil kilos de plata... Hágase puntualmente todo lo que ordene el Dios del Cielo con respecto al templo, para que no se irrite contra el reino, el rey y sus hijos... Tú Esdras, con esa prudencia que Dios te ha dado, nombra magistrados y jueces que administren justicia a todo el pueblo de la Transeufratene, es decir, a todos lo que (re)conocen la Ley de tu Dios, y a los que no la (re)conocen, enséñasela. Al que no cumpla exactamente la Ley de Dios y la orden del rey, que se le condene a muerte, o a destierro, o a pagar una multa, o a la cárcel (Esd 7,12-26)[32].

La otra legación parte de la capital de invierno del Imperio, Susa, y se encarga nada menos que al «Copero del Rey», Nehemías (Neh 1–2). Su misión es estrictamente político-militar: reconstruir la muralla y convertir a Jerusalén en un bastión inexpugnable. A tal efecto Nehemías va provisto de todas las pragmáticas precisas que le convierten en administrador autónomo *(peḥāh)* de la *mᵉdînāh*, como un territorio autónomo dentro de la V Satrapía, sustraído a la obediencia de sus inmediatos jefes de zona[33], lo que motivará unas intrigas que recuerdan a las supuestas en el caso de Esd 4, también en tiempos de Artajerjes (Neh 3–4; 6-7,3)[34].

Si a su majestad le parece bien, que me den cartas para los gobernadores de la Transeufratene, a fin de que me faciliten el viaje a Judá. Y una carta dirigida a Asaf, superintendente de los bosques reales, para que me suministren tablones para las puertas (de la ciudadela del templo), para el muro de la ciudad y para la casa donde me instalaré». Gracias a Dios, el rey me lo concedió todo... Ya veis la situación en

[32] Estamos ante un nuevo «edicto» regio y un nuevo retorno...
[33] Esta correlación de poderes y jurisdicción hay que verla en el contexto de la flexible y a la vez graduada y controlada política autonómica que los persas mantienen con las autoridades locales. Cf. a este propósito la obra citada de D. EDELMAN, *The Origins of the «Second» Temple: Persian Imperial Policy and the Rebuilding of Yehud*, Londres 2005; no se puede hablar de una autonomía política auténtica de las provincias en el Imperio persa.
[34] Cabe preguntarse si no estamos ante los mismos hechos.

que nos encontramos: Jerusalén está en ruinas y sus puertas incendiadas. Vamos a reconstruir la muralla de Jerusalén y cese nuestra ignominia (Neh 2,7-9.17).

Se trata evidentemente de una decisión política que ya nada tiene que ver con la restauración de un culto y repatriación de sus fieles, como era el caso en el decreto anterior que puso en camino a Esdras y a una nueva caravana de exiliados. El proceso encomendado a Nehemías se vuelve a encontrar con similares problemas a los encarados por Esdras (Neh 5; 7,4-72; 11–13), hasta el punto de que las dos misiones se funden, la socio-religiosa y la político-militar, y Esdras se cuela en la operación reconstructora de Nehemías, proclamando solemnemente la Ley (Neh 8,1-12) e inaugurando la nueva forma canónica de los grandes ritos: *sukkôt, yôm kippûr* y renovación del pacto y compromiso de fidelidad, después de haber rememorado el credo de Yahweh, es decir, su intervención en la historia santa (Esd 9–10) [35]. El nuevo orden no se manifestó fácil y requirió una segunda vuelta del funcionario regio (Neh 13,6ss.).

Estamos aparentemente ante dos tipos de intencionalidad que se complementan: los píos líderes judíos quieren restaurar un pueblo y un culto, la corte quiere garantizar un culto que tribute y una ciudad-baluarte que se integre en el sistema defensivo del Imperio. Sólo tal culto merece su atención y la del pueblo que lo reclama. Así resume Esd 9,9 la situación, mezclando de nuevo los diferentes momentos:

... éramos esclavos, pero nuestro Dios no nos abandonó en nuestra esclavitud; nos granjeó el favor de los reyes de Persia, nos dio respiro para levantar el templo de nuestro Dios y restaurar sus ruinas y nos dio una tapia o cerca de protección *(gader)* en Judá y Jerusalén (Esd 9,9).

---

[35] Aparece en esta plegaria-narración la clásica concepción de la historia santa y sus etapas, como momentos de otras tantas intervenciones de Yahweh, su protagonista, y la concepción deuteronomista que preside toda la revisión del pasado desde la perspectiva del Exilio como castigo merecido y purificador. Podría verse en esta plegaria-narración el núcleo de la nueva Biblia. Como un eco del «credo cultual» de Dt 26,5-9.

Curiosamente, coincidiendo con esta restauración y la superación de la revuelta en Egipto por Artajerjes I, se establece en los confines del Imperio una colonia judía a su servicio como fuerza leal y de élite[36]. Años más tarde, bajo Darío II (410 a.C.), los documentos provenientes de la misma nos la muestran preocupada por la reconstrucción de su propio santuario de Yahweh, que según ellos se remonta a tiempos anteriores a Cambises[37], destruido por sus vecinos (como consecuencia quizá de una disputa de terrenos)[38]. Los judíos de Elefantina recurren a las autoridades religiosas (el Sumo Sacerdote Yohanan) y políticas de Jerusalén (Bagoas, gobernador de Judea), incluso a las de Samaría (a los hijos del gobernador [¿ya difunto?] Sanballat), en un intento de asegurase el veredicto favorable ante una situación en la que no está clara la jurisdicción religiosa, pues ambas, la judía y la samaritana, podían declararse competentes en asuntos de culto yahwista[39]; naturalmente, las autoridades de Jerusalén ni se dignan contestar[40] a una pretensión que era inaceptable de raíz para ellas por atentar contra el dogma básico del nuevo judaísmo: la unidad del culto y exclusividad del templo de Jerusalén. En el mismo sentido también se recurre en causa civil ante las autoridades de Menfis, la capital de la satrapía de Egipto (ante el sátrapa Arsames)[41]. Al fin la autoridad del sátrapa les hace caso y el templo es reconstruido y se reanuda el culto, elemento tan importante para la concepción persa. Estos judíos de Egipto tendrán su propio santuario también. La autoridad persa no entró en la cuestión de su legitimidad teológica, según la visión deuteronomista; para ella la multiplicidad de los lugares de culto no era problema, más bien lo contrario. Así se limitó, por tanto, a garantizar la misión de Nehemías dentro de su propia concepción politeísta. A su vez, esta comunidad de Elefantina, que reconoce la jurisdicción de Jerusalén sobre los asuntos religiosos del yahwismo, como supone el encargo de Artajerjes a Esdras, ignora tam-

[36] Cf. P. BRIANT, *op. cit.*, pp. 591 y ss., 603 y ss.
[37] Cf. P. BRIANT, *op. cit.*, pp. 620 y ss.; E. M. YAMAUCHI, *op. cit.*, p. 245; *ANET*, p. 492.
[38] Cf. P. BRIANT, *op. cit.*, pp. 620 y ss.
[39] Cf. P. BRIANT, *op. cit.* pp. 603 y ss.
[40] Cf. *ANET*, p. 492.
[41] Cf. P. BRIANT, *op. cit.*, pp. 620 y ss.; *ANET*, p. 492.

bién sus exigencias básicas: la imposibilidad de que haya otro templo de Yahweh, fuera del de Jerusalén, y la imposibilidad aún mayor de que tal templo pueda albergar a otras deidades. Estamos ante una prueba palmaria de lo ardua que fue la instauración del nuevo orden religioso y su nueva teología, la persistencia de antiguos hábitos cúlticos y la facilidad con que el pueblo judío se incardinó en las estructuras del Imperio persa [42]. Se trata en este caso del aspecto militar; el económico correrá parejo, como lo demuestra la documentación neobabilónica [43].

En todo caso, ambos episodios, que implican a judíos, dejan en claro la importancia que para los persas tenía el mantenimiento del recto orden establecido, que supone la conservación de los templos del «dios que habita en...» como centros de identificación étnicoreligiosa y como base del sistema fiscal.

Pero es claro que sólo cuando la Corte Persa se compromete directamente en la ejecución del proyecto, es cuando éste prospera. Envía a Judá a sus altos funcionarios judíos con los recursos precisos y es entonces cuando, a pesar de la oposición de los vecinos (samaritanos) asentados en el lugar hacía ya dos siglos y cuyo Dios territorial era también Yahweh, tal proyecto prospera. Así ordena Darío, renovando el antiguo edicto de Ciro a las autoridades de la Transeufratene:

> En cuanto al senado de Judá y a la construcción del templo, os ordeno que se paguen a esos hombres todos los gastos puntualmente y sin interrupción, utilizando los fondos reales de los impuestos de la Transeufratene para que ofrezcan sacrificios al Dios del cielo rogando por la salud del rey y de sus hijos (Esd 6,8-10).

---

[42] Todavía en el siglo II a.C. (ca. 168-65) se construía en Leontópolis un templo de Yahweh y en el I (bajo Juan Hircano II) los judíos de Sardes llevaban a cabo su culto de manera autónoma; cf. L. CAPPONI, *Il Templo de Leontopoli in Egitto: Identità política e religiosa del Giudei de Onia (c. 150 a.C.-73 d.C.)*, Pisa 2007; W. D. DAVIES, *The Territorial Dimension of Judaism*, Berkeley-Los Ángeles-Londres 1982, p. 92.

[43] Cf. R. ZADOK, *The Jews in Babylonia during the Chaldean and Achaemenian periods according to the Babylonian sources* (Studies in the History of the Jewish People and the Land of Israel. Monograph Series, 3), Haifa 1979, *TUAT* I/4, pp. 411-418.

El retorno se presenta, pues, por un lado, como un ejemplo más de la concepción político-religiosa persa («El Señor, Dios del Cielo, me ha entregado todos los reinos de la tierra y me ha encargado construirle un templo en Jerusalén de Judá», decía el edicto de Ciro) de construir su imperio sobre la base de la tolerancia de cultos y de la incardinación de pueblos en un proyecto imperial que respetaba las peculiaridades y les ofrecía un marco de desarrollo y prestigio único, férreamente defendido[44], por otra parte, por estructuras públicas eficientes: ejército, vías de comunicación, servicio postal, moneda única, etc. Podemos decir que tal proyecto imperial representaba el primer ensayo de globalización.

Por otro lado, los judíos que retornan lo hacen desde su fe territorial[45] e incluso solapadamente restauracionista: los guía Sesbasar, príncipe de Judá, de la casa real de David (probablemente uno de los hijos del rey Joaquín, cf. 1 Cr 3,18)[46]. Son los primeros «sionistas» y como tal podemos calificar a Ciro, el primero, que certifica esa fe en el sentido religioso y étnico al mismo tiempo del Templo y de la tierra de Yahweh. Pero Sesbasar no pudo sostener la esperanza en una restauración davídico-mesiánica, ni las autoridades persas la tolerarían. Desparece pronto de la escena, como desaparecerá el segundo y más significado «príncipe de la casa de David», Zorobabel[47] (al parecer nieto del rey Joaquín), sustentador de la misma esperanza restauracionista (cf. Zac 3,8; 4,6-19; 6,12), quizá quitado de en medio por la propia autoridad persa. Es claro que una pretensión de ese tipo no tenía cabida en aquel marco y ni siquiera para muchos judíos tenía ya valor ese mesianismo regio. El Mesías era ahora el «Rey persa» y en el mejor de los casos a partir de entonces el Mesías resultaba una figura del futuro escatológico, incluso «redentor» (cf. la figura del «Siervo» de Is 53). Este sionismo, socialmente tibio en su conjunto, queda refrendado por el comportamiento de los judíos de Elefantina, como vimos más arriba.

---

[44] Cf. *supra,* n. 33.

[45] Cf. a este respecto las precisiones de W. D. DAVIES en la citada obra *The Territorial Dimension of the Judaism*, pp. 61 y ss.

[46] Cf. J. LIVER, «Sheshbazzar», en *EnJud*, vol. 14, cols. 1382-1383.

[47] Cf. B. PORTEN, «Zerubabel», en *EnJud*, vol. 16, cols. 1000-1001.

IV. LA BIBLIA NACE Y SE DESARROLLA BAJO LA PAZ PERSA

El caso es que los funcionarios judíos, Esdras y Nehemías, al servicio de las autoridades persas, no sólo traen la encomienda oficial y los fondos para llevar a cabo la restauración material del templo y la ciudad, sino que también traen la norma organizativa de la comunidad cultual, la Ley, la Torah. Una norma compilada en Babilonia por esa nueva clase religiosa judía, los escribas-legisperitos (ni sacerdotes, ni profetas, ni sabios, o todo a la vez), y que precisamente no podía implementarse allí. Venía sancionada oficialmente, a propuesta de sus redactores sin duda, por las autoridades persas del culto, y era algo palpable: el Libro de la Ley[48]. Estaba claro que mientras fuera posible, el «sionismo» era necesario para el pueblo judío. Lo curioso es ver cómo esos mismos funcionarios judíos, que residen en Mesopotamia, se muestran tan celosos en la organización de la comunidad, bajo rígidas normas aislacionistas y puritanas que rechazan la cohabitación y colaboración con sus correligionarios samaritanos. Éstos, a su vez, acabarán adoptando el mismo código religioso sancionado por las autoridades persas (El Pentateuco/Torah) como el código del Dios del Cielo, Yahweh, que también es el Dios de su territorio.

No sería descabellado suponer que esa adopción de la Ley del Dios del cielo se remonte a aquella época (segunda mitad del siglo V a.C.), aunque la redacción del Pentateuco Samaritano haya de remitirse, por razones de crítica interna, a épocas posteriores (s. II a.C.)[49]. Pero los samaritanos difícilmente habrían asumido la Ley (Pentateuco) de sus odiados vecinos, si ésta no tuviera la sanción de documento legal del Imperio. En la elaboración de la misma no intervinieron, como tampoco intervinieron en la construcción del Templo. Pero al asumirla, por imposición legal y por propia conveniencia, recobrarían todo un pasado, una tradición oscuramente definida para ellos, gentes de otras latitudes que conocían la historia del pueblo y del dios

---

[48] Sobre la posible manera como se fraguó tal Ley cf. *supra,* pp. 199 y ss.
[49] Cf. J. TREBOLLE, *La Biblia judía y la Biblia cristiana,* pp. 309-313.

del lugar muy de segunda mano. Una tradición mortecina que había vivido siglos bajo la opresión asiria, tan distinta del nuevo panorama persa. A la labor aportarían su propio y arcaico sistema gráfico como signo de legitimación y diferenciación. Y desde luego, su propia interpretación del auténtico santuario de Yahweh.

Por otro lado, esos celosos judíos (Esdras y Nehemías) se vuelven a Babilonia y Susa, reclamado el último por sus menesteres funcionariales. Resultan, así, los primeros tipos históricos del «judío de corte», si dejamos de lado la figura legendaria de José, virrey de Egipto, dando muestras de un sionismo perfectamente compatible con, y subordinable a, una tarea política y personal llevada a cabo en la diáspora. No volvieron en su momento, hicieron carrera en el imperio persa y, después de haber organizado la Nueva Sión, ninguna tradición menciona que al final de sus días se reintegraran a ella.

Pero su misión nos revela que el judaísmo babilónico está llevando a cabo por aquellos años (del siglo VI al IV a.C.) una misión más decisiva que la que podía suponer el simple retorno y reconstrucción del Templo de Jerusalén. Este judaísmo estaba volviendo a los más remotos orígenes históricos del pueblo de Yahweh, reconstruyéndolos, revisándolos y reformulándolos como su Palabra total y definitiva, dando a su Dios la posibilidad de hablar por su definitivo profeta: la Biblia[50]. A medida que va consensuándose su configuración, se la va aceptando en su sacralidad y carácter último e inapelable de Palabra de Dios. Esta peculiar teogonía/génesis bíblica, vivida desde una altísima tensión espiritual y conciencia de misión divina, estuvo sin duda patrocinada y promovida por la política persa de respetar la voluntad de los dioses de todos los pueblos de su vasto y variopinto imperio. En ese sentido podemos decir que la Biblia nace en el Imperio persa acuñada por su tolerante política religiosa. En otro contexto hubiera sido muy difícil su gestación. Y desde luego, la devastación material y cultural que ofrecía Jerusalén no era el encuadre adecuado a tal menester, pero sí lo era como banco de pruebas don-

---

[50] Cf. *supra,* pp. 199 y ss.

de poner por obra los códigos sociales, religiosos y cultuales que aquélla iba formalizando. La Biblia nace, pues, en la Gran Persia y con ella el nuevo culto de la Palabra (Sinagoga), su lectura e interpretación (rabinismo), es decir, el judaísmo, como forma nueva de religión en que desemboca el antiguo yahwismo, como religión del Israel preexílico.

De hecho en el periodo indicado y más bien en contexto babilónico que palestino, en todo caso políticamente persa, se redactan o compilan la mayor parte de los libros bíblicos. La tradición rabínica no acogió ninguno que se remitiese a una época posterior. Representó un periodo de relativa calma, tanto que no dejó historia, si exceptuamos la referente a la reconstrucción del Templo y la ciudad. Incluso la última y correctora revisión histórica y que en el orden de los libros bíblicos es remitida al último lugar (los Libros de las Crónicas, precedidos incluso por los de Esdras-Nehemías, que constituyen su continuación histórica), expresión de su origen tardío, no se ocupa de la misma. Estaba claro que la Historia (sagrada/normativa, aquella hecha «con Dios») estaba ya cerrada.

Ésta es la gran época de la Sabiduría y la Poesía bíblicas, en las que el judaísmo va ampliando su perspectiva y saltando del ritualismo a la antropología religiosa. Desde el punto de vista económico-político, fuertemente controlado por las estructuras imperiales, el momento no resultó especialmente significativo para Palestina, si nos atenemos a los resultados aportados por la arqueología. Los restos del periodo persa son normalmente mezquinos[51]. Quizá ni los propios judíos se empeñaron en ello, atraídos por mejores perspectivas de inversión en otras zonas de la globalidad persa[52].

Este primer y decisivo impulso por buscar, fijar y poner en vigor la «Ley del Dios del Cielo» creó un clima favorable al desarrollo de la

---

[51] Cf. I. MILEVSKI, «Settlement Patterns in Northern Judah during the Achaemenid Period, According to the Hill Country of Benjamin and Jerusalem Surveys», *Bulletin of the Anglo-Israel Archaeological Society* 15 (1996-1997) 7-29.

[52] Para una información básica sobre la implicación económica de los judíos en el Imperio persa véanse los estudios de M. HELTZER citados en p. 198, n. 11.

literatura bíblica que surgió como su complemento y desarrollo. Ahora más que nunca profetas, narradores, sabios y cantores se sienten motivados y legitimados, sin controles directos, para dar rienda suelta a la formulación de su propia vivencia histórico-religiosa. Era una vivencia que había estado coartada por la ortodoxia oficial de la antigua monarquía (carente de libro hasta el final, su religión era praxis, tradición...) y su sacerdocio, que tenía el monopolio de la «palabra»; incluso los profetas vivían en boca de sus discípulos, por lo que podemos saber. Y desde luego, no menor fue la coerción del poder neobabilonio, pronto a caer sobre toda pretensión de afirmación religioso-nacional.

El nuevo clima permite, en primer lugar, recoger toda la tradición profética que el grupo ahora triunfante había fomentado y guardado, clandestinamente en gran parte (salvo los breves periodos de Ezequías y Josías), como un apoyo de su propia fe y esperanza en «Yahweh solo» (de Isaías a Ezequiel), sazonándola con las nuevas visiones (p. ej., los elementos postexílicos en Isaías). En segundo lugar, brota ahora una nueva incitación a continuar esa tradición: se revisa proféticamente la historia a partir de la época fundacional de la Ley, y esto por partida doble, fruto de las diversas visiones del pasado (de Jos a Cr, incluyendo el relato del presente, plasmado por Esdras y Nehemías), como hemos dicho. Por su parte, los nuevos profetas interpretan y se comprometen con la nueva situación (del II Isaías a Malaquías), a pesar de que su voz ya apenas es necesaria y ha adquirido otro tono. Desde luego será más eficaz la intervención de los legados de Esdras y Nehemías que los alegatos de Ageo o Zacarías a la hora de la restauración. La aparición de la Palabra escrita como referencia religiosa incita a los «sabios» a formular su visión de la vida religiosa, como depositarios en gran medida de la tradición proverbial; por eso resultan tanto autores como compiladores (Proverbios). La actividad acabará convirtiéndose en creación personal por imitación del género (Qohelet, Eclesiástico, Sabiduría). Pero el impulso irá más lejos y aparecerá la pura creación literaria como instrumento de desarrollo de la conciencia religiosa (Job, Cantar, Ester, Rut, Judit...).

Y dentro de este horizonte favorable que proporcionó la *pax* persa tenemos un par de arquetipos literarios que aparecen en la Biblia y dan fe de lo hondo que caló «lo persa» en el imaginario hebreo de la época. De ellos vamos a ocuparnos a continuación.

V. PERSIA ENTRA EN LA BIBLIA A TAMBOR BATIENTE: EL LIBRO DE ESTER

Dentro de este marco general, en principio primordial, que supone Persia en la Biblia y para la el judaísmo y la misma Biblia, asistimos a una idealización sin fisuras de su ser histórico-cultural y de su función en relación con el pueblo judío. No sólo fue su posibilitador, sino que acabó siendo su salvador. Es la imagen ideal que de Persia y lo persa nos ofrece el Libro de Ester. No se discute ni critica su estructura social y cortesana, ni se alude a su confesión religiosa naturalmente alejada del judaísmo. Se nos ofrece un cuadro vivo y detallado de la Corte persa como un hecho cultural firme e indiscutible bajo cuyo paraguas vive el judaísmo de la época. Se trata de un escrito imaginario pero con una gran proximidad a los datos culturales (instituciones, nombres, costumbres...), hasta suscitar sospechas de básica historicidad [53]. En el mismo vemos a una israelí, Ester, instalarse en el centro mismo de la corte persa, como esposa favorita, y a un judío, Mardoqueo, que resulta ser el defensor del trono persa. Éste responde salvando al pueblo de las asechanzas e inquinas de sus enemigos, que entonces como siempre en la historia ha suscitado el pueblo judío. La tesis religiosa es de una topicidad clásica en la literatura bíblica: fe insobornable en el propio Dios que trae la salvación por encima de la debilidad del instrumento de que se sirve, una frágil mujer extranjera frente al poder arrogante de un primer ministro, en plena gracia real. Este elemento religioso, implícito en el texto hebreo, es puesto de relieve en los complementos que aporta la versión griega [54].

[53] Cf. E. M. YAMAUCHI, *op. cit.*, pp. 226 y ss.
[54] Cf. A. BAUMGARTEN, «Scroll of Esther», en *EnJud*, vol. 14, cols. 1047-1057.

El escrito adquiere tal significación en el pueblo judío que se convertirá en el libreto de su fiesta de revancha nacional a lo largo de la historia *(pūrîm)*, el momento de venganza y victoria, incluso de encarnizamiento, que pocas veces ha podido saborear en su historia. Resulta así el libreto de la esperanza nacional hecha realidad, al menos en el propio imaginario. De hecho el *Rollo de Ester* se convirtió en la «Biblia del pueblo», mientras la Biblia en sí lo era de la Sinagoga. Su misma ardua historia redaccional con su doble texto testimonia el interés que el mismo suscitó en su momento [55].

Lo curioso del caso es que los héroes de esta gesta persa-judía llevan nombres que no son, al parecer, ni persas ni judíos, sino un remedo de los nombres de los grandes dioses de Babilonia: Ester/Istar, Mardoqueo/Marduk [56]. En todo caso y aparte de su etimología, no parecen los más adecuados para encamar la acción salvadora del propio Dios, Yahweh, el Dios único y celoso que ha anulado a todos los demás, en quien se cree y a quien se acude; en el libro no hay el mínimo atisbo de sincretismo. Por otra parte, la acción no se desarrolla en Babilonia, sino en Susa, la capital donde tenían su palacio de invierno los reyes persas y que funcionaba de hecho como la capital del Imperio, por encima de las otras grandes residencias imperiales como Ecbátana o Persépolis. Da la impresión de que lo que aquí está en juego es el judaísmo caracterizado como realidad babilónica, el judaísmo diaspórico que ha echado raíces en Babilonia, a donde sus an-

---

[55] Cf. la doble ambientación: Artajerjes/Jerjes y la confusión en la identificación de *Ahasuerus* con Jerjes o Artajerjes; cf. J. M. MYERS, «The Book of Ezra and Nehemiah», en *EnJud*, vol. 6, p. 113.

[56] Cf. el nombre de Mardoqueo aparece en Esd 2,2 y Neh 7,7. Para su etimología babilónica cf. p. ej. I. D. FOWLER, *Theophoric Personal Names in Ancient Hebrew* (JSOT SS 49), Sheffield 1988, pp. 64, 67, 364; R. ZADOK, «Die nichthebräische Namen der Israeliten vor dem hellenistischen Zeitalter», *UF* 17 (1985) 392 (/markukā[ja]). Fowler no cita el nombre Ester y Zadok (p. 396); lo considera, con otros autores, de origen iranio (< *star, «estrella»); cf. G. GERLEMAN, *Esther* (BKAT XXI), Neukirchen-Vluyn 1973, p. 79; C. A. MOORE, *Esther* (Anchor Bible 7B), Garden City 1971, p. Ls. (n. 80), pp. 19 y ss.; M. NOTH, *Die israelitischen Personennamen im Rahmen der gemeinsemitischen Namengebung*, Hildesheim 1966, pp. 11, 63.

tepasados fueron deportados y que ahora se ha convertido en el centro de su identidad nacional, al menos cultural-religiosa, el judaísmo de aquellos que no sienten necesidad alguna de volver a Jerusalén. Su Dios ha asumido las características de los dioses de su nueva sede (no olvidemos que Ezequiel vio cómo la «gloria de Yahweh» se trasladaba a Babilonia), como en Palestina asumió en su día las de El y Baal. Suponer en estos héroes una apertura sincretística (por lo que hace al nombre de Ester, sobre todo) sería forzar demasiado la evidencia, aunque ésa sería la interpretación más lógica, atendida la función de la onomástica oriental y general como expresión de fe. En todo caso hay que suponer en el autor de este relato una intención provocadora (se ha suprimido el elemento predicativo que normalmente compone estos nombres: «Istar es...»; en el caso de *Mordechay/Mardukaya* podría entenderse como «el [hombre/adorador] de Marduk»), aunque se nos escape su intención última. Es posible que el Libro de Ester represente la utilización judía de alguna leyenda babilónica referente al culto de Marduk, seriamente amenazado en tiempos de Artajerjes, o de otros tópicos novelísticos de aquella época, como las intrigas de harén y las cortesanas en general[57].

El Libro de Ester queda, en todo caso, como la más alta expresión de la imagen positiva de la nación persa en el contexto de la historia del pueblo judío y como un marco perenne de referencia en la expresión de su esperanza y afirmación nacional

VI. Adiós al Mesías persa, vuelta radical al futuro: el Libro de Daniel

Fuera ya del ámbito histórico del Imperio persa, en época por tanto helenística, cuando aquél, de referente cultural que adormeció incluso la preocupación por la propia historia como algo ya resuelto, se había tristemente transformado en un ámbito al principio tolerante y

---

[57] Cf. A. Baumgarten, *op. cit.* (n. 54). Asumida como segura la etimología babilónica de Mardoqueo, resulta obvia asumirla igualmente para Ester.

luego amenazante, se exacerba la esperanza y despunta con vigor el horizonte escatológico. La esperanza ya extenuada lanza su último y definitivo grito, el de la apocalíptica, el de la salvación por fin y en el fin, con la destrucción de raíz del mal y triunfo del bien, es decir, de Israel.

La perspectiva tiene sus antecedentes en la misma estructura histórica de la religión de Israel, lanzada linealmente hacia el futuro, hacia la intervención de Dios en su historia, y junto ella también en la protología cananea, en el combate con el Dragón primordial que en la misma se escenifica[58]. No es de extrañar, por tanto, que los primeros textos bíblicos que proyectan tal perspectiva (Is 24ss.) rezumen motivos, incluso fraseología mítica cananea (cf. Is 27,1). El género se condensó en la Biblia de manera programática en el Libro de Daniel, uno de tantos de la amplia floración literaria del género a partir de la segunda mitad del siglo IV a.C. El libro se sitúa en la última época del Imperio babilónico, pero traiciona su ambientación persa al hablarnos p. ej. de «sátrapas» y pasar sin solución de continuidad de la corte neobabilónica de Baltasar a la persa de Darío (omitiendo Ciro y Cambises (!) (Dn 5,30–6,1). Se alternan los episodios del protagonista en tiempos del babilonio Baltasar (Dn 5,7-8) y del persa Darío (Dn 6,9-11), incluso de Ciro (Dn 10–14). Es claro que la secuencia histórica no interesa.

Acaba desbordándose así la situación, quizá bajo el impulso añadido de la estructura religiosa que supone el zoroastrismo, pero sobre premisas ya existentes en el yahwismo-cananeísmo. Aflora la apocalíptica, la de Isaías, la de Jeremías-Ezequiel y finalmente la de Daniel (lucha primordial y esperanza de futuro). Ahora es el futuro la auténtica patria judía, el lugar en que se juega la fidelidad de Yahweh; el pueblo judío ha aprendido a convivir con otros pueblos y a insertar su propio destino en el universal, que tiene su propia dinámica. Esta nueva perspectiva tiene el mérito histórico de resaltar el papel asumido por Persia en la historia de Yahweh. El Libro de Daniel sanciona la caída del Imperio neobabilónico bajo su empuje (Dn 5: ce-

[58] Cf. *supra,* pp. 109 y ss.; la figura del dragón aparece también en el Apocalipsis (Ap 13).

na de Baltasar, lugarteniente de su padre Nabonida, el auténtico último rey de Babilonia) y a la vez supedita a Persia al destino universal del que es clave de arco el pueblo elegido: el persa resulta uno más en la sucesión de los imperios, quizá el penúltimo, el que precede al nuevo Eón, señalando así la perspectiva tardía de la redacción del escrito.

El Libro de Daniel manifiesta en realidad una compleja historia redaccional, de tipo progresivo e inorgánico, fruto de una acumulación de sucesivas añadiduras, como un libro abierto. Se distinguen claramente dos partes (caps. 1–6 y 7–12, más los complementos griegos, caps. 13–14); la segunda, obra a su vez de diferentes manos. A este respecto, se recurrió a la hábil estratagema, típica de este tipo de literatura, pseudonímica por naturaleza, como recurso para ocultar su carácter tardío y obtener respeto y credibilidad, de ponerlo en la boca y la pluma de un ancestral sabio cananeo, Daniel, del que se conservaban pasajeras menciones en el libro del profeta Ezequiel (cf. Ez 14,14.20; 28,3) y del que ahora conocemos todo un relato épico ugarítico de finales del II milenio a.C. [59] En el fondo se trata de una conversión sistemática de la historia en profecía en forma de visiones *post eventum*, de una configuración teleológica de la historia como un plan preordenado, por Dios naturalmente, en marcha hacia un desenlace definido que en el pueblo de Dios alcanza su esperada reivindicación.

La actividad de Daniel, como decíamos, alterna entre el reino de Darío y el de Baltasar, sin aparente orden ni concierto. Apenas entronizado Darío, nombra a Daniel superministro del Imperio, nuevo José (Dn 6,2ss.), visir e intérprete de sueños, otro más de los judíos de Corte, como lo fue Mardoqueo. Yahweh le salva de los leones (cf.

---

[59] Véase a este propósito la bibliografía aducida en G. DEL OLMO LETE, *Mitos y leyendas*, p. 327, n. 1 (sobre todo los estudios de Mariani, Dressler y Day); últimamente M. O'CONNOR, «The Human Characters' Names in the Ugaritic Poems: Onomastic Eccentricity in Bronze-Age West Semitic and the Name Daniel in Particular», en S. E. FASSBERG y A. HURVITZ (eds.), *Biblical Hebrew in Its Northwest Semitic Setting: Typological and Historical Perspective*, Winona Lake 2005, pp. 269-283 («4. The Name Daniel», pp. 280-283).

Dn 14: relato de «Bel y el Dragón», que es un *remake* griego situado en tiempos de Ciro) y Darío promulga el decreto: «ordeno y mando que en mi Imperio todos respeten y teman al Dios de Daniel» (Dn 6,27). Una bonita ilusión cuya facticidad es más bien inverosímil. En el año primero de Baltasar, tiene Daniel la visión de las fieras (Dn 7). En el tercero, pero soñando en Susa, tiene la visión del carnero y el cabrón con cuatro cuernos (Darío III, Alejandro y los diadocos), con la exaltación, como en la anterior, de uno de sus cuernos (Antíoco IV, el gran opresor del pueblo Judío), cuyo fin se preanuncia sin precisar fecha (destrucción remota: aquí se le acabó la historia al redactor de la visión y ya no pudo hacer profecía): «sin intervención humana fracasará» (Dn 8,25). Salta a continuación al primer año de Darío I, hijo de Jerjes (!), reinterpreta, iluminado por el ángel Gabriel, las «setenta semanas (de años) de Jeremías», ligadas a los acontecimientos de la opresión helenística (168-165 a.C.; cf. Dn 9,25-27), «hasta que el fin decretado le llegue al destructor» (de nuevo la imprecisión del futuro real). Retrocede luego a los años de Ciro I, cuando Daniel tiene una revelación, conseguida en un contexto de lucha entre ángeles de los diversos imperios (influjo persa-zoroástrico), del decurso de la historia, desde Ciro/Darío I (Dn 11,1) hasta Darío III/Alejandro, y ofreciendo una descripción cifrada, pero discernible, del periodo helenístico (conflictos entre seléucidas y Lágidas, luchas de los Macabeos), para alcanzar de nuevo el reinado de Antíoco IV. El final del opresor es confuso (todavía no había sucedido), pero está asegurado (Dn 11,45); el triunfo del pueblo santo es indudable (Dn 12), por borrosa que sea su fecha; de hecho ésta permanece sellada «hasta el momento final». Visto desde las riberas del Gran Río, en tiempos de Ciro, el pasado se ha hecho futuro brumoso y misterioso, pero el futuro real, aquel del que el autor todavía no tiene experiencia, permanece oculto.

Daniel sanciona así el fin del Imperio neobabilónico (Dn 5) en la alucinante visión que irrumpe de repente en el suntuoso y sacrílego festín ofrecido por el rey Baltasar a mil de sus nobles y en el que todos los comensales beben vino de los vasos del Templo de Jerusalén incautados por Nabucodonosor, invocando a sus dioses:

De repente aparecieron unos dedos de mano humana escribiendo sobre el revoque del muro del palacio, frente al candelabro, y el rey veía cómo escribían los dedos... (Dn 5,5).

La inscripción es interpretada por el vidente judío («Contado, Pesado, Dividido» = mina, siclo, y un medio), frente a la inoperancia al respecto de todos los magos de Babilonia, en contraste claro de poderes divinos. El episodio acaba trágicamente:

Baltasar, rey de los caldeos, fue asesinado aquella misma noche y Darío, el medo, le sucedió en el trono a la edad de sesenta y dos años (Dn 5,30–6,1).

Dejando aparte la historicidad del incidente, es claro que, para el redactor judío, Persia («Darío, el medo» [!]; se ignora a Ciro, el verdadero «liberador» de Babilonia) es el instrumento divino que resuelve el oprobio del Exilio, una vez éste ha cumplido su función. Pero se trata ahora de una función inserta en un plan histórico neutro y más amplio, en el que Persia es un mero eslabón. Así aparece en la primera y alucinante visión nocturna que Nabucodonosor ha tenido de la imponente estatua, y que sólo, faltaba más, el vidente Daniel es capaz de evocar e interpretar. En esta gran alegoría de las edades de la Historia universal (oro, plata, bronce, hierro y barro)[60], Persia está representada por el pecho y brazos de plata. El autor escribe en el alba del gran derrumbe provocado por la piedra que cae del monte y choca con los pies de la estatua y provoca la aparición de la gran montaña que «ocupa toda la tierra» (Dn 2,35), símbolo del «reino (suscitado por Dios) que nunca será destruido ni su dominio pasará a otro, sino que destruirá y acabará con todos los demás reinos, pero él durará por siempre» (Dn 2,44). Fin de la historia, salto a otro Eón: al reino de Dios, que naturalmente es el de Israel. Otras visiones repetirán similar esquema de Historia universal por etapas: las cuatro bestias: león

---

[60] Cf. A. MOMIGLIANO, «The Origins of Universal History», en R. E. FRIEDMAN (ed.), *The Poet and the Historian. Essays in Literary and Historical Biblical Criticism* (Harvard Semitic Series 26), Atlanta 1983, pp. 133-148.

= Babilonia, oso = Media, Leopardo = Persia, bestia feroz con diez cuernos = Alejandro y los diadocos, entre ellos el feroz Antíoco que oprime a los santos (momento de la redacción). Pero al final

> *el poder real y el dominio sobre todos los reinos bajo el cielo será entregado al pueblo de los santos del Altísimo. Será un reino eterno al que temerán y se someterán todos los soberanos* (Dn 7,27).

En esta retrospectiva futurista el papel de Persia es de mero encuadre temporal y en el fondo continúa la consideración de su momento histórico como el de favorable desarrollo del pueblo. El protagonista del Libro de Daniel se mueve con tranquilidad, incluso con prestancia, en su contexto. Pero la significación de Persia como elemento del plan divino se atenúa: queda inserta en el ritmo de la historia como un eslabón más.

El Libro de Tobías, por su parte, ofrecerá una ambientación también ambigua. Situado el relato en Asiria, en tiempo de Salmanasar/Senaquerib/Asardón, Tobías, privado del rey Salmanasar V (!), se mueve con soltura por las rutas de Media, que se supone en paz con Asiria (!), las mismas que recorrerá su hijo desde Nínive hasta Ragués/Ecbátana. Estamos en época de creación literaria novelada, en la que se *telescopean* los momentos históricos: visión profética de la deportación y el retorno, restauración de Jerusalén, conversión de todas las naciones... (Tob 14,4ss.) [61].

VII. PERSIA COMO PARTE DEL PASADO PERDIDO: EL LIBRO DE JUDIT

Este declive de la consideración histórica de Persia en la visión bíblica alcanza su cota más baja en el Libro de Judit, fuera ya del canon hebreo, aunque dentro de historia literaria y espiritual del ju-

---

[61] Véase a este respecto L. L. GRABBE, «Biblical Historiography in the Persian Period: or How the Jews Took Over the Empire», en S. W. HOLLOWAY (ed.), *Orientalism, Assyriology and the Bible*, Sheffield 2006, pp. 400-414.

daísmo en época macabaica (aquí la pseudonimia no le salvó: Judit era una heroína demasiado genérica y desde luego desconocida en la historia). La obra, de carácter arquetípico en sus modelos actanciales (mujer débil y piadosa, enemigo cruel e impío, pueblo desamparado, pero falto de empuje-confianza) y temas ideológicos (súplica confiada, piedad recompensada, asistencia divina...), reúne en un cuadro global la eterna lucha del pueblo judío con sus enemigos históricos, sin parar en anacronismos. Y en este cuadro general queda incluida Persia, potencia que fue históricamente tolerante y benéfica, incluso protectora como hemos visto. Pero en el fondo fue una potencia dominadora: su benevolencia fue una forma de su poder[62]. Pasa, pues, a formar parte de las fuerzas enemigas del pueblo de Dios. Estamos ya muy lejos del mesianismo de Ciro. La distancia y el resultado final han deteriorado el recuerdo y el reconocimiento.

El cuadro resultante no podría ser más anacrónico. Arranca con una supuesta victoria de Nabucodonosor, rey asirio (!), sobre un cierto rey medo, Arfaxad (!), de Ecbátana, en una lucha de uno contra todos (Jud 1). Como consecuencia de la misma, el neobabilonio (como indica su nombre) Nabucodonosor, rey de Asiria, encarga a su lugarteniente, el persa Holofernes (conocemos por Diodoro Sículo la existencia de un Holofernes a las órdenes de Artajerjes III [325]), la devastación del enemigo Occidente, quien, después de un insólito itinerario militar triunfante, llega hasta Judea. Los habitantes de la capital se echan a temblar «por Jerusalén y el templo de su Dios, pues acababan de volver del destierro» (!) (Jud 4,2).

Estamos, pues, en época persa y hacía casi un siglo que Nabucodonosor había desaparecido de la escena histórica. La respuesta del pueblo es ferviente y unánime, acudiendo a su Dios en busca de auxilio. La desconocida ciudad de Betulia va a focalizar la oposición judía al enemigo y en ella se jugará el drama teológico, con rebelión del pueblo desfallecido incluida, un topos normal en la historia bíblica. Pero la sagacidad y el arrojo, arropado por la confianza en su Dios, de la piadosa israelita Judit, como nueva Yael frente a Sísara, salvará

---

[62] Cf. «Tobit», *EnJud*, vol. 15, cols. 1183-1187.

a su pueblo. El mayordomo persa Bagoas[63] certificará el desenlace (Jud 12,11; 14,14ss.). Con él Persia se suma y hunde en la caterva de los enemigos históricos del pueblo judío. La aprensión general que el judaísmo tiene de su pasado en el momento del enfrentamiento con el helenismo, en el contexto de las luchas de los Macabeos por su emancipación nacional, también vale para Persia; ésta entra finalmente en el catálogo de los opresores históricos. El Libro de Judit restaura la visión ortodoxa del «enemigo opresor» que domina la experiencia histórica del pueblo judío.

Concluyendo, pues, podemos ver cómo se aprecia una clara evolución en el diseño de la imagen de Persia tal y como la perfila la Biblia: desde la excelsa altura de paradigma del mesianismo salvador a su inclusión en la confusa masa de la opresión histórica. Evolución que no se acomoda necesariamente a la cronología de la composición de los textos, de época incierta (sobre todo por lo que se refiere a Daniel, Ester y Judit), sino que reproduce una progresiva apreciación por parte de la conciencia judía de aquel gran momento que fue el Imperio persa y de su emplazamiento en el sentido de su propia historia.

---

[63] Para otros elementos persas véase Y. M. G. GRINTZ, «The Book of Judit», en *EnJud*, vol. 10, cols. 451-459; R. ROLLINGER, «Altorientalisches im Buch Judith», en M. LUUKO, S. SVÄRD y R. MATTILA (eds.), *Of God(s), Trees, Kings, and Scholars. Neo Assyrian and Related Studies in Honour of Simo Parpola*, Helsinki 2009, pp. 429-443.

El tiempo nefasto y perdido: la confrontación con el helenismo

El judaísmo como forma religiosa específica surgió, como hemos visto, del fracaso, mejor diríamos de la debacle de la religión hebrea antigua, de su orden social global, que tuvo lugar a principios del siglo VI a.C. La conquista y destrucción de Jerusalén (julio-agosto de 587) por Nabucodonosor inauguró la nueva forma de existencia del pueblo hebreo, que ya no le abandonará nunca, aunque pueda, y no obstante la permanente nostalgia de su tierra: el Exilio-Diáspora. A partir de entonces este pueblo llevaría mayoritaria y predominantemente una existencia simbiótica, de implantación/distanciamiento, de guetización cultural y religiosa en contextos geográficos y culturales alejados del suyo original.

Esa simbiosis con otras culturas supuso un contacto con ellas hecho de acomodación sociocultural y de oposición religioso-cultural, una relación de amor-odio diríamos, que le permitió subsistir y desarrollarse.

A este respecto y remitiéndonos a sus orígenes (s. VI a.C.-I d.C.) cabe distinguir tres momentos estructurantes en el judaísmo:

I. Afirmación

Si el «Exilio babilónico» (598/587-539) supuso la pérdida de la independencia política, supuso con mucha mayor significación el resurgir y triunfo de una nueva conciencia religiosa de los hebreos, que se dotan de nuevos parámetros de organización: nace el judaísmo, los hebreos se convierten en judíos. Base de esa nueva configuración fue el papel determinante jugado en su momento por los portadores de la tradición religioso-nacional que se volcaron sobre ella y la configuraron en forma de libro, dando origen al culto de su lectura y meditación y con ellos a su sacralización, inherente ya a sus propios contenidos religiosos. Nace así el libro normativo, canónico, como «Palabra de Dios», por contener sus palabras (leyes). Este culto convivirá con y suplirá al sacrificial del templo destruido y será el origen de la posterior liturgia sinagogal, cuyos orígenes como culto organizado parecen remontarse al siglo III a.C. por lo menos [1].

Para aquella visión religiosa el Exilio no supone la derrota del propio Dios, que sería la tesis oficial y evidente, tanto para hebreos como para babilonios, sino el castigo anunciado y ejecutado por Él contra su pueblo por su prevaricación, con vistas a su purificación y restauración. Para ello la propia historia ofrecía el parámetro adecuado: un nuevo Éxodo. A una experiencia de derrota se opone una más fuerte esperanza en la propia resurrección y una fe inequívoca y radicalizada en el propio Dios como el único. No es sólo que los otros dioses no hayan vencido, simplemente no existen. El único agente histórico es Yahweh, que utiliza a los demás pueblos para configurar el suyo. Esta exacerbada conciencia es la única que podía hacer de una derrota un triunfo, espoleada por la esperanza de la pronta resurrección como pueblo. Y esto, como vimos, fue obra de los yahwistas del Exilio, que salvaron a Israel y condensaron su pensamiento en la Biblia Hebrea, que entonces comienza a gestarse como un todo religioso a base de recoger y reinterpretar la propia tradición en sus diversas formas, prolongada luego levemente con la aportación de la reflexión sapiencial de los siglos siguientes, que es también tradición y reinterpretación.

En realidad, esta vuelta a la propia tradición y a su revisión para hacer inteligible y soportable la situación coetánea domina en todas las culturas en trance de crisis o suplantación. En el caso del Exilio hebreo existen otros elementos que coadyuvaron decisivamente al triunfo de aquella revisión. Pues también hubo yahwistas entre los exilados del reino del Norte, centro por antonomasia del movimiento profético y de la beligerancia contra el baalismo, en grado más in-

---

[1] Cf. *supra*, p. 199.

tenso, al parecer, que en el reino del Sur; y sin embargo, no hubo retorno ni regeneración. Así mismo, la teología deuteronomista del castigo histórico de Israel resuena ya en Amós y en Oseas, y su profesión antipoliteísta no fue distinta posiblemente de la deuteronomística. Sin embargo, las circunstancias históricas no favorecieron su desarrollo y aquel Israel de las «diez tribus» se perdió para siempre.

En el Exilio babilónico se dieron, por lo demás, como vimos más arriba, dos circunstancias que fueron abiertamente favorables para el desarrollo de tal conciencia regeneracionista. En primer lugar, la debilidad intrínseca del Imperio neobabilónico, nacida del peligro medo, pueblo que en un principio le ayudó a afirmarse. Su aliado contra Asiria, pronto se reveló como su contrincante, y el expansionismo medo-persa amenazó a Babilonia desde su mismo renacer, obligando pronto a la construcción del famoso muro medo, inequívoca plasmación de aquel peligro hecho ya pavor. Este clima era sin duda el más propicio para alimentar esperanzas de revancha y restauración entre los grupos étnicos deportados, que, como en el caso judío, ya lo dijimos, no fueron desarticulados culturalmente y disfrutaron de cierta autonomía y guetización. En este clima se fragua la profecía de un Déutero-Isaías con su nominal apelación a Ciro como «Mesías» salvador (Is 44,28; 45,1), a pocos lustros de la deportación. En segundo lugar, la cantada victoria persa y su cambio de política en relación con los grupos étnicos de su vasto imperio dieron cumplimiento a aquellas esperanzas y un empuje imparable a una teología que salía triunfante de la gran prueba y creaba ahora una comunidad vacunada contra toda tentación politeísta[2]. Una comunidad que ya no dependía de estructuras de poder (rey, estado, sacerdocio, templo...), sino que estaba constituida por los que libremente aceptaban sus postulados, aunque ya desde el inicio entre éstos no se contara el postulado del «retorno» y la mayoría prefiriese servir a Yahweh en tierra extraña,

---

[2] No se debe tampoco olvidar la coincidencia del yahwismo con el nuevo «monoteísmo» persa (mazdeísmo), como el de Moisés coincidió con el de El-Amarna. Así como tampoco debe ignorarse el posterior fortalecimiento del yahwismo, al atrincherarse contra la irrupción helenística, como una superior concepción de lo divino frente al tibio sincretismo que aquélla suponía.

dando así origen al fenómeno de la Diáspora, connatural con el judaísmo a partir de este momento, como decíamos.

II. Configuración

Durante el periodo persa (539-333) la sociedad judía se bipolariza con dos centros de desarrollo: Babilonia y Palestina. Y es curioso comprobar cómo el impulso definitivo vendrá desde fuera, desde Babilonia. Allí se vive con más anhelo la restauración, en la que no se participa físicamente, pero sí religioso-culturalmente; desde allí se impulsará la resurrección del judaísmo palestino, su restauración, el retorno, como espléndidamente demuestran las misiones de Esdras y Nehemías. Y es muy verosímil suponer que en su mayor y más decisiva parte la recogida-salvación y configuración de la propia tradición en la nueva forma de «libro» tuviera allí su impulso y ejecución primordial, como luego será allí donde tenga los centros de su estudio y comentario (Talmud). Se crea con esa forma de libro (Biblia), que asume la propia tradición, una nueva forma de religión: el culto (social y personal) de la «palabra». A partir de ahora se puede escuchar al mismo tiempo a todos los portavoces de Yahweh, de Moisés a Malaquías; la lectura y meditación de las palabras de Yahweh constituyen el nuevo culto que tendrá su nuevo templo (el ámbito sinagogal) y su propio sacerdote (el escriba, legisperito), en coexistencia con el culto canónico y pre-«bíblico» del Templo. Coexistencia que acabará por disolverse en favor del nuevo, dejando en claro que la nueva forma de religión es muy superior a la anterior.

Esta concentración en la propia tradición como forma de descubrimiento de la identidad interna profunda del judaísmo induce el descubrimiento y afirmación de las formas de identidad externa, derivadas del estudio y aceptación de aquélla como «palabra divina»: el sábado, la circuncisión y las leyes de alimentación se convierte a partir de ahora en los elementos discriminantes frente a otras prácticas de religión derivadas de aquélla. La Biblia adquiere el valor de forma peculiar y propia de revelación, la gran garante de la diferencia. Desde ahora el «libro» estará siempre al fondo de la religión judía.

No es posible precisar con detalle la cronología y geografía de su compilación, pero es sin duda esta época persa el momento en que se va configurando en sus «tres partes», como vimos, y que ya el Prólogo al Eclesiástico de Ben Sirah (ca. 132 a.C.) supone ultimadas, y que configura a su vez la nueva forma de religión que denominamos el «judaísmo».

Por otra parte, la compilación literaria de la propia tradición religiosa y su elevación a la categoría de «Revelación» induce su complementación e imitación, generando en torno a sí una constelación de escritos que pugnan por equiparársele (complementaciones y desarrollos proféticos, complementaciones sapienciales, primeros apócrifos), que se impone y confirma a partir del estudio y meditación de la palabra escrita: la (primera) reflexión sapiencial. Su tradicional validez como carisma divino (el de Salomón, 1 Re 3,4ss.) se confirma ahora como la forma última de recepción y transmisión de la palabra divina, de la revelación. Se abre con ello un proceso de difusión carismática, de proliferación bíblica, que la ortodoxia habrá de frenar en su día precisando el límite entre la palabra «fundante» y la «inducida» (canon).

III. Revalidación

Este proceso de configuración se revalida durante el *periodo helenístico* (ca. 333-332 a.C.). La conquista del Próximo Oriente por parte de Alejandro Magno obligó a los judíos a enfrentarse y definirse ante el fenómeno cultural que fue el helenismo. Se trataba de la confrontación más ardua de toda su historia, superior incluso a la que supuso su derrota ante el paganismo vencedor que los llevó al Exilio.

En su marcha hacia Egipto (333-332), Alejandro recibe la sumisión de Jerusalén[3] y se inaugura la nueva relación de poder. Después de los primeros enfrentamientos entre los herederos de aquél, la zona queda bajo el dominio de los Lágidas/Ptolomeos de Egipto (312) que reinan desde Alejandría. Ptolomeo I cuenta desde el primer momen-

---

[3] Así lo supone la leyenda, pero la realidad histórica posiblemente fue muy otra; véase A. SHALLIT, «Alexander the Great», en *EnJud*, vol. 2, cols. 575-579.

to con un cronista de excepción, Hecateo de Abdera, cuya obra, reutilizada y aprobada por Josefo, se nos ha perdido casi en su totalidad. En la misma hace gala de un notable conocimiento del mundo judío, nuevo hasta ahora para los griegos, y plasma una cierta admiración por él, dejando en claro su irrenunciable peculiaridad, que el mundo helénico interpretará bien como fidelidad bien como obstinación. La toma de contacto es, pues, clara y consciente por parte del poder helénico; ni que decir tiene que lo fue por parte judía, que se apuntó desde el primer momento a las oportunidades de todo tipo que ofrecía el nuevo orden [4]. La ya antigua tradición del mercenariado judío, inaugurada bajo los persas, se reanuda ahora y los judíos se alistan en los ejércitos de los diadocos; se retrotrae incluso el hecho hasta el mismo Alejandro. A través de su implicación en el contexto militar los judíos se integran, como mercenarios remunerados o como cautivos de guerra, en el ámbito sociopolítico y urbano del reino de los Ptolomeos y de su capital Alejandría. La magnificación tradicional los quiere ya instalados en ella «desde el mismo momento de su fundación (332) por el propio Alejandro» en el barrio del Delta [5].

---

[4] Cf. V. TCHERIKOVER, *Hellenistic Civilization and the Jews*, Filadelfia-Jerusalén 1959; A. KASHER, *The Jews in Hellenistic and Roman Egypt. The Struggel for Equal Rights*, Tubinga 1985; M. GOODMAN, *Rome and Jerusalem: The Clash of Ancient Civilizations*, Londres 2007; J. MÉLÈZE-MODRZEJEWSKY, «How to be a Jew in Hellenistic Egypt?», en S. J. D. COHEN y E. S. FRERICHS (eds.), *Diasporas in Antiquity* (Brown Judaic Studies, 288), Atlanta 1993, pp. 65-92 (espec. 87-89); IDEM, «Un judaïsme d'expression grecque», *Le monde de la Bible* 111 (mai-juin 1998), pp. 62-65; IDEM, «Espérances et illusions du judaïsme alexandrin», en J. LECLANT y R. VIAN DES RIVES (eds.), *Colloque Alexandrie: une mégapole cosmopolite. Actes. Préambule* (*Cahiers de la Villa «Kérylos»*, 9), París 1999, pp. VII-VIII; A. PIÑERO (ed.), *Biblia y Helenismo. El pensamiento griego y la formación del cristianismo* (Serie: En los orígenes del Cristianismo, 16), Córdoba 2006 (A. LOZANO y A. PIÑERO, «El encuentro de Israel con el helenismo», pp. 23-101; L. VEGAS MONTANER y A. PIÑERO, «El cambio general de la religión judía al contacto con el helenismo», pp. 129-163; R. M. AGUILAR, «Judaísmo y helenismo en el siglo I de nuestra era», pp. 209-233.
[5] Véase a este propósito A. KASHER, «Notes and Elucidations on the Acculturation and Assimilation of Jews in Ancient Alexandria», en *Acculturation and Assimilation: Continuity and Change in the Cultures of Israel and the Nations*, Jerusalén 1989, pp. 71-82.

Judea se integra por su parte en el orden económico lágida y prosperan los feudos regios y el comercio, incluido el de esclavos, en manos de determinadas familias judías. Pero, sobre todo, se produce una intensa ola diaspórica hacia Egipto, donde los judíos ejercen las más diversas funciones y oficios, como certifican los papiros de la época[6]; se trata de una vuelta al Exilio, esta vez voluntaria, por parte de los descendientes de los «sionistas» que volvieron de Babilonia. Se crea así en Egipto una segunda Diáspora, en paralelo con la de aquellos que se quedaron voluntariamente en Mesopotamia. Esto lleva consigo un irremediable proceso de helenización y adopción del griego como lengua propia, lo que llega hasta tal punto que bajo Ptolomeo Filadelfo (ca. 280 a.C.)[7] se hace precisa la versión a esa lengua de la Biblia Hebrea, que les resulta incomprensible en la original; sobre esta cuestión volveremos luego. Pero, aparte de esa helenización funcional, se impone entre las clases dominantes, principalmente sacerdotales, tanto en Judea como en la diáspora egipcia, una profunda helenización de prestigio cultural que ha de luchar, no obstante, por mantener y hacer valer su peculiaridad religiosa judía, lo que no dejará de ser fuente constante de conflictos, a la vez que acicate acuciante en busca de la ansiada síntesis de ambos extremos. Esta fuerte tensión desencadena una creatividad que se manifiesta en todos los campos, sobre todo en el de la creación literaria en sus más diversos géneros, así como en el del pensamiento, creatividad de la que Alejandría es el epicentro, como decíamos[8]. Personajes como José, hijo de Tobías y sobrino del sacerdote Onías, primer arrendador judío de impuestos para toda Palestina/Celesiria, y su hijo Hircano[9] aparecen

---

[6] Cf. V. TCHERIKOVER y A. FUCHS, *Corpus Papyrorum Judaicarum*, vol. 1, Cambridge MA 1957 (época ptolemaica); C. PRÉAUX, *Le monde hellénistique. La Grèce et l'Orient de la mort d'Alexandre à la conquête romaine de la Grèce (323-146 av. J.-C.)* (Nouvelle Clio, 6), París 1978, pp. 453 y ss. (el *politeuma* judío) (hay tr. española).

[7] Cf. C. PRÉAUX, *op. cit.*, p. 569.

[8] Cf. diferentes estudios al respecto en J. LECLANT y VIAN DES RIVES, R., *Colloque Alexandrie: une mégapole cosmopolite. Actes. Préambule* (*Cahiers de la Villa «Kérylos»*, 9), París 1999; J. PELÁEZ, «El judaísmo helenístico. El caso de Alejandría», en A. PIÑERO (ed.), *Biblia y Helenismo*, pp. 103-127.

[9] Cf. C. PRÉAUX, *op. cit.*, pp. 571-572.

como prototipos del nuevo judío que se integra y prospera en un medio helenístico tolerante, que les permite, no obstante, no traspasar las fronteras de su propia tradición religiosa y cultural.

Con el advenimiento del poder seléucida (200 a.C.: Antíoco III) sobre Palestina las cosas se complicarán, cuando razones estratégicas y culturales impongan una intolerancia absoluta y desencadenen un ataque frontal a la peculiaridad judía y a sus instituciones y símbolos, incluidos sus tesoros (168 a.C.: Antíoco IV) [10]. Pero a partir de este momento la confrontación contra el poder helenístico separa al judaísmo de Palestina del de la Diáspora egipcio-alejandrina, cada uno con su propia historia y su propia guerra: de liberación sociopolítica en Palestina (revuelta macabea [166 a.C.] e instauración de la dinastía asmonea, que acaba en el sometimiento a Roma [ca. 63 a.C.]), de confrontación cultural en Egipto.

A ésta vamos a volver nuestra atención. Como apuntábamos más arriba, Alejandría, convertida en una ciudad de judíos, una cuarta parte de su población (100.000), si admitimos la estimación de Josefo, centra y paradigmatiza la confrontación cultural judaísmo-helenismo y su problemática. Ella fue el epicentro donde se llevaron a cabo las tres operaciones clave de la misma, correspondientes a otros tantos momentos sucesivos de tal confrontación:

a) La primera es la «traducción» de la Biblia Hebrea al griego (s. III a.C.). Al respecto el mundo helenístico mantiene una actitud ambigua. Por una parte se siente la traducción de un texto sagrado como una cierta profanación del mismo, dada su concepción mistérica de la «palabra sagrada» y de su fuerza propia e inalienable; traducirla es despojarla de su eficacia, vulgarizarla, degradarla; de ahí, en todo caso, la tendencia al esoterismo y la gnosis. Por su parte el judaísmo manifestó probablemente el mismo reparo inicial ante el hecho de la traducción de la Biblia; pero ésta se impuso, bien en virtud de razones pragmáticas de servicio a la comunidad que no tenía ya acceso a su propia tradición escrita, bien por razones culturales de cotejo y

[10] Cf. H. H. SCHMITT, *Untersuchungen zur Geschichte Antiochos' des Grossen und seiner Zeit* (Historia. Einselschriften, 6), Wiesbaden 1964.

preservación de esta manifestación cultural en la Biblioteca de Alejandría, como supone la Epístola de Aristeas[11]. Pero, sobre todo, la necesidad de presentar la propia religión ante el mundo helénico de manera fidedigna y superar el reto de su confrontación hicieron aquella versión indispensable.

La empresa generó su propio mito, que tiende a resolver la antítesis que supone esa doble y encontrada actitud. La Carta de Aristeas a Filócrates hace de la traducción de la Biblia Hebrea una operación única y carismática, fruto del empeño de hombres sabios y piadosos guiados por un designio superior. Los setenta y dos traductores fueron reunidos en la isla de Faros «y resultó que terminaron la obra de traducción en setenta y dos días, como si tal empresa fuese realizada según propósito fijado de antemano»[12]. No era, pues, el resultado de un mero esfuerzo humano, aunque así lo podía hacer parecer el cotejo diario de su labor, sino de una nueva refundación divina: la «palabra» retiene así su primigenia fuerza, posee la garantía del original. Por eso se trata de una traducción única; todos los intentos anteriores de escritores griegos por citar pasajes bíblicos se saldaron con el castigo divino[13].

De hecho esta versión al griego de la «Ley de los judíos» es el símbolo de la apertura de su mundo religioso, recién configurado, al mundo griego. Será continuado por un ininterrumpido flujo de traducción de otros elementos de la propia tradición y propiciará a su alrededor el nacimiento de una «Escritura Sagrada» propia, la Biblia Griega, autónoma, aunque no antagónica, de la Hebrea. Fruto de esa adopción lingüística y cultural será el desarrollo de una nueva narrativa, reflexión y proyección escatológica, que supondrán la supera-

---

[11] Cf. C. PRÉAUX, *op. cit.*, pp. 569 y ss.; N. L. COLLINS, *The Library in Alexandria and the Bible in Greek* (SVT 82), Brill, Leiden-Boston-Colonia 2000.

[12] Cf. A. PELLETIER, *Lettre d'Aristée à Philocrate. Introduction, texte critique, traduction, notes...* (Sources chrétiennes, 89), París 1962 (*Aristeas* § 307); la versión española puede consultarse en N. FERNÁNDEZ MARCOS, «La carta de Aristeas», en *Apócrifos del Antiguo Testamento*, vol. II (cf. *infra*, n. 14), pp. 9-63; A. PIÑERO, «La traducción griega de la Biblia», en A. PIÑERO (ed.), *Biblia y Helenismo*, pp. 165-188.

[13] *Aristeas* § 312-316.

ción del reto cultural del momento y el desarrollo de una de las épocas más brillantes y creadoras del judaísmo.

b) En segundo lugar tenemos el desarrollo de una nueva «sabiduría» (s. II a.C.), que continúa y acomoda la tradicional sabiduría proverbial bíblica al nuevo horizonte cultural: el primer fruto de esa apertura que inaugura la versión de los Setenta.

Un elemento de transición en tal sentido es el libro del Eclesiástico, la primera obra de «autor» de la tradición bíblica hebrea. Escrita por Jesús, hijo de Eleazar, hijo de Sirah, en Jerusalén hacia el 180 a.C., va dirigida a los judíos de Palestina, cogidos entre la fidelidad a la propia tradición y la nueva situación cultural que plantea otros valores y ofrece otras respuestas a las situaciones existenciales. Su planteamiento literario desborda ya la fragmentación y discontinuidad del proverbio bíblico para organizarse en series temáticas de entimemas que prolongan la correspondencia o paralelismo más allá del estico/dístico, sin alcanzar, con todo, una clara y lógica organización de libro. Su perspectiva doctrinal es netamente conservadora, tradicional; Ben Sirah se sabe el heredero de una tradición ahora amenazada desde dentro de la propia comunidad y pretende reforzar, por su cuenta y riesgo sin pretensiones de «profeta», la fidelidad a la misma, que ahora tiene ya un parámetro muy preciso: se trata de fidelidad a la Ley, al «Libro de la Ley». Éste condensa, por benevolencia divina, la sabiduría de Israel, da la pauta bajo forma de observancia, temor de Dios, de un desarrollo más amplio de la sabiduría como don divino diseminado por toda la creación. Es necesario abrirse a ella para discernir el valor positivo de toda realidad que en sí misma se muestra ambigua, ambivalente, en una especie de cohabitación del bien y el mal, de lo bueno y lo malo, que puede conducir a un maniqueísmo dualista o a un escepticismo estoico. Para el sirácida todo es bueno con tal que se discierna su propio «tiempo» o *kairós*: se introduce así un elemento relativizante en la consideración del bien y el mal del cosmos y de la historia, que salva la bondad sin fisuras de la obra de Dios y estructura una nueva teodicea. No se trata de la simple constatación del «acontecer» de cada cosa, que es la idea del tiempo en el Qohelet, un siglo antes, y que no por ello hace «buenas» las cosas: el bien y el mal están mezclados y aparecen sucesivamente. Esta perspectiva puede considerarse ella misma helenística a contrapelo y tiende a presentar al «sabio» judío y su «sabiduría» en perspectiva universal, tan válida como podía ser la del sabio griego, pero a partir de la actitud religiosa de sumisión a la propia tradición (estudio de la «Ley» y su observancia y «temor de Dios»). Se trata de una obra de antropología religiosa que trata de configurar el *homo hebraeus*, su religión, e incluso su culto, sobre la base de un pietismo moralizador.

La obra pareció adecuada no sólo para los judíos de Palestina, sino también para los de Alejandría, enfrentados más directa y masivamente con la *sophía* griega y su pretensión de desentrañar el sentido del cosmos y de la vida humana, así como la de guiar a ésta a buen puerto. El nieto del autor tradujo la obra al griego y en esta lengua es como se perpetuó y ejerció su influjo. Pero tal traducción se hizo ya fuera del mito de los Setenta, y el judaísmo, que leyó el libro, lo tuvo siempre por «obra de hombre».

Un siglo y medio más tarde se compondrá en esta ciudad una nueva síntesis sapiencial, el Libro de la Sabiduría, esta vez directamente en griego y de cara al judaísmo alejandrino, e incluso (o por eso) al mismo mundo gentil, como intento no sólo de preservación y actualización de la propia tradición, sino de difusión de la misma, de proselitismo. El influjo cultural helenístico es ahora masivo: estamos en presencia de lo que puede ya considerarse como el primer «libro» bíblico. Lo que en Proverbios son dichos sueltos inconexos y en el Eclesiástico perícopas/poemas temáticos discontinuos, en la Sabiduría son capítulos o secciones enteras de clara secuencia argumental enlazadas en una estructura coherente tripartita: la sabiduría en sí, en contraposición dialéctica y reflejada en sus obras y sus detentores.

Pero el cambio de perspectiva va más allá de lo meramente formal o estructural: el destinatario no es ahora básicamente el individuo particular, ni la sabiduría el descubrimiento de su pauta adecuada de comportamiento. Ahora la sabiduría es primordialmente el descubrimiento y afirmación del orden «político» recto, de la estructura humana y social adecuada donde la conducta del individuo obtiene su cauce seguro: la sabiduría es justicia, su sujeto básico, el gobernante, el libro un tratado de teología política. La sabiduría, que es necesaria para todos, es imprescindible para el que rige la cosa pública.

Naturalmente, el primer elemento de sabiduría, de recta organización del orden humano es el adecuado reconocimiento de Dios, que Israel custodia. Desde ahí se impone una cerrada crítica antiidolátrica. Un orden político justo no puede fundarse sino sobre un conocimiento teológico adecuado. Desde los tiempos del Déutero-Isaías, enfrentado al paganismo triunfante del exilio babilónico, no se había sentido de modo tan apremiante la necesidad de combatir el orden imperante en su base más profunda: el politeísmo idolátrico, la divinización del poder; combate al que la ilustración filosófica helenística no se oponía, sino al que incluso coadyuvaba con su interpretación simbólica de la mitología clásica y su monismo filosófico. Por otra parte, Israel se presentaba no sólo como el defensor de esa concepción recta de lo divino, sino que su propia historia se alzaba como un paradigma del triunfo de la misma. El Libro de la Sabiduría representa así la conjunción de la tradición hebrea con la helenística tanto en sus elementos formales (retóricos) como noéticos (teodicea política).

Esta actividad literaria parabíblica se prolongó en Alejandría durante todo esta época en una serie de obras narrativas y sapienciales[14], exponente de la productividad que el reto helenístico indujo en la respuesta hebrea, expresión de su indomable fe que en el fondo se sabía segura y superior, con una trayectoria de revelación continuada única.

c) Finalmente, la «especulación filosófico-religiosa» de Filón de Alejandría representó en esta misma línea un paso más allá en el proceso de confrontación cultural judeo-helenística, quizá el exponente

---

[14] Gran parte de la misma se nos ha conservado en la llamada literatura apócrifa o pseudoepígrafa; véase la edición española dirigida por A. Díez Macho, *Apócrifos del Antiguo Testamento*, I-IV, Madrid 1984; para su ubicación en el contexto literario de la época véase L. Cantarella, *La letteratura greca dell'età ellenistica e imperiale*, Florencia 1968; J. Trebolle Barrera, «Los últimos escritos del Antiguo Testamento y la influencia del helenismo», en A. Piñero (ed.), *Biblia y Helenismo*, pp. 189-208.

máximo de la capacidad de respuesta cultural del judaísmo[15]. Éste abandonaba ahora su propio terreno, en el que se había mantenido la especulación sapiencial anterior, para adentrarse en campo estrictamente griego y poder leer toda su tradición en categorías del pensamiento filosófico helenístico, más concretamente alejandrino, como todo un sistema de interpretación de la propia tradición literaria y religiosa. Filón lo había asimilado de primera mano, educado desde niño en las instituciones griegas, como miembro de una familia de rancio abolengo alejandrino de fines del siglo I a.C., de finales, por tanto, de la época helenística. Sus hermanos y sobrinos participarían activamente en los asuntos públicos de la ciudad y en la administración romana; se asimilarían, incluso.

Y aquí es donde destaca netamente la personalidad y el proyecto de Filón. Él es un judío sincero y leal que ha asimilado en su totalidad la cultura helenística y que no puede renunciar a ninguno de ambos extremos; su intento será fusionarlos. Como fiel y instruido judío intentará llevar a sus correligionarios a una inteligencia más alta e iluminada de su propia tradición, de su «Libro», en una serie de tratados de tipo alegórico en que comenta de manera cursiva las Escrituras hebreas, la «filosofía de los Padres», aprovechando las reuniones sinagogales (las «didascalías»). Se trata no sólo de practicar el judaísmo, sino de penetrar en su *gnósis* y comunicarla a sus correligionarios. La «letra» transpuesta a nivel alegórico-simbólico libera una luz, una iluminación interior que apacigua y satisface la sed de conocimiento provocada por la perspectiva filosófica.

Pero a la vez se impone hacer accesible la fe-gnosis judía, si es en sí válida, a los griegos, mal dispuestos en principio frente a ella por lo que de extraño y bárbaro manifiestan sus prácticas, que aíslan a los judíos de los demás miembros de la *pólis*. Filón tiene que crear una apologética que defienda la fe judía en primer lugar, pero que además tien-

---

[15] Cf. J. Daniélou, *Ensayo sobre Filón de Alejandría* (Ensayistas de hoy, 33), Madrid 1962, pp. 26 y ss.; P. Borgen, *Philo and the Jews in Alexandria*, en P. Bilde et alii (eds.), *Ethnicity in Hellenistic Egypt* (= *Studies in Hellenistic Civilization*, 3), Aarhus 1992, pp. 122-138; M. Hadas-Lebel, *Philon d'Alexandrie. Un penseur en diaspora*, Fayard, París 2003.

da a difundirla en el gran mercado de creencias *(dóxai)*, que era la *pólis* griega. Y una nueva serie de obras expositivas[16], de síntesis, no ya de comentario, tiende a presentar al griego la fe-gnosis judía. La tercera serie la constituirán las obras de defensa política de su comunidad[17].

> La época a que Filón pertenece es, sin duda, la época en que el proselitismo ha sido más fuerte (entre los judíos). La Diáspora aparece como el medio providencial mediante el cual Yahweh es anunciado a todas las naciones. Ahora bien, en Filón alcanza esa actitud su expresión suprema. El judaísmo aparece como la religión del verdadero Dios, que todos los hombres deben adoptar y que se desprende de sus ataduras nacionales. Este cosmopolitismo es muy acusado en Filón. Acepta el Imperio romano. Su ambición es precisamente la de unir la religión de Israel, la cultura griega y la ciudadanía romana. Equivalía a intentar en favor del judaísmo lo que el cristianismo realizará cuatro siglos más tarde.

> Sobre este particular el judaísmo alejandrino de Filón está lejos del judaísmo palestinense. Para los judíos de Palestina, nación y religión no constituyen más que una sola cosa. Los hijos de Abrahán son el pueblo de Dios. Soportan con impaciencia el yugo político de Roma. Este nacionalismo, animado por los celotes, irá agrandándose durante la vida de Filón. Terminará por ganarse a los mismos esenios y conducirá a la catástrofe del 70. Filón no debía sentir ninguna simpatía hacia ese particularismo[18].

El judaísmo palestinense optaría por la solución militar, como en tiempo de Sedecías y de los Macabeos; pero tal solución se mostró históricamente ineficaz, proporcionando a lo sumo un interludio de respiro que acabó degenerando. La fuerza del judaísmo ha estado

---

[16] Cf. J. DANIÉLOU, *op. cit.*, pp. 99-110; para las diversas ediciones completas de las obras de Filón véase p. 253.

[17] Estas obras, *Contra Flaco* y *Legación a Cayo*, fueron compuestas en el contexto de «la embajada que se le encomendó el año 39 cerca del emperador Calígula para protestar contra las exacciones de que era culpable el legado Flaco respecto a la comunidad judía de Alejandría»; J. DANIÉLOU, *op. cit.*, pp. 29 y ss.

[18] Cf. J. DANIÉLOU, *op. cit.*, pp. 26 y ss.

siempre en su «peculiaridad» religiosa; aquí ha radicado su triunfo en la confrontación histórica.

La obra apologética/filosófica de Filón traduce, en cambio, una abertura radical de su fe que supera la componente étnica: un universalismo y un proselitismo profundos. Estos elementos fraguarían un nuevo tipo de judaísmo, el helenístico, luego ignorado y desechado por la ortodoxia farisea, el nuevo grupo salvador reduccionista e intolerante; sobre él, a su vez, prosperaría y se configuraría conceptualmente la nueva visión cristiana de lo judío. El filonismo es una etapa muerta de la historia del pueblo judío, sin consecuencias. El judaísmo ortodoxo se cerraría sobre la propia tradición y así se salvaría, posponiendo su «revolución cultural» hasta la Edad Media, cuando volvería a contactar con el mundo griego y el pensamiento filosófico de su tiempo, para reproducir el mismo conflicto de contraste cultural, el eterno arquetipo en que se debate una religión que se cree la del Dios único y verdadero y no se siente llamada a difundirse. Y ya es tarde para cambiar de actitud. Las modernas aberturas culturales fácilmente acaban en asimilación o difuminan la propia fe; a lo sumo se configuran en una dicotomía del tipo tradición religiosa/concepción filosófica.

Alejandría representó la posibilidad más alta que tuvo el judaísmo de convertirse en una religión universal y la ocasión más clara de demostrar su capacidad de superar el reto cultural que la historia de la humanidad le presentaría sin cesar[19].

---

[19] Cf. *supra* la bibliografía citada en n. 4; N. KAMINSKI-GDALIA, «*Une épopée hébraïque inachevée...*», *Le monde de la Bible* 111 (mai-juin 1998), pp. 58-61.

El judaísmo normativo: teología, liturgia y ética

Superadas las etapas de configuración nos encontramos, a partir de la Edad Media, con una realidad bien diferenciada que denominamos «judaísmo». Con tal epígrafe nos referimos más en concreto en este caso a la «religión judía», aunque el judaísmo en sí y en su desarrollo histórico sea más que una religión. Limitaremos, pues, a ésta nuestro campo de visión, sin perder de vista la perspectiva de las implicaciones que la religión tiene en otras esferas de la vida y la cultura del pueblo judío. Después de un breve *excursus* sobre los orígenes del judaísmo, que hemos de dar en gran parte por supuestos y expuestos más arriba, centraremos nuestra atención en lo que podría llamarse el «judaísmo normativo», clásico u ortodoxo, para acabar refiriéndonos a las formas concretas que se han ido desarrollando a lo largo de su historia, principalmente en la época moderna. Aun aceptado un cierto perspectivismo histórico irremediable, que impone el propio desarrollo y transformación del judaísmo, nuestro enfoque será ahora predominantemente sincrónico, asumiendo la religión judía como algo definido y consolidado para tratar de precisar sus estructuras básicas, ideológicas y funcionales: credo y liturgia.

I. Orígenes del judaísmo

El judaísmo entronca histórica y estructuralmente con la religión bíblica o del Antiguo Israel[1], no sólo por ser su desarrollo y conti-

---

[1] Véase *supra,* pp. 195 y ss, 197 y ss. Como visiones complementarias (judía y cristiana) de la religión del antiguo Israel pueden consultarse Y. KAUF-

nuación en el tiempo, sino en cuanto constituye el referente normativo que él asume y confiesa. En el ámbito de la fe, la religión bíblica proporciona la idea de Dios y las categorías teológicas concomitantes que definen el credo judío y, más en general, su modo de
entender la relación religiosa del hombre con la trascendencia. Ahora bien, es en el plano de la funcionalidad, de la praxis religiosa y de
la configuración social de la religión donde el judaísmo diverge enormemente del cuadro bíblico, hasta poder hablarse claramente de dos
magnitudes religiosas diferentes, pero con la peculiaridad ya apuntada de que la primera es reconocida como normativa y vigente en su
valor para la segunda, que se estructura como un comentario, como
una reencarnación suya. La diversa y casi heterogénea funcionalidad
se la han impuesto y facilitado las circunstancias históricas por las que
hubo de pasar el pueblo israelita/judío y que permitieron explicitar
las virtualidades de la fe bíblica, más allá del marco sociopolítico y
cultural en que se encuadraba y que a primera vista hubiera parecido
serle consustancial. El Exilio y la definitiva pérdida de la autarquía
política permitió el desarrollo de una nueva religiosidad paralela, invertebrada todavía a lo largo de los cinco siglos de la «restauración»
postexílica, independiente del poder y del culto oficial y su clase sacerdotal y centrada directamente en el culto del «libro», de la experiencia histórico-religiosa hecha texto normativo, y de la relación personal y familiar del hombre con su Dios. Esta religiosidad germinal e
invertebrada que arranca directamente de la situación exílica y de la
predicación de su profeta, Ezequiel, se convertirá en el núcleo verte-
brador del judaísmo clásico cuando en el año 70 d.C. se consume el
derrumbe de la situación postexílica y desaparezcan las estructuras re-
siduales de autonomía étnica y cultural que habían alimentado la ilusión de la pervivencia del antiguo orden bíblico. Y es a partir de este
momento cuando comienza a configurarse de manera definitiva lo
que llamamos judaísmo en su sentido específico.

MANN, *The Religion of Israel. From its Beginnings to the Babylonian Exile*, Londres
1969; P. D. MILLER, *The Religion of Ancient Israel* (Library of Ancient Israel),
Louisville 2000; R. ALBERTZ, *Historia de la religión de Israel en tiempos del Antiguo Testamento* 1-2, Madrid 1999.

Su esencial herencia bíblica la podemos resumir así. En el ámbito de la fe el judaísmo confiesa y adora a Dios, ser supremo y trascendente, único, incomparable e irrepresentable, por tanto, que crea el cosmos y dirige la historia de la humanidad hacia una meta de plenitud, empeño último que se le frustra al fallar la respuesta ética, la obediencia sostenida del hombre. Una recreación de aquel primer esquema concentra su voluntad salvadora en la elección de un pueblo al que compromete en una respuesta precisa que sirva de modelo a toda la humanidad. El mantenimiento de este segundo empeño constituirá la historia bíblica y por tanto su autorrevelación como Dios de gracia y justicia. Su exigencia es la «Ley» (amor y servicio), su intervención, la retribución ética (premio-castigo-perdón), su meta final, la salvación (triunfo de Israel, nueva creación). Esta fe teológica la ve resumida el judaísmo en un pasaje bíblico (Dt 6,4), que repite insistentemente como su plegaria fundamental: «Escucha, Israel: Yahweh es nuestro Dios, Yahweh es único». Este monoteísmo estricto, tardío en su formulación concreta, y a la vez esa peculiar relación del Dios uno con Israel («nuestro Dios»), definen bien el legado bíblico del judaísmo como la religión de un pueblo que se fraguó históricamente configurado por aquélla y que pervive en forma de comunidad étnico-religiosa al margen ya de su realización política. Esto es lo que hace del judaísmo algo más que una confesión religiosa, aunque resulte a veces difícil de precisar ese exceso. La ulterior sistematización de esa fe bíblica será obra de los teólogos posteriores y sobre ella volveremos más tarde.

Pero la misma religión bíblica es también más que una confesión; incluye una normativa, una praxis que alcanza a todos los ámbitos de la vida personal y social del fiel dentro de una concepción sacra de la Ley y del monismo político-religioso de las sociedades antiguas que no conocen una esfera legislativa laica. De esa ley *(Torah)* el judaísmo, que la asume en su totalidad como texto sacro, extrae como adecuadas a su peculiar situación histórica determinadas normas religiosas cuyo desarrollo le llevará a dotarse de una configuración legal tan invasiva como la bíblica, pero netamente diferenciada de ella. Se trata de ritos (circuncisión), tiempos sagrados (sábado y fiestas) y normas de conducta (moral y litúrgica) que son originalmente bíblicos, pero que ahora adquieren una significación y configuración nueva. Los analizaremos más abajo.

En realidad, esa tensión entre una tradición antigua aceptada como normativa y condensada en un texto y la acomodación a las nuevas circunstancias históricas hace del judaísmo un ingente combate hermenéutico, una «agonía», diríamos, en términos unamunianos, condensado a su vez en un nuevo texto normativo, el *Talmud*[2], que resulta el testimonio vivo, y como tal asistemático, de ese esfuerzo de fidelidad y actualización que acabará consolidándose en lo que llamamos el judaísmo normativo, clásico u ortodoxo, allá por los albores de la alta Edad Media. De sus elementos básicos vamos a ocuparnos inmediatamente.

II. El judaísmo normativo

Para una más adecuada presentación de judaísmo como religión vamos a distinguir tres facetas (fe, liturgia y comportamiento) que en gran parte coinciden con lo que fueron las grandes preocupaciones intelectuales tanto del judaísmo rabínico como del medieval: la idea de Dios y su sistematización (fe y teología), la praxis específicamente religiosa (código cultual) y las normas de conducta social (código moral); estos dos últimos aspectos como expresión de las exigencias de Dios sobre su pueblo (Torah), a la vez que como su elemento configurador y diferenciador en cuanto religión (judaísmo). Es curioso observar cómo el mayor teólogo judío, Maimónides, que en su especulación no encontró lugar para la noción de «pueblo elegido», fue el que le proporcionó la primera codificación sistemática de todas sus

---

[2] Para una visión descriptiva y sistemática véanse las obras clásicas de H. Strack y G. Stemberger, *Introducción a la literatura talmúdica y midrásica*, Estella 1988; E. E. Urbach, *The Sages. Their Concepts and Beliefs* (Publications of the Perry Foundation in the Hebrew University of Jerusalem), 2 vols., Jerusalén 1975; J. Neusner, *The Misnah. An Introduction,* Londres 1989. Para el lector español será útil la obra de D. Romano, *Antología del Talmud. Introducción y traducción*, Barcelona 1983; la versión española de la Mishnah la ofrece C. del Valle, *La Misná*, Madrid 1981.

leyes para una más fácil y adecuada observancia de las mismas como norma de vida del judío, lo que definía su especificidad[3]. En el fondo de esta actitud subyace una dicotomía entre fe y praxis, entre lo permanente y accesorio de toda religión.

1. Teología del judaísmo

Desde sus primeros contactos polémicos con otras religiones al judío acució siempre la búsqueda de su propia especificidad, de su «esencia» distintiva. La Biblia, ya vimos, le aportaba un visión narrativa de Dios que, válida en un primer momento, pronto se vio obligado a formalizar al contacto con civilizaciones de discurso analítico como la griega y sus herederas. Pero estas formalizaciones resultan episódicas y responden a planteamientos concretos de cada momento cultural. Es lo que resulta claro en el famoso credo maimonidiano de los «trece principios» de la fe judía: fe en la existencia (1), unidad (2), incorporeidad (3), eternidad (4), y exclusiva adorabilidad de Dios (5); fe en la profecía (6), en la preeminencia de Moisés sobre todo otro profeta (7), en la divinidad de la Torah (8), y en su inmutabilidad (9); fe en la omnisciencia divina sobre la conducta humana (10), en su justicia remunerativa de buenos y malos (11), en la venida del Mesías (12) y en la resurrección de los muertos (13)[4]. Los cinco primeros definen a Dios en sí, los cuatro siguientes en la revelación de

---

[3] Una cómoda y moderna edición bilingüe hebreo-española del código de Maimónides la ofrecen A. PLATKIN ET ALII, *Mishné Torá (iad jazaká)*, Tel Aviv, s.f.; de su obra teológica el lector español dispone también de una traducción publicada por D. GONZALO MAESO, *Guía de perplejos*, Madrid 1983; y para una información general sobre el personaje puede consultarse J. PELÁEZ DEL ROSAL (ed.), *Sobre la vida y obra de Maimónides. I Congreso Internacional (Córdoba 1985)*, Córdoba 1991. Últimamente le ha dedicado una monografía J. L. KRAEMER, *Maimonides. Life and World of One of Civilization's Greatest Minds*, Grand Rapids 2008 (para su valoración véase la recensión de D. C. FLATTO en *Commentary Magazine (on line)*.

[4] Para una síntesis de estos principios puede consultarse C. SIRAT, *La Philosophie juive au Moyen Âge selon les textes manuscrits et emprimés*, París 1983, pp. 179-232.

su voluntad a Israel y los cuatro últimos describen su intervención ante la respuesta humana. Todo en esta síntesis es bíblico, pero su formulación «esencialista», puramente teórica y en gran medida polémica, como decíamos, responde en gran medida a controversias internas y externas de su tiempo. Podría ampliarse o reducirse, puesto que se trata de formulaciones implicativas, y de hecho no han faltado intentos en ese sentido; como tampoco faltaron intentos de reducir a lo esencial la dispersa y múltiple praxis religioso-moral, como veremos.

Pero esta insoslayable y reductora búsqueda de la esencia, de la autoafirmación clara y fácil, estuvo acompañada de una no menos insoslayable necesidad de explicitación y desarrollo de todo el propio acervo tradicional. Y ésta fue labor, en el aspecto ideológico, sobre todo de los teólogos medievales, así como de los filósofos judíos modernos, lo que generó en su momento una acerba controversia y continúa ofreciendo en nuestros días visiones diferenciadas.

La imagen descriptiva de Dios que nos ofrece la Biblia fue sometida por primera vez a una elaboración sistemática por la escolástica judía medieval en paralelo con operaciones similares de la árabe y cristiana, que reconocen al mismo Dios e incluso su misma descripción bíblica, y en dependencia de ella. Bajo el influjo de la especulación filosófica griega y de sus esquemas categoriales, platónicos y aristotélicos, se pasa del hecho al concepto, de la intervención a la categoría, de la historia sagrada a la teología, sobre la base de una firme confianza en la capacidad de la razón para llevar a cabo tal empeño y desde una persuasión inquebrantable de concordancia y no contradicción entre fe y razón. Se trata del eterno reto que ha salido al paso de la especulación religiosa hasta nuestros días.

El primer problema que acucia a la especulación judía medieval es, como no podía ser menos desde una perspectiva filosófica de estructura causal, el de la existencia de Dios, problema que la Biblia, como el resto de las antiguas religiones, ni siquiera se plantea[5]. Su base

---

[5] Sobre esta y demás cuestiones teológicas mentadas véase la síntesis del pensador judío A. J. HESCHEL, *God in Search of Man: a Philosophy of Judaism*, Nueva York 1955, pp. 114 y ss.

son los conocidos argumentos escolásticos, el teleológico y el cosmológico, que postulan la existencia de una inteligencia, motor-inmóvil y principio necesario primeros.

Pero esta demostración de existencia aportaba ya elementos esenciales sobre la naturaleza del Dios afirmado que confluían con el testimonio bíblico: su unidad e incorporeidad. Si la primera resultaba clara según aquél, la segunda («nada de lo de hay en el cielo, la tierra o en el mar le puede representar», *vid.* Ex 20,4) se veía enfrentada a la abundante descripción antropomórfica del Dios bíblico. Esto impuso una renovada insistencia en la lectura e interpretación alegórica de la Biblia, ya desarrollada por Filón, y de hecho siempre mantenida, más o menos conscientemente, por toda la tradición religiosa que se ha visto obligada a hablar de Dios y a confesar, al mismo tiempo, que es inefable.

Pero la especulación sobre la naturaleza divina confluyó sistemáticamente en la enumeración conceptualizadora de sus atributos[6]. Y a tal propósito afloró de modo radical la antinomia antes mentada, no ya a simple nivel de lenguaje más o menos adecuado, sino de lenguaje o conceptualización simplemente posible o no en relación con la divinidad trascendente y, como tal, incognoscible. Toda afirmación sobre Dios resultaba un desmembramiento de su simplicísima unidad y en el fondo un antropomorfismo más o menos aparente y sutil. La teología judía, como le pasó a la islámica y cristiana, se vio enfrentada con su propia posibilidad como discurso sobre la divinidad y se libró a un gigantesco ejercicio dialéctico para salvar la aporía. Los grandes filósofos y teólogos del judaísmo acometieron la cuestión en obras sistemáticas: S^cadia, Ibn Paquda, Ibn Ṣaddiq, Ibn Daud, Ben Gershom, Crescas, Albo y, por encima de todos, como ya dijimos, Maimónides. Las posturas oscilaron desde una valoración apofática de toda posible predicación hecha de Dios, pasando por la distinción entre esencia, atributos esenciales (positivos y negativos) y de acción (positivos), hasta una valoración analógica del discurso religioso, ba-

---

[6] Cf. E. E. URBACH, *op. cit.*, pp. 37 y ss.; A. J. HESCHEL, *op. cit.*, pp. 125 y ss., 184 y ss.

jo el influjo del averroísmo, salvada la absoluta incomprensibilidad de la misma esencia divina. Maimónides enumera así ocho predicados dichos de la divinidad como negaciones de otras tantas carencias o negaciones de negaciones, básicamente los incorporados a su credo antes mentado.

Pero una vez así abstractamente definido Dios, la general dislocación desantropomorfizadora a que la filosofía sometía al lenguaje bíblico y su actitud distante e incómoda con aquellos atributos que definían la relación de Él con el mundo y el hombre, hicieron sospechosa tal especulación sistemática y reclamaron una vuelta al Dios «humano» de la Biblia. Aquélla pretendía salvar el ser de Dios, pero a costa de alejarlo del hombre; su cercanía y trato directo no acababan de encajar en la imagen hierática y nebulosa que del mismo ofrece la especulación. Creación, Providencia y Retribución son predicados esenciales del Dios bíblico que la especulación encontró enorme dificultad en integrar en una conceptualización adecuada del mismo (como la había encontrado para integrar la noción de «elección», según decíamos) y que sin embargo configuran la imagen del Dios justo y misericordioso volcado sobre su obra, al que encuentra el judío en su hacer diario e histórico. Esta manifiesta contingencia resultaba difícilmente compatible con la idea de un ser único, inmutable y eterno.

El problema de la Creación[7] desembocó en una agria polémica sobre la naturaleza de su sustrato *(creatio ex nihilo)* y la temporalidad de su resultado («eternidad de la materia»). El problema de la Providencia resultó prácticamente irreconciliable con la inmutabilidad divina, quedando reducido a la especial relación de Dios con el hombre sabio y justo. La Retribución replanteó la antigua acuciante pregunta por el sentido del «dolor del justo», agudizada por la dura experiencia histórica del judaísmo en la época romana y medieval («premio y castigo del hombre en el más allá»); pregunta que se ha visto exacerbada ante la moderna experiencia de exterminio a que ha sido sometido el pueblo judío, generando respuestas muy alejadas de lo que se consideraría la concepción ortodoxa.

---

[7] Cf. E. E. URBACH, *op. cit.*, pp. 184 y ss.; A. J. HESCHEL, *op. cit.*, pp. 15 y ss.

Se corrió así el riesgo de crear dos imágenes de Dios, una para intelectuales, otra para ignaros, que se descalificarían mutuamente, pues estuvieron vigentes, hasta el paroxismo y la acrimonia, en la comunidad judía medieval. Nuevas vías de conceptualización trataron insistentemente de superar el dilema y entre ellas destaca la doctrina mística de la Cábala *(Qabbālāh)* con su empeño incansable por mantenerse en contacto, en un contacto íntimo y de extrema proximidad, con un Dios al que al mismo tiempo se confiesa y concibe como absolutamente trascendente e inalcanzable, con un lenguaje que oscila entre el más estricto gnosticismo panteístico y el pietismo más exaltado[8].

La Cábala[9] representó de hecho la «tercera» vía de salida o respuesta a una religión y religiosidad que se debatía entre una apasionada especulación teológica y una acendrada praxis y preocupación legal, de que luego hablaremos; entre la ideología y la obediencia se buscó el camino del acercamiento místico a la divinidad, sin necesariamente negar aquéllas, antes bien asumiéndolas e insertándose en una corriente que atraviesa toda la experiencia bíblica, preñada de visiones, revelaciones y piedad intimista. Era una corriente que el talmudismo primero y la especulación después habían en cierta manera ahogado, pero que era inherente a la concepción personalista de la divinidad que el judaísmo había heredado de la Biblia.

De todas las maneras, la Cábala es un fenómeno muy complejo que conviene resumir en sus rasgos esenciales para diferenciarla de fáciles simplificaciones con las que a veces se la confunde. El Dios infinito y trascendente se hace presente, y así accesible, al margen de la vía especulativa que le deja más allá de toda conceptualización, en la creación y en la «manifestación de su gloria»; en la primera Dios «baja» y «se abaja», mientras en la segunda «se alza» y la «alza» a aquella gloria. Esta doble perspectiva da lugar desde muy pronto una desatada especulación sobre la estructura de la creación *(maᶜᵃśeh bᵉrēʾšît)* que se condensa tempranamente en el «Libro de la Creación» *(sefer*

---

[8] Véase más abajo pp. 321 y ss.
[9] Véase G. SCHOLEM, *Kabbalah*, Jerusalén 1974; IDEM, *La Cabala y su simbolismo,* Madrid ⁹1995 (versión del original alemán *Zur Kabbala und ihrer Symbolik,* 1960).

y^eṣîrāh) y aboca luego, en época medieval, a la teoría de las «Esferas» *(s^efîrôt).* Se trata de captar la presencia/emanación (expansión/contracción) de la divinidad en su obra y, naturalmente, más que en ninguna otra, en la criatura que la culmina, el hombre, cuya alma en su compleja estructura es la expresión más alta de aquella presencia: resulta la «centella» más luminosa soterrada en el «vaso» más magnífico, el cuerpo humano, constituyentes ambos del *'ādām qadmōn* u «hombre primordial». El lenguaje de esta especulación mística bordea peligrosamente el panteísmo a la vez que desencadena una exaltación pietística al descubrir al fiel la terrible proximidad del Infinito. Se abre así el camino místico de la «adhesión» *(d^ebēqût),* «intención» *(kawwānāh)* y «éxtasis» *(ṣērûf ṣelem* [?]) que permite la aproximación a su manifestación, a su «Gloria» *(kābôd),* cuya más alta expresión es la visión del «carro» de Ezequiel *(ma^{ca}śéh merkābāh, vid.* Ez 1–3). Desde muy antiguo ésta había desencadenado la especulación sobre la estructura del «mundo superior» en que aquélla habita, por encima del empírico, condensada en la teoría de las «mansiones» o «palacios» *(hêkālôt)*[10].

Resulta claro que todo este mundo de representaciones es especulación, pero, a pesar de sus reflejos y préstamos neoplatónicos, está muy lejos de ser una construcción racional. Se trata de un producto de exaltada fe y contemplación de Dios y su mundo como misterio y revelación. Misterio revelado que el judaísmo ha recibido *(qabbālāh* = «tradición») en forma de libro o doctrina, la Torah. Ésta llega a convertirse así en una insondable revelación y su escudriñamiento en la fuente de toda conocimiento profundo. Más allá de su contenido racional, la Torah oculta todo el misterio del Infinito. Esto dará lugar al desarrollo temprano de toda clase de técnicas de escudriñamiento del texto, que degenerarán en prácticas mistéricas y mágicas de todo tipo, que suelen ser las que se tienen en cuenta cuando se habla sin más precisión de la Cábala y que en la propia sistematización se conoce como «Cábala práctica» por oposición a la «teórica» antes pergeñada. En ambos casos se trata de un saber mistérico reser-

---

[10] Cf. sobre las «mansiones» *supra,* pp. 124 y ss. y 321 y ss.

vado a iniciados, mientras el fiel común puede satisfacerse con una inteligencia literal del texto.

Las tres esferas de dedicación aquí pergeñadas y que se consolidan en la Edad Media («ideología, observancia y sentimiento religioso») van a ser las que determinen a su vez las corrientes del judaísmo moderno, que se origina a partir del siglo XVIII, final del Medioevo judío e inicio de su Ilustración: especulación religiosa, ahora en forma de filosofía de la religión; estudio y práctica de la Torá, como dedicación absoluta y forma de vida religiosa total; vivencia exaltada y mística del Dios de Israel más allá, si no al margen, de la ley escrita.

Representante de la primera actitud fue el padre del judaísmo moderno, Moisés Mendelssohn (1729-1786)[11]. Pretendiendo sacar a aquél de su gueto religioso-cultural de cara a un mundo que exaltaba los valores de la razón ilustrada y consideraba que la religión pertenecía al patrimonio humano universal, accesible racionalmente. Por tanto, el judaísmo para él no es una religión revelada, innecesaria como tal, sino una «legislación» revelada, un modo de vivir y expresar lo religioso. Tal reducción facilitaba la comunicación con el mundo cultural de la época, pero arriesgaba la especificidad judía en su raíz más profunda y habría la puerta a la total asimilación. ¿Qué importancia podía tener mantener una manera de religiosidad, en exceso peculiar y extraña, dada la coincidencia en la religión esencial? Su influencia en el judaísmo moderno ha sido universal, tenido como maestro por unos o como pervertidor por otros.

Frente a esta actitud aperturista, Eliyá ben Solomon Zalman, el Gaón de Vilna (1720-1797)[12], aparece como el representante y heredero del talmudismo más clásico, con una programación y realización de la vida religiosa judía como dedicación incansable y ascética al estudio de la Torah. Ésta es la única, suprema e inagotable fuente

[11] Véase A. DAVID y L. YAHIL, «Mendelssohn, Moses», en *EnJud,* vol. 11, cols. 1328-1342.

[12] Véase M. Z. KADDARI, «Eliyah ben Solomon Zalman», en *EnJud,* vol. 6, cols. 651-658.

de conocimiento para el judío. No queda tiempo ni interés para cualquier otra dedicación. Se genera así una actitud de reclusión sobre sí mismo que aísla y defiende al judaísmo de todo riesgo de asimilación externa, atento su oído a la palabra eterna que Dios le dirige y a su puesta en práctica. También su influjo fue decisivo en la configuración del judaísmo normativo de la Europa Oriental y, como veremos más abajo, perdura en la configuración de la moderna ortodoxia.

Frente a estas dos posturas enfrentadas de enfocar y vivir el judaísmo, a mediados del siglo XVIII surge la figura de Israel Baal Shem Tov (ca. 1698-1760) [13] como propulsor de una vivencia religiosa fundada en la fe simple y la alegría ante una presencia divina que todo lo inunda de luz cautiva, que el hombre santo ha de hacer brotar. Esta actitud religiosa, para nada por otra parte teorizante, arrancaba al judío de la preocupación y estudio ceñido de la Torah y lo liberaba hacia una experiencia exaltada y mística de lo divino en la que el centro ya no es el sabio conocedor del Talmud, de la palabra de Dios en el Sinaí, sino el santo o justo *(ṣaddiq)*, el que ha entrado en contacto con el Dios vivo en su creación. El movimiento «hasídico» por él inaugurado, heredero en gran parte de la Cábala mística, hecha ahora religiosidad accesible a todo fiel judío, resultó sospechoso y fue combatido por el rabinismo oficial; creó de hecho una jerarquía paralela y arrastró a gran parte de las comunidades judías de la Europa Oriental, insuflando en el judaísmo una vitalidad religiosa que le ayudó enormemente a sobrevivir en las duras situaciones por las que pasó durante el siglo XIX. Perdura hasta nuestros días y es hoy curiosamente, como veremos, el movimiento que aglutina a muchos grupos ultrarreligiosos, una vez lograda la conjugación de su actitud mística con una intensa dedicación al estudio y observancia de la Torah.

La integración de estos tres aspectos: idea de Dios, obediencia a Dios, contacto con Dios, es un problema que afecta a todo el judaísmo histórico y pervive también en las formas que adopta esa religión en nuestros días.

[13] Véase A. RUBINSTEIN, «Israel ben Eliezer Baal Shem Tov», en *EnJud,* vol. 9, cols. 1049-1058.

2. La liturgia judía

El elemento más característico de toda religión, el más aparente y llamativo, es su ritual. Y es en este aspecto donde el judaísmo se distingue más netamente de la religión hebrea bíblica, a pesar de que casi todos sus elementos tienen en ésta su origen. Mientras en la Biblia el culto se desarrolla básicamente en el Templo, sobre todo el jerosolimitano, en el judaísmo posbíblico se genera un nuevo espacio que alberga su nueva liturgia: la sinagoga[14]; sin olvidar el otro polo (de antes y después) del culto de la liturgia judía: el propio hogar familiar. Esta dimensión, que nos remite a la etapa patriarcal y seminomádica de la religión hebrea, adquiere una alta significación en el posterior judaísmo.

La sinagoga no es un templo, pues el judaísmo carece del elemento fundamental del culto en el mismo: el sacrificio. Elemento que, sin embargo, poseía abundantemente desarrollado en el Templo de Jerusalén y, desde el punto de vista de la legislación deuteronomística, circunscrito al mismo. Es sorprendente, a este respecto, ver cómo uno de los primeros datos que la tradición judía recogió y fijó por escrito fue el relativo al culto de dicho templo (tratado *bᵉrāchôt* de la Mishnah), cuando ya resultaba inoperante. Originariamente la sinagoga, quizá ya en el mismo exilio babilónico, surge como acto y lugar de reunión para leer y comentar la Torah, y para rezar y cantar al Dios que se la ha entregado a Israel y que a través de ella le guía. Se desarrolla así un culto del libro (la Torah como Libro Sagrado se convierte en la expresión de la presencia divina y genera un ritual reverencial)[15], de la Palabra de Dios, a la vez que de la respuesta del hom-

[14] Véase la exposición básica sobre la función e historia de la Sinagoga de U. KAPLOUN (ed.), *The Synagogue* (Popular Judaica Library), Jerusalén 1973, que reproduce el texto de la *EnJud*, vol. 14, cols. 579-629; J. PELÁEZ DEL ROSAL, *La sinagoga* (Estudios de cultura hebrea, 7), Córdoba 1988.

[15] Véase K. VAN DER TOORN, «The Iconic Book: Analogies between the Babylonian Cult of Images and the Veneration of the Torah», en IDEM (ed.), *The Image and the Book. Iconic Cults, Aniconism, and the Rise of Book Religion in Israel and the Ancient Near East*, Lovaina 1997, pp. 229-248.

bre por la plegaria y el canto. Se trata de una liturgia paralela y que no tiene en sus inicios normalización canónica, pero cuyo ejercicio y proceso de configuración será el motor que pondrá en marcha todo el desarrollo espiritual y cultural del judaísmo. Por un lado determinará la transmisión, traducción y comentario del texto bíblico; por otro, impulsará la aparición y desarrollo de la poesía llamada sinagogal[16], que la nutrirá de nuevos modos de expresión del sentimiento religioso, heredera de la antigua salmodia bíblica, pero también tributaria de los nuevos modelos líricos de las sucesivas épocas. Los más grandes poetas del judaísmo colaborarán en esta tarea, hasta que bien entrada la Edad Media se vayan configurando y consolidando los diversos *siddûrîm* u *ordines* litúrgicos (sefardí y askenasí)[17]. Como catalizador de la vida de la comunidad en el exilio, la sinagoga reunirá en su entorno las instancias jurisdiccionales (rabinos y jueces) y académicas *(bêt midrāsh)*. Institucionalmente la sinagoga está gestionada por la comunidad, que designa su gerente *(gabbay, parnās)*, aunque de hecho suele ser el rabino, contratado por ella, quien se encargue de su cuidado, asistido por personal auxiliar *(ḥazzān, šammāš)*.

El culto sinagogal se configura en un ritual permanente o diario/semanal y otro excepcional o festivo, con lo que entramos en la consideración ahora de los tiempos sagrados (ciclo diario, hebdomadario, mensual, anual).

La plegaria sinagogal se desarrolla por la mañana, mediodía y tarde, remedando y continuando el ritual sacrificial del templo, y pasa a ser pronto un deber diario de todo buen judío, preferentemente en la sinagoga o alternativamente en privado, mejor en unión con otros. La tradición ha fijado tanto sus componentes (fórmulas y esquemas textuales: *šᵉmaᶜ* y *ᶜᵃmîdāh*, las «dieciocho bendiciones», himnos especiales) como las condiciones de su realización (número de

---

[16] Véase a este propósito J. M. MILLÁS VALLICROSA, *La poesía sagrada hebraicoespañola* (CSIC. Instituto Arias Montano. Serie A/1), Madrid-Barcelona 1948, pp. 1-18.

[17] Véase la edición bilingüe con comentario del Rabí M. M. MELAMED, *Sidur Ha-Mercaz. Libro de oraciones según el rito sefardí...*, Jerusalén 1998 (en p. 364 el himno *'adon ᶜolam* de Salomón Ibn Gabirol).

orantes, *minyān*, y atuendo: *t^ephillîn, tallît, şîşît*). En realidad, la plegaria, la referencia a la trascendencia, ha invadido toda la vida judía, desplegando fórmulas de bendición para las más diversas situaciones e incluso objetos simbólicos y gestos que sacralizan toda la existencia *(m^ezûzāh, kippāh...).* Detallar la funcionalidad de todo este mundo de objetos y gestos religiosos excede los límites de esta exposición sintética[18].

Un ámbito temporal sagrado, a medio camino entre la plegaria congregacional diaria y las fiestas, es el sábado, ese séptimo día de descanso que la tradición cristiana e islámica han heredado de la Biblia Hebrea. En el estrato más antiguo de ésta el sábado no se configura todavía como un ámbito sacral, no es una fiesta de santuario con especial ritual sacrificial, sino como un espacio antropológico para el recuerdo histórico y la entropía cósmica, para el acceso al «descanso» divino por encima de la obsesión del afán cotidiano; en ese sentido, como un espacio para la liberación interior y, desde luego, social, tiene un valor religioso en el más alto sentido[19]. A partir del Exilio, y ello resulta especialmente claro en la reforma de Esdras, el sábado se convierte en un elemento distintivo del judaísmo (junto con el culto sinagogal y la circuncisión) como religión, y la observancia del descanso se sacraliza y se inserta en el ámbito sinagogal con un servicio peculiar *(mûsāf)* que es modelo de toda celebración festiva en Israel, convirtiéndose en la gran ocasión de la lectura de la Torah (distribuida en un ciclo anual) y de los Profetas (secciones), y de su comentario, así como de la plegaria y el canto, mientras el servicio sinagogal diario queda reservado, con el correr del tiempo, a los círculos más religiosos. El desarrollo de la legislación rabínica del descanso sabático lo ha convertido en un dato muy llamativo del judaísmo con un sorprendente reflejo social, comprobable en las calles de las modernas

---

[18] Véanse a este respecto los manuales citados más arriba en p. 11, n. 1; y en general sobre el culto judío y sus múltiples manifestaciones la exposición divulgativa del Rabí H. H. DONIN, *Guía para la observancia del judaísmo en la vida contemporánea,* Jerusalén 1988.

[19] Véase R. DE VAUX, *Instituciones,* pp. 599-609; A. J. HESCHEL, *El shabat: su significado para el hombre de hoy,* Bilbao 1998.

ciudades de Israel. A la vez que ha dado lugar a una celebración doméstica, la cena del sábado, de hondo valor aglutinador familiar con su correspondiente *ordo* litúrgico en el que el sábado es hipostasiado como la «novia» y la «reina». La celebración es preparada cuidadosamente en la tarde del viernes: se encienden las velas del sábado y se prepara la mesa. En la sinagoga se asiste a un servicio religioso especial y en casa se celebra la cena del sábado entreverada de textos religiosos peculiares y cantos adicionales. También la comida del sábado tiene sentido ritual, aunque no de tanta significación, precedida del gran servicio religioso de la mañana en el que tiene lugar todo el complejo ritual de plegaria y lectura a que antes aludíamos. Iniciado con la recitación del *qiddûš* y cerrado con el de la *havdālāh*, el sábado es un tiempo sacro bien definido y la legislación haláquica precisa con todo detalle la serie de tareas que no pueden realizarse durante el mismo, actualizadas frente a las nuevas posibilidades que ofrece la técnica moderna (por ejemplo, la utilización del automóvil). Se trata de crear un espacio de ocio total sacralizado en el que tenga lugar el gozo espiritual, al margen de todo esfuerzo y búsqueda de interés.

Junto a este culto permanente el judaísmo celebra tres grandes fiestas[20] que tienen raigambre bíblica, junto a otras festividades menores de origen tardío.

La primera de las grandes ocasiones festivas del judaísmo es la de la «Pascua» y de los «ácimos», inicialmente fiesta de primicias de Año Nuevo en un calendario agrícola que comenzaba en primavera, como se revela en sus elementos de ofrenda: cría de ovino, pan nuevo, primera gavilla (de cebada). En la Biblia ésta, como las restantes fiestas, ha sido historizada, es decir, referida a un acontecimiento clave de la historia político-religiosa del pueblo; en este caso, a la liberación y salida de Egipto. La ocasión festiva dura siete días, en los que se come pan ácimo, del 15 al 22 del primer mes siguiente al equinoccio de primavera. Días sabáticos son el primero y último. En aquél se celebra la gran cena de Pascua según un orden *(seder)* que recoge los datos bíblicos, engarzados en un maravilloso entramado de tradiciones

---

[20] Sobre las fiestas judías véase los manuales citados en nn. 17 y 18.

posteriores. Es la gran fiesta judía en la que este pueblo, en el seno de la unidad familiar, rememora, transmite y actualiza su conciencia de pueblo nacido de una epopeya de liberación. La fiesta ha desarrollado su propia leyenda, la *Leyenda (haggādāh) de Pascua*[21] (su *hieròs lógos*) y todos sus ingredientes: alimentos, gestos y textos están minuciosamente prefijados, sin que nada quede dejado a la improvisación.

Ligada a la anterior por sus orígenes agrícolas (recolección del trigo) y por el proceso historizador se encuentra la segunda gran festividad judía: «Pentecostés» o de las «Semanas», dicha así por ser contada y por tanto referida a y preparada para su celebración después de siete semanas/cincuenta días a partir de la Pascua. En ella el pueblo judío recuerda y conmemora la recepción de la Ley en el Sinaí, el contrapeso de la liberación que conmemoraba aquélla. Este ciclo festivo de primavera adquiere así el contenido ético que caracteriza a la religión judía, según decíamos, y lo eleva por encima de la base religiosa naturista en que se apoya y que asume, no obstante. Como las demás fiestas, también ésta está caracterizada por un peculiar servicio religioso sinagogal y especiales usos dietéticos, aunque no tan rígidos como los de Pascua.

Paralelo a este ciclo festivo de primavera, el pueblo judío celebra desde la época bíblica otro de otoño, según un calendario que pone en *tišrî* («el séptimo mes») el inicio del Año Nuevo. El ciclo tiene también originariamente sentido agrícola, recolección de los frutos de verano, incluida la uva, pero se halla teñido de la ideología regeneracionista que acompaña a las festividades de Año Nuevo en todo el Oriente Antiguo. De nuevo en el judaísmo tal ideología se «moraliza» e «historiza». Así, la festividad de Año Nuevo *(rō'š haššānāh)* es momento sagrado de reflexión y examen (de rememoración), que abre un periodo de «diez días de arrepentimiento» o conversión, que culminan

---

[21] El lector español puede consultar el texto en versión ilustrada y bilingüe por el Rabí M. SILVERMAN, *Hagada de Pesaj con otras explicativas y textos originales... traducción al castellano por E. Weinfeld*, Hartford 1962; y en versión judeo-española y también moderna, realizada por mí, en M. ALVAR, *La leyenda de Pascua. Tradición cultural y arcaísmo léxico en una Hagadá de Pesah en judeo-español*, Sabadell 1986.

en la festividad/ayuno del «Día de la expiación» *(yôm kippûr)*. Es el momento de la rectificación y del perdón, de la restauración personal y de la reconciliación social, de la renovación del corazón de la comunidad. Las tres grandes actitudes religiosas: oración, ayuno y limosna, llenan este tiempo sacro del judaísmo y acompañan al especial ritual de estos días. El solemne sonido de la trompeta del Sinaí *(šôphār)* abre y cierra este periodo penitencial. Pero es seguido en la tercera semana del mes, es decir, a partir del plenilunio, como en la Pascua primaveral, por la «fiesta de los Tabernáculos» *(sukkôt)*[22], que culmina el 22-23 del mes en las fiestas «Octavo (día) de la asamblea» y «Gozo de la Torah». La conmemoración de la conmoración de Israel en el desierto y el regocijo en su propia conciencia de pueblo peculiar recubren un ritual, doméstico y sinagogal, todo él impregnado de la alegría por la cosecha y sus frutos. Cuatro tipos de plantas se incorporan al ritual festivo como expresión de la fertilidad de la tierra. La cabaña, en la que se habría de morar o al menos comer estos días, es un símbolo de precariedad y de satisfacción a la vez; de un periodo de nomadismo austero se ha pasado a otro de disfrute de la fertilidad, en ambos casos bajo la confianza religiosa en el propio Dios. Así, en el mismo periodo sacro el judío «se aflige» y «se regocija» festivamente. El culmen de tal regocijo se lo proporciona al pueblo judío el «Gozo de la Torah», que cierra este periodo festivo de los «Tabernáculos», el momento en el que el «Rollo de la Ley», máximo don religioso y máxima expresión de su peculiaridad como pueblo y comunidad religiosa, polariza toda la capacidad de éxtasis del alma judía en una liturgia procesional única, celebrada en la sinagoga.

Otras festividades menores jalonan también el año litúrgico judío, relacionadas con la conmemoración de determinados momentos de la historia nacional: *ḥᵃnukkāh*, con la restauración del culto del Templo después de la revuelta de los Macabeos; *pūrîm*, con el destino del pueblo en la época persa y, por analogía, en otras épocas (el gozo en este caso puede llevarse hasta la embriaguez y la farsa, precedido a su vez por el día del «Ayuno de Ester»); *tišaᶜ bᵉʾāv*, con las su-

---

[22] Véase más arriba pp. 134 y ss.

cesivas destrucciones del Templo de Jerusalén, festividad, por tanto, de luto y ayuno, como el periodo de tres semanas que le precede, que permiten recordar otras muchas vicisitudes dolorosas de la historia de Israel, incluido el Holocausto nazi. Las dos últimas festividades proporcionan ocasión para la lectura de determinados libritos bíblicos, como se hace también en Pascua, Pentecostés y Tabernáculos (los «cinco rollos»). El libro y la palabra, el gran ingrediente de la religión judía, se halla siempre presente en toda expresión de su religiosidad, ligada indefectiblemente a la propia tradición histórica que aquél registra. En esa misma línea, el calendario judío se ha actualizado con la introducción de la fiesta de la «Independencia» o creación del nuevo Estado de Israel, y la de la «Reunificación» de Jerusalén, con una liturgia todavía móvil.

Por lo demás, como todas las religiones también el judaísmo ha sacralizado y celebra los momentos decisivos de la existencia individual y social: nacimiento, mayoría de edad, matrimonio y muerte, con especiales ritos de «paso» para los que la tradición bíblica ofrece poco apoyo.

A los ocho días de nacer el varón judío es «circuncidado» y recibe su nombre propio (la niña, en la sinagoga), rito que introduce al recién nacido en el pueblo de Israel, en la «Alianza de Abrahán», y por el que habrá de pasar todo varón que pretenda convertirse o ser convertido (niño) al judaísmo. Esta inserción iniciática en la propia comunidad religiosa, que en el caso del judaísmo tiene una clara connotación étnica de pertenencia al «pueblo de Abrahán», se confirma con el ritual de *bar miṣwāh* («hijo del precepto»), por el que todo varón, cumplidos los trece años (la niña, a los doce), es reconocido como sujeto de pleno derecho dentro de la comunidad y sometido, por tanto, a toda la legislación religiosa, mayor de edad, en un palabra. En principio, esta circunstancia no requiere ninguna ceremonia especial, sino la completa asunción del comportamiento que reclama la ley judía, pero ha prevalecido la costumbre de hacerla patente, como no podía ser menos, por el acceso al deber/honor que tiene todo adulto de «leer la Ley» en la asamblea sinagogal en los momentos clave de su vida.

Más colorista es el ceremonial que rodea la celebración del matrimonio judío en el que las fórmulas religiosas (bendiciones y lecturas) se mezclan con ritos simbólicos, como la entrega del anillo, la toma de la copa de vino, la entrada bajo la *kuppāh*. De manera general, la música y la danza acompañan la celebración, con variedad de tradiciones según la proveniencia del grupo. Pero incluso en esta festiva ocasión no falta el recuerdo de la propia y dolorosa historia nacional y al final se «rompe una copa» en señal de duelo por la destrucción del Templo el año 70 de nuestra era[23].

Finalmente, todo un amplio ceremonial, desarrollado en épocas tardías, rodea el momento de la muerte. El cuerpo del difunto es tratado con un gran respeto, y su exposición, combustión y momificación no están en principio permitidas: debe ser inhumado envuelto en un sudario blanco. El periodo de duelo que sigue implica sobre todo a los parientes próximos, de modo especial a los hijos, que recitarán diariamente durante once meses la gran doxología que se reza al finalizar el estudio de la Torah, confesión y alabanza del Dios creador y providente, la fe en el cual no puede ser empañada por el dolor de la muerte. Ésta no es considerada en la Biblia como una desgracia, sino como la consumación de la vida del justo. En las grandes festividades habrá siempre un momento final para el recuerdo del padre y de la madre fallecidos, a la vez que las mismas anulan el luto por toda muerte. En la dialéctica del gozo y la pena, la expresión comunitaria prevalece sobre la personal. Las oraciones por los difuntos van acompañadas normalmente de limosnas por parte del judío piadoso como elemento de redención del difunto. Es sorprendente ver la fina sensibilidad que desarrollaron los sabios del judaísmo al trazar las normas que regulan la expresión del respeto, dolor y consuelo en esta circunstancia tan sensible de la existencia. Todo este ritual este sustentado, por otra parte, en la fe en la pervivencia más allá de la muerte, como parte de una escatología personal (juicio, premio y castigo según las obras) desarrollada tardíamente y que apenas tiene soporte bíblico.

[23] Véase también H. SCHNEID, *Marriage* (Popular Judaica Library), Jerusalén 1973.

Esta rica liturgia diaria, festiva y familiar distingue al judaísmo como religión desde una perspectiva exterior e implica al judío en una sacralización global de todos los ámbitos de su existencia. Como todas las grandes religiones, el judaísmo no conoce un ámbito propiamente secular, aunque su posterior experiencia y desarrollo histórico le han enseñado a convivir con él y hasta a procurarse uno propio.

3. La moral judía

Toda la organización litúrgica esbozada dimana en su origen de la tradición bíblica, desarrollada por la posterior tradición rabínica, y tiene fuerza normativa en cuanto ambas tradiciones constituyen la Ley escrita y oral. Ambas configuran el código del judaísmo y tienen el mismo valor de revelación o Palabra de Dios. Ambas se asumen en el judaísmo ortodoxo como expresión de la voluntad divina, ante la cual la distinción del objeto, sacro o profano, pierde importancia. De hecho, tales Leyes regulan el completo comportamiento de la vida del judío, y su observancia y desarrollo han constituido la preocupación básica del pensamiento religioso del judaísmo, muy por encima de la especulación teológica[24]. Este predominio de la razón práctica sobre la teórica o aplicación del «encaminamiento» *(hal*ª*khāh)*, como se denomina todo el ámbito de la legislación judía, incide de manera preponderante en la regulación de las relaciones del hombre con su prójimo, no sólo del hombre con Dios, a las que se refería la legislación litúrgica analizada. En realidad, convierte la vida del judío fiel en una permanente liturgia, que abarca todos sus momentos y movimientos, tanto por ser objeto de legislación divina como por verse acompañada con frecuencia de fórmulas sacras. El judaísmo es así una ética en la que la preocupación por el hombre, su dignidad y felicidad, ocupa un lugar central, pero una ética religiosa por el origen y sentido del precepto. Origen y sentido que no siempre están claros y cuya bús-

---

[24] Véanse las obras citadas más arriba en nn. 2-5 y la compilación clásica de la legislación judía de J. CARO, *Šulḥan ᶜArukh* («La mesa preparada») en múltiples ediciones (1ª en Venecia 1565).

queda ha desatado una múltiple y esforzada voluntad de explicación e inteligibilidad de la norma, siempre sobre la base de su observancia, indiscutible por su origen divino. La observancia es el mejor camino para la comprensión de la norma.

Este esclarecimiento del sentido de la norma, aparte de su origen, resulta de por sí una exigencia del comportamiento humano que facilita y eleva la observancia, y se convierte en un imperativo ineludible siempre que el judaísmo ha tenido que dar razón de sí frente a otras concepciones o culturas que no aceptan su recurso al origen revelado de la misma. La aplicación concreta al estudio de la Torah y su explicación han constituido las grandes tareas del pensamiento judío como religión. Se trata de un proceso hermenéutico que, visto desde fuera, produce a veces la impresión de un cierto juego de equilibrismo, impuesto por la inmutabilidad de la norma escrita y la necesidad de su acomodación a nuevas situaciones y niveles culturales. Pero es el proceso en su globalidad el que ha garantizado la pervivencia y enriquecimiento de la religión judía, aunque elementos aislados sólo se salven como parte de un proyecto general de santificación de la existencia (personas, tiempos y lugares), de profunda y peculiar raigambre bíblica. Esta santidad no pretende separar al judío de su contexto vital, al estilo del ideal cristiano ascético de la *fuga mundi*, sino abrirle un camino hacia la armónica y gratificante inserción en el mismo, tanto natural como social, a medio camino entre el ascetismo y el hedonismo. En el fondo, un ideal que la ética del «sentido común» o natural ha sugerido a muchas sociedades. El punto de mira de tal moral es la construcción del grupo, no la satisfacción de las pretensiones del individuo. Éste debe someter e integrar su proyecto vital en el de su comunidad histórico-religiosa. Su gran legislador-profeta Moisés ya puso de relieve el valor de tal proyecto: «¿Qué nación grande hay que tenga leyes y mandamientos justos como toda esta Ley que yo os pongo hoy ante los ojos?» (Dt 4,8). La Torah es la expresión de la sabiduría revelada a Israel que la Biblia canta (Sal 119; Eclo 24), el «orgullo» del judío piadoso[25].

---

[25] Cf. a este respecto E. E. URBACH, *The Sages*, pp. 315 y ss.

Una de las esferas de la vida humana que regula la Torah es la esfera familiar, que para el judaísmo resulta primordial, tanto desde el punto de vista estructural, como religión de base étnica, como histórico, en cuanto religión carente de soporte político durante siglos. En el seno de la familia judía, más que en cualquier otra religión, es donde se conmemoran y transmiten los contenidos de la propia fe histórica, de padres a hijos, en liturgias domésticas.

El decálogo ya menciona la obligación básica de «honrar padre y madre» (Ex 20,12). Los códigos y la legislación rabínica concretarán luego esa «honra» genérica en sus aspectos formales y materiales, sobre todo cuando aquéllos son ancianos. Las obligaciones con los padres difuntos ya las mencionamos más arriba. Por su parte, los progenitores están obligados a educar a sus hijos en el judaísmo, es decir, en sus valores, tradiciones y preceptos, así como en su conciencia de identidad judía. De hecho, históricamente éste ha sido el gran elemento de cohesión del pueblo judío. La educación secular-profesional es una obligación subsiguiente que regula también el Talmud, como condición de un futuro digno. De hecho el judaísmo, como portador y generador de una gran tradición escrita que es obligatorio conocer desde pequeño, ha generado en su seno un grado de escolaridad y alfabetización superior al de las comunidades en las que se vio socialmente inmerso. Dispuso desde siempre de un sistema educativo, básicamente religioso, y uno de sus lugares comunitarios, junto con la sinagoga (con frecuencia adjunto a la misma) y el baño ritual, fue la escuela (*bêt midrāš, bêt sefer, bêt talmûd*; más tarde *yᵉšîbāh* y colegio judío integral). La tradición rabínica y sapiencial judía *(mûsār)* ha desarrollado todo un cúmulo de consejos que guían a los padres en el cumplimiento de este fundamental deber de educar a los hijos, deber que sólo cede en importancia al de salvar una vida en peligro[26].

La relación entre marido y mujer es, naturalmente, objeto de una precisa regulación en el judaísmo. Ya la Biblia consigne suavizar la posición histórica de la mujer en esta relación y la legislación pos-

---

[26] Véase J. MAIER, *Das Judentum*, pp. 435-442; AA.VV., «Education (Jewish)», *EnJud,* vol. 6, cols. 381-466.

terior acentúa aún más esa tendencia; posición de una cierta postergación que, como en todas las culturas antiguas, padece en la judeobíblica. Hasta el siglo XII no quedó formalmente abolida la poligamia, que la Biblia autoriza (aunque se muestra favorable a la monogamia), en el judaísmo askenasí y luego de hecho en el resto; en Israel está prohibida por ley. En el judaísmo ortodoxo la mujer no es sujeto de gran parte de la legislación religiosa congregacional (por ejemplo, de la asistencia y participación en el ritual sinagogal o práctica de la plegaria cotidiana). Pero paradójicamente, según la *hal^akhāh*, es la transmisora del judaísmo, pues judío es sólo el hijo de madre judía con independencia de que lo sea o no el padre. Esto nos introduce de lleno en el plano de la relación marital, orientada, como no podía ser menos, a la procreación, pero también a la integración personal.

El estado matrimonial es el estado ideal, no sólo normal, de todo judío, varón o mujer. El celibato es descalificado. Por consiguiente, el sexo es apreciado como realidad positiva y santa, aunque siempre dentro de unos límites de morigeración y reserva en su práctica, que excluyen toda permisividad e inmodestia. Tales límites pueden resultar chocantes a otras tradiciones culturales. Así, la relación marital, que es derecho y deber de la pareja, se ha de suspender, por impureza legal, durante el periodo menstrual y los siete días ulteriores[27], lo que representa una media de doce días al mes de continencia sexual para el matrimonio. La reanudación de las relaciones debe ir precedida del baño ritual de la mujer en el *mikveh* de la comunidad, una instalación que la tradición judía ha considerado siempre como más importante y primordial que la misma sinagoga para la observancia de la Ley, por afectar a ese núcleo básico que es la familia, cuya paz, pureza y buen funcionamiento es esencial para la pervivencia del judaísmo. La relación personal entre los esposos es además objeto de una amplia regulación ética basada en el amor, respeto mutuo y complementariedad de funciones. En el caso de imposible conviven-

---

[27] Sobre los diferentes cálculos del periodo de la *niddah* véase I. M. TA-SHMA, «Niddah», *EnJud*, vol. 12, cols. 1141-1148.

cia la ley judía prevé e incluso favorece el divorcio por consenso mutuo, en el que ha transformado la antigua ley bíblica del repudio por parte del marido. Admite asimismo el aborto terapéutico en cualquier momento del embarazo por considerar siempre la vida de la madre preferible a la del feto, que no alcanza su plena caracterización de persona hasta que nace. El control de la natalidad se considera compatible con el deber de «crecer y multiplicaros» (Gn 1,28), aunque la tradición es favorable a una abundante prole[28].

Fuera ya del marco familiar estricto, la relación con el prójimo está regulada en el judaísmo por un ideal humanitario de concordia y ayuda mutua. «No hagas a otros lo que a ti te desagrada» es una antigua norma de conducta social que quiere resumir el comportamiento del buen judío. En realidad, todo el campo de las relaciones humanas es objeto de la Ley religiosa de manera primordial, como ya advertíamos a propósito de la legislación bíblica: la ética judía es teología, deber sagrado. Si se quisiera encontrar una actitud básica que sintetizara el ideal judío de comportamiento ético podríamos fijarla en la «compasión», «simpatía» o «benevolencia», como reflejo de la actitud de Dios para con sus criaturas que el judío debe imitar, recreando con ello su obra. Es una actitud que resuena ampliamente en la predicación profética como legitimadora de toda la legislación cultual que sin ella resulta abominable a Dios. La tradición judía ha intentado desvelar el valor ético del ritual como símbolo y vehículo pedagógico, proclamando la unidad de las dos esferas vividas de manera inseparable en la praxis cotidiana: las leyes que se refieren a la relación del hombre con Dios y a la del hombre con su hermano.

Entre éstas resaltan todas las situaciones que implican la ayuda al prójimo en cualquier necesidad (hogar, medios económicos, salvaguarda de bienes, salud, vida) como concretización del supremo precepto de «amar al prójimo como a sí mismo» (Lv 19,18). En consecuencia, se ha desarrollado en el judaísmo una habitual práctica de la limosna (llamada originalmente *ṣᵉdāqāh*, «justicia»), regulada minuciosamente en su ejercicio y grados, así como de la ayuda (préstamo)

---

[28] Véase J. MAIER, *Das Judentum*, pp. 529-532, 560-570.

para prevenir la pobreza. Toda la relación económica, laboral (contrato de trabajo, salario, defraudación) y comercial (pesas y medidas justas), tanto entre judíos como con extranjeros, está minuciosamente regulada en la *hal^akhāh*, que constantemente atiende a los detalles del trato humano que salvaguarden la dignidad de las personas.

Un peculiar ámbito que regula la ley judía, a medio camino entre las leyes culturales y las seculares, es el de la especial dieta que debe seguir el judío ortodoxo. Son leyes que derivan en su origen de la distinción entre lo puro y lo impuro en relación con el culto y sus sacrificios, y como tales son entendidas hoy en día por los pensadores judíos, como un ejercicio de «distinción», de reconocimiento de una esfera superior, a la que debe alzarse el hombre por encima de sus apetitos naturales, de autocontrol de los mismos, de sacralización incluso de su función nutritiva como un acto litúrgico que se rige por la normativa del Templo y en el que la mesa adquiere la función del altar. Interpretación espiritualizante que no aclara la razón de las normas concretas que excluyen ciertos alimentos e imponen un sistema de preparación que resulta complicado y un tanto extraño para el observador gentil. Es la famosa legislación de la *kašrut* que tan patentemente señala la peculiaridad de la religión judía. La Biblia (Lv 11 y Dt 14) aporta ya la lista y caracterización de los animales de toda clase que son o no *kāšēr* (cuadrúpedos, peces, aves y reptiles). Es universalmente conocida la prohibición de comer carne de cerdo, que también asumió el Islam, pero ella es en realidad una de tantas. Tampoco se pueden comer conejos, mariscos, anguilas, caracoles… y un largo etcétera que la posterior legislación rabínica completó sobre la base de los iniciales datos bíblicos. Tampoco se puede ingerir la sangre, el sebo, el nervio ciático, ni animal alguno muerto, defectuoso o no adecuadamente sacrificado, lo que ha hecho del *matarife* un oficio peculiar en la comunidad judía antigua y obliga hoy a la presencia de la autoridad rabínica en el matadero público para garantizar el sacrificio de las reses de acuerdo con las exigencias de la propia ley, que las haga aptas para su consumo por la comunidad judía. La carne así obtenida deberá luego ser sometida a un proceso de asado o remojo y salado que extraiga el resto de la sangre, en recipientes distintos de los usados para su ulterior cocinado. La legislación religiosa ha desarrollado de hecho un control de salubridad bajo la categoría de alimento *kāšēr* altamente eficiente. Prohibida está también la mezcla de carne y leche o lacticinios, y su ingestión simultánea, lo que de rebote obliga a tener una doble vajilla para su preparación y consumición, que se lavará y secará también por separado, evitando toda posible contaminación, por pequeña que sea. La casuística que afecta a esta normativa es minuciosísima, complicada hoy en día con la aparición de diferentes preparados grasos y vajillas porosas. No cabe duda que la observancia de esta legislación fuera de un contexto familiar judío es una prueba de fidelidad religiosa y de autoafirmación de la diferencia.

Otros ámbitos, como el del buen nombre del prójimo, veracidad y fidelidad a los compromisos contraídos son también objeto de regulación ya en la Biblia, como lo son la prohibición del rencor y la venganza. En realidad, los 613 preceptos, positivos y negativos, en los que tradicionalmente se cataloga la legislación bíblica, y su amplio desarrollo en la tradición judía posterior cubren detalladamente todos los ámbitos de la vida y son incesantemente actualizados por las nuevas decisiones de las cortes rabínicas cuando alguna nueva situación lo requiere o las legislaciones civiles, incluida la de Israel, no satisfacen las exigencias de la propia tradición religiosa.

4. El polimorfismo judío

La estructuración de este complejo marco de representaciones teológicas y de configuración ético-jurídica que es el judaísmo resulta el fruto de un proceso largo y abierto, al no disponer éste de un órgano definitorio de su ortodoxia. Esto hace que hayan aparecido a lo largo de la historia, en su mismo seno, diferentes concepciones de la divinidad, de teísmo-deísmo, pero también diferentes autocomprensiones de su propia identidad, que se profesan todas judías. Sin embargo, en el grado en que todas ellas interpretan la realidad histórica y no ceden a la conceptualización filosófica del momento (dualismo, panteísmo, deísmo/asimilacionismo, cientifismo, secularismo, prescindiendo del ateísmo y agnosticismo que por definición sitúan al judaísmo fuera de la esfera religiosa), se ven obligadas a partir de la imagen bíblica de Dios y de la vivencia religiosa del judaísmo histórico. Pero aun admitida esa base unitaria, históricamente el judaísmo manifiesta una gran diversidad de formas.

No vamos a hablar aquí de la diversidad del pasado, que se remonta a la época bíblica (fariseos, saduceos, esenios, etc.) o medieval (karaítas) y a la que perteneció en sus inicios el propio cristianismo, ni de las meras diferencias de ritual o usos adicionales dependientes de las coordenadas históricas o geográficas por las que ha pasado el pueblo judío (askenasí y sefardí, básicamente). Nos limitaremos a las formas que adopta el judaísmo moderno como interpretación global de la propia tradición en su aspecto ideológico (teología) y, sobre todo, práctico *(hal^akhāh)*. Como en el caso de las demás grandes religiones del momento, se trata de configuraciones formales, sin olvidar que una gran masa de judíos se manifiesta indiferente ante la propia tradición religiosa y pertenece a lo que llamaríamos el judaísmo cultural, asumiendo como uso social del grupo determinadas observancias religiosas circunstanciales.

El judaísmo *ortodoxo*, que retiene el esquema tanto teológico como jurídico arriba expuesto, tiene su mejor exponente en el grupo askenasí, heredero de la tradición lituana forjada en torno al rabino Eliyá ben Solomon Zalman, el Gaón de Vilna. De acuerdo con lo dicho antes, este judaísmo está vuelto completamente sobre su propia tradición talmúdica y entregado en exclusividad al estudio de la Torah y al cultivo de la vivencia ético-religiosa. Representa, podríamos decir, el judaísmo en estado puro. Por su parte, el correlato sefardí, proveniente de un nivel social menos cultivado, es más temperado en su abertura al contexto social y menos exclusivo en su dedicación judía; menos significativo, también, en su aportación intelectual. Una rama importante del judaísmo ortodoxo contemporáneo es el yemenita, que ha conservado vivos elementos muy significativos de la tradición judía antigua.

El judaísmo *hasídico* es a su vez heredero del movimiento homónimo del siglo XVIII y se agrupa en torno a las diversas dinastías de rabinos, o mejor dicho *ṣaddîqîm*, prominentes. Tal judaísmo, aun asumiendo la tradición haláquica en su integridad, está impregnado de actitudes y prácticas de exaltación mística, con una tradición musical, de danza y canto, peculiar, que caracteriza todas sus manifestaciones religiosas. Se ha convertido, por su atuendo y tocado, en el grupo más llamativo del judío en nuestros días, el grupo que con sus gabardinas, sombreros, velos, barbas y patillas en trenza atrae las miradas en las calles de Brookling, del barrio de *Mě'āh šecārîm* de Jerusalén o en cualquier aeropuerto internacional. Escritores como I. Batshevis Singer o filósofos como M. Buber han descrito y exaltado su tradición religiosa y modo de vida, que dio origen a una interesante narrativa literaria específica (el cuento hasídico). Su significación y actitud vital es meramente religiosa[29].

El judaísmo *conservador* es una corriente del judaísmo americano que, asumiendo la ideología y praxis del judaísmo ortodoxo, centra su interés en la defensa del judaísmo como unidad nacional por encima de las diferencias de concepción. Movimiento fundado por S. Schechter en 1913 y dirigido desde el Jewish Theological Seminary de Nueva York, propugna un judaísmo fiel a la tradición, pero abierto a la vez a la situación histórica moderna. Se preocupa en gran manera por promover el nivel educacional de las comunidades judías y por la revitalización de la vida congregacional y asociativa de las mismas. Se trata de un judaísmo ilustrado que trata de salvaguardar el patrimonio común y la conciencia de unidad del pueblo judío con un mínimo de incidencia en cuestiones de diferenciación teórica. Se ha preocupado, en cambio, en gran manera de hacer presente la perspectiva judía en el tratamiento de las cuestiones sociales de nuestro tiempo. Ha sido, dada su gran influencia en los Estados Unidos, uno de los principales instrumentos de apoyo al Estado de Israel, al que ha considerado como expresión palpable de su ideal de unidad nacional judía[30].

---

[29] Véase A. RUBINSTEIN (ed.), *Ḥasidism* (Popular Judaica Library), Jerusalén 1975.

[30] Sobre el judaísmo conservador americano y su relación con el Estado de Israel véase J. NEUSNER, *Stranger at Home. «The Holocaust». Zionism, and American Judaism*, Chicago-Londres 1981.

El judaísmo *reformado* o liberal, finalmente, es el continuador de las tendencias de la *haškālāh* y la emancipación de los siglos XVIII y XIX, y representa la revisión, abandono y sustitución de gran parte de la tradición haláquica, del Talmud incluso en su totalidad, en un intento de hacer del judaísmo una forma religiosa aceptable y válida para el hombre occidental moderno, manteniendo a la vez sus elementos esenciales, tanto en el plano ideológico como litúrgico y ético. Ámbitos enteros de la *halᵃkhāh*, como las leyes dietéticas, son considerados como superados y no obligatorios, así como otras muchas prescripciones rituales. El mismo culto sinagogal es sometido a una profunda reestructuración y modernización, asumiendo modelos a veces provenientes de la sociedad circunstante. Originado en Alemania en el siglo pasado, en torno a figuras como Geiger y Holdheim, su centro de irradiación es hoy en día el Hebrew Union College (Cincinnati-Nueva York) y posee una gran difusión entre los judíos de los Estados Unidos. No es, por otra parte, un movimiento uniforme, y dentro del mismo cabe apreciar diferentes formas de fe y práctica religiosa, que se confiesan conectadas con la tradición judía[31].

Estas máximas diferenciaciones no agotan la variedad de matices que la profesión del judaísmo alberga en su seno en nuestros días, habida cuenta de lo difícil que resulta precisar su «ortodoxia». Constantemente surgen nuevos grupúsculos que complican el panorama[32], y la existencia del Estado de Israel hace que en su territorio estas diferenciaciones se compliquen aún más por la participación en la realización concreta del proyecto político de la nación judía. Desde fuera, si exceptuamos alguna corriente del judaísmo reformado, declaradamente diaspórico, y de algún grupo ultraortodoxo que rechaza la ac-

---

[31] Sobre judaísmo reformado véase W. G. PLAUT, *Rise of Reform Judaism: a sourcebook of its European origins*, Nueva York 1963; IDEM, *Growth of Reform Judaism: American and European Sources to 1948*, Nueva York 1965; J. J. PETUCHOWSKI, «Reform Judaism», *EnJud*, vol. 14, cols. 23-28; H. R. GREENSTEIN, *Turning Point. Zionism and Reform Judaism* (Brown Judaic Studies, 12), Scholars Press 1981.

[32] En este sentido es digna de mención la peculiar evolución y configuración del judaísmo en Argentina.

tuación humana en la restauración de Israel, los demás movimientos se han mostrado activamente implicados en su defensa y apoyo.

Como conclusión y retomando el hilo de nuestra presentación inicial, más allá ya de la fenomenología que ofrece el judaísmo histórico, podemos sintetizar que la imagen religiosa que éste ofrece es la del así llamado monoteísmo ético, es decir, la de un Dios único, trascendente, necesario, incondicionado y eterno, absolutamente diferente, por tanto, y a la vez creador, mantenedor de y presente en su obra con la que se manifiesta en relación personal, relación en la que implica a su creación última, el hombre, en un respuesta de obediencia y amor, sumisa a la revelación de la voluntad divina como principio y pauta de su propia acción y consumación, puesta en práctica por un incesante esfuerzo de cumplimiento y actualización de la misma[33]. Esta imagen de Dios, transmitida en el judaísmo en confrontación histórica con otras (enoteísmo, politeísmo, dualismo, panteísmo, deísmo, naturalismo, ateísmo), se puede considerar incluso como uno de los ingredientes determinantes de la historia de las ideas dentro y más allá de nuestra cultura occidental. Como los griegos dieron con las pautas del discurso analítico o del canon estético y los romanos con las de la organización del ámbito sociopolítico, los judíos nos transmitieron la configuración de la esfera religiosa vigente en nuestra cultura a través de su desarrollo cristiano.

No es de extrañar, pues, que ante la magnitud de este dato cultural, haya habido siempre pensadores y filósofos judíos (junto a otros cristianos, herederos de la misma tradición) que hayan especulado sobre la idea de Dios como ingrediente propio de su visión del mundo o como contribución a la interpretación del propio judaísmo. Éste fue el caso de los filósofos-teólogos del Medioevo que mencionamos más arriba; y éste fue el caso de Espinosa. En nuestros días, pensadores de la talla de H. Cohen, F. Rosenzweig, M. Buber o E. Levinas han reclamado la idea/realidad del Dios bíblico como fundamento de la moralidad o como base de la realización definitiva, per-

---

[33] A este propósito resulta paradigmática la obra de M. BUBER, *Yo y Tú* (Colección Esprit, 1), Madrid 2005.

sonal y existencial, del hombre[34]. Y esto precisamente en un momento en que el pensamiento científico y filosófico tiende a desentenderse de ese horizonte mental, más que a negarlo, y la masa social, también dentro del mundo judío, pretende ignorarlo o rechazarlo expresamente. Aun en este contexto poco teologal de nuestros días, el «Dios de Abrahán, de Isaac y de Jacob», sean pocos o muchos los que lo reconozcan, constituye un reto o un polo de atracción ineludible.

[34] Sobre el pensamiento filosófico judío actual véase M. L. MORGAN y P. E. GORDON (eds.), *Modern Jewish Philosophy*, Cambridge 2007.

El judaísmo desbordado: sionismo y cábala.
Un relato ejemplar[1]

I. Un modelo de ejercicio cabalístico

En el capítulo o sección 44, según la numeración marginal, del *Sefer Dibrê Yôsēph* de José Sambari[2] se nos ha conservado un curioso relato, tomado de la supuesta «transcripción» realizada por el copista Salomón Navarro ha-Yerušalmí[3], acerca del rabino José de la Reina, del que pocas más referencias tenemos, aparte de las ofrecidas en tal relato[4]. Éste, en sus diversas formas, tuvo gran difusión en los ámbitos de la diáspora oriental[5], pero, que nosotros sepamos, no había sido presentado hasta ahora en nuestras lenguas.

---

[1] El presente capítulo se realizó en colaboración con la Dra. Esperanza Barjau i Rico en el marco de la elaboración de su tesis doctoral bajo la dirección de este autor.

[2] Cf. E. BARJAU I RICO, *El Séfer Dibré Iossef (Les Cróniques de Josep)* de Jossef ben Isaac ben Sambari. Introducció, traducció i notes de (Biblioteca Judaico-Catalana, 3), Barcelona 1996. El manuscrito hebreo de esta obra (París Alliance Israélite Universelle H130 A) fue editado con introducción y edición facsímil por S. SHTOBER (Jerusalén 1981). La Dra. E. Barjau i Rico lo estudió, transcribió y tradujo en su tesis *Iossef Ben Sambari i la seva obra històrica «Divré Iossef»*, Dis. Universitat de Barcelona 1993. Remitimos a estas obras para el texto hebreo y las precisiones interpretativas oportunas.

[3] Cf. S. SHTOBER, *Sefer Dibrei Yosef*, p. 85 (colofón).

[4] Cf. E. BARJAU I RICO, *Iossef ben Sambari*, p. 25; Y. DAN, «Joseph della Reina», en *EnJud*, vol. 10, cols. 240 y ss.

[5] S. SHTOBER, *Sefer Dibrei Yoseph*, pp. 16-17 (*vid.* n. 4), cita las ediciones de Esmirna y Constantinopla; M. BENAYAHU, «Maʿaśeh noraʾ meRabi Yoseph dela Reyna», *Arešet* 5 (1972) 170-188, menciona la existencia de 31 ediciones del relato; G. SCHOLEM, *The Messianic Idea in Judaism and other Essays on Jewish Spirituality*, Nueva York 1974, p. 15; IDEM, *Kabbalah*, Jerusalem 1974, p. 71; Y. DAN,

Aparte de su propio interés narrativo, el relato resulta interesante como exponente del clima espiritual que conmovió a los círculos cabalísticos judíos de la Palestina de los siglos XVI y XVII. La tensión sionista-mesiánica allí vivida propició el resurgir de movimientos que abrieron el camino a la eclosión del sabatianismo[6].

El relato, de manifiesto valor legendario como su propio protagonista, se centra en Safed[7] y se supone derivar directamente, según el colofón, de la pluma de Ye'udah Me'ir, discípulo de José de la Reina, testigo ocular de los hechos. Pero el eslabón directo entre la copia-composición del escriba y el original de tal discípulo se diluye entre «cuadernos viejos y chamuscados» de la *g^enîzāh* de Safed, mientras el episodio se pierde en una remota antigüedad[8]. Es el clásico recurso a la crónica inopinadamente descubierta que han utilizado entre nosotros escritores como Cervantes o Antonio Gala, entre otros muchos, para situar su propia actividad creadora. Igualmente Flavio Josefo dejó en vida a una viejecita para que explicase el asedio de Masada desde dentro, después de la masacre llevada a cabo por los romanos. Detrás de tal recurso se oculta la actividad literaria de los círculos cabalísticos de la que el relato presente es su forma más completa, obra del propio Navarro[9].

El relato es deliberadamente ideológico y, como señala Scholem[10], intenta dejar bien en claro la imposibilidad de acelerar la «redención»

EnJud, vol. 10, col. 241. El relato fue convertido en drama por M. Poner; cf. G. SHAKED, «Drama, Hebrew», *EnJud,* vol. 6, col. 197.

[6] Véanse, entre otros estudios, G. SCHOLEM, «The Messianic Idea in Kabbalism», en *The Messianic Idea in Judaism...*, pp. 37-48; IDEM, «Sabbatianism and Mystical Heresy», en *Major Trends in Jewish Mysticism*, Nueva York 1974, pp. 287-324, véase *supra,* pp. 297 y ss.

[7] Sobre Safed como centro de la Cábala, después de la expulsión de los judíos de España, véase G. SCHOLEM, «Safed in the Sixteenth Century», en *Studies in Judaism*, Nueva York 1960, pp. 213-297; también, IDEM, «Isaac Luria and his School», en *Major Trends in Jewish Mysticism*, pp. 244-286.

[8] El texto supone a continuación que José de la Reina fue contemporáneo de Isaac Luria (1534-1572), pero el relato inicial es anterior; cf. Y. DAN, *EnJud,* vol. 10, col. 240.

[9] Cf. Y. DAN, *EnJud,* vol. 10, col. 240.

[10] Cf. G. SCHOLEM, *The Messianic Idea in Judaism...*, p. 15.

por iniciativa humana, por mejor intencionada que ésta se presente, a la vez que desvelar el profundo nivel de fuerzas ocultas en que aquélla se juega. El mesianismo sionista de José de la Reina —su intento de hacer volver a todos los hijos de Israel a su tierra, basado en su esfuerzo ascético y cabalístico— fracasa por representar en el fondo una ʿ*ybris*, una presunción que aboca al orgullo y, a partir de él, a la trasgresión, a la desobediencia a la palabra recibida. Sólo en ésta, y por tanto en el sometimiento y la obediencia, radica el poder redentor, liberador. La iniciativa humana sólo puede resultar perniciosa en tal contexto teológico, al pretender desconcertar los tiempos del castigo y la salvación que aquélla tiene fijados exactamente, en razón de un inescrutable y exactísimo ritmo de pecado/purificación que al hombre se le escapa. Herederos de esta teología se han manifestado los grupos ultraortodoxos que se han opuesto y se oponen a la creación, laica, del Estado de Israel.

Ese trasfondo se escenifica a través de la angelología cabalística, que supone el mundo inferior sometido a un encarnizado contraste de fuerzas sobrenaturales, los ángeles buenos y los malos, mientras la auténtica fuerza divina, la «presencia» de Dios (su *šᵉkînāh*), se halla humillada y latente, sin poder revelarse e imponerse, debido al pecado del hombre, de Israel sobre todo, que se lo impide. Lo que está suponiendo que para la Cábala, en la mejor tradición bíblica, el triunfo de Dios, su epifanía, es el hombre transformado, deificado por la obediencia y la piedad.

El acceso al conocimiento sobrenatural y a los poderes concomitantes, que posibiliten la empresa, se hace de modo jerárquico, por revelaciones sucesivas que los proporcionan gradualmente, apoyadas unas en otras. A cada paso se resalta la dificultad de la empresa y se aconseja su abandono. Primero son el santo Rabí Samuel ibn Yanay y su hijo Rabí Eliezer los que se manifiestan en sueño al Rabí José de la Reina; luego será el profeta Elías en persona el que le instruya sobre los requisitos ascéticos y cabalísticos para conjurar a los ángeles, insistiendo en la eficacia de la inhalación de perfumes y drogas para hacer más sutil la materia. El primer ángel conjurado es Sandalfón[11], quien, después de un

---

[11] Cf. para ésta y demás figuras angélicas G. SCHOLEM, «Demonology in Kabbalah», en *Kabbalah*, pp. 320-326; IDEM, *Les origines de la kabbale*, París 1966, pp. 188, 383.

estereotipado exabrupto y el reproche por su osadía, instruye a José sobre el acceso a otros ángeles superiores que le puedan revelar lo que busca, a saber, Abtariel y Metatrón[12]. Éstos serán quienes le descubran dónde mora y cómo puede ser aherrojado el gran enemigo, el ángel malo, Samael, y su consorte Lilit[13], que al parecer ha desplazado a los ángeles santos de su excelsa morada. Será la desobediencia descuidada a las instrucciones recibidas, motivada por la autosatisfacción, la que le impida concluir con éxito su empresa. Pero desde ahora el camino y la técnica son conocidos; lo extraño es que ningún otro cabalista lo hubiera intentado y completado, de ser cierto el episodio, sin dejarse engañar en el último momento por la astucia de Samael.

En todo este proceso juega un papel decisivo la utilización de los Nombres santos, y sobre todo la pronunciación del Tetragrámmaton[14] *(šēm ha-hᵃwāyāh, šēm mᵉpōrāš)*, el gran tabú de la religiosidad judía, y de sus atributos *(hazkārôt)*, según las técnicas combinatorias de letras y de sus valores numéricos, según la Gematria[15], procedimiento midrásico ampliamente desarrollado por la Cábala práctica[16], que aquí funciona, en perfecta armonía, dentro del marco de la Cábala especulativa. Así, la concepción de la Shekhinah es la clásica, como apuntábamos, y se insiste constantemente sobre las ideas y recursos básicos de la Cábala: *kawwānāh, tikkûn, muškēlôt, šᵉmîrôt...*[17] No se trata, por lo demás, de una mera técnica mágica y mecánica, ni simplemente intelectual; su eficacia va ligada a un proceso ascético de purificación personal, que constituye su marco ineludible. La Cábala es

---

[12] Cf. G. SCHOLEM, «Metatron», en *Kabbalah*, pp. 377-381.

[13] Cf. G. SCHOLEM, «Lilit», «Samael», en *Kabbalah*, pp. 356-361, 377-381; IDEM, *Les origines de la Kabbale*, pp. 250, 311-314.

[14] Cf. G. SCHOLEM, *Le nom et les symboles de Dieu dans la mystique juive*, París 1983, *passim*.

[15] Cf. G. SCHOLEM, *«Gematria»*, en *Kabbalah*, pp. 337-343; IDEM, *EnJud*, vol. 7, col. 369.

[16] Cf. G. SCHOLEM, «Practical Kabbalah», en *Kabbalah*, pp. 182-189; IDEM, *EnJud*, vol. 10, cols. 632ss. (con amplia bibliografía).

[17] Cf. G. SCHOLEM, «Tikkun»; «Prayer, *Kavvanah*, and Meditation», en *Kabbalah*, pp. 140-144, 176-180; IDEM, *EnJud*, vol. 10, cols. 624ss.; IDEM, *The Messianic Idea in Judaism*, pp. 102 y ss.; cf. *supra*, pp. 297 y ss.

un sistema religioso global que implica totalmente al individuo en su intento de acercamiento a la divinidad y a su designio histórico sobre el hombre. En este sentido, la leyenda de José de la Reina no es más que un ejercicio académico de Cábala en su acepción más auténtica.

El marco exterior manifiesta la típica implicación de la geografía empírica mitificada de la «Tierra Santa» con la alucinante descripción de las «moradas celestes»: desde Safed, por Merón, Tiberíades y la fuentes del Qishón, hasta el monte Seír, para atravesar después los montes, mares y moradas del más allá, que demuestra una complicada organización, ruinas incluidas[18].

Desde el punto de vista lingüístico el texto manifiesta las características propias de este tipo de literatura: lengua básicamente clásica (p. ej., uso normal del *w-* conversivo), plagada de citas bíblicas (de las que hemos señalado las principales y más literales) y con fuerte componente de expresiones propias del hebreo medieval. La presencia del arameo es constante, tanto en el léxico y fraseología como en la morfología; recogemos en nota las expresiones más significativas. Se aprecian, además, incorrecciones gramaticales en el campo de la concordancia sujeto-verbo, nombre sustantivo-adjetivo, corrientes en el hebreo medieval. Por otra parte, se hace uso abundante de abreviaturas, que resolveremos en la traducción.

II. Relato (acerca) de José de la Reina

Vi además[19] éstos en un cuaderno manuscrito vetusto, que habían a su vez copiado de (otro) cuaderno viejo, vetusto y chamuscado que se halló en la *genizāh* de Safed, ¡reconstruida y restablecida sea

[18] La configuración de y el viaje al más allá cuenta con una amplia documentación en la tradición oriental y apocalíptica; cf. C. Kappler et alii, *Apocalyses et voyages dans l'au-delà*, París 1987.

[19] Téngase en cuenta que la obra de Sambari es una colección de fragmentos y datos que espigó en la biblioteca del famoso Rabí A. Iskandarí, como él mismo confiesa; cf. E. Barjau i Rico, *Iossef ben Sambari*, p. 25. Sobre el mentado personaje cf. *EnJud*, vol. 9, col. 76.

rápidamente en nuestros días!, de letra de Rabí Ye'udah Me'ir, ¡su recuerdo sea bendito!, discípulo de Rabí José de la Reina, que[20] estuvo allí con él en el momento del gran portento que realizó cuando vivía en Galilea, es decir, en Safed, ¡reconstruida y restablecida sea rápidamente en nuestros días!, el cual se empeñó en apresurar el retorno de los exilados de la diáspora. Y según creo esto sucedió en época antiquísima, pues no se sabe en qué momento tuvo lugar este hecho. Rabí Moisés Cordobero[21], ¡su recuerdo sea bendito!, lo refiere en el *Sefer ha-Pardēs*. También hallé escrito en los libros de loa y prez de la grandeza de Rabí Isaac Luria[22], ¡su recuerdo sea bendito!, que una vez se quedó (aquél) retorcido en forma de perro negro y fue a la presencia de Rabí Isaac Luria, ¡su recuerdo sea bendito!, llorando y rogándole que le sacase de su mal y le devolviese a su anterior estado, usando[23] los Nombres santos. Y me pareció oportuno copiarlo a fin de relacionar un mesías con otro, (surgidos) a pesar de que dijeran nuestros Sabios, ¡su recuerdo sea bendito!, «que no hay reino que logre asociarse con él»[24].

---

[20] La partícula *kî* depende del predicado inicial *rā'îtî*, de acuerdo con el corriente sintagma verbal. Sambari asegura, pues, que «vio... que Rabí Me'ir estuvo con Rabí José de la Reina» y lo acompañó en el famoso evento, como consecuencia de la lectura del manuscrito; es decir, se trata de una inferencia literaria, no de una certificación de historicidad. Ésta recae íntegramente sobre el origen y composición del *quntrēs* original, «libro viejo» del que supuestamente se copió el que él maneja, y del suceso de «época remota y desconocida». Ambos elementos resultan legendarios.

[21] Sobre su vida y obra cf. G. SCHOLEM, «Isaac Luria and his School», en *Major Trends in Jewish Mysicism...*, pp. 252 y ss.; J. BEN-SHELOMO, «Cordovero, Moses ben Jacob», *EnJud*, vol. 5, cols. 967 y ss.; la obra mencionada es sin duda el *Pardes Rimmonim*.

[22] Apodado *h'ry*, «el león»/«el divino Rabí Isaac»; cf. G. SCHOLEM, «Isaac Luria and his School», en *Major Trends in Jewish Mysticism...*, pp. 253 y ss.; IDEM, «Luria, Isaac ben Solomon», *EnJud*, vol. 11, cols. 572 y ss.; su biografía recibió por título *Šibḥe ha'ar'i*.

[23] La leyenda del perro negro la menciona ya en el siglo XVI H. Vital; cf. Y. DAN, «Joseph della Reina», *EnJud*, vol. 10, col. 241.

[24] La intención del autor es evidentemente la de desacreditar con este relato los movimientos mesiánicos espontáneos que pretendan acelerar la venida del Mesías; cf. G. SCHOLEM, *The Messianic Idea in Judaism...*, pp. 12 y ss.

El texto dice así:

Hecho excelso y tremendo de José de la Reina, que fue un hombre grande, sabio y experto en la ciencia de la cábala práctica *(qabbalāh maᶜᵃšit)*[25]. Vivió en Galilea, en Safed, ¡reconstruida y restablecida sea rápidamente en nuestros días! Sucedió un día que se empeñó en apresurar el retorno de los exilados de la diáspora y hacer desaparecer de la tierra el poderío de la insolencia. Tenía cinco discípulos que estaban con él día y noche a su entera disposición y eran también expertos en la ciencia aquélla, pues de él la habían aprendido. Y les dijo:

–¡Hijos míos!, mirad, he decidido dedicarme al estudio y escrutinio de la ciencia que me ha otorgado Dios, pues no es bueno consumir nuestros días sin provecho. Ya que no en balde me hizo partícipe Dios de esta ciencia, sino para procurar paz espiritual a nuestros apetitos, hacer desaparecer de la tierra el espíritu impuro y los ídolos, y hacer venir a nuestro Mesías que nos libre de nuestros enemigos[26].

Le respondieron sus cinco discípulos todos a una de este modo:

–¡Señor, maestro y dueño nuestro, henos aquí dispuestos a todo lo que nos ordenes! Todo lo que te plazca lo haremos, pues el Señor, tu Dios[27], está contigo y nosotros somos tus siervos y discípulos y cumplidores de todo cuanto insinúes.

Les dijo:

–Si es así, ¡hala!, purificaos y cambiad vuestra vestimenta; preparaos durante tres días, no os acerquéis a mujer y procuraos viático, pues el día tercero saldremos al campo y no volveremos a nuestras casas hasta que consigan todos y cada uno de los hijos de Israel su heredad en la Tierra Santa con la ayuda del Terrible en la acción, de quien es la fuerza y «que da fuerza al cansado»[28] en nuestros días, el Señor, glorioso en poder.

---

[25] Cf. *supra*, n. 15 y p. 298.

[26] La expresión hebrea puede equivaler también a «de nuestras adversidades».

[27] El nombre divino se transcribe siempre de manera abreviada o trastocada, según uso cabalístico que exacerba la praxis contraria a su pronunciación, en contraste con su utilización en momentos decisivos, como se verá más abajo.

[28] Cf. Is 40,29.

Cuando escucharon los discípulos las palabras de su maestro, se alzaron con presteza y vigor grande, poniéndose ropa limpia; se purificaron, cambiaron su vestimenta y cogieron viático y alimento de ingestión pura, que elaboraron limpiamente. No tuvo con ellos contacto mujer alguna y vinieron a él al tercer día. Y he aquí que también él se encontraba aislado en su escuela en estado de santidad y limpieza grande, por gran abstinencia purificado y con la cabeza entre sus rodillas. Al entrar ellos alzó su cabeza y les dijo:

–¡Venid, hijos míos, benditos del Señor! ¡Que la gracia del Señor, Dios nuestro, sea sobre nosotros! ¡Quiera la Shekhinah dirigir nuestra empresa y esté de acuerdo con nosotros el Santo, bendito sea, y nos ayude para gloria de su Nombre!

Respondieron y dijeron:

–¡Amén! Así dice el Señor[29]. ¡Que el beneplácito de Dios prospere por tu medio!

Después de esto tomó el mentado Rabí José todo tipo de perfumes y el tintero de escriba (colgado) a su cintura y les dijo:

–¡Alzaos, salgamos!

Salieron y llegaron a Merón[30] y se acercaron al sepulcro de Rabí Samuel ben Yanay. Se prosternaron ante él y pasaron allí aquella noche, sin dormir a lo largo de ella, fuera de alguna cabezadilla. Al alba, poco antes del amanecer, se quedó adormecido Rabí José y le vino en sueño Rabí Samuel ben Yanay y su hijo Rabí Eliezer y le dijeron:

–¿Por qué te empeñas en un asunto tan grave que no podrás llevar a término? Encomiable sería tu intención si estuviera en tu mano el éxito. ¡Está atento y ten buen cuidado de ti!

Les dijo:

–Al Dios Terrible es conocida mi intención, ¡y quiera Él venir en nuestro apoyo y ayudarnos para gloria de su Nombre!

[29] Los discípulos aceptan como profética la palabra de su maestro.
[30] Cf. H. HAAG ET ALII (eds.), *Diccionario de la Biblia*, col. 1219 (cf. *Mĕrôm*, Jos 11,5.7; hay tr. española); E. ORNI, «Meron», *EnJud*, vol. 10, cols. 1390 y ss.; aldea a 6 kilómetros al noroeste de Safed.

Dijo:

–¡El Señor, tu Dios, te sea favorable!

Al amanecer marcharon a la ciudad de Tiberíades[31]. Luego salieron al campo y entraron en un bosque poblado de encinas y permanecieron allí todo aquel día sin cejar en el estudio y la penitencia. No observaron ni vieron allí hombre ni bestia alguna, sino aves del cielo. Se emplearon en la «combinación» de Nombres santos y en los «principios» de ellos conocidos con respeto y temor grande. Marcharon cada mañana a sumergirse en el lago de Tiberíades, 26 veces sucesivas, como (ha de hacerse) antes de (pronunciar) el Tetragrámmaton. Con un baño tras otro se prepararon para la «combinación» y la «unión» de ellos conocidas, procediendo de esta manera: durante tres días y tres noches sucesivas hicieron penitencia, noche y día. Durante la noche no comieron animal alguno, ni carne ni pescado, ni (bebieron) vino ni cerveza. Al atardecer, a la hora de ofrecer la *minḥāh* se levantó Rabí José con sus alumnos y recitó la *minḥāh* con voz suave, palabra por palabra, con gran «intención» y con los ojos cerrados. Y cuando llegaron a *šᵉmaᶜ qôlênû*, dijeron *ᶜănênû*[32]. Y allí donde nosotros mencionamos el Tetragrámmaton con el atributo de autoridad[33], pronunciaron ellos el Nombre santo según su escritura, con sus sabidos «puntos» y precisas «ligazones», extendiéndose e insistiendo en una larga plegaria y en grandes conjuros a todos los ángeles del Altísimo que él conocía, hasta que al final pronunció el Tetragrámmaton en «combinación»: *šēm mᵉbōrāk (yhwh) ᶜănênû bāᵉēt ûbāᵉōnāh hazzôt* («¡Nombre bendito, Yahweh, respóndenos en este tiempo y momento!»). Y por el poder de este gran Nombre conjuró al profeta Elías para que viniese inmediatamente a él en vela y hablase con él y le mostrase lo que había de hacer para poner por obra su designio. Acabó su oración y se prosternaron, inclinando sus rostros. E inmediatamente después de inclinarse, he aquí que vino el profeta Elías de golpe y porrazo a ellos, como una aparición, y les dijo:

[31] Para la significación de esta ciudad en la época rabínica y medieval cf. M. AVI-YONA ET ALII, «Tiberias», *EnJud*, vol. 15, cols. 1130ss.

[32] Según se prescribe para los días de ayuno.

[33] El nombre divino *yhwh*, como es sabido, se vocaliza y lee *'ădōnāy* en la Masora.

–«¡He aquí que he venido en este momento»[34]. ¿Qué he de haceros y qué es lo que pedís con tanta insistencia en vuestra plegaria?

Se alzó Rabí José sobre sus pies, él y sus discípulos, se prosternaron rostro a tierra y dijeron:

–¡La paz sea con nuestro Señor –«¡padre mío, padre mío, carro de Israel y su tiro!»[35]–, profeta veraz del Señor Santo, anunciador de buenas nuevas, promulgador de la salvación! No le desagrade a mi Señor que haya insistido en que vinieses a mí, puesto que es patente y conocido por nuestro Dios que no por mi honra y honor te he importunado. Únicamente «he sentido celo por el Santo»[36], ¡bendito sea!, y su Shekhinah. ¡Venga, muéstrate digno del celo del Señor de los ejércitos, pues así lo pide tu capacidad! Por tanto, suba mi ruego ante ti y muéstranos el modo de que pueda yo dominar «el lado malo» y hacer prevalecer y fortificar «el lado santo»[37].

Respondió el profeta Elías diciendo:

–Sábete que el asunto que piensas ejecutar es superior a tus fuerzas y no está a tu alcance. Pues por los pecados de los espíritus inmundos tanto Samael como sus adláteres prevalecen en gran manera y no podrás con ellos, pues se precisa mucha más pureza, un gran ascetismo, alejarse de los asuntos de este mundo y aumentar las mortificaciones y las purificaciones; pues no podrás con ellos sin esto. Te pueden salir al paso y hacerte mal. Pero sábete que tu intención es aceptable; si consigues poner por obra tu propósito, ¡bienaventurado tú y feliz tu suerte! Pero mi consejo es que te abstengas, no sea que te salga al paso Samael con sus adláteres y no puedas con él.

Respondió Rabí José diciendo:

–¡Te ruego, Señor mío, no debilites mis manos, sino fortaléceme y fortifícame, pues he jurado que no tornaré a mi casa hasta que no haga aparecer y suscite a la Santa *Shekhinah* del polvo! Por tu parte,

---

[34] Cf. Nm 22,38.
[35] Cf. 2 Re 2,12.
[36] Cf. 1 Re 19,10.14.
[37] Expresiones arameas típicas de la literatura cabalística; cf. G. SCHOLEM, *Kabbalah*, pp. 122 y ss., 482 (índice).

tú, ¡bendito de Dios!, échanos una mano, indicándome la norma de lo que se ha de hacer, y sobre mí (recaiga) la obligación de observar todo lo que mande mi Señor a su siervo, pues estoy dispuesto y preparado para entregar mi alma y mi espíritu a la muerte para gloria del Santo, ¡bendito sea!, y de su Shekhinah. ¡Venga, pues, tu palabra, que nosotros pongamos por obra, pues en ti están puestos nuestros ojos!

Al oír el profeta Elías sus palabras, que se exponía a la muerte para gloria del Santo, ¡bendito sea!, y su Shekhinah, le dijo entonces:

–¿Qué más puedo decirte? Si consigues y eres capaz de resistir ante Samael y sus adláteres y observas lo que yo te mande hoy, ¡bienaventurado serás tú, buena tu suerte y feliz tu destino! Y mira, esto es lo que has de hacer, tú y tus discípulos. Morad en el campo, lejos de sitios habitados, como habéis morado hasta ahora, y que no os vea ni os encuentre nadie, hombre o bestia. Morad allí 21 días. No comáis y no bebáis; sólo de una noche para otra. Y sea vuestra comida pan y agua solamente. No comáis hasta la saciedad, únicamente de acuerdo con vuestra experiencia para poder resistir con vida. Cada noche reducid un poco la ración de comida hasta que os acostumbréis a comer casi nada. Acostumbraos a aspirar perfumes[38] para favorecer que vuestra materia sea sutil y limpia y podáis soportar las apariciones de los ángeles del Altísimo, que harás bajar para hablar contigo. Igualmente haréis todos los días 21 abluciones según el cómputo del Nombre (divino) *'ehyeh*[39]. Y al cabo de los 21 días haced una pausa y celebrad un ayuno de tres días continuados, día y noche; cada día haced 21 abluciones, según lo dicho, y al día tercero, después de la oración de la *minḥah*, pronuncia el Nombre grande, el Nombre de veras bendito, que tú conoces, con sus combinaciones e intenciones. Pronuncia, sí, el Nombre grande que sale del versículo *śerāfîm ʿōmedîm mimmaʿal lô*[40], como tú sabes, con su «puntuación» y «raíz»[41]. Al hacer esto, estaréis envueltos con el velo y las filacterias,

[38] El vocablo puede tener también el valor de «drogas».
[39] Cf. Ex 3,14; el valor numérico de sus letras suma 21 (1 + 5 + 10 + 5).
[40] Cf. Is 6,2.
[41] Por oposición a *niqqûd*, el término *māqôr* indica el texto consonántico, mejor que la «raíz» o «infinitivo», de acuerdo con la nomenclatura gramatical.

cubriréis vuestros rostros y conjuraréis con aquellos Nombres santos a Sandalfón, el ángel, junto con su cohorte, los cuales vendrán a vosotros. Cuando lleguen, fortaleceos con perfume de suave olor, pues tendréis pavor, miedo y desfallecimiento grande ante el estruendo del trueno y la gran llamarada. Inmediatamente os tiraréis a tierra y exclamaréis a voz en grito: *bškmlw*[42]. Inmediatamente Sandalfón y sus adláteres os dirán: «¿Por qué hicisteis esto?». E inmediatamente después de hablaros, por el estruendo del trueno y la fuerza de su locución escapará vuestro aliento y quedaréis sin fuerza, se acabarán vuestras palabras y no podréis responderle por el enorme miedo y debilidad. Por eso, en ese mismo instante habéis de disponer de incienso puro para aspirarlo. Habéis de pedir al ángel mentado con súplicas y ruegos que os fortalezca y otorgue fuerza para poder hablar. Él os indicará lo que tenéis que hacer, pues él es el guardián de la senda y del camino para que no entre Samael en los lugares santos, y conoce sus ardides y sabe los lugares en donde él domina y en qué consiste la prueba (que se ha de pasar) para poder luchar con él. ¡Que el Señor tu Dios te otorgue su beneplácito, *šālôm*!

Inmediatamente después de que el profeta acabara de hablar, se hicieron fuertes y valientes, Rabí José y sus discípulos, unánimemente, y añadieron nuevas purificaciones a las anteriores e hicieron todo lo que les había dicho Elías, sin dejar pasar cosa alguna de lo que les ordenó. No cejaron en el estudio día y noche, sin pensar en las cosas del mundo, sino únicamente en las «ideas» y en el *ma'ăšeh merkābāh*[43], hasta el punto casi de desprenderse de ellos la «materia» natural. Y cuando consumieron los dichos días en hacer todo lo que les ordenó Elías, inmediatamente a la hora de la gran *minḥāh*, se alzó Rabí José con sus discípulos con gran temor, temblor y pavor, se cubrieron con el velo y las filacterias, taparon su cabeza y dijeron la plegaria de la *minḥāh* con gran «intención» y recitaron la mencionada plegaria *'anênû*; y en el lugar del *šēm hǎwāyāh* (el Tetragrámmaton) ellos pro-

---

[42] Vocablo señalado con una raya superior que indica se trata de una abreviatura cabalística.

[43] Uno de los fundamentos de la cábala especulativa: cf. SCHOLEM, *Kabbalah*, pp. 10 y ss., 373 y ss.; *supra*, p. 298.

nunciaron el Nombre grande y terrible según su escritura y puntuación, conocidas de ellos, de modo melódico[44]. Cuando acabaron la
oración, cayeron sobre sus rostros, prosternándose con la cara cubierta; se alzaron de inmediato sobre sus pies y recitaron y confesaron todos sus pecados y todos los pecados de la casa de Israel. Después gri-
taron en voz alta con todas sus fuerzas ^{c}*anênû* ^{e}*lōhê hammerkābāh*
^{c}*anênû* («¡respóndenos, Dios de la *merkābāh*, respóndenos!»), juraron
por el Nombre (del) bendito y por el Nombre que les dijo Elías, que
resultaba del versículo ^{s}*rāfîm* ^{c}*ōm^{e}dîm mimma^{c}al lô*, y conjuraron al
ángel Sandalfón, para que se les apareciese entonces con su cohorte de
santos, por la fuerza de los Nombres santos. Cuando acabaron de hablar, se abrieron los cielos y vino de repente a ellos el ángel Sandalfón
con toda su hueste: hete aquí «carros de fuego y caballos de fuego»[45]
en gran tropel; y una llama ardiente llenó toda la tierra (y) un gran
estruendo, una voz potente que no cesaba. Y se echó a temblar Rabí
José con grande, enorme temblor hasta el punto de perder el resuello,
él y sus discípulos. Cayeron rostro a tierra y desfalleció su corazón y
un temblor les sobrecogió. Se repusieron y aspiraron el aroma del
incienso puro que tenían en las manos y les volvió el resuello, pero les
quedó un miedo, pavor y debilidad grandes, de modo que no podían
hablar. Cuando vino a ellos el ángel Sandalfón con su hueste, les dijo:

–¿Qué te pasa, hijo de hombre, gusano y sabandija? ¿Cómo has
osado conmover a los excelsos e infernales, sin considerar ni tener en
cuenta tu escaso valor? Tente a ti mismo en tu debida estima y qué-
date en tu casa, no sea que te salgan al paso mis huestes y te abrasen
con el aliento de su boca.

Respondió Rabí José con voz baja y rota por la debilidad y el temor que descoyuntaba todo su cuerpo y sus miembros, y dijo:

–¡Señor mío, Ángel santo de Dios!, ¿Qué puede decir este tu
siervo ante ti, pues me he quedado sin aliento ni resuello, como
muerto, por el gran temor tuyo? Pavor y temblor me han invadido,
pues tengo miedo de este gran fuego y no puedo responder a mi Se-

[44] Alusión a la recitación semitonada de la lectura sinagogal.
[45] Cf. 2 Re 2,11.

ñor, a no ser que en tu bondad me fortifiques y repongas y me des licencia para hablar en tu presencia.

Al punto de haber oído el ángel sus palabras, le tocó y le dijo:

—¡Álzate y di lo que has de decir! ¡Te he fortificado, ya lo ves!

Al tocarle el ángel, se alzó, se sintió fortalecido, se prosternó rostro a tierra y se quitó las sandalias de sus pies. Pero sus discípulos permanecieron aún rostro a tierra sin poder alzarse. Y respondió así Rabí José:

—¡La paz sea contigo y seas bienhallado, Ángel del Señor de los ejércitos, y la paz sea con todas tus santas huestes! Te ruego que me fortalezcas y me fortifiques y me ayudes a poner por obra mi propósito, porque es manifiesto ante el Rey de reyes, el Santo, ¡bendito sea!, que no es para honra mía y de mi familia; yo obro sólo para gloria del Dios vivo, el Rey de reyes, de quien únicamente es el dominio. Ahora bien, tú, Santo, y tus santas huestes poneos de acuerdo conmigo para combatir contra Amalec y su Príncipe[46], y mostradme el camino que he de seguir para hacer desaparecer de la tierra el poder insolente, y cómo y de qué manera hacer bajar a Samael de su morada y hacer subir a las huestes y ejércitos santos para establecer(los) en lo alto por encima del gran océano como estuvieron en los días de antaño.

Respondió el ángel a Rabí José así:

—¿Acaso no son buenas y acertadas tus palabras? ¡Ojalá te escuche Dios y sea contigo, pues ante todo acudiste a la multitud de los santos serafines y arcángeles y santas huestes que están en sus tronos dispuestas para cuando llegue la venganza del Señor Dios y la exaltación de su santa Shekhinah, que por las culpas se humilló hasta el exilio inferior. Pero sábete, hijo de hombre, que todo lo que has hecho hasta ahora no representa nada. Y si conocieses el lugar al que ascendió Samael y su cohorte, no te empeñarías en este asunto. Pues, ¿quién es capaz, fuera únicamente del Santo, ¡bendito sea!, de aguantar hasta que llegue el tiempo de (cumplirse) su palabra? Por mi par-

---

[46] Referencia a la ocupación extranjera de la Tierra Santa.

te, yo he venido en este momento a ti para honra del Nombre grande que mencionaste. ¿Pero qué puedo hacer en tu favor? Pues no soy capaz de alcanzar a saber en qué radica la gran fuerza de Samael y su hueste y de qué depende su ascensión y su caída. Sólo el gran ángel Abtariel y sus milicias, y Mearón, «Príncipe del Rostro», y las suyas, ha(n) entrado en su «barrizal» y está a su alcance exterminar a los enemigos de Israel. Pero yo no tengo poder para hacer otra cosa que guardar las sendas de los santos que en el mundo cumplen con sus obligaciones (y) observan las plegarias de Israel. Yo los guardo hasta que los entrego a aquellos ángeles. Ellos son lo que saben y pueden revelar en qué radica la gran fuerza de Samael. Ahora bien, ¿quién puede permanecer en pie ante aquellos ángeles poderosos? No podrás soportar la gran visión, el espanto tremendo y el fuego devorador: el fuego de aquellos ángeles que están por debajo de su morada[47]. Si te has conturbado ante mí, ¿cómo podrás soportar el estar en pie y aguantar ante ellos? Ahora bien, a propósito del retiro que has practicado, es preciso que lo amplíes aún más. Pues aquí se trata de una cuestión de abstinencia y de obtener recompensa. Pero en verdad, si eres capaz de hacer esto de modo adecuado, (serás) bendito en gran manera. ¡Quién pudiera resistir de pie en tu puesto!

Respondió Rabí José así:

–Chico y pequeño soy yo y tengo plena conciencia de que no soy apto para realizar este asunto; pues ¿quién soy yo para presentarme ante el ángel? Pero también sé que «el corazón contrito y humillado Dios no lo desprecia»[48], pues no es cosa despreciable ni abominable responder al pobre. Yo decidí con plena consciencia entregar mi alma y mi espíritu en honra del Santo, ¡bendito sea!, y de su Shekhinah, para que se una plenamente con Ella. Haré todo lo que sea preciso y derramaré mi alma, mi sangre y mi carne en ofrenda ante el Santo, ¡bendito sea!, y la Shekhinah. Por tanto, Ángel, servidor santo del Nombre, enséñame lo que he de hacer para hacer bajar a Abtariel y

---

[47] Rodeada de altos «muros», como se verá. El vocablo posee ambos sentidos y el más general de «lugar, puesto», que presenta más abajo.

[48] Cf. Sal 51,19.

Metatrón, y qué otra abstinencia he de practicar aún para (lograr) santidad y pureza, y con qué Nombre les he de conjurar. Pues me he dicho: «¡que muera luego de ver el rostro de los ángeles santos y excelsos, ya que así obtendré vida perdurable!».

Volvió a hablar el ángel en estos términos:

–¡Escucha, pues, mis palabras! ¡Que Dios sea contigo si llevas a cabo esto! Si Dios te (lo) ordena, podrás aguantar. ¡Quiera Él que tengas éxito y lleves a cabo este asunto que pretendes ejecutar! Como todo lo que has hecho hasta ahora de purificaciones y actos de penitencia y pureza de pensamiento, así harás durante 40 días, sin apartar vuestros pensamientos de las «ideas», ni siquiera un instante, día y noche. Disminuiréis cada día algo de la comida hasta que os acostumbréis a una alimentación reducida, y os aplicaréis con frecuencia al disfrute de la aspiración, pues ella es la esencia de la vida del alma. Después de 40 días recitarás el Nombre desarrollado del Nombre, así 72 (veces): con todas sus «intenciones», puntos y «raíz» de ti conocida y con él conjuraréis a los dos ángeles grandes y poderosos. Antes de la conjuración oraréis y suplicaréis ardientemente a Dios que os ayude y os dé fuerza para soportar el gran temor y el fuego imponente, de modo que no muráis. Después suplicad a aquellos ángeles que actúen para gloria del Nombre inefable y vengan a ti y te fortalezcan, como has hecho ahora; y les pedirás fuerza y energía para tus planes, pues ellos son ángeles diferentes y grandes. Ellos te indicarán los planes de Samael y con qué podrás hacerle bajar. «Sé fuerte y valiente en pro de nuestro pueblo y las ciudades de nuestro Dios»[49]. ¡Y que el Señor te guarde; de todo mal guarde tu alma!

Se fue el ángel del Señor en un torbellino al cielo[50] y sus discípulos estaban aún echados en tierra por el gran temor y temblor. Y cuando se marchó el ángel Sandalfón y su hueste, se alzaron de su postración y les dijo Rabí José:

–¡Hijos míos, benditos del Señor, sed fuertes y valientes y cumplid diligentemente con todo lo que me ha ordenado el ángel!

[49] Cf. 2 Sm 10,12; etc.
[50] Cf. 2 Re 2,11.

Respondieron:

–¡Henos aquí dispuestos y preparados! ¡Felices de nosotros que hemos visto visiones divinas y hemos oído todas sus palabras, aunque estábamos postrados en tierra! Y ahora, todo lo que tú hagas, señor y maestro nuestro, lo haremos nosotros.

Les dijo:

–¡Benditos del Señor seáis vosotros!

Se alzaron de allí y marcharon por el camino del desierto hasta un monte próximo a Merón[51] y hallaron una caverna y se establecieron en ella. Se ejercitaron allí durante todos los 40 días en santificación y purificación, según todo lo que se les ordenó. No dejaron de hacer cosa alguna hasta quedar insensibles interiormente a todas las cosas del mundo. No vieron durante todos aquellos días hombre ni animal alguno. Cuando cumplieron los 40 días, salieron al desierto, lugar por donde corre el torrente Qishón[52] por arriba, junto a su fuente, pues allí se bañarían todos aquellos 40 días. Se dispusieron (así) a recitar la oración de la gran *minḥah* diciendo: ᶜaᵔnênû («respóndenos»), según lo mentado, y oraron ante el Nombre de tal guisa, rogando y suplicando con gran extenuación; e hicieron un círculo en tierra y penetraron en medio del círculo y se dieron las manos unos a otros hasta completar la rueda con las manos dadas entre sí. Clamaron al Señor después de prosternarse y pronunciaron el Nombre inefable y conjuraron al ángel Abtariel[53] y a sus huestes y al ángel Metatrón y a las suyas. Al pronunciar el Nombre excelso se estremeció y tembló la tierra y hubo truenos y relámpagos y se abrieron los cielos y descendieron los ángeles con todas sus huestes e intentaron atacar a José y a sus discípulos, pero no se soltaron sus manos; se hicieron fuertes con las «intenciones» y (los Nombres) y las «observancias», conocidas de ellos, en su pensamiento, pero sin pronunciar

[51] Cf. *supra,* n. 30.

[52] Torrente que corre por la baja Galilea y desemboca en el Mediterráneo, bien conocido en la Biblia Hebrea. Hablar en este contexto de «desierto» es mero estereotipo literario.

[53] Por error evidente el texto dice Sandalfón, ángel ya aparecido e ido, cuyas órdenes se siguen aquí.

palabra, pues no tenían fuerza para hablar. Cayeron todos a tierra, pero con sus manos dadas unos a otros sin separarse. Nada más bajados los mencionados ángeles, comenzaron a decir con gran furor:

–¿Quién y qué es éste, que ha osado utilizar el cetro del Rey y cómo osaste hablar así, tú que eres carne y sangre, gota pútrida, gusano y sabandija? ¿Quién eres tú para invocar al Rey?

Al ver Rabí José esta gran visión, cayó sobre él un temor y pavor grande por el estruendo enorme del trueno y el fuego potente, (de) los jinetes de fuego, caballos de fuego, ángeles, serafines y sus huestes, que llenaba toda la tierra, y por el huracán tempestuoso que rompía montes y quebraba peñas. Y creció el furor de los ángeles que pretendían atacarle. Estaba como mudo y entumecido en tierra, él y sus discípulos, y no les quedaba aliento y no eran capaces de responder a los ángeles, pues estaban aturdidos ante ellos. Volvió el ángel Metatrón a tocarle diciéndole:

–¿No responderás palabra, gota pútrida? ¿Qué miedo es éste que te ha cogido de nosotros? ¡Ay de ti, pues no te has inmutado ante la gloria de tu Creador!

Apenas le dejó en paz el ángel, abrió su boca gimiendo y hablando con voz débil y gran extenuación, con los ojos cerrados:

–¿Qué puede decir el siervo ínfimo y bajo ante los ángeles santos y puros si no me dais fuerza? ¡Ea, pues, Señor mío, dadme fuerza y permitidme hablar, pues heme aquí que estoy como una piedra muda y mi alma y espíritu están a punto de estallar!

Extendió su mano el ángel Abtariel, le tocó y dijo:

–¡Mira, fuerza te doy; habla lo que has de decir!

Entonces tomó ánimo Rabí José y abrió su boca. Respondió Rabí José diciendo:

–Dios, Dios sabe que no por rebeldía ni por protervia hice todas estas acciones, sino para gloria del Santo, ¡bendito sea!, y de su Shekiná, para hacerla surgir del polvo (en el que) se halla postrada por nuestras culpas. Ahora pues, (a) vosotros, excelsos y santos, a vosotros incumbe esta obligación, pues no comportará honor para mí esta obra. A vosotros Ángeles corresponde tener celo del Señor de los

Ejércitos. Por eso, os ruego, Ángeles del servicio, con la fuerza del Nombre excelso e inefable, este Nombre santo ante el que vacilan los seres superiores e inferiores, honrad su Nombre y mostradme en qué está la fuerza de Samael y de su cohorte, y con qué podré abatirle.

Respondieron los ángeles a una:

–Cosa ardua preguntas; si supieras, en razón de las culpas de Israel, cuán poderoso y fuerte es. No hay nadie que (lo) conozca fuera de nosotros, pues somos los guardianes de los caminos que están por encima de las moradas de Samael y su cohorte. Es fuerte en gran manera y no hay quien pueda abatirlo, pues tiene su nido entre las estrellas y allí una morada rodeada por tres muros, a causa del pecado de Israel. Es fuerte en gran manera y no podrás con él; sólo el Santo, ¡bendito sea!, en persona (puede), hasta (que llegue) el momento de cumplirse su palabra.

Volvió a hablar Rabí José diciendo:

–Ya he expuesto mi alma a la muerte para gloria del Santo, ¡bendito sea!, y de su *Shekhinah*. Después de haber visto las huestes de los santos y haber sobrevivido mi alma, confío en la bondad divina que me ayudará y me tomará por la mano. ¡Y vengan vuestras puras palabras acerca de lo que se ha de hacer! Todo lo que me digáis pondré mucho cuidado en ponerlo por obra.

Respondieron los ángeles diciendo:

–¡Escucha José la palabra del Señor! Hasta ahora no ignora «Quien dijo y el mundo fue» que tu plan es aceptable, pero aún no llegó la hora; y ya fue decretado «que no despertéis ni excitéis al amor»[54]. Así pues, fija límites a la ciencia y conocimiento de secretos maravillosos que te otorgó la Roca de los mundos, con los que nosotros fuimos distinguidos para gloria de su gran Nombre inefable, instruyéndote a ti mismo y reconociendo el camino que debes seguir. Pero sábete que no podrás con él. Por tanto, no te metas donde no te llaman. Hasta aquí puedes llegar, pero no habrías de ir más lejos. Pero si quieres persistir en el asunto con ayuda de su Nombre grande,

---

[54] Cf. Cant 2,7; G. SCHOLEM, *The Messianic Idea in Judaism...*, pp. 14 y ss.

te diremos lo que has de hacer. En verdad, si por ventura lo logras, ¡qué buena será tu suerte y qué feliz tu destino!

Respondió Rabí José diciendo:

–¡Santos excelsos!, vuestras palabras son buenas y acertadas, pero mi corazón arde en mi interior al ver la morada de su fuerza postrada. Tengo ansia por demostrar un gran celo, y que resulte lo que le plazca a sus ojos. «Si me mata, no vacilaré» [55], no cejaré en mi plan. Vosotros, Ángeles del Altísimo, dadme fuerzas con acertada reflexión que me sirva de recordatorio, y no me apartaré ni a la derecha ni a la izquierda. Confío en su Nombre grande que no tendré vacilación ni irresolución.

A continuación abrió (su boca) el ángel Abtariel y dijo:

–Sábete que, por un lado, frente a mí, tiene Samael dos muros fuertes: una muralla de hierro desde la tierra al cielo y un muro grande, (el d)el mar océano. Éste es el mar grande y ancho.

Asimismo respondió Metatrón que, por su lado, frente a él, tenía Samael un muro, (el de) una montaña grande de nieve cuya cima llegaba hasta el cielo.

–Así pues, pon tus ojos y tu corazón atentos a todo lo que te vamos a decir. Sé fuerte y esforzado, pues necesitarás escalar y pasar esos tres muros para subir «al monte Seír que es Edom» [56], «para juzgar al monte de Esaú» [57]. Esto es lo que harás cuando salgas de aquí. Dirígete y sigue el camino del monte Seír. Allí te precederemos, en el monte Seír, por arriba. Todo lo que hagas tú por abajo, según lo que te diremos, nosotros lo haremos por arriba. Una réplica de tu alma estará arriba con nosotros. Conforme a todas las acciones que tú hagas abajo, así procederá tu alma arriba. Por tanto, pon buen cuidado y atención y no olvides nada de todo lo que te diremos. Cuando tomes el camino del monte Seír presta atención a la santidad y a la parvedad de la comida y a las profesiones de unidad de Dios, como hiciste hasta ahora, pues vuestra alma ya habrá ascendido a lo alto, de

[55] Cf. Job 13,15.
[56] Cf. Gn 36,8.
[57] Cf. Abd 21.

modo que casi estaréis en el ámbito de los ángeles; y olvidaos de las cosas del mundo y persistid en esto y no se aparte vuestro pensamiento de las «ideas» ni por un instante. Y he aquí que por el camino se os echará encima una jauría de perros negros de las jaurías de Samael, que (los) habrá enviado para perturbar vuestra «intención». No tengáis miedo e invocad contra ellos el Tetragrámmaton divino, con el «cálculo pleno» de *ḥḥyn'*, que equivale al cómputo de *bn"* y al de *klb"*[58], y su peculiar disposición, con su puntuación y ligado. Y huirán ante vosotros. Desde allí marcharéis para subir al monte. Encontraréis un gran monte cubierto de nieve hasta los cielos, sin camino para desviarse a la derecha o a la izquierda. Recitaréis el Nombre que resulta del versículo *hᵃbā'tā ᶜad 'ōṣᵉrôt šeleg*[59], cuya combinación y puntuación conoces, y el monte se arrancará de su lugar. Recitaréis el Nombre (resultante del versículo) *tašlēg bᵉṣalmôn*[60], como tú sabes, con su combinación y puntuación, y se volatilizará el monte de su lugar por completo. Marcharás con aquellas «intenciones» en tus manos y no se moverá tu pensamiento hasta que llegues al otro muro, el del mar océano, cuyas olas alcanzan hasta el cielo. Recitarás sobre él los Nombres que resultan del salmo *hᵃbû lᵉh' bᵉnê 'ēlîm*[61], con sus atributos, según su escritura, puntos, combinación y «raíz», y se secará y «podrás pasar por tierra seca»[62]. Luego marcharás y encontrarás un gran muro de hierro, del cielo a la tierra, y cogerás en tu mano un cuchillo y escribirás en él el Nombre que resulta del versículo *ḥereb lah' ulᵉgidᶜôn*[63], con su puntuación y «raíz». Cortarás con el cuchillo el hierro y harás una puerta y entrarás. Tened cuidado de sujetar la puerta hasta que paséis tú y tus discípulos, para que no se cierre, pues después de que hayáis pasado, girará la puerta y se cerrará. A continuación marcharéis y llegaréis al monte Seír. En este mismo instante nosotros arrojaremos a Samael de su lugar y luego

---

[58] Ambos de 52 (2 + 50//20 + 30 + 2). Cf. G. SCHOLEM, *Kabbalah*, p. 341.
[59] Cf. Job 38,22.
[60] Cf. Sal 68,15.
[61] Cf. Sal 29,1.
[62] Cf. Neh 9,11.
[63] Cf. Jue 7,20.

será entregado en tu mano. Entonces tendrás en tu mano preparado el Nombre inefable, escrito y esculpido en una placa de plomo. Tendrás también otra placa sobre la que escribirás esculpido el Nombre que resulta del versículo de Zacarías: *wayyōʾmer zōʾt hārišʿāh wayyašlek ʾōtāh ʾel- tôk hāʾêphāh wayyašlēk ʾet hāʾeben hāʿōpheret ʾel pîhā*[64]. Escribirás el Nombre resultante del versículo con su puntuación y «raíz». Luego marcharás con toda el ansia de tu alma al monte Seír y encontrarás allí a Samael el perverso y a su esposa Lilit; pero habrás de buscarlos, pues huirán ante ti y se esconderán en otro lugar desierto y los hallarás en forma de dos perros negros, macho y hembra. Acércate a ellos sin miedo y pon sobre el perro macho la placa del Nombre inefable y sobre la hembra la otra placa. A continuación pondrás un cable o cadena en sus cuellos y la abrocharás en ellos, y te seguirán con toda su cohorte. Entonces el beneplácito divino esta(rá) ya a tu alcance. Llévale a juicio sobre el monte Seír, que tu atravesaste. Se tocará allí el «cuerno»[65] grande y se revelará el Mesías, que hará desaparecer de la tierra el espíritu de impureza; y el Santo, ¡bendito sea!, le degollará ante los santos. Habrá redención plena y «del Señor será el reino»[66]. Si tú llevas a cabo este asunto en su (debida) proporción, ¡feliz tú y qué buena será tu suerte y feliz tu destino! Pero ten cuidado y pon atención a las «intenciones» comprobadas, tú y tus discípulos; no has de cejar en las «intenciones» ni por un momento. Ten también mucho cuidado de no escucharles ni darles nada; cuando esté en tu mano Samael y su esposa y lloren y supliquen que les des algo de comer o de beber o cualquier alimento para mantener su cuerpo; aunque inspire piedad su voz, no le creas; cuídate mucho de esto y también de las «intenciones», pues aunque esté a tu alcance, será preciso un gran cuidado, sin dejar nada de todo lo que te hemos dicho. ¡Que el Señor esté a tu lado! Y tú guarda tus pies de la trampa.

Luego «ascendieron los dos ángeles en un torbellino al cielo»[67], mientras Rabí José lo veía y se doblaba y prosternaba; pero sus discí-

---

[64] Cf. Zac 5,8.
[65] La trompeta o cuerno que anuncia la venida del Mesías.
[66] Cf. Abd 21.
[67] Cf. 2 Re 2,11.

pulos aún estaban postrados rostro a tierra y no pudieron alzar sus cabezas hasta que ascendieron (los ángeles). Y cuando ascendieron los ángeles, también ellos se pusieron en pie con gran alegría. Después que ascendieron los ángeles se alzaron Rabí José y sus discípulos con presteza y dispusieron el orden de los Nombres y de los epítetos divinos y de las «intenciones» que (les) mandaron, así como las dos placas de plomo, y se dirigieron hacia el monte Seír. Ya de camino les salieron al paso jaurías y jaurías de perros negros, que se alzaron contra ellos y les rodearon por todas partes. Inmediatamente invocaron el Nombre que se les ordenó y los perros se dispersaron de su lado y huyeron, sin ser vistos más. Después marcharon ascendiendo aún como una jornada de camino. Al atardecer se toparon con un gran monte cubierto de nieve, enorme, que llegaba de la tierra al cielo. Inmediatamente se hicieron fuertes con los Nombres y sus combinaciones mentadas y se movió de su lugar; y con la otra combinación mentada desapareció por completo. Pernoctaron allí aquella noche y luego, al amanecer, se alzaron de mañana y caminaron durante otros dos días. Al día tercero, al alzarse el alba, apareció ante ellos un mar grande y ancho que se encrespaba y cuyas olas llegaban hasta el cielo. Inmediatamente invocaron los Nombres mencionados y pudieron «pasar por medio del mar a pie enjuto»[68]. A través del mar llegaron al gran muro de hierro, que llegaba de la tierra al cielo. Cogió Rabí José el cuchillo, (con) el que escribió sobre aquél, como se dijo, y cortó el hierro, cuyo espesor era de un palmo. Practicó una puerta y la sujetaron hasta que pasaran todos los cinco discípulos. Al pasar se retrasó uno de los discípulos, que era el último, y se soltó la puerta de la mano de Rabí José y se cerró sobre el pie del discípulo, que quedó cogido. Gritó:

—¡Maestro y Rabí mío, sálvame, pues mi pie ha quedado cogido!

Sacó inmediatamente Rabí José el cuchillo y cortó el hierro alrededor del pie, y pudo pasar; y tornó la puerta a su sitio. Ascendieron a la cima del monte Seír y desde allí marcharon hasta el atardecer y hallaron un valle en el que había como unas ruinas. Oyeron el ladri-

---

[68] Cf. Neh 9,11.

do de unos perros que aullaban. Entraron dentro de la(s) ruina(s) y vieron allí escondidos dos enormes perros negros, macho y hembra. Al acercarse a ellos, saltaron sobre ellos para devorarlos, pero Rabí José tenía en la mano las placas e inmediatamente advirtió que era(n) Samael y Lilit. Extendió su mano derecha y puso la placa en el cuello del perro macho y la izquierda sobre el cuello de la hembra; y sus discípulos, que llevaban cables, los ataron, con las placas sobre ellos. Y tan pronto vieron que se les había acabado el poder maligno, se despojaron de su aspecto de perro y se revistieron de su aspecto, de aspecto humano. Tenían alas y estaban llenos de ojos como fuego devorador. Suplicaron y pidieron a Rabí José que les diera pan y agua para aguantarse en pie y resistir. Le dijo:

–Señor mío, en este momento he aquí que nosotros con todas nuestras huestes estamos sujetos y ligados en tus manos. No tenemos ya fuerza. Haz con nosotros como te plazca, pero danos algo con que podamos subsistir, pues hemos sido arrojados de nuestro recinto donde éramos alimentados con el manjar de la Shekhinah, por detrás de la cortina celestial. Y ahora bien, ¿por qué hemos de morir? Danos alimento para que podamos vivir hasta que lleguemos a Seír.

Rehusó Rabí José como (se le) ordenó y no quiso darles nada. Marchaban por su camino, Rabí José y sus discípulos, contentos y con buen ánimo, y sus rostros estaban radiantes. En cambio, Samael y Lilit, con todas sus huestes, marchaban llorando. Se alegró Rabí José y comenzó a sentirse orgulloso por ello y dijo:

–¿Quién iba a creer lo que estamos viendo, cuando decían que no podríamos? He aquí que hoy se alegran los cielos y se regocija la tierra.

Dijeron ellos:

–¡Sobre las gentes el Señor reina![69]

Entonces respondió Samael así:

–Sé que lo puedes todo y no hay treta alguna que pueda superarte.

---

[69] Cf. 1 Cr 16,31; *vid.* Sal 47,9.

Lloró con gran llanto y dijo:

—Señor mío, ¿por qué tienes miedo de mí y de todas mis huestes? No tenemos ya fuerza ni poder alguno. He aquí que todos nosotros estamos en tus manos para hacer lo que tú quieras. ¡Venga, danos algo para vigorizar nuestro ánimo!; pues, ¿cómo podremos resistir y aguantar hasta que lleguemos allí?

Rehusó Rabí José y dijo:

—No (os) daré nada, como (se me) ordenó.

Al llegar cerca del monte Seír, cogió Rabí José en su mano un grano de incienso para aspirarlo y *alargó Rabí José su mano*[70] y dijo Samael:

—Ya que no me das alimento, dame un poco de este incienso que tienes en la mano para aspirarlo.

Extendió Rabí José su mano y le dio un poco del incienso que tenía en su mano y Samael hizo saltar una chispa de fuego de su boca y quemó el incienso que aún estaba en la mano de Rabí José. Ascendió su humo a las narices de Samael y rompió los lazos y cables y arrojó de encima las placas de plomo y se creció él y su cohorte y golpearon a los discípulos y murieron dos de ellos al instante por el estruendo del grito que lanzó Samael y sus huestes. Los otros dos a su arremetida perdieron el sentido y quedó sólo Rabí José, él y un discípulo. Quedó débil, desfallecido y desconcertado, sin darse cuenta de que a costa de su vida le había dado el incienso y lo había quemado ante él, de manera que lo convirtió en culto idolátrico. Se disolvieron las fuerza santas que había en las placas de plomo por virtud del incienso y por culpa de no haber observado las palabras de los ángeles. En el mismo momento todo el monte se llenó de humo, oscuridad y tiniebla, y una voz sonó y dijo:

---

[70] La expresión está marcada en el manuscrito con una línea superior, como para llamar la atención sobre la importancia del gesto y del momento. Estamos ante el clímax de la narración, repetido a continuación. Es el gesto que cambia todo el sentido del relato y convierte el triunfo en derrota. No obstante, adviértase que la frase se repite a continuación, mientras en este lugar es más bien redundante y proléptica. Podría tratarse simplemente de una dittografía, señalada por la raya superior, que otras veces se usa para indicar un texto que debe suprimirse.

–¡Ay de ti, José, por vida tuya, que no has observado lo que se te ordenó y cometiste idolatría y quemaste incienso a Samael! He aquí que él te persigue para echarte de este mundo y del venidero.

El único discípulo que había quedado con Rabí José estaba cansado, extenuado y debilitado y «se acercaba a las puertas de la muerte»[71]. Se sentaron allí bajo una encina como dos horas y descansaron. Luego enterraron a los dos discípulos. Marchó Rabí José con su otro discípulo por el camino de vuelta con el rostro trasmutado, extraño, de color verduzco y débil en gran manera. A los otros dos discípulos les entró un demonio y huyeron y se fueron por un lugar desconocido hasta que llegaron al cabo a la ciudad de Safed, después de un mes. Murieron a poco por la pena que les hicieron padecer los demonios. Después de esto llegó Rabí José a la ciudad de Sidón y allí se estableció y comenzó a difundir la maldad, pues vio que no se había realizado su plan, y en particular porque oyó la voz mentada. Se enajenó del mundo venidero y estableció un pacto con Lilit, la pervertidora. Se entregó en sus manos y ella se convirtió en su mujer. Se ensució con toda clase de impureza hasta hacer uso perverso de los Nombres santos y del resto de los nombres y conjuros que conocía. Conjuraba a espíritus y demonios todas las noches para conseguir lo que quería. Ésta fue su costumbre durante mucho tiempo, hasta que se enamoró sobre todas de la mujer del rey de Grecia. La hacía venir casi todas las noches y por la mañana le ordenaba volver. Un día dijo la reina al rey:

–¡Por favor, señor mío! No sé lo que pasa que todas las noches en sueños me hacen ir a un lugar y se une conmigo un hombre. Por la mañana me hallo en mi cama, mancillada por copulación, y no sé de dónde me viene esto.

Se enfureció el rey con esto y envió a llamar a los magos y les puso de guardia con otras mujeres en el palacio de la reina y les dijo que estuvieran preparados y prestos con los conjuros y nombres impuros para impedirles que entraran a coger a la reina. Así lo hicieron, y se pusieron a hacer la guardia. Aquella noche vinieron los demonios por orden de Rabí José y en seguida lo notaron (los magos) y entraron en

[71] Cf. Sal 107,18.

acción y los conjuraron para saber de parte de quién y por qué (venían). Dijeron los demonios:

–Somos emisarios de Rabí José que reside en Sidón.

Inmediatamente envió el rey a un general con cartas y un regalo para el Príncipe de Sidón, para que inmediatamente le enviara a Rabí José vivo para vengarse de él y para propinarle duros castigos. Cuando vio Rabí José que se le había acabado el (poder de hacer) mal y conoció el asunto por boca de los demonios que había enviado, inmediatamente, antes de que llegase la carta al Príncipe de Sidón, fue y se tiró al mar y murió.

Y yo, el discípulo, el quinto, quedé solo postrado en cama, enfermo para todos mis días, sin que haya remedio para mi mal. Todos mis miembros me tiemblan y no tengo reposo por parte de los demonios. Escribí este relato como memorial. ¡Que el Señor se apiade de mí!

Dijo:

–¡De mis penas ya basta!

Éstas son las palabras del discípulo Ye'udah Me'ir, que participó en el gran episodio mentado de Rabí José de la Reina. Hasta aquí (la cita).

Yo, el copista, lo copié de unos escritos viejos y muy usados que hallé en las *gᵉnîzôt* de Safed [72], ¡sea reconstruida y restablecida con rapidez en nuestros días! Aquí escribí este relato para señal y recuerdo, para que no pretenda apresurar hombre presuntuoso alguno la llegada de la redención. ¿Le será acaso posible acelerar el asunto con su sabiduría? También a este propósito podemos sacar adoctrinamiento de lo que dijo Salomón en su sabiduría: «¡Confía en el Señor con todo tu corazón y en tu inteligencia no te apoyes!» [73]. Pues vale la pena que nadie confíe en su inteligencia y sabiduría, y que su seguridad esté en el Santo, ¡bendito sea! También a este propósito verá el hombre con qué se fortalece Samael y su tropa, por nuestras culpas, pues por una cosa

[72] Cf. el inicio del relato, con el que este colofón forma inclusión.
[73] Cf. Prov 3,5.

pequeña como ésta se disolvió la fuerza santa de los Nombres, y prevaleció y volvió a su lugar. También observará que grande es el poder de los Nombres santos y aprenderá por esto a temer el Nombre excelso y terrible, y se volverá con perfecta contrición a Él, ¡bendito sea! Y así vendrá la redención perfecta por obra del Santo, ¡bendito sea!, en persona, y restablecerá su Shekhiná en su santa morada, y a Judá y a Israel en la mansión de Ariel, con la llegada del Redentor, ¡así sea!, a ella.

Palabras del copista Salomón Navarro ha-Yerushalmi.

Parte III
LA ACTUALIDAD DEL JUDAÍSMO

La presencia cultural:
la influencia de la Biblia Hebrea
en la literatura occidental

El inicio del «estudio literario» de la Biblia Hebrea se sitúa a mediados del siglo XVIII y ha pasado por diversos enfoques (de la *Literarkritik* al análisis estructural), de la mano siempre de exégetas y biblistas, en un intento por alcanzar una mejor y más adecuada comprensión de su verdad y valor religiosos. En nuestros días ese intento ha abocado a una consideración de la «Biblia como literatura» dentro de una perspectiva más neutra en el contexto de la literatura universal, al margen de su valor teológico, aun sin perder de vista su carácter de literatura religiosa.

El interés, en cambio, por el influjo de la Biblia Hebrea sobre esa literatura, y más en concreto sobre la literatura occidental moderna, resulta mucho más tardío. A partir del siglo pasado encontramos algunos estudios sobre tal influjo en escritores (poetas, sobre todo) concretos, pero una síntesis como el capítulo que la *Cambridge History of the Bible* dedica al tema en 1963 resulta todavía en extremo escueta, por no decir decepcionante; se limita a reseñar media docena de obras religiosas, universalmente conocidas y otras centradas básicamente en el siglo XVI inglés, sin plantearse p. ej. el influjo de la Biblia Hebrea en la narrativa moderna o en la lírica del romanticismo. En realidad, una síntesis global es todavía un *desideratum*, a pesar de que ya comienzan a proliferar estudios parciales que la esbozan. Pero el marco de referencia es tan vasto, en el tiempo y el espacio («La literatura [moderna] occidental»), que todavía no ha sido abarcado en toda su amplitud de un manera suficiente[1].

---

[1] Para una bibliografía general y específica por ciclos literarios véase G. DEL OLMO LETE, *La Biblia Hebrea en la literatura moderna. Guía temática y bibliográfica* (Textos docents 215), Barcelona 2000 (2ª edición revisada y aumentada,

En realidad ambas facetas, la Biblia Hebrea como literatura y el influjo de la Biblia Hebrea en la literatura, se implican mutuamente: si la Biblia ha podido influir en la literatura se debe en gran manera a que ella misma es literatura, entendiendo por tal el discurso creativo que utiliza los recursos del lenguaje para captar y resaltar momentos y situaciones de la existencia que poseen un valor arquetípico en mayor o menor grado.

I. Temas y arquetipos

En tal sentido, la Biblia Hebrea como obra literario-religiosa ha ofrecido al pensamiento humano y a sus sistemas de representación una serie de temas y arquetipos o modelos que han tenido enorme fortuna y han sido muy productivos en el ámbito de la creación artística en general, pero sobre todo en el de la creación literaria.

Esto sucedió así, en primer lugar, por haber modelado a través de ellos la fe y asentimiento social del grupo que los asumió como integrantes de su tradición, ante todo religiosa y luego cultural. A ese respecto, podemos afirmar que uno de los parámetros determinantes de la cultura europea u occidental, junto al pensamiento griego y el derecho romano, es el sistema ético-religioso que la Biblia Hebrea propugna y que el cristianismo desarrolló a su vez. En este aspecto, dicha cultura se solapa con la árabe, en la que la Biblia Hebrea es también determinante, tanto en la configuración del propio sistema religioso como en la composición del «Libro/Biblia» (el Corán) que lo fundamenta. Se creó así un ámbito de coincidencia cultural nada desdeñable, que debería servir de base a una conciencia de comunidad Occidente-Oriente, frente a la histórica actitud de enfrentamiento en que éstos han vivido.

En segundo lugar, la Biblia Hebrea ha ejercido tan significativo influjo como expresión literaria ella misma, como decíamos. La incidencia de tales temas y arquetipos en la literatura de creación occi-

2010). Se trata de un esbozo somero y didáctico, encaminado a facilitar al alumno el acceso a esta amplísima temática. Parte de sus secciones expositivas se recogen en esta síntesis.

dental deriva, desde luego, de su propia validez como percepción auténtica, genial podríamos decir, que son de momentos y elementos determinantes de la existencia humana. Pero también, y en no pequeña medida, tal incidencia deriva de su misma formulación plástica, a modo de relatos para-históricos o creaciones poéticas, es decir, en una forma existencial y dinámica, homogénea con la que será connatural a la creación literaria de nuestra cultura: narrativa y poesía como formas de literatura pura o de representación (drama, teatro).

También ejerció la Biblia Hebrea gran influjo en el desarrollo de formas de discurso teórico o moral, sin duda menos productivas literariamente, aunque no culturalmente. Así lo hicieron, en general, todas aquellas literaturas religiosas (v. g. la china y la misma árabe) formuladas básicamente en esa forma de discurso. Pero esos productos se enmarcan más bien en el ámbito de la pragmática religiosa que en el de la creación literaria propiamente dicha. En ese sentido es patente y decisiva la incidencia de la tradición parenética, legal y sapiencial bíblica en el campo del comportamiento y configuración de la ética judeo-cristiana y, consiguientemente, en el de su formulación más o menos literaria. Formulación que, en determinados casos, puede presentarse como creación literaria de alto valor (p. ej. en el llamado género de «pensamientos»).

La referencia que hemos hecho más arriba a temas y arquetipos corresponde a las dos maneras básicas como se ha ejercido tal influjo. Como modelo literariamente dinámico, la Biblia Hebrea ha motivado la capacidad recreadora del fiel que aceptaba su contenido, sus temas, y le ha incitado a reproducir, completar, embellecer el objeto de su fe, que le venía dado ya en forma imaginativa. En tal sentido, el mundo de nuestra cultural occidental, judeocristiana (y proporcionalmente islámica, como ya lo hace el mismo Corán) está inundado de representaciones bíblicas, que no son otra cosa que reelaboraciones de los temas/escenas de la Biblia Hebrea, siguiendo incluso su mismo modelo representativo. Se trata normalmente de resaltar con ellas el valor conductual o ejemplar (existencial) de escenas y figuras bíblicas que se ofrecen como modelos de creencia y comportamiento. Y esto no sólo en el ámbito de la creación literaria o del lenguaje (v. g. «misterios», dramas, novelas históricas), sino también, y de manera sorprendente, en el de la representación plástica: pintura, escultura, cinematografía incluso. Hasta la música ha podido pretender reproducir un tema bíblico en su ambiente y desarrollo; y desde luego, servirse de su texto para cantarlo, dentro de su género lírico. Este tipo de recreación/representación ha producido una literatura muy abundante, pero, por lo general, de tono menor, fuera de algunas grandes obras, que mencionaremos más abajo.

El arquetipo, en cambio, promueve una respuesta creativa que no se limita a re-presentar, sino que induce una comprensión e interpretación de situaciones contemporáneas que se ofrecen como paralelas; intenta en realidad, un desvelamiento de su validez perenne y universal. El arquetipo ofrece el esquema operativo-interpretativo (la estructura profunda) que renueva y despliega toda su fuerza en la interpretación de la situación presente y su reformulación en términos y hechos modernos. No trata de reproducir ni de entender el pasado en sí y por sí mismo, ni siquiera de traducirlo, sino de trasponerlo hermenéuticamente, descubriendo y utilizando su núcleo o esquema creativo y dialéctico como válido para interpretar al hombre actual y su problemática.

Se trata del mismo tipo de utilización creativa que se realizará con los mitos griegos, sometidos también al doble proceso creativo de representación/arquetipo, tanto en la literatura como en la plástica, a partir sobre todo del Renacimiento, cuando suplantan a la oferta bíblica. Similar enfoque se aprecia incluso en la idealización de existencias del pasado especialmente logradas, con valor de arquetipo antropológico, en novelas históricas reinterpretativas contemporáneas (del tipo *Yo, Claudio*, de R. Graves, o *Memorias de Adriano*, de M. Yourcenar), frente a las clásicas novelas históricas de recreación, más o menos románticas (a lo Scott, Salgari, Valtari o Navarro-Villoslada), del pasado en sí y por sí. En aquéllas, el arquetipo del pasado desvela la comprensión de una situación humana de actualidad inmarcesible.

Este tipo de influjo de la Biblia Hebrea resultará el más productivo y aparecerá en algunas, no muchas, grandes obras de la literatura universal del ámbito llamado occidental, junto a otras muchas que no alcanzan una significación especial.

Por su parte, tanto el tema como el arquetipo reproducido/interpretado pueden adquirir un carácter prevalentemente ideológico, con mayor o menor grado de formulación dramática, o por el contrario pueden ser sometidos a diversos modelos de dinamización creativa. Temas como la creación (idea y acto), el pecado como rebelión contra Dios, la fidelidad religiosa como relación esponsalicia, etc., así como la biografía de determinados personajes bíblicos, pueden constituir el objeto de una composición poética descriptiva, épica o lírica. Pero pueden también ser sistemáticamente personalizados o historizados. Éste será el modelo preferido por la creación literaria, dramática o narrativa, en su tratamiento de los temas y arquetipos bíblicos, siguiendo la presentación preferida por la Biblia Hebrea misma. Ésta se ofrece esencialmente como una historia religiosa en la que las ideas son normalmente palabras dichas en un acontecimiento determinado, del que forman parte, y los preceptos aparecen ejemplificados en comportamientos de personajes concretos. Incluso las situaciones históricas generales serán personalizadas en ella (v. g. Jerusalén en sus vicisitudes históricas y proyección escatológica) y el mismo discurso moral (libros sapienciales) recurrirá a la hipostatización de las nociones de sagacidad-necedad, bondad-maldad, sabiduría-ley divina para inculcar su valor moral.

La recreación de escenas/temas bíblicos tuvo su momento culminante en el Medioevo y está al origen de varios géneros de nuestras literaturas, del dramático (teatro) en concreto, sin dejar de perdurar hasta nuestros días. El contacto asiduo confesional, y por ende cultural, con la Biblia Hebrea la convirtió en irremediable referente de la creatividad literaria, al ofrecer un amplio contexto de símbolos y valores ya asumidos por la sociedad que la leía. Pero a medida que crece el distanciamiento crítico frente a la Biblia Hebrea como expresión dogmática y pierde interés su significación histórica, surge una apreciación de la misma como fuente de arquetipos y un tratamiento más libre y menos condicionado por la adhesión de fe.

Hay que contar, de todos modos, con un importante número de obras modernas que se sitúan a medio camino entre la recreación y la interpretación, en cuanto reproducen el tema o figura bíblica con una gran libertad interpretativa, muy por encima de lo que el texto ofrece y sin ningún ánimo de recrearlo en sí mismo, a veces más bien de refutarlo. Lo utilizan como base de una descripción de situaciones y valores antropológicos plenamente actuales, a pesar de retener el enmarque bíblico.

II. Esbozo del influjo

1. La representación medieval

Opuestamente a lo acontecido con el influjo de la Biblia Hebrea en la literatura moderna, la literatura medieval de representación bíblica ha merecido abundante atención, considerada como el inicio del moderno teatro europeo. En todo el mundo cristiano medieval (Francia, Inglaterra, España, Alemania, Italia...) se lleva a cabo la escenificación de los grandes ciclos y temas bíblicos, en lo que podemos definir como el primer gran acercamiento de nuestras culturas a la creación literaria. De la fe se salta a la literatura, o la literatura se convierte en expresión de la fe, de la misma manera que otras formas de expresión plástica (escultura, pintura, iluminación, vidriería, incluso la música) lo habían ya llevado a cabo y continuarían haciéndolo. Surgen así los «misterios» («mistères», «rappresentazioni», «mysteries» o «miracle plays», «Spiele», «autos» o «farsas»), cuyos epígonos aún pueden observarse entre nosotros, referidos sobre todo al Nuevo Testamento («misterios», «pasiones», «pesebres», etc.).

Esas piezas surgieron originalmente como pura realización escénica y su primera consignación por escrito tuvo la función práctica de ayudar a tal puesta en escena, como meras «working copies» o notas de apoyo para los actores. La consolidación de las mismas como texto y su transmisión manuscrita fueron fruto de una reelaboración posterior (s. XV y ss.), surgida como elemento de control de una actuación que, dejada a los actores, corría el riesgo de degenerar en farsa, como de hecho sucedió. Esto motivaría su anulación por el puritanismo posterior (de manera explícita en Escocia y Francia). Finalmente, tal consignación escrita se consolidó en su forma más lograda, como fruto de una revisión literaria por parte de letrados y clérigos con capacidades creadoras. A partir de ese momento estas piezas se convierten en material filológico, como texto antiguo, sin dejar de ser obras básicamente de representación[2].

La mentada reacción y prohibición puritana de los «mysteries» no fue suficiente para anular el género en la época posterior, como no lo fue el relevo que la mitología clásica ofreció a la temática bíblica en el nuevo horizonte cultural del Renacimiento. Autores como el Meistersinger H. Sachs (1494-1576) o el prolífico dramaturgo holandés J. van den Vondel (1587-1679) escenificarán múltiples obras de tema bíblico. Tanto el teatro barroco español (Calderón, Lope de Vega, Tirso de Molina) como el francés (Moliére, Racine) darán cabida en su repertorio de autos y comedias a obras de recreación bíblica.

2. La recreación moderna

Bien sabido es que la religión de Israel es intrínsecamente (aunque no exclusivamente, como si sólo ella lo fuera) histórica, en cuanto reproduce una experiencia religiosa vivida en el tiempo y configura un Dios que es experimentado, se revela y descubre su ser y su nombre (Ex 3,14ss.) en esa experiencia, como salvador de su pueblo. La historia le es, pues, determinante. En consecuencia, la Biblia Hebrea pretende ofrecernos una narración que abarca todo el ámbito de esa acción divina como historia del Pueblo de Israel: desde la creación del mundo y del hombre (Gn 1) hasta las últimas etapas de su desarrollo como pueblo (Esd-Neh). Tal narración va incluso más allá de la Biblia Hebrea, referida a la etapa última del mundo bíblico, y se halla recogida en la Biblia Griega (Mac I/II). Es la Historia de Dios y su Pueblo, englobada en la que denominamos la narrativa bíblica.

---

[2] Véase a modo de introducción A. C. CAWLEY, *Everyman and Medieval Miracle Plays* (The Everyman Library) Londres-Tuttle 1994 («Introduction»); P. M. CÁTEDRA, *Liturgia, poesía y teatro en la Edad Media* (Biblioteca Románica Hispánica. II Estudios y Ensayos, 444), Madrid 2005.

Desglosaremos sumariamente los ciclos que la configuran a la búsqueda de los elementos pragmáticos que nos interesan y enumeraremos las obras literarias principales, sobre todo modernas, que manifiestan su influjo.

A. *Ciclo prehistórico (Gn 1–11)*

Este ciclo es breve, pero está cargado de significación antropológica. No es de extrañar que sus temas hayan sido recreados e interpretados ampliamente en nuestras literaturas dado su valor prototípico. Junto con ello, su configuración y valor plásticos han hecho de estos primeros capítulos de la Biblia Hebrea una fuente de permanente representación y recreación literarias[3]. Ya en el Medioevo la escenificación de estos relatos fue abundante[4]. A partir del Renacimiento el tema de los orígenes del mundo y del hombre, según la versión bíblica, se integra en las grandes creaciones de conjunto en las que la literatura occidental (Milton, Dante, Calderón), e incluso la pintura (Miguel Ángel) y más tarde la música (Händel), plasmarían su visión del mundo.

A finales del siglo XVIII F. G. Klopstock celebraría la creación en su poema épico, de inspiración rousoniana, *Morgengesang am Schoepfungsfeste* (1784), musicado por Ph. E. Bach. Pero sobre todo, ya en el siglo XIX, mención especial merece la obra de Mary Shelley *Frankestein* (1818) por la glosa tan significativa que supone a la creación como pretensión prometeica y a su producto estrella, el hombre, creado por Dios o por la ciencia (el tema ya había sido anunciado en el *Fausto* de Goethe: el «humúnculo»).

---

[3] Véase G. DEL OLMO LETE, «Los relatos bíblicos de los orígenes: de Adán a Babel en la literatura occidental», *Biblia Hispánica,* 1, 2009, pp. 41-57.

[4] Su presencia puede apreciarse en los ciclos ingleses (cf. A. C. CAWLEY, *op. cit.*) en el *Mistère du Viel Testament* y en el *Códice de Autos viejos*; cf. G. DEL OLMO LETE, *La Biblia Hebrea en la literatura moderna,* pp. 17-19, 51-55; más en concreto J. LARA GARRIDO, «La creación del mundo en la poesía barroca: de la tradición neoplatónica a la ortodoxia contrarreformista», en *Estudios de literatura y arte dedicados al profesor Emilio Orozco Díaz,* vol. II, Granada 1979, pp. 241-262.

Del tema específico del Paraíso y el drama humano que en él se juega, así como del destino de sus protagonistas, Adán y Eva, también se ocuparon varios poetas y dramaturgos, como el citado F. G. Klopstock, *Der Tod des Adam* (1757), C. M. Doughty, *Adam Cast Forth* (1908), W. V. Moody, *The Death of Eve* (1912), A. Nadel, *Adam* (1917) o V. Aleixandre, *Sombra del Paraíso* (1944); mención aparte, entre las múltiples «Vidas de Adán y Eva», merece la obra inacabada, pero genial, de M. Twain, *The Diaries of Adam & Eve* (1835-1910); últimamente ha novelado el tema G. Belli, *El infinito en la palma de la mano* (2008). Del tema específico del «árbol» del Paraíso se ocupó brillantemente H. James, *The Tree of Knowledge* (1843-1916); y entre nosotros, cabe resaltar al respecto la novela de Pío Baroja, *El árbol de la ciencia* (1911). En ésta su autor lleva a cabo una utilización arquetípica del tema bíblico como esquema antropológico válido para formular la antinomia vida/ciencia, como futuro del hombre, y a la postre, la dialéctica histórica tradición/progreso, ciencia/religión.

Las escenas bíblicas de la Creación y el Paraíso constituyen, por otro lado, el punto de partida y a la vez el telón de fondo de las grandes dramatizaciones bíblicas de la historia humana que pueden apreciarse en las obras del húngaro I. Madách, *Az ember tragédiája* (*La tragedia humana*, 1862), de B. Shaw, *Back to Methuselah* (1921) y del también húngaro G. Tabori, *Die Goldberg-Variationen* (1991).

Pero de todo el cúmulo de obras dependientes de este ciclo bíblico destaca de manera clara la gran epopeya de Milton, *Paradise Lost* (1667), que sería ocioso glosar en este contexto. Ella nos invita, sin embargo, a poner de relieve un dato que trasciende la perspectiva explícita de la Biblia Hebrea: la obra de Milton está planteada desde una creación y pecado previos, los del universo angélico, hasta tal punto que para algunos autores, a partir de Blake[5], es Lucifer el verdadero protagonista de la epopeya. Pero de tal planteamiento no se habla en Gn 1–3.

---

[5] De la obra de W. BLAKE, *Milton. A Poem*, Londres 1993, tenemos una versión comentada en español por B. ATREIDES, *Milton. Un Poema*, Barcelona 2002. Véase también J. BLONDEL, *Milton poète de la Bible dans le* Paradise Perdu (Archives des lettres modernes, 21-22), París 1959.

En el sentido de la ampliación de horizonte temático, la visión épica miltoniana debe no poco a otra dramatización previa del Universo teológico cristiano, la *Divina Comedia* (1265-1321), de Dante Alighieri, que Milton sin duda conoció durante su viaje y estancia en Italia. Por otra parte, el tema del «Ángel caído» será ampliamente desarrollado en la literatura europea, dando lugar a numerosas «historias del diablo» y poemas «Lucifer». Aparece ya en los ciclos de «misterios» ingleses, estará presente en las grandes creaciones literarias de nuestra cultura cristiana (Dante, Milton, Calderón, Goethe) y reaparecerá en obras como la *Revolte des Anges* de A. France (1914), alucinante, burlona e ideológica remodelación de la bíblico-teológica rebelión angélica[6].

En este mismo contexto satánico no podemos dejar de mencionar un subtema que se desarrollará ampliamente en la literatura posterior y que tiene sus orígenes también en la tardía angelología judía o quizá antes: el de *Lilit*, la contrafigura de Lucifer, la Ángela (?) perfecta y por ello el más alto modelo de mujer. El tema aparece en los poetas románticos europeos y culmina en obras dramáticas posteriores[7].

Finalmente, de entre el resto de temas que emergen en Gn 1–11 hemos de resaltar, por su incidencia e importancia arquetípica en la literatura occidental, el del «Caín y Abel»: la historia del primer pecado contra el hermano, del progreso histórico-social del mal, que de modo tan sucinto como intenso ejemplifica el relato bíblico (Gn 4,1-14).

Aparte de recreaciones medievales y barrocas, el tema se convirtió en un prototipo de poemas y dramas del romanticismo y de la literatura en general del siglo XIX. En este contexto se ha de señalar la sig-

---

[6] Sobre la presencia de la figura de Lucifer en diversas etapas de la historia de la literatura véase J. B. RUSSELL, *Lucifer. El diablo en la Edad Media*, Barcelona 1995; M. PRAZ, *La carne, la muerte y el diablo en la literatura romántica* (El Acantilado, 8), Barcelona 1999 (II. «Las metamorfosis de Satanás»); H. ANSGAR KELLY, *Satan. A Biography*, Cambridge 2006; H. BLOOM, *Fallen Angels*, New Haven 2007. Un reciente relato con el diablo al fondo es el de F. DELGADO, *Escrito por Luzbel*, Barcelona 2000.

[7] Véase J. BRIL, *Lilit ou la mère obscure*, París 1981.

nificación que alcanza el *Cain* de Lord Byron (1812)[8], como máximo exponente de una nueva interpretación, romántica y revolucionaria, de la figura bíblica: Caín es el auténtico prototipo humano, creador y rebelde, frente al conformista e hipócrita Abel. Ya en el siglo XX, las grandes recreaciones del tema por M. de Unamuno, *Abel Sánchez* (1940), y J. Steinbeck, *East of Eden* (1952), utilizarán de manera refleja y persistente el arquetipo bíblico para analizar situaciones sociológicas tan aparentemente diferentes como la de la Salamanca y la de la California de los años anteriores a la primera guerra mundial. No pueden olvidarse tampoco poéticas reelaboraciones contemporáneas del tema como las de S. T. Coleridge, *The Wanderings of Cain* (1798), W. Blake, *The Ghost of Abel* (1822), C. Baudelaire, «Abel et Cain», en *Fleurs du mal* (1857), E. Lasker-Schüler, «Abel», en *Hebräischen Balladen* (1913); y últimamente L. Estang, *Le jour de Caïn*, París 1967.

Todavía en 1986 el novelista español M. Vicent ganaba el premio Nadal de novela con su obra *Balada de Caín*, un moderno *collage* narrativo en el que se mezclan diferentes planos históricos en un intento de elucidar el sentido del destino humano[9]. Y el premio Nobel portugués J. Saramago publicaba en 2009 su novela *Caín*.

B. *Ciclo protohistórico (Gn 12–50)*

Este ciclo recoge las tradiciones patriarcales, organizadas en tres subciclos en torno a las figuras de Abrahán, Isaac-Jacob y José. Se trata de la estructuración de un pasado que en gran medida proyecta sobre él la vivencia histórica posterior del pueblo.

---

[8] Cf. P. A. CANTOR, «Byron's Cain: A Romantic Version of the Fall», *Kenyon Review* 2 (1980) 50-71. Hay una excelente traducción bilingüe inglés-catalán hecha por J. LLOVET, *Caín. Edició bilingüe*, Barcelona 1997.

[9] Cf. véanse también las obras de V. CRÉMER, *Libro de Caín*, México 1958; I. GARCÍA-VALIÑO, *Querido Caín*, Barcelona 2006; J. SOLANA, *L'ombra de Caín*, Barcelona 2006. Para la utilización prototípica del «Diluvio» y su protagonista Noé véase últimamente D. MAINE, *The Preservationist*, Nueva York 2004; también E.-E. SCHMITT, *L'enfant de Noé*, París 2004 (hay versión en español). Para el episodio de «Babel», véase el interesante tratamiento prototípico en la obra de F. HERNÁNDEZ, *Eden*, Barcelona 2000.

Del primer subciclo, el de Abrahán, aparte tratamientos generales sobre la figura del patriarca, sobresalen tres temas incluidos en el mismo.

El primero es el de «Hagar y su Hijo Ismael», que preocupó mucho a la tradición judía por afectar a la honorabilidad de la figura de su patriarca como modelo religioso y ético, así como a su relación histórica con el mundo «hagareno». Del mismo se ocuparon poetas como H. Coleridge, «Hagar», en *New Poems* (1796-1949), N. Parker Willis, *Hagar in the Wilderness* (1806-1867), E. Arnold, *Hagar in the Wilderness* (1832-1893), la dramaturga Condesa de Genlis, *Hagar dans le désert* (1781), y el novelista C. O'Neal, *Hagar* (1958).

El segundo tema, «Sodoma y Gomorra», ha pasado a ser un arquetipo cultural de nuestro mundo y ha excitado la imaginación de poetas y novelistas (para no hablar de cineastas). Mención especial merece el drama poético de N. Kazantzakis, *Sodhoma kye Ghomorra* (1956), que trata el tema de una manera arquetípica, combinando la tradición bíblica con otras posteriores. Otorga a sus personajes una poderosa fuerza psicológica y hace del tema bíblico una confrontación antropológica y religiosa entre Abrahán y Lot, un poco en la línea de la reivindicación romántica de Caín frente a Abel. El autor griego no está solo en la reelaboración de este tema bíblico. Le acompañan entre otros los dramaturgos G. Lesley, *Fire and Brimstone: or the destruction of Sodom* (1675), J. Giraudoux, *Sodome et Ghomorre* (1943), y los novelistas Marqués de Sade, *Les 120 journées de Sodome* (1795), y C. Malaparte, *Sodoma e Gomorra* (1931).

Finalmente, el tercer tema del subciclo de Abrahán, «La Aqueda» o «Sacrificio de Isaac», ha sido objeto de atención, sobre todo, por parte de autores judíos. Su representación arranca ya de los «misterios» de la Edad Media y alcanza hasta nuestros días [10]. Se podría resaltar entre las recreaciones dramáticas del mismo las de Calderón,

---

[10] Cf. F. MANNS (ed.), *The Sacrifice of Isaac in the Three Monothesitic Religions. Proceedings of a Symposium...*, Jerusalén 1995.

Primero y segundo Isaac (1600-1681), C. Weise, *Die Opferung Isaacs* (1680), y A. Wiseman, *The Sacrifice* (1956).

Dejamos de lado las obras centradas directamente en la figura de Jacob. Desde la Edad Media hasta nuestros días se cuentan más de 25 obras, poemas, dramas, novelas que recrean o interpretan este personaje bíblico[11].

Pero es sobre todo el (sub)ciclo de José, que arrastra a su vez consigo el de su padre Jacob, el que se muestra el más productivo de toda la saga patriarcal. Tal ciclo es él mismo literatura en el sentido más directo[12].

El número de obras literarias centradas en este personaje es increíblemente elevado. Se enumeran no menos de un centenar de representaciones dramáticas y épico-líricas sobre el mismo. A partir del siglo XVI el tema suscitó gran interés y se pueden seleccionar no menos de cuarente y cinco obras que lo abordan, varias bajo los títulos específicos de «José y sus hermanos», el «Casto José» o «José y Aseneth», personaje este último que ha sido objeto de elaboración literaria en la tradición hagádica judía desde tiempos remotos. El mismo W. Goethe compuso un poema bajo el título *Joseph und seine Brueder,* que permaneció inédito y fue descubierto en 1920. Entre nosotros tenemos los dramas de M. de Carvajal, *Tragedia Josephina* (1545), P. Calderón, *Sueños hay que verdad son* (1600-1681), y el anónimo *El más feliz cautiverio y los sueños de José* (1792). Ya en nuestros días recomponen el tema dramáticamente E. B. Cohen, *Josef, das Kind* (1906), L. N. Parker, *Joseph and his Brethren* (1913), y C. Renard, *Joseph vendue par ses frères. figure de Messie* (1920).

---

[11] Véase la significación prototípica *(axis mundi)* que adquiere en la literatura la visión de la «escala de Jacob» (Gn 28) según N. FRYE, *Poderosas palabras,* Barcelona 1996, pp. 202 y ss.

[12] Véase entre otras las síntesis de M. S. BERNSTEIN, *Stories of Joseph: Narrative Migrations between Judaism and Islam,* Detroit 2006; M. McGAHA, *The Story of Joseph in Spanish Golden Age Drama,* Lewisburg-Londres 1998; B. GREEN, *«What Profit for Us?». Remembering the Story of Joseph,* Lanham 1996; T. L. HETTEMA, *Reading for Good. Narrative Theology and Ethics in the Joseph Story from the Perspective of Ricoeur's Hermeneutics,* Kampen 1996; cf. *supra,* pp. 46 y ss.

Pero, evidentemente, el tema no estaba agotado y recibió una última y definitiva elaboración en la tetralogía del premio Nobel T. Mann, *Joseph und seine Brueder*, subdividida en los siguientes títulos: *Die Geschichte Jakobs* (1933)/*Der junge Joseph* (1934)/*Joseph in Aegypten* (1936)/*Joseph, der Ernaehrer* (1942). No se trata simplemente de una «recreación» del relato bíblico, que también lo es y sumamente viva y bien documentada, sino sobre todo de una profunda reflexión antropológica y psicológica a propósito de las situaciones existenciales que aquél sugiere. Le habían precedido las novelas de H. von Homannsthal, *Die Joephslegende* (1914), y la homónima de M. J. Berdyczewsky, *Josef und seine Brueder* (1917)[13].

C. *Ciclo épico-histórico normativo (Ex-Jos)*

Corresponde en la tradición hebrea a la época del nacimiento y organización socio-religiosa de Israel como pueblo. El Éxodo y la Conquista de la Tierra son los dos grandes episodios épicos cuyas tradiciones recogen Ex-Jos y que sin duda constituyeron un ciclo poético del que sólo quedan restos insertos en la versión en prosa que los ordena y trata de «historizar». Como toda épica nacional, también ésta gira en torno al «héroe» que es su protagonista, tanto divino, Yahweh, como humanos, Moisés y Josué[14].

La peculiar descripción de aquellos orígenes como una «liberación» de la dependencia política y de la esclavitud social ha motivado el interés de la toda literatura de emancipación y determinó de

[13] Véase M.-J. LOHTE, «L'histoire de Joseph et ses frères traité successivement par Hugo von Hofmannstal et par Thomas Mann», en P.-M. BEAUDE (ed.), *La Bible en littérature. Actes du colloque international de Metz (september 1994)*, París 1997.

[14] Véase el análisis el sujetivo y confesional de la personalidad y circunstancia histórica de Moisés por A. CHOURAQUI, *Moisés. Viaje a los confines de un misterio realizado y de una utopía realizable*, Barcelona 1997 (versión del original francés *Moïses*, Mónaco 1995). Una utilización prototípica de la figura y avatar de Moisés lo ofrece M. TOURNIER, *Eleazar ou la Source et el Buisson*, París 1996 (*Eleazar*, Madrid 2003).

manera muy especial el espíritu combativo de la sociedad cristiana de la Edad Media. El héroe Moisés aparece ya exaltado en los ciclos ingleses de los «mystery plays». Sus recreaciones, incluidas las musicales y cinematográficas, con facilidad alcanzan el número de sesenta, tanto dramáticas como épico-líricas. Poemas sobre Moisés escribieron poetas como F. Schiller, F. G. Klopstock, A. de Vigny, V. Hugo, R. M. Rilke, G. Eliot, D. Bonhoeffer. El tema de su muerte atrajo especialmente la atención de estos y otros poetas. Dramaturgos como P. Calderón, *El viático cordero/ La serpiente de metal* (1600-1681), F. R. de Chateaubriand, *Moïse* (1836), y O. Kokoschka, *Der brenneder Dornbusch* (1991), dramatizaron el texto bíblico. Mientras, narradores como W. Faulkner, *Go down Moses* (1942), reflejan la presencia de la figura bíblica en la religiosidad de la sociedad negra americana recién salida de la esclavitud. De entre estas obras narrativas cabe resaltar otra composición de T. Mann, *Das Gesetz* (1845), inferior en tamaño e importancia a la dedicada a la figura de José, pero igualmente recreación arquetípica de un personaje y de su «story» [15].

Como elemento integrante de este ciclo épico normativo podemos considerar también el subciclo de Josué, su culminación natural y tradicional (Hexateuco). Sobresalen tres temas dentro de este subciclo épico: «Rahab, la meretriz», que ayudó a los espías hebreos, «La Conquista de Jericó» y «La batalla de Gabaón», con su resonancia en el caso Galileo, más allá de ámbito literario del que no debió nunca salir. A partir del siglo XVII la figura épica de Josué es retomada con interés y se pueden computar hasta una quincena de obras centradas en el personaje, en general de escasa significación literaria. Véase: 1) G. Wipf, *Das rote Seil* (1952), F. G. Slaugther, *The Scarlet Cord. A Novel of the Woman of Jerico* (1956); 2) R. M. Rilke, «Josuas Landtag» (1906), P. Dickinson, «The Seven Days of Jerico» (1944), I. I. Tasslit, *At the Walls of Jerico* (1961); 3) S. B. H. Judah, «The Battles of Joshua», G. Aznar Vélez, *El sol obediente al hombre* (1720).

---

[15] Véase más abajo pp. 381 y ss.

D. *Ciclo heroico de las primeras tradiciones nacionales (Jue-Re)*

Al ciclo épico fundacional sucede en la Biblia Hebrea un doble ciclo de relatos centrados en una serie de personajes que asumen ya un protagonismo histórico directo y presiden el periodo entero de la transición del seminomadismo, de estructura familiar, a la sedentarización urbana y la organización estatal. El primero de ellos, que definimos como ciclo heroico menor (Jueces), recoge tradiciones sueltas, organizadas en la Biblia Hebrea de manera secuencial y dinástica, relativas a diferentes personajes cuya actuación heroica se sitúa en la época oscura, preestatal y premonárquica, de la sedentarización. Son los denominados «Jueces». Se trata de figuras que la tradición oral ha epificado enormemente hasta convertirlos en personajes de leyenda, por lo que no es de extrañar fueran fácilmente asumidos en creaciones literarias posteriores. Sobre todo, los así llamados «Jueces mayores» (Gedeón, Débora, Jefté, Sansón) han sido objeto de múltiples recreaciones y reinterpretaciones en la literaturas occidentales, en especial los dos últimos. Poemas, novelas, dramas, así como oratorios, óperas y filmes han hallado inspiración en los relatos bíblicos que narran sus hazañas y andanzas. Son figuras de trazado épico-trágico, casi según el modelo de los héroes griegos. Desarrollan grandes gestas militares y sufren un destino trágico: sacrificio de la hija de Jefté, muerte de Sansón. Las «obras y los días» de este Juez en particular, profundamente folclóricos y legendarios, han resultado enormemente productivos. Pero también es verdad que ninguna de las modernas recreaciones de estas figuras ha adquirido un nivel literario de primera línea. Recuérdese, no obstante, el poema de Lord Byron *Jephthah's daughter* y la «tragedia» de Milton *Samson agonistes*. Cabe destacar unas sesenta obras relativas a este ciclo, de ellas, veinte tienen como protagonista a Jefté (y su hija) y treinta a Sansón (y Dalila).

La gesta de Débora la escenificó P. Calderón en la comedia bíblica *¿Quién hallará mujer fuerte?*, así como las de Gedeón en *La piel de Gedeón*, mientras la obra de S. Humphreys, *Deborah* (1739), fue musicada por Händel. Sobre este héroe bíblico tenemos también el poema de A. Hill, *Gideon or the Patriot* (1749), y los dramas de G. Moeller, *Gideon* (1927), y de A. Schmidlin, *Gedeon, biblisches Heldendrama aus der Zeit der Richter* (1932). Poemas sobre la hija de Jefté escribieron, además de Byron, R. Eric, «The Dirge of Jephtah's Daughter» (1647), A. de Vigny, «La Fille de Jephté» (1820), A. Tennyson, «A Dream of Fair Women» (1833). Dramas, entre otros varios, el sefardí J. B. Diamante, *Cumplir la Palabra o la Hija de Jefté* (1670), y los alemanes K. L. Kannegieseer, *Mirza, die Tochter Jephtas* (1818), y E. Lissauer, *Das Weib des Jephta* (1928), a los que podemos añadir la novela de L. Feuchtwanger, *Jefta aund Seine Tochter* (1957) [16].

Pero será sobre todo en las leyendas de Sansón donde los autores occidentales encontrarán más material literario. Tenemos así poemas como los de F. Quarles, «The Historie of Samson», en *Divine Poems* (1620), de A. Enríquez Gómez, «El Sansón nazareno» (1656), de W. Blake, «Samson», en *Poetical Sketches* (1783), de A. de Vigny, «La Colère de Samson», en *Destinées* (1864); obras dramáticas, amén de la citada de Milton, como las de A. Roselli, *La rappresentazione di Sansone* (1551), J. Pérez Montalbán, *El divino nazareno Sansón* (1720), F.-M. Arouet (Voltaire), *Samson* (1730), F. Wedekind, *Simson oder Scham und Eifersucht* (1914), L. N. Andreyev, *Samson v okovkha* (Sansón encadenado, 1906) [17].

Pero serán los grandes personajes del que denominamos «ciclo heroico mayor», (Samuel-)Saúl, David y Salomón, los creadores, según la tradición bíblica, de la monarquía hebrea y los introductores del pueblo en el contexto histórico de su época, los que acapararán en mayor medida la atención de la imaginación creadora de los autores posteriores. El primero de estos personajes, Saúl, resulta especialmente trágico y ha sido objeto de varias geniales reinterpretaciones arquetípicas, amén de una cuarentena de recreaciones históricas, a partir del siglo XVI. Algunas otras se refieren a episodios relativos a sus hijos Jonatán y Mikhol, en los que el subciclo de Saúl se mezcla con el de David. De este cúmulo de obras alrededor de una veintena corresponden al siglo XX. Entre ellas so-

---

[16] Véase W. O. SYPHERD, *Jephthah and his Daughter. A Study in Comparative Literature*, Dover 1947.

[17] Véase W. KIRKCONNELL, *That Invencible Samson: The Theme of Samson Agonistes in World Literature*, Toronto 1964; U. SIMON, «Samson and the Heroic», en M. WADSWORTH (ed.), *Ways of Reading the Bible*, Brighton-Totowa 1981, pp. 154-167.

bresalen por su fuerza literaria la epopeya de R. M. Rilke *(Saul unter den Propheten)* y el drama, casi autobiográfico, de A. Gide *(Saül)*. Poemas también le dedicaron: Byron, «Saul», en *Hebrew Melodies* (1815), R. Browning, «Saul» (1845), y M. van Doren, «Michal», en *Collected and New Poems* (1963); el personaje y su entorno es muy querido por los poetas y dramaturgos hebreos (J. L. Gordon, S. Tchernichowsky, Rachel [Bluwstein], J. Troplowitz, A. Ashman, I. Ashendorf, S. Shalom). Por otro lado, las obras dramáticas son innumerables, a partir del Renacimiento: V. Díaz Tanco, *Tragedia de Amón y Saúl* (1552), J. de la Taille, *Saul le furieux* (1572), F.-M. Arouet (Voltaire), *Saul* (1763), A. Lamartine, *Saul* (1818), G. Gómez Avellaneda, *Saúl* (1849), L. Feuchtwanger, *Saul* (1905 [?]), M. Zweig, *Saul* (1961)[18].

Por su parte el personaje David posiblemente carece del *pathos* trágico que rezuma Saúl. Al contrario, es una figura heroica pero gloriosa, que como tal se convierte en una fuente de inspiración para escritores judíos y cristianos. Es el gran rey, al que el orgullo nacional o religioso convirtió en símbolo de triunfo. Su enorme significación histórica y la amplitud, variedad y viveza de su tradición literaria, con episodios altamente llamativos (Goliat, Absalón, Tamar, Betsabé, la Sunamita), ha encontrado eco en gran cantidad de obras[19]. En primer lugar poéticas: J. Du Bellay, «La monomachie de David et de Goliat» (1560), J. Dryden, «Absalom and Achitophel» (1681), H. Heine, «Koenig David», en *Romanzero* (1851), R. M. Rilke, «Abisag», «David singt vor Saul», en *Neue Gedichte. Erster Teil* (1907), F. García Lorca, «Thamar y Amnón», en *Romancero gitano* (1928), M. van Doren, «Abigail», en *Collected and New Poems* (1963). Las obras dramáticas son numerosas: L. Desmesures, *David Combatant/Triumphant/Fugitif*

---

[18] Véase J. MUELLER, *Koenig Saul in Sage und Dichtung*, Fráncfort del Meno 1891.

[19] Sobre la variopinta personalidad de David que nos ofrece la Biblia véase L. DESROUSSEAUX y J. VERMEYLEN (eds.), *Figures de David à travers la Bible. XVIIe congrès de l'ACFEB (Lille, 1er-5 septembre 1997)* (Lectio Divina 177), París 1999; B. HALPERN, *David's Secret Demons: Messiah, Murderer, Traitor, King*, Grand Rapids 2001; S. ISSER, *The Sword of Goliath*, SBL 2003; R. PINSKY, *The Life of David*, Nueva York 2005.

(1566), G. Peele, *The Love of King David and Fair Bethsabe* (1599), P. Calderón, *Los cabellos de Absalón* (1600-1681), T. de Molina, *La venganza de Tamar* (1634), F. G. Klopstock, *David* (1722), L. Feuchtwanger, *Das Weib des Urias* (1907), A. Zweig, *Abigail und Nabal* (1913), G. J. Austin, *Abigail* (1924), D. H. Lawrence, *David* (1926), R. Beer-Hofmann, *Der junge David* (1933), D. Jacobson, *Amnon and Tamar* (1970). Entre las obras narrativas sobresale el eco que la historia de David deja resonar en la inmortal obra de W. Faulkner, *Absalom, Absalom* (1936). En nuestros días y entre nosotros David continúa siendo novelado: J. Bosch, *David. Biografía de un rey* (1967), e I. García Valiño, *Urías y el rey David* (1997). También en otras latitudes: G. Schmidt, *David the King* (1946), M. Shamir, *David's Stranger* (1964), S. Heym, *The King David Report* (1977), J. Heller, *God Knows* (1984), A. Massie, *King David* (1995).

Cosa semejante pasa con la figura de Salomón, dados los muchos elementos coloristas de su tradición[20], entre los que resalta por su pintoresquismo el de la Reina de Saba (Balkis/Maqueda), que la tradición etíope tiene como elemento clave de su saga nacional *(Kebra Nagast)*. La tradición escribal bíblica complicó su figura al atribuirle, por encima de su historia canónica, la autoría autobiográfica de dos obras completamente opuestas en su género literario y en su contenido ideológico: el exultante poema *Cantar de los Cantares*, con la Sulamita como la esposa deseada, y el pesimista compendio de consejos *Eclesiastés*. Obras literarias de nuestro ámbito cultural reflejarán esas contradictorias facetas: el Salomón rey glorioso, el cantor enamorado, el sabio desengañado. Poetas como T. Morell, «Salomón» (1749), musicado por Händel, R. Kipling en *Just-so Stories* (1865-1936), V. Hugo en *La Legende des siècles* (1877), J. G. Whittier en *Poetical Works* (1877), Yeats, «Solomon and the Witch» (1924), y el poeta nacional hebreo N. Bialik (1873-1934) cantaron al rey hebreo, mientras el episodio de la Reina de Saba lo celebraron en sus poemas, entre otros, R. Browning (1883), V. Lindsay, en *The Chinese Nightingale and Other Poems* (1917), y el

[20] Véase J. D. SEYMOUR, *Tales of King Solomon*, Kila 2003 (1924); P. A. TORIJANO, *Solomon the Esoteric King, From King to Magus, Development of a Tradition* (SupJSJ, 73), Leiden 2002.

poeta *yiddish* S. Bloomgarden (1910). La dramatización del personaje y sus avatares arrancan del siglo XV con los anónimos alemán, *Das Speil von Kunig Salomonis mit de zweyen Frawen*, y ruso *Cuento del Centauro*. En el teatro barroco español el tema fue repetidamente elaborado: D. Sánchez, *Farsa de Salomón* (1530), B. Dias, *Auto del rey Salomó* (1612), P. Calderón, *El árbol del mejor fruto*, que incluye *Sibila de Oriente y Gran Reina de Saba* (1600-1681). También lo dramatizó Klopstock (1714), mientras el episodio de la reina de Saba ocupa los escenarios hasta nuestros días: E. de Castro e Almeida (1894), A. Symons (1899), S. Gronemann (1951). Igualmente se ha perpetuado en la narrativa, desde G. de Nerval, *Histoire de la reine du Matin et de Salomon prince des génies*, en *Voyage en Orient* (1815), hasta J. Adol Mar, *Makéda ou la fabuleuse histoire de la Reine de Saba* (1997), pasando, entre otros, por J. Freeman, *Salomon and Balkis* (1926), B. Russell, «The Queen of Sheba's Nightmare», en *Nightmares of Eminent Persons* (1954) y C. Rappe, *Salomon, le roi des femmes* (1995)[21].

Hay además un tema que aparentemente resulta trascender la tradición hebrea, pues tiene paradigmas antiguos en otras tradiciones literarias, desde las que parece ha inducido su tratamiento en la literatura moderna. Nos referimos al tema del «Juicio de Salomón», cuya estructura temática subyace en la obra, entre otras, de B. Brecht, *Der kaukasische Kreidekreis* (1945), seguida en 1953 por el homónimo relato de J. von Gruenther, *Der Kreidekreis* (1953).

E. *Crónica histórica (Re-Neh, Cro, Mac)*

El resto de las tradiciones históricas de Israel-Judá encuentran muy escasos ecos en la creación literaria, centrada en algún episodio o personaje más llamativo, dentro de la sucesión cronística de sus reyes, ahora ya completamente desepificados y condenados a un enjuiciamiento teológico de buenos y malos, en una especie de recuento

---

[21] Las obras de Rappe y Mar han sido traducidas al español en 1996 y 1997, respectivamente.

del desastre en que acabó el estado y monarquía hebreos antiguos. Tampoco la crónica personal de la restauración (Esd-Neh) llegó a generar una tradición literaria significativa.

Tenemos, de todos modos, una serie de obras literarias interesadas en personajes o vicisitudes de este periodo histórico especialmente «trágicos», que merecen ser mencionadas, como las comedias de J. Racine, *Athalie* (1691), de C. Weise, *Athalia* (1687) y de R. Garnier, *Sédécie ou les Juives* (1589)[22], amén de las innumerables creaciones literarias centradas en el personaje *Judas Macabeo*: P. de Ryer (1600-1658), P. Calderón (1600-1681), W. Houghton (1601), M. de Silveyra (1638), H. W. Longfellow (1872), J. E. K. Bischoff (1885), A. J. Church y R. Seeley (1890), H. Fast (1948). Naturalmente, este personaje ha excitado la creatividad nacionalista de autores judíos que han escrito en hebreo y yiddish.

F. *El midrash parahistórico*

Pero donde la Biblia Hebrea recobra su influjo y mantiene una presencia múltiple en la literatura occidental es en la recreación de los personajes que protagonizan las que podríamos llamar «short stories» bíblicas: Rut, Ester, Judit, Tobías, Jonás. El carácter netamente literario de estos escritos, es decir, imaginativo y creativo, los hace ya de por sí aptos para nuevas recreaciones y enfoques. En ellos la Biblia Hebrea alcanza una tesitura narrativa que los manifiesta profundamente modernos: Rut o la piedad familiar; Ester o la hija del pueblo vengado; Tobías o el justo recompensado; Judit o la fuerza de la piedad, Jonás o el profeta recalcitrante. Se cuentan por centenares las obras que en nuestras literaturas se han inspirado en tales «historias ejemplares».

---

[22] Véase D. PRUIN, *Geschichten und Geschichte. Izebel als literarische und historische Gestalt* (OBO 222), Friburgo de Suiza 2006. Últimamente el personaje de Jezabel se ha hecho presente en la narrativa: E. F. BEACH, *The Jezebel Letters: Religion and Politics in Ninth-century Israel*, Minneapolis 2005; L. L. HAZLETON, *Jezebel. The Untold Story of the Bible's Halot Queen*, Nueva York 2007.

El personaje Rut ha inspirado poemas de un gran lirismo en todas las épocas: J. Pinto Delgado, «Ruth» (1627), K. Streckfuss, «Ruth» (1805), J. Keast, «Ode to a Nightingale» (1819), V. Hugo, «Booz endormi», en *La Legende des siècles* (1895), S. Werner, *Ruth und andere Gedichte* (1903), E. Lasker-Schueller, «Boas» (1869-1945). Las dramatizaciones han sido igualmente abundantes y significativas: P. Calderón, *Las espigas de Rut* (1600-1681), Tirso de Molina, *La mejor espigadora* (1634), H. Bornier, *La Moabite* (1880), P. Déroulede, *La Moabite* (1881), P. Millán Astray, *Ruth la Israelita* (1923), R. Beer-Hofmann, *Der junge David* (1933), amén de diversas obras en hebreo por autores judíos (I. J. Cohn, E. Baumgarten, S. Rosenzweig). En nuestros días han aparecido también un par de relatos basados en esta figura bíblica: I. Fineman, *Ruth* (1949), y F. G. Slaughter, *The Song of Ruth. A Love Store from the Old Testament* (1954).

El personaje, con todo, de más resonancia fue sin duda el de Ester, del que se enumeran, desde el Renacimiento, más de un centenar de recreaciones en una docena de lenguas europeas, sin contar las innumerables representaciones judías del personaje[23]. Entre ellas, es bien conocido el drama de Racine, *Esther* (1689). Como elaboración arquetípica llevada a cabo en nuestros días, merece la pena llamar la atención sobre la obra de A. Dumas y S. C. Leconte, *Esther, princesse d'Israël* (1912), y de manera especial sobre la del poeta y dramaturgo catalán S. Espríu, *Primera història de Ester* (1948), que a través de diferentes planos históricos lleva a cabo una sátira del poder político de honda significación en su momento y circunstancia social. Entre ambas obras podemos colocar las dramatizaciones llevadas a cabo por los sefardíes E. Godínez *(Amam y Mardoqueo o la reina Ester)* y I. Cohen de Lara *(Comedia famosa de Amam y Mardoqueo)* y el provenzal M. Astruc *(Tragediou de la Reine Esther)*, los tres en el siglo XVII, seguidos a partir del siglo XVIII, bajo el título genérico de «(La Reina) Ester», por obras de J. M. Martín (1781), J. Herz (1827), F. Grillparzer (1877), J. S. Fari (1875), F. C. Bliss (1881), E. Polack (1835), M.

---

[23] Véase R. KOSSMANN, *Die Esthernovelle – Vom Erzählten zur Erzählung. Studien zur Traditions- und Redaktionsgeschichte des Estherbuches*, Leiden 2000.

Brod (1918), J. Pereira Mendes (1917), J. Masefield (1922), F. Braun (1925), S. Groneman (1926), S. V. Daugherty (1929), I. Soller (1931), J. Bridie (1939). Poemas en honor de Ester compusieron J. Desmarte de Saint-Sorlin (1673) y el sefardí del grupo de Amsterdam J. Pinto Delgado (1727), y novelas, el rumano J. A. Vaillant (1868) y el alemán M. Oggel-Degenhardt (1928).

El relato de Tobías ha inspirado, sin embargo, escasa creatividad literaria[24]. De nuestros días podemos señalar la obra de teatro de J. Bridie, *Tobias and the Angel* (1930), el «milagro representable» de G. Torrente Ballester, *El viaje del joven Tobías* (1938), el relato de S. Tamaro, *Tobia e il angelo* (1998), y el poema de A. Gala, «El poema de Tobías desangelado» (2005), como interpretación de la trayectoria vital del poeta.

Por el contrario, el personaje y el episodio de Judit manifiestan elementos dramáticos y eróticos suficientes como para provocar abundantes recreaciones del personaje y su hazaña ya desde la Edad Media[25]: desde anónimos, uno inglés y otro alemán, del siglo XIII hasta las comedias de J. Giroudoux, *Judith* (1931), y R. Moritz, *Giuditta* (1938), pasando por obras más o menos homónimas como, entre otras, las de S. Birck, S. du Bartas y Sylvester, los tres del siglo XVI, F. Godínez (1620), F. Hebbel (1841), T. B. Aldrich (1896), G. Kaiser (1911), A. Bennet (1919), H. Berstein (1922) y B. Polholzer (1927).

De similar hechura midrásica es el libro bíblico de Jonás, aunque se halle situado entre los «profetas». Se trata de un relato prototípico que ha servido de pauta para analizar el sentido de tal figura y su valor en la historia humana[26]. A partir del siglo XIV se cuentan más de una veintena de recreaciones de su figura y avatares, que forman parte desde siempre del

[24] Véase W. SOLL, «Tobit and Folklore Studies, with Emphasis on Propp's Morphology», en D. J. DULL (ed.), *SBL 1988 Seminar Papers*, Atlanta 1988, pp. 35-60.

[25] Véase E. PURDIE, *Story of Judith in German and English Literature*, París 1927; R. E. GLAYMEN, *Recent Judith Drama and Its Analogues*, Filadelfia 1930; M. SOMMERFELD (ed.), *Judith-Dramen in 16.-17. Jahrhunderts...*, Berlín 1933.

[26] Véase J. MAGONET, *Form and Meaning. Studies in Literary Techniques in the Book of Jonah*, Sheffield 1983.

folclore cristiano que ha idealizado de muy diferentes formas el relato de «Jonás y la ballena». Una de las recreaciones más intensas y significativa, por encima de los elementos coloristas, es la del poeta catalán J. Carner en su *Nabí*. Otros poetas han glosado también su figura Z. Boyd (1855), J. Richtie (1860), D. Bonhoeffer (1944), A. Huxley (1959), L. Sowden (1974), mientras recreaciones dramáticas de la misma nos ofrecen J. T. Beer (1877), R. Nathan (1925), M. Foner (1930), J. Bridie (1932, 1944), R. Frost (1947), L. Housman (1950), W. Mankowitz (1956), G. Rutenborn (1955-1960) y S. Andres (1963). También se ha visto reflejado su avatar en la novela de H. Melville, *Moby Dick* (1851)[27]. Otras recreaciones noveladas las tenemos en A. P. Herbert, *The Book of Jonah. As almost any modern Irishman would have written it* (1921), A. C. Lichtenstein (1929), S. Ben-Chorin (1966) y los dramaturgos escadinavos H. B. Marth (1935) y H. Tandrup (1935, 1937).

G. *Ciclo profético*

La figura de Jonás no agota la significación de la figura del «profeta» en la Biblia Hebrea, aunque ciertamente representa su extrapolación y desbordamiento, en el fondo, su crítica. La figura excepcional, antagónica e insoportable del profeta hebreo ha ejercido, como no podía ser menos, profundo influjo en la creatividad literaria del mundo cristiano, que la ha visto muchas veces como su mejor aliado en su enfrentamiento con el judaísmo y el mejor exponente de sus esperanzas escatológicas y mesiánicas.

La productividad literaria en conjunto es muy importante y se centra en el desarrollo de la figura de los grandes profetas de los que la tradición nos ha transmitido actuaciones, no sólo «palabras»; es decir, elementos de dramatización. Las palabras quedan para los sermones, para la reflexión conductual.

---

[27] Véase D. G. HOFFMAN, «Moby-Dick: Jonah's Whale or Job's?», *Sewanee Review* 69/8 (1961) 205-224; V. SACHS, *La Contre-Bible de Melville: Moby-Dick dechiffré*, La Haya 1975; C. H. HOLMA, «Melville's Inversion of Jonah in Moby-Dick», *The Iliff Review* 42/1 (1985) 13-20.

En tal sentido resulta privilegiada una figura como la de Elías, protagonista de episodios coloristas y evocadores: la viuda de Sarepta, la viña de Nabot, la lucha contra Baal en el Carmelo, la Teofanía en el Horeb, su ascensión en un carro de fuego: aparte de poemas en su honor (v. g. J. Bothwell, «Flame in the Sky», 1954), tenemos dramas como los de la Condesa de Genlis, *La Veuve de Sarepta* (1746-1830), R. Davidson, *Elijah, a sacude drama* (1860), C. Dane, *Naboth's Vineyard* (1925), Earl of Longford, *The Vineyard* (1943), H. Huber, *Elias* (1947), M. Buber, *Elija, ein Mysterienspiel* (1963); u obras narrativas como la de N. Nicholson, *The Old Man of the Mountains* (1946).

En menor medida, en cambio, debido a su menor carga narrativa, aparecen en la literatura contemporánea los profetas Isaías (Proto- y Deutero-Isaías), Jeremías, Ezequiel, principalmente en obras de autores judíos; véase S. Zweig, *Jeremias* (1917), o A. Cohen, *Ezequiel* (1933). El colorismo, en cambio, de las historias de Daniel (sus visiones, la fosa de los leones, la cena de Baltasar, Susana y los viejos...) le ha reservado un lugar de privilegio en la narrativa y dramática occidental con gran cantidad de obras que las recrean[28]: poemas como los de C. Jennes, «Belshazzar» (1740; musicado por Händel), Lord Byron, «The Vision of Balshazzar», «To Belshazzar», en *Hebrew Melodies* (1815), H. Heine, «Belsazar», en *Buch der Lieder* (1827, musicado por Schumann), R. Landor, «Impious Feast» (1828), E. Geibel y H. Semming, «Mene, Mene, Tekel, Upharshin» (1846-1847), E. Arnold, «The Feast of Belshazzar» (1835), V. Linsay, «The Daniel Jazz» (1920), O. Sitwell, «Belshazzar's Feasts» (1931). En los *Canterbury Tales* hay un cuento sobre Nabucodonosor y Baltasar (1340-1400). Las recreaciones dramáticas de Daniel y sus avatares son abundantísimas, desde P. Calderón, *La Cena del rey Baltasar* y *Mística y real Babilonia* (1600-1681), hasta obras modernas como la de Wyspiánsky, *Daniel* (1997), pasando por las de C. Weise (1684), C. F. Hunold (1728), H. More, en *Sacred Dramas* (1782), N. I. Novikov (1791), N. I. Nicolini (1891), A. Anicet-Bourgeois (1836) y L. Philippson (1848-1868). Incluso W. Goethe compuso un esbozo de drama, *Belshazzar, Wilhelm Meisters Theatralische Sendung* (1749-1832).

[28] Cf. *supra,* pp. 264 y ss.

H. *Ciclo sapiencial*

También la reflexión sapiencial del Israel antiguo, que, como decíamos, asumió modelos historizados y personalizados, dejó profunda huella en nuestras literaturas. Por un lado, el personaje Job, protagonista del libro mejor estructurado literariamente de toda la Biblia Hebrea, constituyó siempre un modelo de reflexión y recreación: Job o el justo doliente[29]. Éste era, naturalmente, el Job de las secciones en prosa (prólogo y epílogo); mientras el largo diálogo interno, enormemente difuso e iterativo (pura expresión poética, y como tal irrepetible y válida por sí misma), resultó poco adaptable a una recreación literaria.

Algunos intérpretes ven su arquetipo en la novela de N. Meville, *Moby Dick* (1851), mientras otros han encontrado una relación estructural entre las figuras de Job y el *Faust* de Goethe (1808-1832), así como entre sus respectivas formulaciones literarias. Sólo en nuestro siglo, de todos modos, el tema volvió a ser tomado en toda su intensidad y produjo algunas valiosas reinterpretaciones arquetípicas, como la del moderno Job dibujado por A. MacLeish, *J. B.* (1958)[30], que mereció el premio Pulitzer, y la que ofrece J. Roth en su expléndida novela *Job. Roman eines einfachen Mannes* (1974)[31]. En conjunto, a lo largo de la historia literaria el tema de Job ha recibido numerosas recreaciones. Las dramáticas arrancan con *Mistère de Job*, en *Mistère du Vieu Testament* (s. XV), y continúa con obras de F. Godínez (1638), P. Calderón, P.-H. Le-

---

[29] Véase T. N. D. METTINGER, «The Enigma of Job: The Deconstruction of God in Intertextual Perspective», *Journal of Northwest Semitic Languages* 23 (1997) 1-19.

[30] Véase S. J. TERRIEN, «J.B. and Job», *Christian Century* 76/1 (1959) 9-11; K. HAMILTON, «The Pacience of J.B.», *Dalhousie Review* 41 (1961) 32-39; C. M. BOND, «J.B. is not Job», *Bucknell Review* 9 (1961) 272-280; C. C. CAMPBELL, «The Transformation of Biblical Myth: MaacLeish's Use of the Adam and Job Stories», en *Myth and Symbol: Critical Approaches and Applications*, Lincoln 1963, pp. 79-88; E. BIEMAN, «Faithful to the Bible in Its Fashion: MacLeish J.B.», *Studies in Religion* 4 (1974) 25-30.

[31] El arquetipo de Job plasmado en el destino de una familia rusa de finales del siglo XIX que acaba emigrando a América. Hay versión castellana: *Job. Historia de un hombre sencillo* (Narrativa del Acantilado, 110), Barcelona 2007.

roux (1886), G. Kokoschka (1907-1917), F. Weege (1926), B. Ponhol-zer (1927), M. Faraj (1950), G. B. Angioletti (1955).

Sorprende en cambio la poca repercusión que tuvo en la Edad Media otra figura sapiencial, la del Qohelet. Su libro, aunque de reflexión, se presenta como autobiográfico y podía haber dado pie a recreaciones, al menos líricas. Pero, de nuevo, la identificación del personaje con Salomón, que disponía de una figura normativa heroica, difícilmente conciliable con la que sugiere el libro sapiencial, y sobre todo la aparente heterodoxia de su pensamiento, hicieron, como en el caso de Job, que quedase en la antigüedad al margen de toda representación. El libro ha ejercido, no obstante, fuerte influjo en muchas obras de enfoque existencialista por su poderosa evocación de la «insoportable levedad del ser», dando lugar a una recreación de Salomón como prototipo del desengaño y de la frustración vital[32]. Obras dramáticas que reflejan las dos facetas de la figura del «autor» del Qohelet son, p. ej.: J. J. Bodmer, *Der Tod des ersten Menschen und die Thorheiten des weisen Koenigs* (1776), L. M. Bueschenthal, *Der Siegelring des Salomon* (1820), A. Paquet, *Markolph, oder Koenig Salomon und der Bauer* (1924), S. Gronemann, *Der Weise und der Narr* (1942).

Finalmente, hay una obrita bíblica, de carácter puramente lírico, *El Cantar de los Cantares*, cuya influencia en la literatura europea ha sido muy profunda[33]. Presenta una estructura formal específicamente dramática con un desarrollo dialogal (semejante en este aspecto a la otra gran composición literaria, el *Libro de Job*) y un contenido centrado en un tema concreto, como una serie de variaciones sobre el mismo: la exaltación y celebración del amor humano.

Como tal suscitó el interés de muchos poetas (p. ej. E. Spencer [1590-1595], H. Heine [1851], V. Hugo [1877], A. I. Kuprin, etc.), con frecuencia desde la perspectiva de la amada, la *Shulamit*. La identifica-

---

[32] Véase J. WALSH, «*Ecclesiastes* and the Duluoz Legend of Jac Kerouac», *Notes on Modern American Literature* 27/3-4 (1979); A. AVNI, «Wordsworth and Ecclesiates. A "Skeptical" Affinity», *Research Studies* 49/1 (1981) 127-129; S. A. COWAN, «Rober Cohn, the Fool of Ecclesiates in (E. Hemmingway's) *The Sun also Rises*», *Dalhousie Review* 63 (1983) 98-106.

[33] Véase Y. FELIK, *Song of Songs. Nature, Epic and Allegory*, Jerusalén 1983.

ción del protagonista con Salomón favoreció la dramatización del texto y generó algunas representaciones dramáticas (A. Goldefaden [1880], J. Zeyer [1883], P. Heyse [1896], A. Capdevila [1916], J. Giraudoux [1938]), amén de composiciones musicales, varias de ellas dedicadas a la Virgen María. Pero su mayor significación literaria le viene sin duda de haber sido el paradigma del lenguaje de nuestros místicos. Éstos lo evocan e imitan en sus creaciones literarias, de entre las que sobresale de manera egregia *El cántico espiritual* de san Juan de la Cruz (1542-1591)[34].

Así pues, a través del *Libro de Job* y del *Cantar* la sabiduría de Israel ha dejado también una honda huella en la creación literaria de nuestro mundo cultural.

* * *

Es difícil imaginarse cómo hubiera sido la cultura occidental sin la presencia de la Biblia en todos los ámbitos de su creación artística. Comenzó presidiendo el origen de las lenguas occidentales, en algunos casos como su documento normativo lingüístico, para convertirse en la fuente primera de inspiración creadora, al ser asumida como norma de fe y proveedora de modelos y temas, a la vez que como el cuerpo literario mejor conocido. Como aseguran los editores de la *Encyclopaedia Judaica*:

> La Biblia Hebrea ha sido uno de los estímulos más poderoso del pasado milenio que ha inspirado poemas, dramas, novelas y narraciones en muchas lenguas. La imagen que el Antiguo Testamento da de la condición humana y de la relación con la divinidad ha quedado como una fuente inagotable de inspiración para judíos y no judíos por igual doquiera la Biblia se enseña y asimila libremente.

---

[34] Véase A. C. VEGA, «En torno a los orígenes de la poesía de San Juan de la Cruz», *Ciudad de Dios* 170 (1957) 623-664; M. BATAILLON, «Sobre la génesis poética del "Cántico espiritual" de San Juan de la Cruz», en *Varia lección de clásicos españoles*, Madrid 1964, pp. 167-182; R. DIVIVIER, *La génèse du «Cantique spirituel» de Saint Jean de la Croix*, París 1971. Y más en general G. DEL OLMO LETE, «La Biblia en la literatura espiritual del Siglo de Oro», en G. DEL OLMO LETE (ed.), *La Biblia en la literatura española. II Siglo de Oro,* coord. por R. Navarro Durán, Madrid 2008, pp. 101-179.

Un paradigma:
el Moisés de Thomas Mann

Un ejemplo paradigmático de la presencia e influjo de la Biblia Hebrea y del judaísmo en nuestro mundo literario lo ofrece la obra de T. Mann, tanto por la intensidad de su dedicación de su autor a tal temática como por el contexto antagónico en que ésta se lleva a cabo. En el momento en que lo judío es atacado hasta el intento de exterminio, en ese mismo momento obtiene una presencia señera en el imaginario creador de uno de los mayores genios literarios de Occidente.

I. THOMAS MANN: CIRCUNSTANCIA Y OBRA

Thomas Mann nació en Lübeck en 1985[1]. Sincero patriota alemán y orgulloso de su tradición cultural, se casó con Katja Pringsheim, hija de un profesor judío de la Universidad de Múnich. Y judío fue también su editor primero. En los años anteriores a la llegada de Hitler al poder y aun en el inicio del mismo rehusó creer y condenar el antisemitismo nazi, considerándolo una pasajera aberración que no podía prosperar en Alemania; una persuasión que incluso judíos cultivados compartieron. Al final, acabó abriendo los ojos a la realidad y exilándose en 1933 al llegar Hitler al poder. En 1936 rompió su silencio y denunció públicamente la persecución de que eran víctimas los judíos en Alemania, hecho al que sin duda no fue ajeno su entorno familiar denodadamente antinazi: su hermano Heinrich, su esposa Katja y sus hijos Klaus y Erika. Ésta más que ninguno; como actriz,

---

[1] Para la vida de T. Mann puede verse la biografía escrita por su hija, E. MANN, *Das letzte Jahr*, Zúrich 1956.

regentó hasta 1933 el famoso cabaret antinazi *Die Pfeffermuehle*. T. Mann denunció el antisemitismo como producto de un mito racial para la chusma y desde el inicio de la segunda guerra mundial se empeñó en una cruzada de denuncia contra el terror antisemita nazi, primero desde Londres y más tarde desde Norteamérica, donde se exilió en 1941, llamando la atención del mundo entero ante una realidad que parecía querer ignorarse: el exterminio de los judíos planeado por la Alemania nazi. Vuelto a Europa, falleció en Zúrich en 1955.

Esta circunstancia vital de T. Mann influyó decididamente en su obra, tanto en la configuración de los personajes «judíos» que aparecen en sus grandes novelas (*Alteza real* [1909], *La montaña mágica* [1924], *Doctor Faustus* [1947]), como en la elección de «temas» expresamente bíblicos, que le ocuparon largamente. Después de recibir el Premio Nobel de Literatura en 1929, durante los años treinta (1993-1942) compuso y publicó su monumental tetralogía *José y sus hermanos*. Fueron diez largos años de dedicados a una fabulosa recreación de una época bíblica lejana, condensada en una de las primeras creaciones literarias de la Biblia Hebrea: «la novela de José» (Gn 37[38]–50)[2], ella misma reelaboración de modelos egipcios anteriores en la peculiar «pragmática» bíblica de apropiación de modelos ajenos, reinterpretados desde la propia ideología, de la que esta «novela» y el relato del Diluvio (Gn 6–9) son dos casos ejemplares. Esta obstinada dedicación del Premio Nobel fue sin duda programática y todo un manifiesto en defensa de una tradición cultural sometida a feroz persecución. Lo que no significó en modo alguno la derivación hacia una actitud acomodaticia y complaciente, ya que su tratamiento de la tradición bíblica es absolutamente libre y despreocupado de connotaciones dogmáticas. Con los escuetos datos del relato bíblico T. Mann reconstruye unos personajes de psicología precisa, que explica y concatena toda su actuación. A partir de un esbozo desdibujado e impreciso, como es el que ofrece la Biblia Hebrea, construye un cuadro vivo y complejo en el que se entrecruzan los más variopintos intereses y situaciones. Entra, pues, su obra en esa categoría límite entre la «representación» y el «arqueti-

---

[2] Véase más arriba pp. 46 y ss.

po»[3]. Pretende reconstruir el pasado, pero su relato se convierte en un juego de contraposiciones psicológicas, de caracteres o personas/personajes de validez universal e intemporal, o mejor dicho, omni-temporal.

Esta gigantesca construcción es, en todo caso, la pauta y clave para entender una obra posterior, sin duda una obra menor, que compuso apenas acabada aquélla, pero que precisamente por su tamaño y momento compendia bien su intención y recursos y se deja manejar más fácilmente. A fines de 1942, hallándose de gira por los EE.UU. de América, recibió el encargo de escribir un ensayo sobre «Los Diez Mandamientos». De ahí surgió su novela *Las Tabla de la Ley (Das Gesetz)* como una novelación de la biografía de Moisés, pero en realidad como un manifiesto en pro de una ley básica de los derechos humanos que garantizara a nivel universal su respeto y convivencia: «La ley de la Humanidad», que el medio-judío o judío-gentil de origen (no hay lugar para el orgullo étnico) Moisés recibe del Dios Invisible. Es en el fondo un alegato en pro de un orden universal frente a la afirmación del valor supremo de ideales nacional-fascistas. Pero vayamos por partes y veamos cómo se configura esta obra en sus diversos niveles.

II. LAS TABLAS DE LA LEY

La obra se presenta, lo decíamos, como una relato biográfico de Moisés, repartido en 20 apartados, tal como lo supone el libro del Éxodo en sus capítulos del 1 al 24 (+ 32–34), adelantando además episodios narrados en Nm 10–20 y cambiando el orden de marcha por el desierto, de manera que Qadesh se convierte en el punto preciso de asentamiento del pueblo en el desierto antes de su llegada al Sinaí. No es, pues, la reconstrucción exacta de la vida de Moisés la intención última del texto, sino la promulgación del Decálogo. Y va ser el sentido del mismo como síntesis de valor religioso y humano lo que va a presidir el desarrollo de toda la acción: la promulgación de un código ético que transforme, primero una masa informe de escla-

[3] Véase más arriba pp. 355 y ss.

vos degradados en un pueblo portador, luego, de un modelo existencial que dignificará y salvará a toda la humanidad, al hombre sin más.

Y por esta revelación, que convierte a Moisés en un hombre nuevo, comienza T. Mann su relato, en una especie de *feed-back* que antepone su nacimiento religioso al carnal. La mayor oposición a su misión vendrá de su propio pueblo, que tanto le ensalzará como le maldecirá, según sea el resultado inmediato de su actuación como «el hombre que le sacó de Egipto». Esta oposición Moisés-Pueblo de Israel será el binomio dinamizador de todo el relato.

Como extrayendo la plasticidad que reflejan el Moisés de Miguel Ángel y el Pensador de Rodin, T. Mann traza esta semblanza de su personaje:

> Moisés era un hombre profundamente religioso, y su virilidad, potente y fornida cual la de escultor de gruesas muñecas, era esencialmente una virilidad espiritual, ensimismada, refrenada por el mismo Dios; su plena obsesión por lo puro y lo sagrado tornábale poseído de fanatismo y celo por sus convicciones, y ciego a cuanto le rodeaba. Poseía una facultad de liberarse de sujeciones terrenales que formaba un extraño contraste con su habitual actitud de meditación, en la que se llevaba la mano diestra a la boca. Su pensamiento se concentraba en torno a una sola idea: la de agrupar al pueblo de su padre en torno a sí, de forma que pudiera modelarlo a su deseo y hacer de esa masa informe que tanto amaba, la imagen del Dios Único e Invisible (p. 138)[4].

Sólo al final del relato aparecerá como contrapunto a esta imagen idealizada, pero perfectamente integrada en ella, el «descanso del guerrero» que el hombre sobresaltado que era Moisés encontraría en el regazo de su amor etíope.

---

[4] Las citas han sido tomadas de la versión española de *Las tablas de la ley* realizada por R. SCHIAFFINO (Barcelona 1972). Para una valoración de la obra de T. Mann pueden verse: R. FAESIE, *Thomas Mann. Ein Meister der Erzählkunst*, Zúrich 1955; J. SCHARFSCHWERDT, *Thomas Mann und der deutsche Bildungsroman*, Stuttgart 1987; E. TRÍAS, *Conocer Tomas Mann y su obra*, Barcelona 1978; y la obra colectiva *Werk und Wirkung Thomas Manns in unsere Epoche*, Stuttgart 1978.

III. Recreación: texto, crítica, explicitación

El texto bíblico no es asumido por T. Mann en su valor facial, sino que es leído desde la interpretación crítica que la exégesis y la historiografía oriental ya ofrecían en su momento. La recreación, por tanto, no será repetitiva o decorativa, sino interpretativa, descubridora del sentido y verosimilitud históricos. De todos modos, a su autor no le interesa sin más hacer un comentario al texto para ponerlo en su lugar, sino que se trata de componer un relato/discurso coherente y global con las noticias o retazos que el texto bíblico ofrece, lo cual implica la recomposición de todo el «virtual implícito» histórico, antropológico y psicológico de las situaciones esbozadas; es decir, hacer de un retablo más o menos colorista de escenas fijas una secuencia cinematográfica en el sentido etimológico de la palabra: el movimiento continuo de una existencia humana de valor prototípico universal, una situación histórica con sentido decisivo para el futuro del hombre.

IV. Distorsión (novelización): dinamización del argumento

Para llevar a cabo esta dinamización de su argumento el autor se sirve en primer lugar de una cierta *distorsión* intencionada de los datos. Distorsión que no es gratuita, sino que resonará como elemento estructurante a lo largo del relato y en su desenlace. A veces, tal distorsión es meramente fabulizadora, como recurso empleado para armonizar los datos del texto, siguiendo algunas interpretaciones posteriores orientadas en tal sentido, como cuando hace a Jetró cuñado de Moisés, para distinguirlo de Rauel, su suegro, superando así la diversidad de tradiciones textuales (cf. Ex 2,18; 3,1; Nm 10,29 [Hobab]). O como cuando Sinaí y Horeb resultan dos montes distintos, aunque próximos (cf. Ex 3,1; 19,2).

Pero en otros casos la distorsión tiene una intención más honda, como cuando «tergiversa» por completo el origen familiar del Moisés y le hace hijo de la hija del Faraón y de un esclavo hebreo, nieto bastardo de Ramsés, por tanto. Se da así mismo la vuelta al relato bíblico para acomodarlo a la Leyenda de Sargón y es en consecuencia la princesa egipcia quien lo expone y simula su hallazgo para acabar entregándolo a un matrimonio hebreo que lo criará como hijo suyo. Pero

> su padre no fue su padre, y su madre no fue su madre (p. 107); ... su nacimiento fue irregular, de ahí que amara apasionadamente el orden, lo inviolable, lo que debe y no debe hacerse (p. 103).

Esta su condición, que no podrá ocultársele, de ser un desplazado en su entorno, quedaría plasmada en el nombre medio egipcio que le impusieron: Moisés, el «hijo», sin que se supiera exactamente de quién. T. Mann destruye así en el personaje central el mito de la raza y el posible orgullo que puede desprenderse para su pueblo como generador del personaje con misión universal:

> Precisamente porque sólo llevas la mitad de su sangre ... eres el hombre indicado, para trabajar por ellos y por Mí, para hacerlos a mi propia imagen. Porque si estuvieras más cerca de ellos, no los verías como son y no podrías echarles una mano (p. 163).

El libertador, el iluminado es tan egipcio como hebreo, tan plebeyo como noble. En realidad, se programa a lo largo de toda la obra, como decíamos, una contraposición entre el líder noble y generoso, puro e iluminado, y la masa informe del pueblo hebreo, un auténtico detritus existencial al que la esclavitud se le ha metido en el alma y de la que en manera alguna podría surgir su autosalvación. La elección no es motivo de orgullo popular o nacional, sino algo así como un reto divino de llevar a cabo la redención del hombre a partir del elemento más refractario. A lo largo de toda la narración, como ya en el texto bíblico, se resalta la inadecuación del pueblo para llevar a cabo la empresa a la que le convoca Moisés, constantemente a contrapié con el impulso de éste, como una especie de masa muerta e inerte siempre gravitando hacia la degradación. Lo cual provoca el constante desfallecimiento del líder, la queja de Moisés ante Dios por haberle encargado una misión imposible, queja que se rechaza siempre como insincera, pues su tarea tanto como una misión divina es un empeño existencial, un «muss» personal al que no puede ni quiere renunciar:

> Prefiero limpiar el estiércol de un establo que durante siete años no haya visto agua ni pala... que tratar de convertir esta chusma en gente temerosa de Dios (p. 162); ... y desde el momento que el pueblo era igual que el becerro de oro, mal conformado y sin esperanza de mejora, nada cabía hacer que no fuera destruirlo (p. 184).

Este radical antagonismo encarnado en la visión de un pueblo hebreo degradado y su líder puro pretende ser sin duda una crítica radical del racismo que se había impuesto de manera tan brutal y aciaga en el seno de su entrañable cultura germánica. El patriota que era T. Mann, gran conocedor de Wagner y lector encendido de Schopenhauer y Nieztsche (¡casi nada!), promulga que la nobleza de un pueblo dimana de la altura de sus ideales universales, aunque éstos tengan un origen genético híbrido y mestizo. El racismo queda relegado a la actitud de Aarón y María frente al «capricho negro» de su hermano por apegarse a su concubina etíope (pp. 163-167), su segunda mujer, extranjera.

Incluso culturalmente la personalidad del «libertador» Moisés se fragua en un esmerada educación en y para la corte egipcia, procurada por su madre, y que para T. Mann es una nueva ocasión de excitar su sentido de rebelión por la opresión de su pueblo, con el que se había identificado:

> la sangre de aquél (su padre) que había sido muerto en aras de la lujuria de la hija del Faraón, era en él más potente que la mitad egipcia, y su corazón estaba junto a aquellos pobres seres de Gesén, que ni siquiera tenían el coraje de expresar su resentimiento (p. 111).

De ese medio cortesano acabará huyendo hacia los suyos, con los que había pasado su infancia y donde su celo furioso le llevó al homicidio. Apostilla T. Mann:

siendo joven, en un arrebato de furor, mató a un hombre; de esta manera supo, mejor que el inocente, que si matar es hermoso, haber matado es lo más horrible, y que debe estar prohibido matar (p. 103).

La tradición bíblica ya da pie para este modo de ver y enjuiciar al pueblo de Israel con su constante vilipendio y castigo del mismo. Pero T. Mann depende también aquí de una antigua tradición cultural germánica, sobre el pueblo hebreo y su líder, que podemos ver arrancar de F. Schiller en su *Die Sendung Moses...* y que culmina en la figura de Moisés elaborada por S. Freud en su *Der Mann Moses/Moses and Monotheism.*

V. RACIONALIZACIÓN: DESMITIFICACIÓN E IRONÍA

Una vez fijadas las coordenadas clave de su planteamiento argumental, el autor somete el texto bíblico a un continuado proceso de *racionalización*, que es a veces desmitificación o interpretación secular y otras simple ironía, el modo más sencillo y efectivo de deshacerse de la ingenuidad narrativa del relato tradicional bíblico, más allá de toda valoración sacra del mismo como libro santo o palabra divina.

Moisés en su nobleza espiritual es un hombre solo frente a una misión aparentemente imposible que se va abriendo paso paulatinamente con la ayuda de su allegados (Aarón-María, Josué, Caleb), en un proceso de difusión de ideas y proyectos que denominaríamos natural, como una revolución religioso-política, como un «movimiento de liberación», diríamos hoy; ideas y proyectos que van aflorando en él como fruto de su convicción o experiencia interior, llámese meditación, intuición o inspiración/revelación (p. 104). A su lado el joven estratega Josué calcula los parámetros empíricos de la empresa, creándose así un contrapunto de figuras que, junto al mentado más arriba de «líder/pueblo», dinamiza toda la narración y realza su verosimilitud histórica, trazando un retrato contrapuesto de los dos en el desarrollo de la empresa, en concreto, de la marcha por el desierto: el contrapunto entre el «absorto» y el «calculador». Josué es el antimilagro, el hombre práctico, frente al hombre puro y religioso Moisés.

Josué era un muchacho erguido, musculoso, de cabello crespo, de nuez abultada y dos pronunciados pliegues en el entrecejo. Tenía acerca de todo el asunto su propio punto de vista, que no era religioso, sino militar. Según él, Jehová, el Dios de los padres, era sobre todas las cosas el Dios de las batallas, y la idea de escapar al yugo egipcio encerraba por lógica derivación la conquista de nuevas tierras que las tribus hebreas pudieran habitar. Debían, por fuerza, vivir en algún sitio, y ninguna tierra, prometida o no, habría de serles otorgada de no mediar la conquista (p. 116).

Si para Josué se trataba de una conquista que permitiese la posesión de una tierra propia, para Moisés Jehová también significaba el éxodo, pero no ya como una campaña para conquistar tierras, sino como un viaje hacia la libertad y el aislamiento...; en una palabra, para hacer de ellos un pueblo distinto a los demás, perteneciente a Dios, destinado a la vida pura y espiritual, distinguido de entre todos los demás por la reverencia, el respeto y el temor a Dios (pp. 117 y ss.).

Consecuente con ese proceso de racionalización, toda la ambientación milagrosa que envuelve la vida de Moisés y su pueblo en Egipto en la tradición bíblica se disuelve en explicaciones naturales, a veces concordistas, que ya la exégesis clásica había avanzado, mientras los episodios «no milagrosos» se integran sin dificultad en el relato, p. ej.: el de la orden de hacer ladrillos sin provisión de paja, así como la consiguiente reacción del pueblo (Ex 5); el expolio de los egipcios (Ex 12,35ss.); la incesante murmuración y rebelión del pueblo y su desaliento continuo ante las dificultades, que antes mencionábamos, etc.

En otros casos se introduce un principio corrector o reductor del dato bíblico: así el número de los hijos de Israel es sólo de unos 12.000 y de unos 3.000 el de los posibles hombres de guerra (p. 116; cf. Nm 1); el milagro de la vara-serpiente es una triquiñuela de Aarón (p. 120); los tratos con el Faraón, ante el que accede por su disimuladamente reconocido lazo familiar y la protección de su madre, se resuelven en un tira y afloja de propuestas y contrapropuestas que fracasan en su intento y empeoran la situación, como supone la tradición bíblica. La épica de las plagas se disuelve en una serie de fenómenos naturales que se daban periódicamente en Egipto, convertidos en castigos divinos escalonados, menos la última, de la que ofrece una oculta a la vez que simple explicación: se trató de una trama de exterminio cuyo «ángel vengador» no fue otro que Josué y su comando de la muerte, lo que facilitó la marcha, preparada de antemano y consentida por los que ahora ocupaban el lugar de los primogénitos, de los segundones de las grandes familias egipcias. Lo que Biblia presenta como un milagro es para Mann y su Moisés un delito.

> Amigos míos, a la salida de Egipto se mató y se robó sin medida. Pero Moisés había llegado a la firme decisión de que sería la última vez (p. 130).

Asimismo, el paso del mar es una posibilidad que se da en la zona hecha vadeable por el viento del este, convertida hábilmente en milagro por los colaboradores de Moisés; «milagro» que estuvo a punto de fracasar ante la persecución egipcia, si el viento no se hubiera detenido y las aguas vuelto a su cauce; la sensación de milagro estaba servida y fue confesada por el pueblo. El hallazgo de agua es fruto de la experiencia de Josué; su purificación, resultado de la habilidad de Moisés, que «confeccionó un filtro primario» y «para la gente aquello pareció milagroso» (p. 136); el maná era un champiñón del desierto (p. 137); la serpiente de bronce,

> un báculo de bronce con cabeza de serpiente ..., en memoria de la artimaña que Aarón empleara ante el Faraón con tan buen propósito (p. 147).

Finalmente, por descontado, la teofanía resulta ser un terremoto conjugado con una erupción volcánica.

La ironía en el tratamiento del material bíblico es así mismo frecuente: en la tienda del encuentro, aparejada por Moisés como morada del Invisible entre los israelitas, estaba «el arca... donde, según Moisés —que seguramente sabría lo que decía— el Dios Invisible hallábase sentado» (p. 147). En la batalla de Qadesh

> sus discípulos, de vez en cuando, dejaban caer los brazos del maestro, y simultáneamente los hombres de Jehová perdían terreno y sufrían cuantiosas pérdidas. Apresurábanse entonces a alzarle los brazos, y los que luchaban en la planicie recobraban energías a su vista (pp. 143 y ss.).

Cuando Jetró llega a Qadesh, se entera

no sin asombro de que uno de sus dioses, precisamente aquel que no tenía imagen, habíase conducido en manera tan sorprendente con Moisés y su pueblo, y de la forma como había sabido conducirlos fuera de Egipto. –¿Quién lo hubiera pensado? –decíale–. Evidentemente es más grande de lo que nosotros supusimos... (p. 150).

Para convencerle del excesivo trabajo que se había impuesto, argumenta:

yo no tendría este voluminoso abdomen ni hubiera podido hacerte esta visita de haber pensado que debía controlar cuanto sucede entre mi gente, como tú lo haces ahora (p. 152).

Ante el riesgo de soborno que supondría el nombramiento de jueces adjuntos, arguye:

Sí, ya lo sé, y bien que lo sé. Pero tendrás que soportar un poco de eso... con tal que impere una justicia relativa y haya ley y orden, aunque los obsequios y prebendas compliquen un poco las cosas (p. 152).

El juez de última instancia

es el que recibe mayor cantidad de dádivas, y en consecuencia tiene una mente más despejada, y por lo tanto dará siempre el fallo justo, siempre que el litigante no se haya cansado primero... Siguió Moisés el consejo bien inspirado de su experimentado pariente, pues a la verdad, no le cabía otra solución (pp. 152 y ss.).

Después de enumerar los animales que no podrán comerse, añade:

olvidaba la abubilla, a la que también debéis evitar... Por lo mismo no habréis de comer carroña, que además es nociva (p. 156),

como una justificación desacralizadora del mandato. De igual manera explica la obediencia de la gente a sus palabras: «Detrás de sus admoniciones estaban Jehová y su hueste de ángeles vengadores» (p. 157), en alusión al castigo físico a los infractores de la Ley, impuesto por la autoridad. Ante el precepto de honrar a los ancianos comenta:

> el único consuelo se hallaba en que estando igualmente el prójimo impedido de matar a nadie, cabía la perspectiva de que también uno se hiciera viejo y canoso, que llegara el turno de que los más jóvenes se pusieran de pie y se inclinaran ante uno (p. 160).

Ante los reproches de sus hermanos por sus amores con la etíope responde Moisés:

> ¡Qué odioso de vuestra parte, qué realmente odioso es envidiar mi placer y el descanso que obtengo sobre el pecho de mi etíope! Porque esto no es pecado ante Dios, y no figura entre las prohibiciones que me ha ordenado el Señor, que yo sepa... –¡Ah, sí!– respondieron ellos. Bien se buscaba él reglamentos arbitrarios y prohibiciones, de modo que no les sorprendería que muy pronto emanara una orden explícita de cohabitar con etíopes, ya que se consideraba el único vocero de Jehová (pp. 165 y ss.).

Se hacen coincidir acontecimientos, distantes en el relato bíblico, que adquirieron de este modo carácter milagroso para el pueblo. Así la ira de Moisés contra sus hermanos se une al súbito resquebrajamiento del suelo (Nm 16,30) y a la erupción teofánica del Sinaí (Ex 19):

> Es de imaginar el pavor de ver que en el momento en que iba a estallar la ira de Moisés, el propio Dios lo hiciera por sí mismo, quitándole de los labios las palabras, sólo que con una fuerza infinitamente superior... (p. 167).

Típicamente irónica es la manera como los dos hermanos, aterrados por la teofanía, se culpan mutuamente de haber acusado a Moisés:

> ¡Oh, Señor mío, esta mujer, mi hermana, ha hablado necia y tontamente!... Señor, nadie pudo hablar y expresar más necedad que mi hermano Aarón... No estaba Moisés tan seguro como ellos de que la demostración de Jehová estuviera dirigida precisamente contra su her-

mano y su hermana... podía tratarse de un recurso divino para convocarlo a una entrevista... Sin embargo, dejó las cosas tal como habían sido interpretadas ... (p. 169).

En la ascensión al Sinaí, Moisés sube para permanecer sólo cuarenta días, pero en realidad

unas pocas veces llegó hasta él el joven discípulo Josué, para llevarle agua y pan. El pueblo no necesitaba saber de esto, creía que Moisés permanecía allá arriba sostenido por la presencia divina y sus palabras, y Josué consideró prudente dejarlo en esa creencia (p. 177).

En su última subida y una vez acabada la confección de las «Tablas», Josué le consolaba

porque unas pocas letras, a pesar de toda la dedicación y para gran desconsuelo, habían quedado mal grabadas y resultaban ilegibles. Josué le aseguró que el efecto general no se veía en nada desmerecido (pp. 178 y ss.).

En la segunda edición, naturalmente, estos defectos quedan subsanados:

Permíteme ahora renovar las Tablas –dijo Moisés– y llevar al pueblo tu sagrada y eterna voluntad. Después de todo, no fue gran pérdida haber roto las primeras, pues había en ellas algunas palabras mal grabadas. Debo confesar ahora que pensé en ello mientras las hacía pedazos (p. 185).

Pide Moisés perdón a Dios por su pueblo, pero cuando Éste decreta el castigo contra la generación del desierto,

asintió Moisés y acordó con el Señor que así debía hacerse. Esta decisión, a la verdad, coincidía con sus propios propósitos y los de Josué, de modo que no quiso rebatirla (p. 185).

El milagro es reducido por lo común a una interpretación de los acontecimientos por parte del pueblo. Lo verdaderamente milagroso, lo único que merece la pena llamarse tal, es la experiencia interior del hombre Moisés, su descubrimiento del Dios Invisible y Santo como Dios de su pueblo; esa característica de «invisible» va a representar la peculiaridad única de este Dios. Un Dios que él va descubriendo desde su experiencia humana y su anhelo de pureza y espiritualidad, mientras la figuración cultual de ese Dios invisible la halla en el Jehová de los madianitas entre los que acaba refugiándose, evocando una conocida tesis sobre los orígenes del yahwismo. En aquel contexto crece la conciencia de su misión que llega a objetivarse en una visión alucinante: la de la zarza incombustible (p. 104).

El descubrimiento de su Dios invisible y de su pueblo esclavizado surgen al unísono como fruto de una maduración espiritual y mística, dejada de lado toda orquestación teofánica. Su fe se le convirtió en apremiante misión de hacer consciente a su pueblo reacio de su cualidad de pueblo escogido por el Invisible y llamado a la libertad:

> Cuando les decía que Jehová el Invisible los prefería entre todos, atribuía a la Deidad lo que acaso fuera así, pero que con toda seguridad era su propio sentir: es decir, que él, Moisés, tenía predilección por el pueblo de su padre, del mismo modo que al escultor le agrada el bloque informe del cual piensa tallar una imagen excelsa y hermosa por obra de sus propias manos (p. 106).

El impulso del reformador religioso y el del libertador político se entrelazan inestricablemente. Incluso sus momentos de desfallecimiento se transforman en ocasión de afirmación de su voluntad de redención de su pueblo: esta voluntad «en nada se diferenciaba de la Dios, pues era una misma y única» (p. 124). Se esboza, pues, una personalidad carismática que se construye desde un impulso interior en el que la objetivación religiosa da forma a una convicción personal. Incluso su momentáneo derrotismo ante la misión recibida se juzga como una excusa, un disimulo, ante lo que es propia pretensión, configurada e interiorizada como «celo divino», la categoría que mantendrán en pie a un Jeremías:

> No finjas que no tienes entusiasmo para la tarea. Es mi celo el que a ti te posee, un celo divino, y sin él tu vida sería odiosa (p. 163).

VI. INTERPRETACIÓN: UNIVERSALIZACIÓN

Una vez logrado el éxodo y liberado el pueblo, le esperaba a Moisés la labor más ardua: la de su santificación. T. Mann adelanta e inventa la prohibición hecha por Moisés de alegrarse de la destrucción del Faraón y su ejército en el paso del Mar:

> No celebrarás la caída de tu enemigo: el corazón no se alegrará por su desventura, a los ojos de la gente algo poco lógico y natural, que dimanaba sin duda de la invisibilidad del Dios de Moisés. Y entonces, los más inteligentes de entre ellos comenzaron a intuir el significado de aquello, y cuán difícil e irreparable resultaría el haber jurado obediencia a un Dios invisible (pp. 134 y ss.).

Sin embargo, la marcha por el desierto impondría el enfrentamiento con el enemigo, y aquella «religión para un pueblo», aun para el pueblo del Dios Uno, tendría que elaborar una teología de la guerra que le permitiera subsistir y desarrollar luego su fe. El primer caso sería el combate contra Amalec (cf. Ex 17,8ss.), que T. Mann convierte en la conquista de Qadesh, planeada por Josué y justificada como una recuperación de un asentamiento israelí antiguo, y sobre todo por ser el santuario de Jehová. Tanto como la figura de Moisés con los brazos alzados al cielo es decisiva para la victoria la capacidad estratégica de Josué.

Una vez asentados en Qadesh, comienza en la novela la tarea de transformación espiritual del pueblo, de su acercamiento al Invisible, que moraba enfrente, en el Horeb/Sinaí. El primer paso fue inculcar el sentido de la justicia y el derecho a una masa primaria, acostumbrada a las vías de hecho para solucionar sus diferencias; en concreto, el sentido del derecho como ley divina y su consiguiente sentido de culpa, que dignifica al culpable una vez aceptada; se utilizan algunas leyes del Código de la Alianza (Ex 20,22ss.) para ejemplificar este proceso educativo.

> Harto duro sería tornar aquella horda inculta en pueblo decente, ajustado a una forma de vida decente... muy otra cosa sería hacer algo extraordinario del pueblo, convertirlo en una comunidad aparte y

santificada, purificada, con sus ojos fijos en el Invisible y a Él sólo dirigidos... No constituían sino un montón de carne y sangre, de modo que las concepciones fundamentales de pureza y santidad escapaban enteramente a su comprensión... El material con que el escultor realiza su obra es siempre su enemigo, y las primeras formas que obtiene resultan irreales y desagradables a la vista (pp. 153 y ss.).

La higiene sería el primer paso de esa pureza ya que «la santidad empieza por la limpieza» (p. 155), en referencia a las múltiples ordenanzas de Nm y Lv al respecto. El segundo sería la dieta adecuada, expresión de lo conveniente y puro. El tercero la regulación de la sexualidad matrimonial, pues «el matrimonio es el sagrado contenido de toda pureza de la carne ante la faz divina» (p. 157). Luego siguieron la prohibición de cultos idolátricos, de la adivinación, de la magia, de ritos funerarios, para dar paso a las normas de convivencia en toda su amplitud (robo, asesinato, engaño), incluidas las positivas de respeto a los padres, celebración de las fiestas y el sábado, trato dado a los esclavos y extranjeros.

T. Mann interpreta estos preceptos de manera incisiva y profunda:

Quienquiera se vea manchado con sangre humana, verá helársele el corazón de frío espanto, porque lo perseguiré para que huya de sí mismo hasta el fin del mundo... Se llegó a la conclusión de que la edad era una alegoría de todo lo que no databa de hoy ni de ayer... era la verdadera tradición... Durante seis días serás padre de familia, o labrador, alfarero, calderero o carpintero, pero para mi día te pondrás ropa limpia y no serás nada más que un hombre, y alzarás tus ojos hacia el Invisible... No harás esa diferencia absurda y arrogante entre tú y otros hombres, pensando que sólo tú eres real e importante, mientras los demás no lo son; tenéis en común la vida, y sólo al divino azar debes que tú no seas él; por esta razón no te quieras a ti solamente, sino también al prójimo (pp. 159 y ss.).

Esta pedagogía fue larga y ardua: «Al principio tuvieron la sensación de que, de obedecer a tanta cosa vedada, la vida no merecía ser vivida...» (p. 157). «Aliarse con Jehová, lo comprendían, equivalía a sujetarse a restricciones sin límite. Y detrás de cada prohibición de

Moisés estaba el ángel vengador...» (p. 158). El miedo al castigo acabaría convirtiéndose en abominación del crimen: «Y cuando un hombre rompía con los preceptos, sentíase enfermo por haberlo hecho, aun sin pensar en el castigo» (p. 158).

Como culmen de esa pedagogía sublime aparece Dios en el Sinaí para sancionarla, convocando a Moisés a la síntesis definitiva:

> Si alguna vez conseguía hacer de esas tribus hoscas e incultas una comunidad temerosa de Dios, que observara fielmente la ley divina, nada podía haber de más efectivo que internarse solo e indefenso entre los terrores de Jehová y descender de la montaña portador del Decálogo. Entonces sí –pensaba Moisés– se verían comprometidos a observar y conservar esas divinas leyes (p. 170).

Moisés se prepara y prepara al pueblo para el encuentro. Se adentra luego en la montaña santa donde se entrega, en una tarea física y mental agotadora, a la grabación de las Tablas de la ley eterna en la piedra de la montaña de Dios; no las recibe grabadas. Para ello debe descubrir el sistema adecuado y ninguno de los tres sistemas de signos que, como escriba avezado, conoce (egipcio, mesopotámico, sinaítico) le sirven al efecto: «todos estaban estrechamente ligados a la lengua que expresaban dichos signos» (p. 174). La lengua, es claro, debería ser la del pueblo, pero no disponía de sistema propio de consignación. T. Mann nos describe a Moisés en un febril proceso de invención: «sentía como si rayos de luz le atravesaran el cerebro, como si brotaran cuernos de su frente, surgidos de su ansiedad y su férvido deseo de ser iluminado por una inspiración» (p. 175). Al fin ésta llegó y se consumó el parto del alfabeto:

> Ideó por fin algo que de tan bueno que le pareció sintió como si se le irguieran los cuernos brotados de su frente... Clasificó los sonidos de la lengua... Podían hacerse tantas combinaciones como se deseara, y no sólo en la lengua de los antepasados paternos, sino en cualquier idioma. Hasta podía escribirse el egipcio y el babilonio mediante tales signos. ¡Inspiración divina! Se asemejaba a Aquel de quien emanaba, el Espiritual, el Invisible, que poseyendo el mundo entero había detenido sus

ojos en el pueblo que aguardaba a Moisés al pie de la montaña ... Del mismo modo que Jehová era omnipotente sobre todos ellos, también el texto que Moisés se proponía escribir por medio de tales signos había de ser universal. Debía resultar un compendio de tal naturaleza que sirviera en todas las partes de la Tierra, para todos los pueblos, como la piedra fundamental de la moralidad y la buena conducta (pp. 175 y ss.).

Pero a la bajada de la montaña Moisés se encuentra con su pueblo, el pueblo real, prevaricando ante el becerro; «la Verdad eterna, la piedra fundamental de la decencia» (p. 182) se topa con la indecencia y se quiebra en su primera redacción, transgredida antes de ser promulgada. La Alianza sinaítica, la creación del nuevo hombre tiene ya su pecado original. Se impone el castigo y la purificación de los que se encargará el «ángel vengador», Josué. Y vuelta a empezar, a recomponer el vínculo en una titánica lucha dialéctica con Dios, que haga aceptable el perdón, apoyado en definitiva en el «honor divino», de acuerdo con el conocido argumento bíblico del probable desprestigio del «Nombre» de Dios ante las gentes, impotente para conducir a su pueblo a la Tierra Prometida y que por eso los extermina en el desierto. El amor de Moisés por su pueblo triunfa sobre su asco y desfallecimiento.

Y retorna de la montaña con la segunda edición mejorada de las Tablas:

> ¡Tómalas! ¡Oh sangre de mi padre –díjoles–, y consérvalas en el tabernáculo de Dios! Pero lo que allí está escrito, considéralo como cosa sagrada en cuanto hagas o dejes de hacer. Porque allí está condensada la alianza eterna y divina con el Señor, la piedra fundamental de toda decencia y buena conducta, y Dios mismo la ha escrito con mi pequeño buril. En vuestra lengua la ha escrito, pero con signos que de ser preciso pueden escribir todas las lenguas del mundo porque Él es Dios del Universo entero. Ésta es su palabra, y su palabra, aunque esté dirigida a ti, ¡oh, Israel!, es palabra universal (pp. 185 y ss.).

Así, este capítulo de la historia del Dios de Israel como historia de liberación y revelación acaba siendo el capítulo primero de la historia del hombre regenerado, de la humanidad posible aunque enormemente lejana. El código de esa nueva humanidad lo extrae Moisés de su conciencia iluminada por el Invisible y lo plasma en la lengua de su pueblo, como no podía ser menos, pues a él lo destina en primer lugar, pero lo cincela en una escritura que sirve para consignar cualquier lengua. Moisés es el autor de los dos: del decálogo y del alfabeto. De nuevo la distorsión es intencionada. La palabra lleva no sólo en su sentido sino incluso en su soporte y simbolización su valor universal. Como la raza, tampoco la lengua es motivo de orgullo étnico: la consignación, la eficacia cultural le viene dada de fuera: el escriba Moisés, educado en las técnicas escribales de los pueblos del Oriente, descubre el sistema gráfico que consigna las Tablas de la Ley a partir del contexto cultural no hebreo. La universalización del mensaje y del mensajero (el texto) queda así asumida.

Con genial percepción del sentido religioso del relato bíblico, T. Mann ha remodelado personajes, configurado su psicología e integrado actitudes, hasta conseguir una narración viva y verosímil del pasado histórico-religioso de Israel. Y lo que es más, ha desvelado con fuerza el pragmatismo de la formulación canónica de aquel momento: el sentido universal y perenne de «Las Tablas de la Ley»:

> Todo el aquel que infrinja las divinas leyes, desde ahora en adelante, sentirá que se le hiela el corazón, porque la ley está escrita en su sangre y en su carne, y sabrá que Su Palabra tiene poder (p. 186).

La presencia política:
un estado (im)prescindible
o el diseño de una utopía[1]

I. A LA BÚSQUEDA DEL TERRITORIO PATRIO

A partir de la supuesta primigenia expansión de la especie humana desde su original hábitat africano, su difusión por el planeta tierra
ha seguido básicamente tres modelos: invasión, conquista y anexión.
En las épocas prehistóricas la invasión, como ocupación de ámbitos territoriales libres o vacíos, ha de suponerse el modelo normal que la
ciencia prehistórica trata de rastrear. Pero pronto tal modelo da paso al
de conquista y desalojo o sumisión de ámbitos previamente ocupados
por otros moradores. La especie humana se manifiesta en incesante
movimiento migratorio, impulsada seguramente por condicionantes
ambientales o por la urgencia del propio crecimiento demográfico, a la
búsqueda de un adecuado asentamiento. De hecho nuestra especie se
extenderá por todo el planeta y mantendrá a lo largo de los siglos una
incesante movilidad. Se diría que en nuestros días tal movilidad ha llegado a su fin, según el modelo de los movimientos de masas aludidos,
para dar paso a una nueva movilidad de tipo más individualizado y de
características sociopolíticas diferentes, la inmigración, que tiene remotos antecedentes en épocas anteriores.

Ciñéndonos a épocas históricas, observamos cómo los mencionados modelos se implican mutuamente: la invasión de un territorio
ocupado supone su conquista y ésta su anexión. Pero son en principio

---

[1] En este sumario repaso y revisión de los avatares del judaísmo no se aducen apenas notas justificativas. El lector podrá comprobar los datos históricos en
cualquier *historia del pueblo judío* en sus diversas épocas, de las que aducen algunas en la bibliografía.

modelos diferentes: la invasión no necesariamente debe acabar en conquista, ni ésta implicar una invasión o acabar en anexión. Las clásicas invasiones de los bárbaros en la Europa tardo-romana suponen el asentamiento de sus hordas, que crean en los territorios ocupados sus centros «nacionales»; la conquista, a su vez, parte de un centro propio previo desde el que normalmente no invade, como movimiento de su propia masa, sino que somete o anexiona a través de sus ejércitos; la colonización se puede entender como un submodelo de invasión, en grados diferentes según el flujo que suponga de la propia población[2].

En el Antiguo Oriente, los imperios sumerio, elamita, hitita y hurrita se presentan como fruto de respectivas invasiones sobre territorios previamente ocupados en los que se imponen, asimilando a sus poblaciones[3]. La invasión semítica original se manifiesta como tal y se fracciona luego en las sucesivas invasiones amorreas y arameas, con la creación de nuevos centros nacionales sin referencia a uno previo como tal: se presentan como movimientos de grupos que abandonan su hábitat previo, la estepa, para ocupar otro de estructura urbana. Del mismo tipo habrían de considerarse las invasiones dorias (filisteos) y la invasión irania, la cual acaba configurándose en torno a un centro unitario, a diferencia de las anteriores. Sin embargo, las actuaciones de estos grandes imperios una vez asentados (así como también el egipcio, asirio, babilonio, persa ...) tienen el carácter de conquista, con resultado de anexión o vasallaje, en diferentes grados, de territorios adyacentes y sus gentes.

Pero el paradigma *kat'exokhén* de conquista fue el desarrollado por Alejandro Magno, hasta tal punto que desbordó el propio esquema, desplazando el centro original (Macedonia) hacia Oriente y acabando en una fragmentación política que supuso una invasión y ane-

---

[2] En esta visión rápida de conjunto, que intenta visualizar la vigencia de los modelos apuntados, dejamos de lado los movimientos de pueblos en Asia (imperio chino), África y la primera población de América y Oceanía. Siempre será de utilidad a este respecto un repaso a la obra de A. TOINBY, *A Study of History: Abridgement of vols. I-X in one volume*, Oxford 1960.

[3] Véase, entre otros manuales, M. LIVERANI, *Antico Oriente. Storia, società, economia* (Manuali Laterza), Bari 2003.

xión cultural de antiguos centros[4]. Será el Imperio romano el que recomponga el modelo, conquistando y anexionando todo el ámbito helenístico a su centro original, ulteriormente dividido en dos[5].

La parte occidental sucumbió a las invasiones de los bárbaros como hordas de tipo nómada que se desplazan y asientan en los nuevos territorios conquistados y refundan como unidades políticas propias (dejamos fuera de consideración a los pueblos escandinavos y su avatar originario).

La parte oriental del Imperio romano sería invadida y anexionada en su porción más exterior (Levante y Norte de África) por la invasión de las hordas musulmanas, de nuevo nómadas que constituyen en el territorio ocupado el propio centro político (califato), para seguir luego los propios avatares de nuevas conquistas-anexiones (Persia), desplazamiento y fragmentación interna[6].

El territorio islámico sería a su vez invadido y parcialmente anexionado por las invasiones mongólicas[7] que acaban organizándose en centros independientes someramente interrelacionados con el centro originario. De esas olas invasoras la definitiva y estabilizada será la invasión turca, que acaba con la parte euro-asiática del Imperio romano-bizantino y se asienta en su centro por conquista y anexión total. Se crea de este modo un estado vastísimo, de peculiar estructura (volveremos sobre ello) que perduró hasta los inicios del siglo XX[8].

Mientras tanto, el ámbito del antiguo Imperio romano de Occidente, invadido por los bárbaros (godos y eslavos), se fragmenta y se ve sometido a un largo proceso de movilidad de fronteras, determinadas por su interna conflictividad, a través de la cual van fraguándose las dis-

---

[4] Véase A. B. BOSWORTH, *Alejandro Magno,* Madrid 2005.

[5] Véase J. M. ROLDÁN HERVÁS, *Historia de Roma,* Salamanca 1995.

[6] Véase ABU-L ABBAS AHMAD IBN JABIR AL-BALADHURI, *The Origins of the Islamic State* (Kitâb Futûḥ al-Buldân), Piscataway 2002 (reimpr. de la ed. de la Columbia University, 1916); F. M. PAREJA, *Islamología,* Madrid 1952-1954, Razón y Fe (Parte Primera: Historia, caps. iii-x).

[7] R. GROUSSET, *El imperio de las estepas: Atila, Gengis Khan, Tamerlán,* Madrid 2001.

[8] Véase D. KITSIKIS, *El Imperio Otomano,* México 1989; F. VEIGA, *El turco: diez siglos a las puertas de Europa,* Barcelona 2006.

tintas nacionalidades y naciones en un proceso de gran fluctuación. En el caso de la antigua *Hispania* visigoda, se ha de contar con un submodelo de afirmación: la reconquista o restablecimiento de la situación anterior sobre la base de la anulación de la superposición islámica. Se trata de un modelo de conquista-anexión con movilidad y fragmentación interna. El proceso acaba con la unificación de fines del siglo XV que deja la Península repartida en dos unidades políticas: España y Portugal[9].

En este momento, nuestro ámbito geográfico inmediato, este sector del planeta que podemos llamar Eurasia, queda dividido en dos partes netamente diferenciadas y enfrentadas: la zona fragmentada cristiana y la zona unificada islamo-turca.

Y es entonces cuando acontece, casi por casualidad, el «descubrimiento» y conquista de América, con lo que se abre un nuevo ciclo de invasión-conquista-anexión. La invasión, con todo, manifiesta las características de un nuevo submodelo: el de la colonización o desplazamiento de reducidos elementos de poder militar y cultural que imponen su modelo y someten (con frecuencia de manera harto expeditiva y cruel) o desplazan a los moradores de la zona. Esta colonización puede ser sometedora y asimiladora (de mezcla), en vertical, según el modelo hispano-portugués, o sencillamente de infiltración, suplantadora y aniquiladora (de reducción-reserva), como resulta ser el modelo anglosajón (de acuerdo también con el grado de desarrollo sociopolítico de los distintos colectivos aborígenes), que dura hasta bien entrado el siglo XIX con la famosa conquista del *Far-West* y la anexión de los territorios mejicanos. En ambos casos a expensas de sus anteriores moradores, quienes a su vez poseen su propia historia de asentamiento que aquí dejamos de lado. Este estado de cosas dura tres siglos y acaba en un proceso de emancipación del centro originario y creación de nuevos centros políticos, a semejanza de lo ocurrido con la conquista de Alejandro o del Imperio mongol[10].

---

[9] Dejamos de lado la tormentosa historia de las naciones europeas (s. XV-XVIII) y su desenlace en las guerras napoleónicas, como proceso de movilidad de fronteras sobre la base de poblaciones ya establecidas.

[10] Véase F. MORALES PADRÓN, *Historia del descubrimiento y conquista de América*, Madrid 1990.

Con esos largos y paralelos procesos se alcanza, a finales del siglo XIX, una cierta definición estable de fronteras y centros de poder en todo el planeta, a excepción de África y los territorios del Imperio inglés en Asia, y amén de guerras más o menos expansivas, como las de Japón y otros movimientos menores, p. ej. el tardío proceso de descolonización total español[11]. Sobre todo parece haber cesado el movimiento de invasión, ahora transformado en el de emigración. A partir de este momento no se aceptan ya procesos de invasión y anexión; surge el concepto de tutela y «mandato» (de la Sociedad de Naciones o de la ONU). Las dos grandes guerras europeas no acaban en procesos de esa naturaleza, sino en sentido contrario, en la desintegración de procesos anteriores de anexión (Imperio turco y austro-húngaro, *Anschluss* germánico)[12], a la vez que se implanta un amplio proceso de descolonización de Oriente Medio, África y Asia (India). Con todo ello, a partir del tardío proceso de desintegración de la Confederación de la Rusia Soviética (en realidad un imperio anexionista como modelo político) y su epígono, el de la antigua Yugoslavia, y su reintegración de fronteras previas de centros independientes, podemos decir que se ha llegado a un trazado definitivo de fronteras en todo el planeta, a una repartición global del mismo («cada pueblo tiene ya el territorio que los dioses le asignaron» y él se consiguió; cf. Jue 11,24), remitiendo cualquier reivindicación ulterior de secesión a un proceso de autodeterminación democrática interna, tutelado, si es caso, por las Naciones Unidas, con mejor o peor fortuna, como garantía de inviolabilidad. Pero los procesos históricos, como modelos únicos y constantes, por los que se ha llegado históricamente al asentamiento definitivo de los centros políticos, invasión, conquista y anexión, resultan hoy inaceptables e imposibles, quedando todo resto de indefinición en tal sentido remitido, como apuntábamos, a procesos de autodeterminación (secesión-fusión) como modelos únicos tolera-

[11] Véase E. HOBSBAWM, *La era de la revolución, 1789-1848 / La era del capital, 1848-1875 / La era del Imperio, 1875-1914,* Barcelona 1997/1998/2001 (versión del original *The Age of Revolution: Europe 1789-1848* [1962] / *of Capital 1848-1875* [1975] / *of Empire 1875-1914* [1987]).

[12] En este momento se afianzan las fronteras móviles de Europa: Polonia, Italia, las naciones del Imperio austro-húngaro...

bles en la época moderna y fundados ahora en el consenso democráti-
co, no en la fuerza y la victoria militar [13]. Las únicas excepciones llama-
tivas han sido la invasión militar, conquista y anexión del Tíbet por la
China comunista, en un proceso curiosamente opuesto al que supuso el
desmoronamiento del régimen soviético: la vuelta a la independencia de
casi todas las repúblicas caucásicas y asiáticas. ¿Se podría esperar o vati-
cinar un proceso similar en el caso del hipotético colapso del régimen
chino? No parece probable, dado el sistemático aniquilamiento de la
propia identidad a que ha sido sometido el Tíbet y su desvalimiento defensivo. El otro proceso anómalo en nuestros días es el de la guerra de
Irak, de invasión militar, casi hordálica, y conquista, pero esta vez sin
pretensión anexionista ni de asentamiento explícito, sólo de control político y económico, que es suficiente. Tal pretensión, puesta en práctica
con una enorme concentración de violencia y estupidez, posee una intencionalidad ejemplarizante: la de reducir al buen camino, democrati-
zar, a un régimen tiránico y de paso explotar las riquezas del lugar. El
nuevo modelo se ha revelado un fracaso para el poder que lo ha perpe-
trado y un martirio para el pueblo que se pretendía beneficiar. Es el tercer experimento, después de la guerra de Corea y de Vietnam, en que el
nuevo modelo redentor fracasa. Pero estamos ahora en el horizonte de
la confrontación político-económica de sistemas, no tanto del asentamiento y configuración de fronteras. En este mismo horizonte habría
que situar los embates de los terrorismos nacionalistas, como modelo de
segregación (de reunificación en el caso irlandés), con irremediables ribetes de conquista (del poder) y anexión (de zonas vecinas), que no de
invasión. Ya se está en el territorio, pero se quiere estar aparte o de otra
manera: terrorismo nacionalista o revolucionario [14].

En el ínterin se ha desarrollado un nuevo modelo de invasión-
conquista-anexión a largo plazo, totalmente utópico y frenético, so-

---

[13] Véase E. J. HOBSBAWM, *La era de los extremos: El corto siglo XX, 1914-1991/Historia del siglo XX*, Buenos Aires 1998 (versión del original *The Age of extremes: Europe 1914-1991* [1994]).

[14] Un análisis del fenómeno terrorista en nuestros días puede verse en el sitio-web: http://www.monografias.com/trabajos16/terrorismo-internacional/terrorismo-internacional.shtml

bre un proceso de infiltración y hostigamiento: el modelo del terrorismo (islámico), que ha tomado el relevo a otros terrorismos de pretensión emancipadora[15]. Estas transformaciones modernas de los modelos clásicos operan ya dentro del proceso consolidado de fronteras nacionales.

II. Una historia de expatriación

Teniendo como telón de fondo este sumario recorrido del proceso histórico de asentamiento y definición territorial de las patrias, nada edificante, por cierto, en el más puro estilo del animal depredador de sus semejantes, con el posterior cinismo de haber convertido tal proceso en una secuencia de hazañas heroicas nacionales, podemos analizar también sumariamente el proceso de asentamiento y afirmación del grupo hebreo-judío y la definición territorial del Estado de Israel[16].

El pueblo hebreo aparece en la historia como un grupo humano errante a la búsqueda de asentamiento, tanto según el testimonio externo (estela de Merneptah)[17] como según su propia tradición (Hexateuco). A la misma precede una memoria tribal (Génesis), históricamente incontrolable y en la que el pueblo hebreo proyecta prototípicamente sus avatares posteriores (leyendas de las Patriarcas) y crea un nexo (novela de José) con su memoria histórica posterior, apoyado en modelos externos. Ésta se desdobla en el recuerdo de un corto vagabundeo por el desierto del Sinaí (Ex-Dt) y una fulmínea invasión y conquista, con el consiguiente asentamiento en el territorio (Jos 1–12). Otra tradición (Jue) nos proporciona un cuadro más matizado

---

[15] Sobre el terrorismo islámico consúltese *on line: Enciclopedia del terrorismo islámico:* http://terrorismo.pais-global.com.ar.

[16] Sobre la historia primera y ulterior del pueblo judío pueden consultarse, para la época antigua, las obras clásicas de Noth y Bright, citadas en la bibliografía, y para épocas posteriores la obra editada por H. H. Ben-Sasson, *Historia del pueblo judío,* Madrid 1988. Citada más arriba p. 11, n. 1.

[17] El más antiguo testimonio extrabíblico del pueblo de Israel. Véase *ANET,* p. 378. Véase más arriba pp. 19 y ss.

de dos o tres siglos de infiltración y escaramuzas con los habitantes del territorio, como parte de un proceso de ajuste social y demográfico de la zona[18]. Tal memoria, por otro lado, se configura como una heroica y teológica épica nacional que le garantiza al pueblo judío la posesión de su hábitat histórico y configura su conciencia nacional. Al fondo de la misma resuena la discreta y posiblemente más objetiva conciencia de los propios orígenes: «Un arameo errante fue mi padre...» (Dt 26,5-9)[19]. Efectivamente, los datos históricos que de esas tradiciones se coligen, presentan a los hebreos como parte integrante de las invasiones arameas que presionan sobre la zona desde el este en coincidencia con las invasiones de los Pueblos del Mar, que lo hacen por el oeste costero, causando y aprovechando el colapso del Imperio hitita y el retraimiento de Imperio asirio. El fenómeno en toda su complejidad ha sido ampliamente estudiado y aquí lo damos por supuesto[20]. Es discutible si tal proceso de invasión fue predominantemente un proceso de infiltración y asimilación al elemento preexistente en la zona (Canaán) o un proceso de conquista militar, como la mentalidad heroica y teologal de la Biblia prefiere presentarlo. Esta visión religiosa no es baladí, pues presenta lo que históricamente se entiende como un movimiento de pueblos, que produce en Siria-Palestina un nuevo mapa geopolítico a finales del II milenio a.C., como una intervención de Dios que entrega tal tierra a su pueblo, generando con ello un de-

---

[18] A propósito del asentamiento de Israel en Palestina véanse las clásicas exposiciones de Gottwald, Whitelam, Nit, Alt, Mendenhall (véase N. P. LEMCHE, «The development of the Israelite Religion in the Light of Recent Studies on the Early History of Israel», en *Congress Volume Leuven [1989]* [SVT 43], Lovaina 1991, pp. 97-115 [97-101]) y las modernas perspectivas abiertas por Thompson, Lemche, Davies, Finkelstein-Silberman, etc., autores citados en la bibliografía. El problema se ha convertido en tema de dura polémica, azuzada por la búsqueda e interpretación de datos arqueológicos que corroboren los diferentes puntos de vista. Véase *supra,* p. 22, n. 7.

[19] Véase más arriba pp. 19 y ss.

[20] Cf. *supra,* pp. 21 y ss. G. DEL OLMO LETE, «Amorrites, Hyksos, Araméens, Cananéens [Hébreux]. À la recherche de la continuité historique au BM/BR/F1 en Syrie-Palestine», en C. ROCHE (ed.), *D'Ougarit à Jérusalem. Recueil d'études épigraphiques et archéologiques offert à Pierre Bordreuil* (Orient et Méditerranée, 2), París 2008, pp. 341-350.

recho divino a la misma. Tal derecho permanecerá vivo hasta nuestros días en la conciencia de sectores del pueblo judío y actuará como motivación básica en su reclamación del hábitat como propio.

En todo caso es claro que el pueblo hebreo se hace presente en la zona a través del universal modelo de la invasión, posiblemente en parte en forma de conquista, como así nos lo certifica la historia a propósito de las otras unidades nacionales que entonces surgen. Véase, por ejemplo, la destrucción de Emar y Qatna por los arameos[21]; ése pudo ser el caso de la de Hazor por los hebreo/arameos, como se narra en Jos 11/Jue 4–5. Con todo, les llevará todavía siglos hacerse con el poder y la supremacía en la zona, en pugna con los otros grupos que la habitan. Es, de todos modos, claro que los hebreos representan y aportan un elemento nuevo en el lugar. Su derecho al mismo se basa en un modelo histórico general, el de invasión-conquista, según su memoria histórica, aunque ésta pueda ser fruto en gran parte de una epificación de su pasado. Ahora bien, será un nuevo modelo histórico de relaciones de poder, el de conquista-anexión, el que les arrojará del mismo lugar. Una vez conseguida su afirmación política, a partir del siglo IX, los reinos hebreos se ven sometidos a la presión expansiva de los Imperios asirio y babilonio que los borran del mapa geopolítico, incluso a través de un submodelo de anexión absolutamente radical, el de la deportación y desarraigo; modelo al que sucumbirá por completo el reino de Israel/Samaría y al que debiera haber sucumbido también el reino de Judá.

Pero en este momento se produce un avatar determinante para la historia del pueblo hebreo. El Imperio persa, que toma por conquista-anexión el relevo del Imperio neobabilónico (pero también del lidio y del egipcio...), introduce un nuevo modelo en sus relaciones de poder y cambia la deportación por la tutela de los pueblos conquistados[22]. No sabemos hasta qué punto esta política es fruto de una conciencia religiosa de *pietas*, de respeto de los derechos de los dioses

---

[21] Véase M. R. ADAMTHWITE, *Late Hittite Emar. The Chronology...* (Ancient Near Eastern Studies, Suppl. 8), Lovaina 2001, pp. xix y 273 y ss.

[22] Véase E. M. YAMAUCHI, *Persia and the Bible*, Grand Rapids 1991; *supra,* pp. 241 y ss.

a sus templos y a sus fieles, o más bien un puro ejercicio de pragmatismo político. Sabiéndose los persas un grupo minoritario dentro del contexto de los pueblos iranios (acaban de imponerse a los medos y suplantar su hegemonía sobre aquéllos), deciden aplicar una política de fragmentación, tolerancia apaciguadora y reduccionismo religioso de los derechos políticos, haciendo de cada unidad étnica y nacional una unidad de culto, ocupada en entretener a sus dioses (la religión como «opio», diría el moderno marxista), privada eso sí de toda competencia fiscal y militar, es decir, de toda capacidad de revuelta y emancipación. Resultaba un modelo político de bajo coste.

En virtud de esa política se convierte la deportación o exilio en retorno y restauración. Nace el «sionismo» de mano del Imperio persa con Ciro como su nuevo «Mesías» (Is 45,1)[23] y, en vez de la muerte del pueblo hebreo, se produce el nacimiento del «judaísmo». El momento es crucial en la historia de este pueblo, como vimos: el del triunfo de la teología sobre la política. En este momento histórico y en el contexto que la política persa propicia, Israel descubre de veras a su Dios, el Único, el Señor de la Historia. Se aplica a recoger sus palabras (Biblia), a las que no ha prestado atención hasta ahora, pero que de ahora en adelante constituirán su obsesión y la base de un nuevo culto, el sinagogal, que reunirá a la congregación *(synagogé)* en torno a ellas. Y a través de aquellas palabras aprende a entenderse a sí mismo y su historia, historia que se pone de nuevo en marcha[24].

Pero el descubrimiento de ese Dios Único y la posesión de su Palabra llevan paradójicamente a otro descubrimiento: el de que no es necesario volver a Jerusalén y al culto de su templo, pues al Dios de Israel, el Dios único y por tanto Señor de toda la tierra, se le encuentra también en Babilonia y se le puede, si no «ver» (tampoco en Jerusalén), sí «oír» en la lectura de su Palabra[25]. Es ésta la que ahora convoca y reúne al pueblo en la mayor proximidad que pueda imaginarse con su Dios. Nace así la «diáspora» como modelo existencial

[23] Véase más arriba pp. 343 y ss.
[24] Véase más arriba pp. 249 y ss.
[25] Véase más arriba pp. 177 y ss.

del pueblo hebreo. Y es en su contexto donde se forjará la más alta expresión del judaísmo como religión y forma de vida: el Talmud babilónico[26].

Se generan así dos formas de nacionalidad judía: una territorial, llamémosla «sionista», ligada a la «Tierra de Israel», y otra diaspórica, digamos «universalista», sólo referencialmente vuelta hacia Jerusalén y su templo. Es evidente que para este judaísmo, el de Israel no es un estado «indispensable» para él, aunque lo pudiera ser en sí mismo. También los hebreos del reino de Samaría tuvieron su retorno restringido e impuesto, como nos narra la Biblia (2 Re 17,27ss.), pero como fieles de un Yahweh, dios del territorio, que han perdurado hasta nuestros días. No tuvieron, que sepamos, una «diáspora», elegida libremente como no lo fue su retorno, con los elementos que aquélla comporta y que les permitiera sobrevivir, religiosa y nacionalmente, en su deportación. De hecho será la diáspora de Judá, impuesta o asumida, la que salvará al judaísmo hasta nuestros días. Podríamos decir que el sionismo[27] es testimonio de la fidelidad/amor a Yahweh, la diáspora, de la confesión de su universalidad. Ambas le «engrandecen»[28].

[26] Véase más arriba pp. 190, 215.

[27] Evidentemente aquí se toma siempre «sionismo» y «sionista» en el sentido positivo en que lo toma el mundo judío, como anhelo y voluntad de asentamiento en la tierra de los padres, no en el sentido político negativo en el que lo usan sus adversarios, como sinónimo de racismo opresor y avasallador.

[28] Sobre la importancia cultural de la diáspora judía contemporánea véase, por ejemplo, el parecer de judíos como George Steiner e Imre Kertész, desencantados con el Estado de Israel como encarnación del ser judío y con su reacción desproporcionada en su guerra contra los palestinos: G. STEINER, *Errata. El examen de una vida*, Madrid 1998, pp. 74 y ss.; I. KERTÉSZ, *Yo, otro. Crónica del cambio*, Barcelona 2002, pp. 122 y ss. En el momento de redactar esta nota el mundo entero clama contra la desproporción de la intervención israelí en Gaza (enero de 2009), arrastrado a ello por una furiosa y prepotente reacción para garantizar la propia seguridad (en el fondo, supervivencia) como Estado normalizado y reconocido, aparte motivos coyunturales. Este Estado, que no desechó los métodos terroristas en su origen, ha resultado ser un avatar gloriosamente trágico para el propio pueblo judío y para todos los demás, enfrentado a una exacerbada y desesperada urgencia de justicia histórica por parte de sectores del pueblo palestino que recurren a esos mé-

El retorno de Babilonia permitió una restauración cultual de parte del judaísmo en su tierra, pero que no suprimió la situación política de sometimiento y anexión tanto por parte del Imperio persa como más tarde del seléucida y romano, salvo un leve periodo, casi un espejismo de independencia, en los años de la restauración asmonea[29]. Incluso en este periodo el modelo diáspora opera sobre los judíos del retorno. Es sabido que Alejandría en esta época llegó a albergar casi tantos judíos como toda Palestina[30]. La proximidad les proporcionaba la sensación de estar en casa, pero su alejamiento cultural fue enorme: esos judíos ya no entendían la lengua propia. Lo que de rebote produjo los dos más grandes frutos de la diáspora del momento: la versión griega de la Biblia (LXX) y la reinterpretación helenística de su verbo y pensamiento (Filón de Alejandría)[31].

Lo significativo a este respecto es que el desenlace de tal situación, como consecuencia de la supresión de las sucesivas revueltas de los judíos (de los años 70 y 140 d.C.), a la búsqueda de la completa libertad y soberanía política sobre su territorio, conduce al judaísmo a una segunda deportación o exilio, a una diáspora impuesta, ahora prácticamente total. El *imperium* romano saca primero a los judíos de Jerusalén, convertida ahora en *Aelia Capitolina*, y los arroja luego de toda la Palestina[32]. El modelo de la conquista-anexión se transforma

---

todos como expresión de su voluntad de ser y del desahogo de su impotencia. La ocupación ilegal de los territorios palestinos es el núcleo de esta aporía: ¿puede Israel renunciar a ella sin temer por su seguridad/supervivencia? Es claro que el Estado judío, como si fuera una herida histórica, se cerró en falso.

[29] Véase J. SIEVERS, *The Hasmoneans and their supporters: from Mattathias to the death of John Hyrcanus I*, Atlanta 1990.

[30] Sobre Alejandría como sede de la nueva diáspora véase más arriba pp. 273 y ss.

[31] Véase más arriba pp. 280 y ss.

[32] El cronista oficial de esta segunda destrucción de Jerusalén y del inicio de nuevo exilio fue el judío Flavio Josefo en su *De bello judaico*. La consumación vendrá con la intervención romana bajo el emperador Adriano, en el siglo II, que hará frente a la revuelta de Bar Kokhba, aportando la «solución final». Véase Y. HARKABI, *The Bar Kokhba Syndrome. Risk and Realism in International Politics*, Nueva York 1983.

en el submodelo anexión-colonización-suplantación. Podemos decir que se reproduce de nuevo el modelo asirio de dispersión de los exilados por todo el Imperio romano (cf. 2 Re 17,6.24). Pero para estas fechas el modelo diáspora ya se ha consolidado y el pueblo judío, incluso el sionista, encuentra comunidades diaspóricas en que integrarse o puede crear otras según el mismo modelo, sin perder su propia identidad, pues posee los adecuados resortes de salvación: fe en el Dios único y posesión de su palabra.

A este respecto la respuesta de la clase responsable de la tradición opera de manera similar a como operó en Babilonia, cinco siglos antes. Se vuelca sobre la Palabra para salvarla y salvarse con ella. Si entonces se llevó a cabo su recopilación (Biblia: ley e historia) ahora se lleva a cabo su definición (Canon) y su complementación con una segunda Palabra (Mishnah), la de la tradición oral, que se hace remontar, como aquélla, a Moisés. A partir de ahora el judaísmo se fraguará como un remolino que gira sin pausa en torno a esta doble palabra (Midrash, Talmud, Responsa, Códigos, Comentarios, Culto sinagogal...; incluso su creación literaria «secular» estará condicionada, hasta nuestros días [33], por esa doble palabra), lo que le dará cohesión como grupo y significación como pueblo-nación.

A partir de este momento y por casi 19 siglos, el judaísmo es pura diáspora, con una nostalgia aparente de la tierra; nostalgia que no es suficiente para ponerle en marcha de vuelta a Jerusalén. La posibilidad de reconstruir el templo queda fuera de propósito. Ahora no hay ningún poder político, ningún Ciro, ni romano, ni cristiano, ni islámico que lo fomente y patrocine, ni siquiera que lo tolere. Se da, al contrario, la usurpación (el califa Abd-el-Malik construye la Mezquita de la Roca, *Qubatu-ṣ-Ṣaḥrat*); Jerusalén pasa a ser ciudad sagrada del Islam, la nueva religión imperante que se tiene por legítima heredera del antiguo Dios judío y su Palabra. Palestina como tierra de Yahweh ha perdido su aliciente y aunque en época islámica, califal y

[33] La secularización de la moderna literatura hebrea es un hecho; véase Y. ZAKOVITCH, «The Century of the Bible Draws to a Close», *Modern Hebrew Literature,* Spring-Summer 1999, pp. 3-9.

sobre todo otomana, el retorno sea posible (los judíos gozan de libertad tolerada como *'ahlu-l-kitab*, aunque espurio, incluso como una minoría colaboracionista en el contexto otomano)[34], sólo unos pocos escucharán la voz de la nostalgia («el pesar del retorno») para instalarse en la suave Galilea (Safed, Séforis, Tiberiades...), no en la áspera Judea, Jerusalén incluida, entregados a una nueva búsqueda de Yahweh por la vía místico-cabalística, no cultual, al margen de toda reivindicación política de la tierra[35]. En Jerusalén, durante siglos, sólo una minúscula, breve comunidad dará testimonio de pertenencia y presencia judía, a la que no se puede atribuir significación política alguna[36].

Ni siquiera el renacer y ennoblecimiento de la conciencia de pueblo que supuso la Haskalah, como final de la Edad Media judía, despertó el anhelo del retorno y la reconstrucción nacional en su territorio. Se trataba de un renacer cultural en el contexto de la Europa Central de la Ilustración para la que Oriente era objeto de esnobismo curioso, pero en el fondo de menosprecio. En ese ennoblecimiento de la conciencia nacional el modelo diaspórico estaba perfectamente asumido: se trataba de garantizar la aceptación del judaísmo en el contexto cultural europeo y a su vez la adecuación del mismo a las exigencias de tal aceptación. Con ello se esperaba sacar al judío del gueto y redimirlo del secular aislamiento y expulsión para convertirlo en ciudadano ilustre de pleno derecho. Los nuevos aires soplaban en esa dirección[37].

[34] Véase G. KRÄMER, *Historia de Palestina. Desde la conquista otomana hasta la fundación del Estado de Israel*, Madrid 2006.

[35] Véase más arriba el relato de José de la Reina, pp. 321 y ss., y su sionismo escatológico. Sobre los cabalistas de Safed, cf. G. SCHOLEM, *Kabalah*, Jerusalén 1974, pp. 67-79.

[36] Sobre la población judía en Palestina, y en concreto en Jerusalén, véanse las estimaciones («The Jewish Population») para los diversos periodos históricos ofrecidas en las entradas colectivas *EnJud*, vol. 9, cols. 108-301 («Land of Israel»), 1378-1593 («Jerusalem»).

[37] Véase más arriba n. 16; AA.VV., «Haskala», *EnJud*, vol. 7, cols. 1433-1451.

III. REDENCIÓN Y CONFLICTO.
EL RESURGIR DE LA CONCIENCIA NACIONAL

Pero ésa no era la situación general en Europa y no lo era sobre todo en el Oriente eslavo, donde las sucesivas expulsiones habían acorralado a la masa de judíos de Europa. A la tragedia de la persecución sistemática de sus comunidades se unió el renacer romántico del nacionalismo que reclamaba la afirmación política de la conciencia nacional de los diferentes grupos étnico-lingüísticos en el contexto de una Europa políticamente invertebrada a la que las guerras napoleónicas y la reacción conservadora habían tensado al extremo.

En ese contexto aflora, como es bien sabido, el nacionalismo judío en forma de «sionismo», proclamado y articulado por T. Herzl en su folleto *Der Judenstaat* (Viena 1896). Llegamos así al momento clave de nuestra disquisición[38]. Era la respuesta de la diáspora judía, que había mantenido su identidad de grupo, a una situación que la actitud hostil del medio cristiano en que se había enquistado perpetuaba y exacerbaba, hasta hacerla imposible como forma de existencia y persistencia del judaísmo. Era un nuevo «retorno» proclamado y decretado esta vez por un grupo de «movidos», en rebelión contra tal situación, en el que el decreto de Ciro se convierte en el decreto de Herzl proclamado de hecho en el Congreso de Basilea (1897)[39]. El sionismo reclamaba y proclamaba tal retorno como la única posibilidad de persistencia histórica del pueblo judío. Se trató de un retorno «laico», privado de toda motivación religiosa y basado únicamente en la propia

---

[38] Véase T. HERZL, *El Estado judío*, Zaragoza 2004. Sobre el origen de sionismo moderno véase D. GOODBLATT, *Elements of Ancient Jewish Nationalism*, Cambridge 2006, una exposición sumaria y sencilla la ofrece J. TSUR, *El sionismo. La epopeya de un pueblo*, Madrid 1980; para más detalle véase el amplio tratamiento colectivo, «Zionism», en *EnJud*, vol. 16, cols. 1031 y ss.; y el relato literario de M. LEVIN, *Los pioneros de Israel*, Barcelona 1974. Para el estado de la cuestión en la actualidad L. J. SILBERSTEIN, *The Postzionism Debates. Knowledge and Power in Israeli Culture*, Nueva York-Londres 1999.

[39] Véase Y. HAZONY, *The Jewish State. The Struggle for Israel's Soul*, Nueva York 2001, p. 121.

414   *La actualidad del judaísmo*

voluntad de pervivencia histórica. La religión había sido sin duda el aglutinante básico que había salvado y dado coherencia a ese pueblo a lo largo de su angustiada historia. Ahora se podía prescindir de ella (la fe no resultaba ya hábitat adecuado y suficiente) y se requería una organización estrictamente política e independiente del pueblo judío, que le liberase de la opresión histórica que había padecido y estaba padeciendo. En contra de lo que acaeció en el primer retorno, no era la benevolencia del soberano en cumplimiento de una profecía de su Dios lo que lo determinaba, sino la revuelta del pueblo oprimido contra el opresor, apoyado únicamente en su propia capacidad de supervivencia. Este sionismo laico partía de un *élan* distinto del del primer exilio-retorno; marchaba hacia un Estado, una patria soberana, no hacia una provincia/región autónoma. Nacía de un acto de «rabia», no de «fe», aunque muchos piadosos judíos encontraran luego en esa osadía el cauce adecuado por el que reconducir la nostalgia histórica de su tierra. Nacerá así un sionismo religioso junto al laico originario. Pero sectores ortodoxos lo declararon blasfemo en cuanto tal y otros, más pragmáticos, lo consideraron simplemente inviable e innecesario[40]. Es paradigmática a este respecto la opinión de G. Steiner:

> Sería, creo, algo escandaloso... que los milenios de revelación, de llamamientos al sufrimiento, que la agonía de Abraham y de Isaac, del monte Moriah y de Auschwitz tuviesen como resultado final la creación de un Estado-nación armado hasta los dientes, de una tierra para especuladores y mafiosos como todas las demás. La «normalidad» sería para los judíos otra vía de desaparición. El enigma, acaso la locura, de la supervivencia debe responder a un llamamiento más elevado. Uno inherente al exilio[41].

---

[40] Véase la obra de Hazony, citada en nota anterior, que ofrece una detallada descripción de la dura lucha interna que la idea del «Estado judío» desencadenó en la sociedad judía y en particular de la oposición a la misma por parte de intelectuales y hombres de letras, de Ahad Ha'am a Buber. Véase mas abajo, n. 69, la obra de I. Pappé.

[41] Cf. G. STEINER, *Errata. El examen de una vida*, Madrid 2001, p. 76. Pero aparece en Steiner una cierta antinomia al respecto cuando habla del Estado de Israel como «milagro indispensable» (véase pp. 76, 195).

El Estado de Israel resulta una operación de supervivencia, hacia dentro, del pueblo judío. Pero éste ha tenido y tiene, hacia fuera, en la historia una misión más decisiva (aunque es posible que tal misión se dé hoy mismo por agotada). Incluso S. Bellow en su «ida a Jerusalén y vuelta a Chicago» [42], con su visión aguda de la situación (1976) y su favorable valoración de Estado de Israel, no puede menos, como hijo de la diáspora, de asegurar:

> A veces pienso que hay dos Israel. El real es territorialmente insignificante. El otro, el Israel mental, es inmenso, un país inestimablemente importante y que desempeña un papel en el mundo, tan amplio como toda la Historia ... y quizá tan profundo como un sueño.

De todas las maneras, el gran problema a que se enfrentaba el sionismo era el del territorio en que materializar su aspiración. No se podía aspirar a proclamar la independencia, ni siquiera la «autonomía», de una parte del espacio en que sus comunidades se hallaban dispersas; en todos los lugares éstas vivían como de prestado, como realidad en el mejor de los casos tolerada, aunque ellas se sintieran profundamente arraigadas en aquel territorio y sociedad civil de la que habían asimilado en gran parte las tradiciones culturales. Aquél era territorio de otros pueblos, estabilizado de acuerdo con alguno de los modelos arriba expuestos. Allí los judíos políticamente eran huéspedes tolerados, diáspora. No lo habían invadido ni conquistado, estableciendo allí su espacio nacional, como una fuerza agresiva que se impusiera. A lo largo de toda su historia los judíos han sido siempre una realidad simbiótica, casi parasitaria en la visión de sus connacionales. Por otra parte, pronto quedó claro que si algún territorio tenía sentido como hogar del judaísmo ése era el de Palestina, de donde habían sido arrojados hacía 18 siglos por última vez. Estaba por tanto

---

[42] Cf. S. BELLOW, *Jerusalén, ida y vuelta*, Barcelona 1977, p. 189. En su conversación con M. Janowitz, cita la frase de éste: «el futuro de los judíos descansa en la combinación del impulso sionista con los dilemas de los judíos dispersos por todo el mundo» (p. 240).

claro que para volver allí el sionismo debía adoptar un modelo distinto de los que habían operado a lo largo de la historia, en ese sentido debía obrar *en contra de la historia*. En virtud de esos modelos Palestina era ya un territorio de otra etnia, primero por invasión y conquista (árabe) y luego por conquista y anexión (turca). La escasa población judía estaba también allí acogida como huésped, como diáspora en su propia tierra, cabría a lo sumo decir. Como asegura W. Laqueur:

> la tragedia del sionismo fue que apareció en la escena internacional cuando no había ya espacios vacíos en el mapa del mundo[43].

Pero fue precisamente la indefinición política creada por la anexión turca la que posibilitó la acción sionista. En una Palestina árabe, integrada en el Califato o como unidad política independiente, el sionismo hubiera sido inviable. Pero el Imperio turco, no «turquizó» sus territorios extra-anatólicos, exteriores a su centro originario de invasión-conquista, afirmado como tal[44]. Ni siquiera suplantó la lengua o impuso sus instituciones (en realidad, pueblo originario de las estepas asiáticas, no las tenía y las tomó de los árabes: religión, escritura, escuela...). Los territorios anexionados fueron simplemente sometidos a través de una férrea presencia militar (incluso feroz, a través de las tropas «irregulares»)[45] y una burocracia

---

[43] Cf. W. LAQUEUR, *A History of Zionism*, Nueva York 1972, citado por S. BELLOW, *Jerusalén, ida y vuelta*, p. 233.

[44] Sobre el colonialismo/imperialismo turco véase la obra citada en n. 34. Nunca se resaltará demasiado la responsabilidad del mismo en el destino de la nación árabe en este y en otros casos. Véase M. HEPER, «Center and Periphery in the Ottoman Empire», *International Political Science Review* 1/1 (1980) 81-104.

[45] Véase a este propósito la directa y viva descripción que del sistema administrativo turco en el territorio de Mosul hace A. H. LAYARD, *Ninive and its Remains* I/II, Piscataway 2001 (reimpresión de la edición original de 1856). Cabría comparar las fuerzas «libres» (de origen albano-kosovar principalmente) del Imperio otomano y los nuevos mercenarios de Bush en Irak; se trata de «compañías privadas» en guerras internacionales, esto es, de la privatización de la guerra cono negocio. No es nada nuevo; los guerreros de fortuna son bien conocidos en la historia. El mismo David encarnó tal figura según la Biblia.

fiscal insaciable, contando siempre con la oposición más o menos solapada de sus súbditos árabes. Esto hizo que otros grupos étnico-religiosos gozaran de mayor confianza y permisividad, como los cristianos. La religión era el elemento que amortiguaba la situación opresiva. Imperando en nombre de Allá y asumiendo la Palabra de su Mensajero, el Sultanato otomano se hacía perdonar su tiranía. Al árabe urbanita se le hacía muy difícil rebelarse contra ella. Sólo el arabismo beduino, poseedor de una conciencia peculiar y autónoma, convenientemente solivantado por las potencias occidentales, se le rebelaría.

De ese modo, si no consiguió el sionismo un compromiso para crear una zona de exclusión política propia en Palestina, sí que pudo instalarse allí siguiendo un modelo civil: el de la compra y explotación del terreno, un tipo de neocolonialismo aparentemente mitigado y civilizado, que permitía disimular su intención última. Este modelo no otorgaba derechos políticos, pero garantizaba un ámbito propio de presencia en la tierra, dentro del sistema de tolerancia que el Imperio turco proporcionaba. Sobre esta base estratégicamente programada como un estadio previo y provisional de cara a la meta política final, se montó el retorno *(ᶜalîyāh)* a Palestina de masas de judíos que vivían en condiciones deplorables en territorios eslavos y se crearon las instituciones germinales (Agencia judía, *Wahad hallāšôn* o Academia de la lengua, etc.) que dejaban clara la meta última. Lo que al final no pasó desapercibido a las autoridades turcas, que en un principio no se habían sentido preocupadas por aquella inmigración: los judíos eran una grupo étnico-religioso que había sido bien recibido y tratado a lo largo de los siglos en todos los ámbitos del Imperio turco, tanto en la propia Anatolia como en Grecia, los Balcanes y el Próximo Oriente. Y allí fue donde la diáspora judía se cobijó hasta mediados del siglo xx.

En este contexto el sionismo hubo de negociar su cambio de fidelidad, ahora ofrecida a las potencias occidentales, enemigas del Imperio turco en la primera guerra mundial. No se puede olvidar que, a pesar de su raigambre y nostalgia oriental, el judaísmo había hecho desde hacía siglos su opción por la cultural occidental. Premio a esa fidelidad y ayuda fue la «declaración Balfour»[46], una declaración de intenciones que adquiría a los ojos del comprometido sionismo el valor de «decreto de Ciro», que legitimaba y posibilitaba políticamente, en perspectiva de futuro, su presencia hasta ahora meramente civil en Palestina. Pero los ingleses, ahora dueños de la situación por el Mandato sobre Palestina encomendado por la Liga de las Naciones, pronto se arrepintieron de sus promesas, enfrentados al problema que la historia había creado y ellos mismos reconocido: el de la presencia secular política de la población árabe en Palestina y la colaboración que también los árabes les habían prestado en su guerra contra los turcos.

Después de la primera guerra mundial, Palestina, y los países árabes en general, pasó de un régimen de anexión imperfecta, sin derechos políticos (derechos muy menguados en un régimen totalitario como el otomano aun para sus súbditos naturales), a un régimen de autonomía controlada (Mandato), que tampoco permitía su vertebración. Fueron los cinco siglos de desierto político creado por la opresión turca los que equipararon a esa parte del Levante árabe a un territorio colonial, a una nueva África por descolonizar. Y en ese contexto se sitúa el obsceno reparto de la zona entre ingleses y franceses. Y en él pudo en principio prosperar el sionismo como un hecho ya irreversible, que la tarda reacción inglesa ya no pudo contener y que empezó a volvérsele en su contra[47]. A partir de los años treinta la presencia judía en Palestina es un hecho sociológico irrefutable. El sionismo había creado un nuevo modelo de implantación territorial: el de la invasión-infiltración, basado en un remoto derecho a la tierra original del grupo y en la coerción extranjera impuesta al otro grupo que la habitaba y poseía desde siglos, después de haber aguantado y superado sucesivas conquistas e invasiones: mongoles, cruzados, etc.

[46] Véase a propósito de la declaración Balfour y el papel de Weizman en el momento S. BEN AMI y Z. MEDIN, *Historia del Estado de Israel*, Madrid 1981, pp. 37 y ss., 61 y ss.; la colaboración colectiva «State of Israel (and its Antecedents)» en *EnJud*, vol. 9, cols. 301-1046, y los posteriores *Yearbooks*.

[47] Aparte de las secciones que las historias del Israel moderno dedican al tema, una viva y apasionada descripción del mismo puede leerse en T. NOLIN, *La Haganah: el ejército secreto de Israel*, Barcelona 1975.

Después del inaudito y brutal episodio del Holocausto ejercido sobre la diáspora judía europea, la conciencia sionista no hizo más que tensarse al extremo y encontrar su máxima justificación, volcando por tanto todo el judaísmo de lado de los aliados, incluida la colaboración militar[48]. La conclusión de la segunda guerra mundial trajo consigo la normalización política del Levante árabe con el reconocimiento como estados independientes de los territorios repartidos y colonizados después de la primera, operación que si se hubiese llevado a cabo entonces hubiera quizá frustrado el intento sionista, todavía no afirmado numérica ni estructuralmente en el territorio de manera suficiente.

Pero tal operación dejó fuera la definición política de Palestina como Estado, encomendando a la Potencia mandataria la solución del problema surgido en ella por la presencia de dos grupos implantados que reclamaban iguales y encontrados derechos políticos a su constitución como Estado independiente. Se trataba de la creación de tal Estado (fundado en la presencia por inmigración [recuérdese al inmigrante Abrahán], pues los derechos «bíblicos» no contaban políticamente) de un grupo en el territorio del que fue arrojado y que era ahora de otro pueblo que lo reclamaba por un similar derecho (de conquista-invasión), igualmente histórico, territorio del que no había sido desplazado y que lo veía ahora usurpado. El imperio británico se declaró incapaz de solucionar este nudo gordiano y la ONU hubo de asumir la responsabilidad de dar una respuesta. Ésta, duramente trabajada, se resolvió positivamente para el sionismo por un voto de diferencia sobre los dos tercios de las naciones votantes[49]. El pueblo ju-

---

[48] Un lúcido análisis de lo que ha significado o se ha hecho significar al Holocausto para el Estado de Israel es llevado a cabo por I. ZERTAL en sus obras *La nación y la muerte* (Madrid 2010) e *Israel's Holocaust and the Politics of Nationhood* (Cambridge 2005); *vid. infra,* n. 51.

[49] Sobre la génesis de la recomendación/resolución 181 de la ONU de 29-XI-1947, que sancionaba la división de Palestina en dos Estados, véase S. BEN AMI, *op. cit.*, pp. 71 y ss. Una detallada descripción de la gestación del voto la ofrece X. BATALLA en un artículo de *La Vanguardia* de 24-XI-2007. Tanto el armisticio de 1949 como la resolución 242 del Consejo de Seguridad de la ONU (septiembre de 1967), finalizada la guerra de los «Seis días», sancionaron de hecho un cambio

dío sí que tenía ahora su «edicto de Ciro», que legitimaba internacionalmente su aspiración, nacida y programada apenas 50 años antes. Podemos así decir que el Imperio turco por dejadez, el Mandato británico por impotencia y las Naciones Unidas por atribución[50] (acaso por mala conciencia, dirían los árabes) fueron el moderno Ciro que hizo viable políticamente el sionismo y su fruto, el Estado de Israel[51]. Como en el primer exilio el retorno se posibilitó gracias al derrumbamiento de la potencia opresora, el Imperio neobabilónico (lo que reactivó la ilusión mesiánica) y el cambio de política impuesto por la nueva potencia dominante, los aqueménidas, que abocó al mentado «edicto de Ciro», también en esta ocasión el resurgir del renacimiento nacionalístico decimonónico junto a la indefinición política generada en la zona por la presencia opresora turca, con su derrumbe político y militar, y el decisivo apoyo internacional y su resolución hicieron viable el nuevo retorno y su consolidación.

Estamos ante un nuevo modelo de implantación territorial de un grupo humano. Sobre la base de un proceso de invasión-infiltración-inmigración se fue generando un proceso de implantación-segregación-secesión que se pretendió legitimar por vía de decisión política internacional, pero que tuvo en definitiva que imponerse por la vía de la fuerza de las armas (propias y de los amigos), que ha sido el modelo según el cual se han resuelto históricamente estos procesos[52].

---

de fronteras («retirada hacia fronteras seguras y reconocidas») que tenía poco que ver con el plan de la primitiva partición. Véase S. Ben Ami, *op. cit.*, pp. 203 y ss.

[50] Lo primero que cabe preguntarse es si la ONU tenía competencia, amén de capacidad, para resolver este conflicto. Los árabes nunca lo reconocieron. Para ellos es un acto de injerencia y agresión. Pero si ella no, ¿qué otra instancia podía decidir en un proceso de «descolonización» como éste, con un «Mandato» por medio?

[51] A. B. Jehoshua analiza con su habitual clarividencia la situación creada por la división de 1947 en su artículo de *La Vanguardia*, 21-XI-2007, «La partición palestina: 60 años».

[52] No se reparó en métodos del más puro cariz «terrorista» y de «limpieza étnica» adecuadamente silenciados (véase W. R. Polk, «La tragedia palestina», en *El conflicto Israel-Palestina* [La Vanguardia Dossier, 25], Barcelona 2007, pp. 14 y ss. que cita a B. Morris: «Sin la expulsión de los palestinos [unos 700.000], un Estado judío nunca habría surgido aquí. ... Hay circunstancias en la historia que jus-

Como consecuencia de ese enfrentamiento la otra parte quedó temporalmente absorbida por (Trans)Jordania y se acabó abandonándola a la ocupación israelí según un modelo de conquista-no anexión, pero tampoco reconocimiento[53].

El resultado es que la afirmación del judaísmo como Estado de Israel a través del motor sionista es un hecho irreversible en Palestina. El judaísmo sionista tiene tanto derecho para reclamar la legitimidad de su éxito (al margen de si la motivación fue el renacido nacionalismo, la liberación de la persecución zarista y nazi o la afirmación de su derecho ancestral a la tierra) como la tuvo el Islam para afirmarse en el Levante, los romanos para invadirlo, Alejandro para conquistarlo, los persas aqueménidas para anexionarlo, etc., aunque tal derecho hoy ya la situación histórica y la evolución de la conciencia humana propenda a no reconocerlo como válido y consiguientemente se acepte la ocupación establecida como la poseedora de un derecho inalienable garantizado por alguno de los sistemas operantes hasta nuestros días... En el fondo representa el triunfo de la tenacidad de la conciencia nacional y de la inteligencia desplegada para planear su afirmación. Cierto que las circunstancias la posibilitaron y las complicidades la favorecieron y sostuvieron; cierto que su

tifican la limpieza étnica...»; B. MORRIS, *The Birth of the Palestinian Refugee Problem, 1947-1949*, Cambridge 1989; IDEM, *The Birth of the Palestinian Refugee Problem Revisited*, Cambridge 2004 [pero cf. E. KARSH, *Fabricating Israeli History: The New Historians*, Londres 2000]); opinión similar expresaba ya Laqueur en 1977: «Su (de los sionistas) pecado fue que se comportaron como otros pueblos. Las naciones-Estado nunca han nacido pacíficamente y sin injusticias. En el centro de todo Estado, en sus mismos cimientos, como ha dicho recientemente un escritor, yace una masa de cadáveres» (citado por S. BELLOW, *Jerusalén, ida y vuelta*, p. 232); I. PAPPÉ, *The Ethnic cleansing of Palestine* (One World Publications), Oxford 2006. Es la misma ideología que impulsa al «terrorismo» palestino que ahora debe sufrir Israel. Las situaciones resultan altamente paralelas dentro de su desproporción.

[53] Recuérdese a este respecto el modelo seguido por las potencias vencedoras con la Alemania ocupada. No obstante, la situación geopolítica difiere profundamente. Para una descripción de todo el proceso de lucha del sionismo para desalojar a la potencia mandataria y afirmarse frente a la oposición árabe puede verse T. NOLIN, *op. cit., supra*, n. 47.

contrincante tuvo un despertar nacional más tardío, menos implicado (ellos no tuvieron que emigrar, estaban en casa y esto hacía obvio su derecho) y sobre todo sociológica y culturalmente no tan desarrollado (aun saliendo del gueto, los inmigrantes judíos llevaban la mentalidad y la tecnología europeas al Oriente árabe, que salía entonces de su prolongada turca Edad Media en una precipitada *Naḥḍat*, «resurgimiento», más cultural que política[54]); cierto que la mala conciencia occidental y el apoyo del judaísmo americano jugaban en su favor (con la asunción del «mito del holocausto» como patrón/parámetro configurador del judaísmo moderno)[55]; cierto que contó con la sanción internacional que lo legitimaba. Pero en definitiva el Estado de Israel es estrictamente un triunfo del nacionalismo judío. Esto da idea de la fuerza que su conciencia de identidad como pueblo adquirió a lo largo de la historia, respondiendo con esta formidable resurrección a la pasión milenaria a que aquélla le sometió.

IV. Soluciones: pragmatismo y utopía

Pero es igualmente cierto que ese logro, su afirmación como Estado independiente, no ha solucionado el problema sobre el que se fraguó tal afirmación. Y es precisamente lo anómalo de la misma y la evolución de la conciencia histórica de la humanidad (que obligó a buscar la solución en una resolución de las Naciones Unidas) lo que ha dificultado la solución. Si todavía en nuestros días fueran válidos los modelos de conquista-anexión para establecer las fronteras, quizá el problema hubiera desaparecido e Israel hubiera alcanzado su dimensión deseada. Véase el caso de la conquista-anexión del Tíbet por China. Pero lo que se toleró a ésta no se le permitió a Iraq cuando invadió Kuwait, con mejor base geopolítica para hacerlo, dado el artificial desmembramiento del territorio impuesto por el colonialismo

[54] Véase a este propósito J.-M. ABD-EL-JALIL, *Histoire de la littérature árabe*, París 1943, pp. 217-223.

[55] Véase la obra de J. NEUSNER, *Stranger at Home. «The Holocaust», Zionism, and American Judaism*, Chicago 1961.

que aquí operaba y las coordenadas histórico-culturales en nada parecidas a las que ofrecía Tíbet respecto a China. En el fondo la política de asentamientos pretende lograr la anexión por infiltración «legal» (compra, explotación y asentamiento en el terreno, declarada internacionalmente ilegal y así reconocida en gran manera por el mismo Estado de Israel), pero a su vez sus promotores proclaman abiertamente su exigencia de que los palestinos se exilien a otro lugar, al ámbito árabe, porque aquellas tierras que el judío trabaja legalmente por derecho civil le pertenecen políticamente por derecho histórico, según el más cabal ideario sionista.

Pero es que, además, tal solución, militarmente factible y de hecho impuesta, no le conviene a Israel, pues éste subsiste mejor en la confrontación que en la concordia, a no ser que la misma fuera acompañada por ese proceso de desalojo, proceso que se logró (voluntaria u obligadamente) en el territorio primeramente asignado en la partición salomónica de 1947 y que se ha perpetuado bajo el problema de los refugiados. Israel no puede asimilar los millones de palestinos en una estructura democrática que acabaría por escapársele de las manos por simple demografía. Amén de que la misma instancia que legitimó su existencia le ha requerido una y otra vez retirarse de los territorios reiteradamente ocupados (guerra de liberación, campaña del Sinaí, de los «Seis días», de *yôm kippûr*). Ya no se toleran ocupaciones-anexiones, ni aun como fruto de victorias (recuérdese la mencionada reorganización de la Alemania ocupada), a no ser, naturalmente, que el ocupante sea una «gran potencia» que puede ignorar los gritos en contra. Requerimiento que ha topado con el inflexible rechazo por parte de Israel de aquella autoridad que le legitimó, rechazo que a su vez ha encontrado de hecho una comprensiva tolerancia por parte de sus eficaces amigos. Lo que, como consecuencia, ha degenerado, por una parte, en el triste espectáculo de desobediencia y desprestigio de la instancia internacional y, por otra, en el denominado conflicto árabe-israelí, es decir, la explosión del nacionalismo palestino, que como tal tiene la misma componente de tenacidad que desarrolló el sionismo y goza, a su vez, de la simpatía que despierta el oprimido, como la disfrutó el judaísmo para su proyecto de restauración.

Se trata de un conflicto que enfrenta dos nacionalismos con diferentes parámetros de apoyo, pero con una misma intencionalidad: afirmarse como realidad política (si es posible única) sobre un mismo territorio. A esta aporía la solución primera y la que ahora se busca es la de la partición. Lo que supone que una parte ha de renunciar a la idea de la *Ereṣ Israel* histórica y la otra a la Palestina global árabe de la época califal-otomana. Tal solución evidentemente es difícil de implementar: no hay línea clara ni geográfica ni históricamente que avale tal bipartición, es insatisfactoria para el sentimiento nacionalista (a unos «niega», a otros «roba» una parte), y deja, por consecuencia, vivas las raíces del conflicto. Tal nacionalismo en su radicalidad lo que pretende es expulsar al contrario, al que se considera usurpador en razón de la propia razón histórica. Hubo históricamente fragmentaciones de este territorio, pero siempre como subdivisiones administrativas dentro de unidades más amplias o bien subdivisiones políticas (ciudades-estados o reinos), definidas desde dentro de ellas mismas por el grupo étnico que las ocupaba, al margen de toda pretensión de dominio sobre todo el territorio, a no ser por un proceso clásico de conquista-anexión[56]. Lo que ahora se plantea es una «solución» completamente diferente y enormemente ardua.

Desde luego, es impensable que Israel acepte retroceder a las primitivas fronteras asignadas a su Estado en 1947. Las ha ido modificando como consecuencia de las sucesivas guerras o conquistas-invasiones, que acabaron en anexiones parciales. Algunas de éstas, ligadas a la explotación de los recursos hídricos, le resultan vitales e irrenunciables, otras vienen impuestas por razones de seguridad. Pero a su vez, será seguramente mucho pedir que los palestinos las acepten y reconozcan su legitimidad. La aceptación sólo puede ser fruto de un compromiso impuesto al débil y que éste tiene que aceptar como mal menor (o esto o nada). La frontera será una herida en la tierra y en el corazón de la gente, de todos, de judíos y palestinos. La posibilidad de encontrar una división razonable y sostenible del territorio en dos

---

[56] Pueden verse a este respecto las obras clásicas de F. M. ABEL, *Géographie de la Palestine*, París 1938; G. E. WRIGHT y F. V. FILSON, *The Westminster Historical Atlas of the Bible*, Filadelfia ²1956.

estados independientes con «todos los derechos políticos reconocidos» resulta muy improbable; es claro que los palestinos habrán de aceptar muchas renuncias que hagan asumibles para Israel su presencia y existencia: desmilitarización (la del propio Israel resulta impensable, aunque la total sería el ideal utópico para la zona), recursos hídricos, control de fronteras, zonas estratégicas de asentamiento, etc. Los israelíes están ahora más dispuestos a aceptar una división del territorio ante la imposibilidad de imponer otra solución que el concierto internacional les tolere y después de haber experimentado la dureza de la situación a que se han visto abocados y que empieza a hacer mella en muchos de sus ciudadanos. Situación que les obliga a mantenerse en posición beligerante constante con respuestas que acaban por enajenarles la simpatía de sus propios amigos. Como gente moderna y demócrata entienden las razones del contrario[57].

La superioridad militar israelí, eficaz en el enfrentamiento bélico, no puede ni podrá (y esto lo ha descubierto ahora) desarmar el sentimiento nacionalista palestino, que se ha revelado tan intenso como el sionista, ni proporcionar a su pueblo la sensación de seguridad en un contexto de enemistad por parte de los países de su entorno[58]. Aún más, una situación de cohabitación momentánea, una auténtica ilusión de paz, sería el mayor peligro para el Estado judío, que aguanta mejor –lo apuntábamos más arriba– apoyado en su poder militar, a pesar de lo duro que esto pueda resultar[59]. La demografía y el desarrollo

[57] Véase la serie de artículos de A. B. JEHOSHUA en *La Vanguardia*: «Así están las cosas» (1-XII-2002); «Contribuir a la esperanza» (21-I-2007); «El movimiento Paz ahora» (12-V-2008); «Un Estado israelí» (26-X-2008).

[58] Los cristianos españoles tardaron ocho siglos en expulsar al «moro» intruso. La religión fue su fuerza dinamizadora: es conocida la imagen del arzobispo de Toledo, Rodrigo Jiménez de Rada, cabalgado junto al rey de Castilla en la batalla de las Navas de Tolosa. Aunque no blandiese la espada, infundía vigor a las de todos sus fieles soldados, como Moisés orando en el combate contra los amalecitas (Ex 18,8ss.).

[59] Véanse los testimonios citados más arriba en nn. 47, 52; amén de las informaciones de prensa continuas que hablan de ataques selectivos, preventivos y de represalia, con muertes de inocentes, por parte de las fuerzas armadas israelíes. Se trata de acciones posiblemente irrenunciables para su seguridad, pero segura-

social y cultural al que están abocados los países árabes, a pesar de su actual retraso, acabarían por anegarle. Es sólo cuestión de tiempo. Cualquier vaivén político internacional podría, por otra parte, avivar el conflicto, desde posiciones cada vez más desfavorables para Israel.

Mentes clarividentes e irreprochablemente sionistas[60] abogan por una intervención exterior, la misma que legitimó al Estado judío y «decretó» su existencia, como la única que puede garantizar una solución duradera. Quizá sea la única que puede valorar neutralmente y equilibrar las razones y pretensiones de cada una de las partes. Pero dada la fragilidad y versatilidad del consenso que supone y la inoperatividad demostrada por la instancia internacional para imponer el acatamiento de sus decisiones, las partes tendrían muchos motivos para no confiar en la consistencia de tal intervención y en su acatamiento por el otro. En todo caso, tal intervención externa se plasmaría en el diseño de un proceso de partición, que es la única tesis que el pragmatismo político permite tener en cuenta.

Pero ya de antiguo la extraña y única situación geopolítica creada en Palestina por la moderna inmigración judía sionista y su diestro y bien programado proceso de asentamiento en ella, evocaron un modelo distinto y también prácticamente novedoso (no se conocen otros ejemplos en la historia: a lo sumo casos de minorías a las que se les ha otorgado independencia jurisdiccional, pero no política) como solución posible, al menos, imaginable, el de la co-nacionalidad territorial[61]: dos pueblos (dos naciones, dos estados) en un territorio (no dos estados separados y un territorio, lo que es falaz: dos estados separados son siempre dos territorios; lo que se parte y reparte es el territorio). En la solución apuntada el territorio no se parte, sino que

mente ilegítimas desde el punto de vista del Derecho internacional. Véase también I. Zertal, *Lords of the Land: The War for Israel's Settlements in the Occupied Territories, 1967-2007*, Nueva York 2007.

[60] Véase S. Ben Ami, *¿Cuál es el futuro de Israel? Una entrevista...*, Madrid 2002: «En la actualidad Israel no dispone de instrumentos para llevar a los palestinos a una decisión pragmática. Sólo la comunidad internacional dispone de semejantes instrumentos...» (p. 463).

[61] Véase *infra*, n. 69, las opiniones de I. Pappe.

se comparte. Todo entero es el territorio-patria de cada pueblo, que mantiene sobre todo él su propia jurisdicción, ordenamiento social y estructura política; cada uno habla su propia lengua en el sentido más amplio y generoso. Cada miembro del respectivo grupo puede establecerse y moverse por todo el territorio con entera libertad y la dimensión demográfica no afecta a su futuro nacional, el concepto de «minoría» es inoperante. Se trataría de dos naciones en paralelo, no integradas en un solo ordenamiento jurídico y político único, sino poseedora cada una del suyo propio. A lo sumo se habría de implementar un mecanismo jurisdiccional mixto para la resolución de conflictos que enfrentaran a sujetos de diferente régimen jurídico. Las leyes comunes serían en realidad leyes propias de cada parte, adaptadas a su propio ordenamiento, cuando esto fuera preciso, sin la existencia de un órgano legislativo único.

No se trata, repito, de ninguna propuesta nueva, pero sí profundamente utópica, vista desde la radicalidad y exclusividad con que se vive el sentimiento o la conciencia nacionalista. No voy a entrar aquí a perfilar las objeciones de tipo psicológico, jurídico, político y operativo que contra tal propuesta pueden levantarse: no hay tradición política al respecto. Supone en el fondo un grado tal de magnanimidad y apertura histórica, que sólo se puede encomendar su posible vigencia al desarrollo futuro de la conciencia humana y de su auténtica globalización, cuando el hecho de ser hombre, la «humanidad», prevalezca sobre la «territorialidad», cuando el planeta tierra empiece a ser una patria común y las diferencias no encuentren fronteras, sino caminos abiertos para afirmarse[62]. De momento estamos todavía en el mundo de las naciones-patrias, que se definen por oposición, en las que el esfuerzo por afirmar la diferencia y asentarla en un territorio constituye el sustrato de la épica nacional y sus hazañas gloriosas, todas ellas bañadas por la propia sangre y la del otro, derramadas con una generosidad y una codicia parejas en el intento de poblar la tierra y hallar en ella su acomodo.

---

[62] Esta perspectiva nada tiene que ver con la de la e/inmigración, que es un proceso impuesto por la necesidad de subsistencia.

Aun admitiendo el carácter utópico de la propuesta y puesto que se trata de dos grupos humanos configurados según dos de las formulaciones religiosas más ricas y matizadas de nuestro mundo actual, plenamente vigentes y que más «Palabras de Dios» y tradiciones compartidas detentan, permítaseme intentar bucear en las mismas para detectar posibles atisbos de tal perspectiva en las relaciones humanas. Como tradiciones religiosas en el fondo ofrecen programas utópicos, configuraciones del mundo y de la felicidad escasamente asumibles y realizables en su estricta formulación. Pero a pesar de su carácter simbólico y utópico, representan los más altos y nobles esfuerzos del hombre por dar sentido a su existencia y normatividad a su conducta, sobre todo a su convivencia, y como tales la han configurado y continúan haciéndolo en un amplio sector de la humanidad.

Las dos transmiten su mensaje religioso de percepción de lo divino, de lo absoluto e ideal en su momento, como configuración de su avatar histórico. En ambos el «mensajero» o profeta del Verbo Divino (Moisés y Mahoma) se presenta como el líder político de su propia comunidad en la que aquel mensaje ha de encarnarse como fe y *modus vivendi*.

Llaman la atención las semejanzas que el proceso de afirmación sionista guarda con el proceso de asentamiento primero de los «hijos de Israel» en Canaán asumido por su memoria histórica. También en este caso el «judío errante» («un arameo errante...»), el padre arameo Abrahán, políticamente nos aparece como un *gēr*, como un inmigrante en tierra ajena, aunque esperada teológicamente como suya, lo que históricamente significa que allí se entra con voluntad de ocuparla: el divino inmigrante es históricamente un infiltrado, probablemente un invasor[63]. Allí se asienta y delimita zonas de implantación, compra propiedades, entra en conflicto con los moradores y se aproxima a los jefes del lugar, para acabar haciéndose con el poder *manu militari* en la segunda coyuntura en la que sus descendientes repiten

---

[63] Para el concepto de *gēr* véase R. DE VAUX, *Instituciones,* pp. 117 y ss.; y más arriba pp. 20 y ss., 407.

la vuelta, lo que en realidad significa llevar a su límite la misma situación histórica del inmigrante-invasor.

Pero tanto en el primer cuadro (Abrahán) como en el segundo (pueblo hebreo) la Biblia nos certifica la simbiosis de diversos pueblos en un mismo territorio a lo largo de aquel periodo histórico. Aunque ciertamente no al mismo nivel sociopolítico. Cuando el pueblo de Israel controle el poder central, serán los pueblos cananeos los *gērîm*, como ciudadanos de segundo rango, pero protegidos por la ley. Y esto probablemente en un grado muy superior al que la tradición bíblica filtró, al ser y funcionar el mismo sistema israelí como básicamente cananeo. Los diversos sistemas religiosos, y para aquellos pueblos éstos eran los que definían su peculiaridad nacional, sostenida en su propio dios o en su panteón, funcionaron siempre de manera por un lado autónoma y por otro en conjunción, sobre todo en el ámbito de los pequeños estados, sostenidos en el sincretismo de las clases dirigentes[64].

El esquema vuelve a repetirse en el caso del Islam primitivo, aunque en este caso fue el modelo de invasión-conquista-anexión el que se impuso. Pero el Islam reconoció y garantizó los derechos del *'ahlu-l-kitab*, judíos y cristianos, con mucha más generosidad en el Corán que en las posteriores estipulaciones de Omar[65]. Ambos pueblos poseen una tradición, pues, de convivencia y conllevancia. A un nivel paralelo, aunque limitado, ha funcionado históricamente tal situación. Tolerar y proteger otra fe/creencia religiosa, con el ordenamiento jurídico y social que eso conlleva, por parte de un ordenamiento confesional unitario, como es todo confesionalismo monoteísta, implica compartir en un cierto grado el propio territorio

---

[64] Sobre el cananeísmo, religioso y sociocultural de Israel véase G. DEL OLMO LETE, «La religión cananea de los antiguos hebreos», en IDEM (ed.), *MROA* II/2, pp. 223-350; IDEM, «Amorrites. Hyksos, Araméens, Cananéens [Hébreux], pp. 341-350.

[65] Sobre el *'ahlu-l-kitab/ḏimma* o «dhimmíes» y la evolución de sus derechos véase A. A. KHAN, T. M. KHAN ET ALII, *Encyclopaedia of Islamic Law: 2 Foundations of Islamic Law*, pp. 309-319 («Non-Muslims Protection»); 8 *Criminal Law in Islam*, pp. 44-52 («Muslim *vis-a-vis* Dhimmis»), Nueva Dehli 2006.

como patria múltiple. La extrapolación y profundización de tal tradición histórico-religiosa podría proporcionar un modelo para superar la aporía histórica que en aquella tierra se ha creado. Ésta se muestra dura e inmutable, son los que la pisan los que deben hacerla habitable. Se crearía así un nacionalismo generoso que abriría la casa de uno al otro sin renunciar a ella como propia. Nociones como *dar-l-islam* o *ereṣ-ʾisraʾel*, en cuanto categorías cerradas y excluyentes, deberían ser remodeladas. La antigua noción pagana de la tierra de cada dios y por ende heredada por sus fieles y a ellos prometida debería ser abandonada[66]. En la Biblia el descubrimiento de Yahweh como Dios único y universal, que Él mismo abandona su tierra y templo, y la existencia diaspórica de judaísmo que ha sabido prescindir de ella, deberían ser suficientes datos para considerarla abrogada, como una etapa pedagógica superada[67]. Sin duda que una configuración laica del Estado ayudaría a tal convivencia, al anular la instancia religiosa como modeladora de lo político.

Pero no nos engañemos: ni las cuestiones sociopolíticas admiten hoy en día tales planteamientos blandos, inmediatamente tachados de románticos y utópicos, ni la conciencia nacionalista de los pueblos se modela en su reivindicación desde esa abertura. Para ser operante en su reivindicación necesita tensarse y cerrarse, dotarse de un verbo intransigente. El ejemplo más patente de esa dialéctica es el del Líbano, aunque en este caso son posiblemente elementos exógenos (el desmembramiento colonial de la *suriya-l-kubra*) y el propio conflicto palestino radicalizado y exportado allí) los que están echando al traste el modelo original, muy semejante al de un Estado jurisdiccional-

---

[66] Véase Jue 11,24: «Ya tienes (el rey de los amonitas) lo que te asignó tu dios Camós, lo mismo que nosotros tenemos lo que el Señor, nuestro Dios, nos ha asignado»; diferentes estudios a este respecto en U. HÜBNER y Er Ax KNAUF-BELLERI (eds.), *Kein Land für sich allein...* (OBO 186), Friburgo 2002.

[67] Éste es posiblemente uno de los rasgos discriminantes del cristianismo originario: negación de carácter étnico y territorial de la religión. Uno de los rasgos que lo desgajó del judaísmo, pero que se ve renacer en su historia, en su proceso de judaización, en axiomas tan perversos como aquel *cujus regio ejus et religio...* o en el infantil orgullo religioso de casi todos los nacionalismos de base sociológica cristiana.

mente multiforme sobre un mismo territorio. Pero aún aquí el reparto piramidal del poder político unificado, el único conocido en nuestro mundo, le distingue del modelo propuesto. Éste se percibe sin duda como una especie de *siamismo* político que clama por la separación como estado natural; se le siente así como una monstruosidad utópica más que como una situación política verosímil.

Y esto a pesar de lo que tal modelo podría suponer de desarrollo económico-social para las dos poblaciones. Pero también la economía se ha «nacionalizado» y cada grupo quiere tener bien ubicada su caja y su despensa, rechazando una contabilidad doble, ligando su riqueza, el producto nacional bruto, más al territorio que a las personas que lo crean; y desde luego con una profunda alergia a toda obligación de compartir; se prefiere dar limosna antes que colaborar en el beneficio mutuo.

En estas condiciones la creación en Palestina de dos estados es la opción más realista para solucionar la aporía política allí creada[68]. El de Israel resulta ya una realidad histórica irrefutable e imprescindible; el Estado palestino se impone casi por simple simetría democrática. En ambos casos la creación del Estado es el fruto de la tenacidad con que se ha defendido la propia conciencia de identidad nacional. Pero tal esfuerzo ha cabalgado sobre el potro del dolor y la sangre, para quedar al fin frenado por la clarividencia de la ineficacia de su desenfrenado galope. Se acepta al fin cicatrizar la herida, pero no sabemos hasta qué punto la cicatriz la cierra en falso[69]. Si hubiera sido posible prescindir de este tenso esfuerzo y cambiarlo por un abrazo o al me-

---

[68] Véase U. AVNERY, «Un Estado no es la solución», en *El Conflicto Israel-Palestina* (*La Vanguardia* Dossier, 25), Barcelona 2007, pp. 30-32: «Dos estados: la única solución práctica y, por tanto, moral». Una sensata valoración de la situación puede verse en C. DEL VALLE RODRÍGUEZ, «Aproximación histórica al sionismo», *Arbor* 352, abril 1975, pp. 71-80 («Sionismo y problema árabe», pp. 78-80).

[69] Véase I. PAPPÉ, «Dos estados puede ser una idea cínica», ibíd., pp. 34-36: «... la idea de los dos estados... es un fracaso total... no es más que una fórmula para el desastre»; también: S. BAIGES, entrevista con I. Pappé, «Por un Estado conjunto de judíos y palestinos», en *Pueblos. Revista de información y debate*, 16 de agosto de 2005. Su tesis es expuesta ampliamente en I. PAPPÉ, *Historia de la Palestina moderna: un territorio, dos pueblos,* Madrid 2007.

nos un cortés apretón de manos (y en su día muchos judíos entrevieron un ideal de convivencia que lo hiciera posible), se hubiera ahorrado a la tierra la sal de tantas lágrimas; drenar ésta y dejar aquélla limpia de rencor supone una madurez moral que no se deja entrever. Tal perspectiva corresponde al parecer a otro estado de evolución del animal humano, demasiado apegado todavía a su madriguera.

Si la partición trae la paz, será la paz resignada que produce una jugada que queda en tablas: cada contrincante ha perdido fichas y ha renunciado al asalto final por miedo al riesgo de la derrota. Pero en el aire queda flotando el anhelo de revancha. Para Israel su Estado es una «Tierra Prometida» menguante en cuya delimitación ya no se puede invocar a Yahweh. Éste no tiene representación en la ONU, ni voz, ni voto. En el fondo sale derrotado de este envite, su promesa desmentida; de hecho los pactantes ya no le tienen ni la tienen en cuenta. El Estado palestino, por su parte, difícilmente podrá echarse de encima la sensación de expolio y trágala: se le ha reducido su mansión, ocupada por un advenedizo. El perseverante y vario empeño que llevó a la ocupación de La Meca por su líder, paradigma de la protección de su Dios, aquí parece haber fallado por el momento: Jerusalén, la otra ciudad santa, se ha perdido. Difícilmente podrá contarse éste como uno los *'ayāmu-l-ʿArab*, «días de los árabes», y se intentará siempre dar a su Dios, a través del propio empeño, una nueva oportunidad de mostrarse victorioso del todo. Aunque estos arquetipos religiosos ya no estén operantes en la perspectiva política pragmática del problema, siguen vivos y operativos en el subconsciente, incluso en el sentimiento a flor de piel de muchas gentes.

La utopía es irrealizable, la realidad insufrible. La tragedia está servida entre dos conciencias de identidad nacional –historia y geografía– incompatibles.

La presencia religiosa:
a modo de epílogo

Considerada demográficamente, la religión judía se presenta como una confesión minoritaria, de un grupo humano casi insignificante en la perspectiva de la población mundial en su conjunto. Desde luego, nada tiene que ver con las grandes confesiones que se reparten, desde el punto de vista sociológico, el panorama religioso de la humanidad. Formaría grupo en ese sentido con la gran variedad de confesiones y comunidades religiosas que no superan los veinte millones de adeptos. Sería, con todo, falaz considerar la significación de la religión judía desde esta perspectiva estrictamente cuantitativa. ¿De dónde le viene, pues, al judaísmo su significación religiosa que hace que se le otorgue un lugar preeminente en todas las historias y tratados de las religiones?

Dos son los motivos que avalan tal significación. En primer lugar su propia fenomenología histórica como defensor desde hace por los menos dos mil quinientos años [1] de un monoteísmo estricto de carácter mesiánico y ético dentro de un contexto original de politeísmo dominante. Esa propuesta significó una chirriante anomalía dentro de tal contexto, política y culturalmente dominante, y le supuso incluso una negación de ser y una persecución exterminadora por serlo. El judaísmo supo resistir tanto la persecución desde el poder político como la seducción desde el influjo cultural dominante [2]. Esta capacidad de resistencia y autoafirmación la mantendría después en

---

[1] Es decir, a partir del Exilio babilónico, cuando el judaísmo se configura y presenta sin concesiones como monoteísmo estricto, con fe en su futuro y con un orden ético peculiar y bien definido. Cf. *supra*, pp. 177 y ss.

[2] Cf. *supra*, pp. 273 y ss.

contextos monoteístas no menos opresores, fortaleciéndola con un reforzamiento de la propia estructuración interna, ideológica, institucional y ética[3]. Pero en su conjunto, todas estas coordenadas históricas nos ofrecen meramente una concepción religiosa que continúa siendo minoritaria en su diversidad, «otra» en su especificidad, y que por tanto presenta un fuerte contraste y suscita una intensa oposición, precisamente por su «otredad». Pero todo eso no le absuelve de su insignificancia.

Lo que realmente le otorga una importancia decisiva en el horizonte histórico-religioso, pasado y presente –y con esto alcanzamos el segundo motivo de su significación– es la incrustación del judaísmo en el cuerpo orgánico de las confesiones religiosas, sociedad y credo, con las que ha convivido y que lo han combatido, a pesar de haber nacido de él: el cristianismo y el Islam. Esa lucha sin cuartel contra el judaísmo por parte de estas confesiones-hijas se presenta como una especie de intento de digerir y de frustración por no haber digerido y asimilado en su totalidad la propia matriz, que se obstina en su original «otredad» y no consiente en transformarse, «renovarse» o «convertirse», como ellas quisieran.

En esta perspectiva el cristianismo nace en acerva confrontación con el judaísmo oficial de su época y expresa y profesa en su formulación canónica original –los *Evangelios*– un rechazo y condena del mismo vividos a ritmo de tragedia en la muerte de su fundador. En esa confrontación el judaísmo oficial triunfa un momento pero pierde una historia. Y el tremendo y tremebundo símbolo del cristianismo –la cruz convertida en «crucifijo», un cuerpo humano en cruel tormento agónico– al que nos hemos acostumbrado casi insensiblemente, presencializa el judaísmo para siempre como el enemigo y a la vez como el instrumento de la más alta razón de ser del cristianismo: la redención del hombre en la muerte de Jesús, el Cristo. Esta imagen y esta formulación canónica estarán inexorablemente en el fondo de toda la hostilidad cristiana contra el judaísmo como su polo dialéctico irrenunciable. Y así sería aun en el caso de que éste se

---

[3] Cf. *supra,* pp. 292 y ss.

hubiera disuelto íntegramente en aquél. Pero el judaísmo –el «pueblo judío»– resistió tanto el desgarro cristiano como la propia pasión, infringida por el aniquilador de turno, el Imperio romano, antes de que el cristianismo lograra afirmarse.

Pero éste arrastró al judaísmo a la historia, a nuestra historia, por encima de su perenne oposición a y lucha contra el mismo. El cristianismo se apropió del judaísmo, de su historia, leída en términos de cumplimento, lo redujo a mero proyecto o preparación al proclamarse el *verus Israel*[4]. Se apropió de su Libro Sagrado, de sus palabras divinas, como dirigidas él, en sí mismas algo «Viejo» o «Antiguo», a la espera de su suplantación y desvelamiento por lo «Nuevo» y definitivo. El cristianismo se ofrece al judaísmo como su auténtica autocomprensión histórico-religiosa. A su vez, sorprendentemente, a partir del triunfo del cristianismo en el Imperio romano, Grecia y Roma dejaron de ser nuestro auténtico pasado, aquel con sentido de destino histórico, mientras los avatares de unos seminómadas y de su en proporción insignificante desarrollo histórico se convirtieron en nuestra prehistoria[5]. Esta usurpación hermenéutica, este *sensus plenior*, otorga al judaísmo una actualidad y presencia históricas, ciertamente no queridas ni aceptadas por él, pero irremediables y permanentes en nuestro contexto socio-religioso. El judaísmo adquiere significación y presencia histórica a través de su propia negación, que es el cristianismo. Sin la afirmación sociocultural de éste es probable que el judaísmo hubiera sido absorbido o hubiera quedado enquistado en la historia de la humanidad como una anomalía, sorprendente pero minoritaria, un grupo étnico-religioso cerrado en sí mismo. Su carácter étnico neutralizaría la expansión de su universalidad intrínseca, re-

---

[4] Véase al respecto M. SIMON, *Verus Israel. Étude sur les relations entre chrétiens et juifs dans l'Empire Romain (135-425)*, París 1983 (ch. III: «L'Église et Israël»); y más en general M. SIMON y A. BENOIT, *Le Judïsme et le Christianisme antique* (Nouvelle Clio. L'Histoire et ses problèmes), París 1968; C. THOMA, *Theologische Beziehungen zwischen Christentum unf Judentum*, Darmstad 1989.

[5] Pero véase a este respecto la crítica de R. BULTMANN, *Teología del Nuevo Testamento* (Biblioteca de Estudios Bíblicos, 32), Salamanca ⁴2001, pp. 547 y ss.; y con más detalle, IDEM, *History and Eschatology*, Edimburgo 1957.

clamada por la fe monoteísta. A su vez ésta le empujaría constantemente a la superación de su etnicidad. Dicho de otro modo: el judaísmo estaba condenado a trascenderse, como ya vislumbraron los círculos proféticos del Exilio (Is 60; 66,18-24) y presuponía la bendición de Abrahán: «Con tu nombre se bendecirán todas las familias del mundo» (Gn 12,3).

Este sorprendente avatar socio-religioso, esta auténtica *revolutio* de la historia, fue posible gracias a esa nueva lectura que el profeta Jesús de Nazaret insinuó (cf. Mt 28,19: «Id a hacer discípulos entre todos los pueblos») y sus discípulos (Pablo de Tarso sobre todo) llevaron a sus últimas consecuencias del aspecto étnico de la religión judía, al proclamar la fe, no la ascendencia genética (cf. Mt 3,8), como el auténtico principio de incardinación a la «promesa» fundante y sostenida que recorre y mantiene en pie toda la historia del pueblo hebreojudío. Borrando toda distinción entre «judío y gentil», se desdibujó y dejó sin valor religioso la noción de «pueblo» judío. No obstante, la vivencia étnica de la propia conciencia religiosa pervivió irrenunciable en un grupo, diríamos más bien en la masa de todos los que se sentían pueblo judío, y no se dejó arrastrar por aquella interpretación de la propia historia que, al sublimarla, en el fondo la anulaba[6]. Y continuó su insobornable destino de minoría enfrentada a las grandes potencias politeístas y ahora universalistas. Su Dios era el «único» pero también era el «suyo», que se había hecho con su propia historia, la historia de verdad, la historia de vida y muerte que él había sufrido como una auténtica «pasión», cantada por Isaías (Is 53) y de la que había salido siempre vivo y triunfante. Esta conciencia y vivencia de la propia historia, fomentada día a día en su práctica religiosa y en el recuento y custodia de la propia tradición, resultó inexpugnable para

---

[6] En esta superación de la etnicidad consiste el prestigio y la debilidad del cristianismo que amenaza su supervivencia. Sus ciudadanos pueden prescindir de la religión como ajena a su «ciudadanía», incluso pueden osar combatirla, lo que es inconcebible en un judío, aun el agnóstico o ateo. Sus orígenes y prácticas religiosas le seguirán toda la vida, reducidas a mero elemento cultural de su identidad «judía». Esta etnicidad de lo religioso es lo que da igualmente consistencia social e histórica a los pueblos musulmanes, en especial a los árabes.

la nueva envestida hermenéutica. La fe no pudo con la carne, y el «pérfido judío» se eternizó, dando paso a una nueva etapa de sangre, dolor y lágrimas de la que la Shoá ha sido en nuestros días quizá sólo el penúltimo episodio[7]. Posiblemente esta apropiación del Dios uno por parte del pueblo judío, o dicho de otra manera la profesión del monoteísmo como propia y peculiar de su religión, fue lo que catalizó sobre él el odio y la persecución exterminadora de los que querían un Dios *a se* y así de todos por igual, como Aristóteles formulaba, al margen de toda peculiar «revelación» externa a la razón universal, en momento histórico un poco posterior (s. IV) a aquel en que el pueblo judío lo descubría en su historia de manera definitiva[8]. Quizá a esta causa haya de añadirse la aludida intromisión en la propia historia que transformaría el odio religioso en laico antisemitismo.

Por su parte el Islam no llevó a cabo ninguna operación hermenéutica de la tradición judía, no se la apropió por la vía de una lectura *plenior*, sublimadora y alegórica, de promesa/anuncio-cumplimiento, simplemente la abolió y reescribió, rechazando como espuria su versión original judía (así como la cristiana). No asumió la Biblia Hebrea como libro sagrado suyo, sino que se apropió de sus contenidos, se sustituyó en ellos y escribió así una «Historia Santa» nueva, cuya clave de bóveda, no obstante, continuaba siendo Abrahán[9]. Pero la transmisión de su bendición y promesas no se hacía ya por la vía de la descendencia de Isaac, sino de Ismael: se daba la vuelta al relato bíblico, aceptando a la vez la dependencia del mismo. La Meca sustituía a Jerusalén.

---

[7] Véase más arriba p. 423.

[8] Sobre la proclamación judía del monoteísmo como causa del antisemitismo véase G. STEINER, *Errata, El examen de una vida*, pp. 79 y ss., que remite a un tratamiento más extenso en su obra *En el castillo de Barba Azul: aproximación a un nuevo concepto de cultura*, Barcelona 1991. Es bien conocida la peculiar teoría de S. Freud al respecto; véase S. FREUD, *Escritos sobre judaísmo y antisemitismo* (Libro de bolsillo. Humanidades, 256), Madrid 1974.

[9] Véase H. BUSSE, *Die theologische Beziehungen des Islam zu Judentum und Christetum. Grundlagen des Dialogs im Koran und die gegenwärtige Situation* (Grundzüge), Darmstadt 1988. En esta obra se recogen todas las tradiciones del Antiguo y del Nuevo Testamento conservadas en el Corán y se analiza su reescritura «mahometana».

Es curiosa, por un lado, la fidelidad a la tradición bíblica y, por otro, su reelaboración islámica. Evidentemente ésta depende de aquélla y no puede documentar ningún grupo de los antiguos habitantes de la Arabia preislámica una tradición autónoma de ese tipo y contenido. Dejando aparte posibles contactos culturales debidos al flujo caravanero que acercó Arabia y Palestina desde inicios del I milenio a.C., es al Himyar de los siglos IV al VI d.C., que presencia el afincamiento del judaísmo en la región y que culmina en el reinado del usurpador Yusuf Asar Yathar, perseguidor implacable de los cristianos abisinios asentados en la zona [10], al que habríamos de remontarnos para asegurar una difusión directa y significativa de la tradición judía en Arabia. Mahoma, por su parte, mantuvo estrecha relación con los cristianos abisinios avecindados en La Meca, detentores igualmente de la tradición bíblica. Hasta qué punto la reescritura de ésta fue obra directa suya o estaba ya extendida entre las tribus árabes no es posible decidirlo.

El Islam y su Libro, el Corán, se mantienen, pues, al nivel de la estructura religiosa judía [11]: Mahoma es el último y definitivo profeta en la línea de sus predecesores hebreos, incluido Jesús, hijo de María, tan excelso como para retenerle el título de «Palabra de Dios» (*kalimatuhu*: Q 4:169) [12], sin por eso sacar consecuencias dogmáticas en cuanto a su ser divino. El Islam se inserta, pues, en la tradición bíblica judeocristiana y asume esa matriz hasta considerar a sus portadores miembros de una categoría aparte, la de «Gentes del Libro», que les hace acreedores a una consideración especial dentro de la sociedad islámica. Consideración que históricamente representó tolerancia y sumisión, pero que a lo largo de los siglos propició, por lo que se re-

[10] Véase G. GARBINI, «La dinastía di Malkikarib Yuha'min il primo re di Saba judeo», *Rendiconti. Academia Nazionale dei Lincei* IX/7 (1996) 237-242; IDEM, *Introduzione all'epigrafia semitica* (Studi sul Vicino Oriente Antico, 4), Brescia 2006, pp. 327 y ss.

[11] San Juan Damasceno, coetáneo de los Califas omeyas Abdelmalik y Al-Walid (s. VII-VIII) consideraba el Islam una herejía judía.

[12] Véase T. O'SHAUGHNESSY, *The Koranic Concept of the Word of God* (Biblica et Orientalia, 11), Roma 1948, pp. 16 y ss.

fiere al judaísmo, fuera de algunos momentos de exacerbación fanática «almohade», una convivencia pacífica, incluso una colaboración intensa. Numerosos judíos ocuparon puestos relevantes en los reinos islámicos[13]. El «Libro» se convirtió así en la categoría que unificó a los tres grupos en cuanto basados en una experiencia y tradición religiosa hechas «Palabra de Dios». Palabra escrita hecha verbo temporal, como referente de *revelación*, de lectura, de estudio, de meditación, de asimilación y que reclama la adhesión inquebrantable una vez «comprendida»: la «Fe», que será confesión y proclamación. Ésta, que es el principio conformante de la religión bíblica (cf. Gn 15,8; Is 7,9...), tanto judía como cristiana (cf. Rom 3–4), pasó a serlo de la islámica, «la comunidad de los creyentes». Está claro, pues, que tanto en su estructura como en sus tradiciones y contenidos teológicos el Islam es deudor y testimonio de la matriz judía que en él pervive.

La misma figura de Mahoma resulta fuertemente «bíblica-hebrea»: es «profeta» y a la vez líder político-militar que conduce una primera mesnada de adeptos, con los que se refugia en Medina, para acabar convirtiéndose en el «señor» de La Meca y unificador de las tribus árabes, adheridas a su experiencia y revelación religiosa; en este primer momento el Islam es profundamente árabe[14]. Como un nuevo Moisés-Josué predica y lucha contra los señores paganos de La Meca, los beduinos y los judíos, a los que arrolla y expolia sin piedad. El relato y la interpretación religiosa de estas batallas, levemente aludidas en el Corán, podrían haber dado lugar a un «Libro de Mahoma», al estilo del de Josué o I de Samuel de la Biblia Hebrea. En este aspecto el Islam y su fundador se diferencian esencialmente del cristianismo evangélico y su Maestro, en el método, aunque coinciden en la aversión a los judíos. Con el correr de la historia, en cambio, éstos se encontrarán por

---

[13] El visir/*nāgīd* Samuel Ibn Nagrella al frente de ejércitos en las luchas que implicaron a los principados de la España musulmana de la primera mitad del siglo XI representa posiblemente el prototipo de esta colaboración de los judíos con el Islam; véase E. ASHTUR, *The Jews of Moslem Spain*, vol. 2, Filadelfia 1979, pp. 41 y ss.

[14] Véase J. CHABBI, *Le Seigneur des Tribus. L'Islam de Mahomet*, París 1997, pp. 22 y ss.

lo general más cómodos bajo el poder islámico que bajo el cristiano[15]. En nuestros días las cosas han cambiado.

Por otro lado, el Islam asumió en sus orígenes una expansividad beligerante (frente al cristianismo, que se expandió por infiltración ideológica y sociológica) y una fuerte voluntad de proselitismo religioso, lo que supuso una reducción del elemento étnico de su confesión, que acaba por ser mucho menos pronunciado que en el judaísmo y más próximo al modelo cristiano originario de ruptura de la barrera étnica. El judaísmo mantuvo así también en el seno del Islam la situación de minoría que nunca ha demostrado una voluntad decidida de expansión, aunque no la excluya, por encima de la incardinación étnica.

Las dos grandes confesiones, brotadas de su seno y ambas en pugna con ella, aunque de diversa naturaleza, certifican así, cada una a su manera, la pervivencia y sobre todo la potencia de la tradición religiosa judía, más allá de la aritmética sociológica. No es el *tantum* sino el *quantum*, no el número sino el valor, lo que testimonia y resalta tal pervivencia y presencia en nuestro tiempo y sociedad[16].

[15] Véase B. Lewis, *Los judíos del Islam*, Madrid 2002.
[16] Sobre la presencia de los judíos en el ámbito cultural véase más arriba p. 15, n. 4.

Bibliografía citada

Abreviaturas bibliográficas

ANET PRITCHARD, J. B. (ed.), *Ancient Near Eastern Texts Relating to the Old Testament*, Princeton 1955 (vers. parcial en español, *La sabiduría del Antiguo Oriente*, Barcelona 1966).

AOAT Alter Orient und Altes Testament, Münster.

AuOr(Suppl.) *Aula Orientalis. Revista de estudios de Próximo Oriente Antiguo* y Supplementa, Sabadell.

BKAT Biblischer Kommentar. Altes Testament, Neukirchen-Vluyn.

CTA Andrée HERDNER, *Corpus des tablettes en cunéiformes salphabétiques découvertes à Ras Shamra de 1929 à 1939* (Mission de Ras Shamra, X), París 1963.

EnJud *Encyclopaedia Judaica*, Jerusalén 1978.

HAL KOEHLER, L. y W. BAUMGARTNER, *Hebräisches und Aramäisches Lexikon zum Alten Testament*, Leiden 1967-³1995.

JSOT(Suppl.) *Journal for the Study of the Old Testament* y *Supplements*, Sheffield.

KTU Manfred DIETRICH, Oswald LORETZ y Joaquín SANMARTÍN, *Cuneiform Alphabetic Texts from Ugarit, Ras Ibn Hani and Other Places* (Abhandlungen zur Literatur Alt-Syrien-Palestinas und Mesopotamien, 8), Münster 1995.

MLC G. DEL OLMO LETE, *Mitos y leyendas de Canaán según la tradición de Ugarit* (Fuentes de la Ciencia Bíblica, 1), Madrid 1981.

MROA I-III G. DEL OLMO LETE (ed.), *Mitología y religión del Oriente Antiguo*, I-III (Estudios Orientales 7-9), Sabadell 1993-1998.

MROA II/1-2	G. DEL OLMO LETE (ed.), *Mitología y religión del Oriente Antiguo*, II/1-2. *Semitas occidentales* (Estudios Orientales, 8-9), Barcelona 1995 (orig. fr. 2008).
OBO	Orbis Biblicus et Orientalis, Friburgo de Suiza-Gotinga.
RC	G. DEL OLMO LETE, *La religión cananea según la liturgia de Ugarit. Estudio textual* (AuOrSuppl., 3), Sabadell 1992 (orig. ingl. 2004).
SVT	Supplement to Vetus Testamentum, Leiden.
TUAT I/4	O. KAISER ET ALII (eds.), *Texte aus der Umwelt des Alten Testament. Historisch-chronologische Texte* I, por R. BORGER ET ALII, Gütersloh 1984.
UF	*Ugarit-Forschungen*, Münster.
VT	*Vetus Testamentum*, Leiden.
ZAW	*Zeitschrift für Alttestamentliche Wissenschaft y Beihefte*, Berlín.

El pueblo hebreo en el marco del Oriente Antiguo
(Egipto, Próximo Oriente, Mundo helenístico)

AA. VV., *La creation du monde et de l'homme d'aprés les textes du Proche-Orient*, París 1981 (vers. española *La creación del mundo y del hombre en los textos del Próximo Oriente Antiguo*, Estella 1982).

AA. VV., *Adonis. Relazioni del Colloquio in Roma 22-23 maggio 1981* (Studi Fenici, 18), Roma 1984.

ADAMTHWAITE, M. R., *Late Hittite Emar. The Chronology, Synchronisms, and Socio-Political Aspects of a Late Bronze Age Fortress Town* (Ancient Near Eastern Studies. Supplement 8), Lovaina 2001.

ALBREKTSON, B., *History and the Gods. An Essay on the Idea of Historical Events as Divine Manifestations in the Ancient Near East and in Israel* (Coniectanea Biblica. Old Testament Series 1), Lunds 1967.

ASSMANN, J. ET ALII, *Funktionen und Leistungen des Mythos: Drei altorientalische Beispiele* (OBO, 48), Gotinga 1982.

BRANDON, S. G. F., *Creation in the Ancient Near East*, Londres 1963.

BREMMER, J. M., Th. P. J. VAN DEN HOUT y R. PEETERS (eds.), *Hidden Futures. Death and Immortality in Ancient Egypt, the Classical, Biblical and Arabic Islamic World*, Amsterdam 1994.

CAZELLES, H., *El Egipto y la Biblia*, Valencia 1988.

—, «Égypte et Terre d'Israel», *Monde Copte* 23, 1993, 25-30.

CHAVALAS, M. W. y K. Lawson YOUNGER, Jr. (eds.), *Mesopotamia and the Bible: Comparative Explorations,* Grand Rapids 2002.

CHILDS, B. S., *Myth and Reality in the Old Testament* (Studies in Biblical Theology, 27), Londres 1962.

CLIFFORD, J. E., *Creation Accounts in the Ancient Near East and in the Bible* (Catholic Biblical Quarterly. Monograph Series, 26), Washington 1994.

DEROUSSEAUX, L. (ed.), *La création dans l'Orient Ancien* (Lectio Divina, 127), París 1987.

DIJK, J. van, «The Amarna Period and the Later New Kingdom», en I. SHAW (ed.), *The Oxford History of Ancient Egypt,* Oxford 2000, pp. 272-313.

DION, P.-E., *Les araméens à l'âge du fer: Histoire politique et structures sociales* (Études Bibliques NS 34), París 1997.

DURAND, J.-M., «La religión en Siria durante la época de los reinos amorreos según la documentación de Mari», en G. del OLMO LETE (ed.), *MROA* II/1, pp. 526ss.

—, «De l'époque amorrite a la Bible: le cas d' Arriyuk», en L. KOGAN ET ALII (eds.), *Memoriae Igor M. Diakonoff* (Orientalia Classica 8 / Babel und Bibel, 12), Winona Lake 2005, pp. 59-70.

EGGEBRECHT, A., *El Antiguo Egipto. 3.000 años de historia y cultura del imperio faraónico,* Barcelona 1984 (orig. al. 1984).

EDZARD, D. O., «Mari und Aramäer?», *Zeitschrift für Assyriologie* 22, 1964, 143-149.

EVELYN-WHITE, H. G., *Hesiod. The Homeric Hymns and Homerica* (The Loeb Classical Library), Londres-Cambridge MA 1954.

FENTON, T. L., «Differing Approaches of the Theomachy Myth in Old Testament Writers», en Y. AVISHUR y J. BLAU (eds.), *Studies in the Ancient Near East Presented to Samuel E. Loewenstamm on His Seventieth Birthday,* Jerusalén 1978, pp. 337-381.

FINNESTAD, R. B., «The pharaoh and the "democratization" of post-mortem life», en G. ENGLUD (ed.), *The religion of the ancient Egyptians.* Cognitive Structures and Popular Expressions, Uppsala 1989, pp. 89-93.

FINKELSTEIN, J. J., «The Genealogy of the Hammurapi Dynasty», *JCS* 20, 1966, 95-118.

GARBINI, G., «Universalismo iranico e Israele», *Henoch* 6, 1984, 293-321.

GELLER, M. J. y M. SCHIPPER (eds.), *Immagining Creation* (IJS Studies in Judaica 5), Leiden-Boston 2008.

GÖRG, M., *Aegyptiaca – Biblica. Notizen und Beiträge zu den Beziehungen zwischen Ägypten und Israel* (Ägypten und Altes Testament, 11), Wiesbaden 1991.

GRIMAL, P., *Dictionnaire de la mythologie grecque et romaine*, París 1951 (vers. española *Diccionario de mitología griega y romana*, Barcelona-Buenos Aires 1981).

HELCK, W., *Die Beziehungen Ägyptens und Vorderasiesn zur Ägäis bis ins 7. Jahrhundert v. Chr.*, Darmstadt 1979.

HORNUNG, E., *El Uno y los Múltiples. Concepciones egipcias de la divinidad* (Biblioteca de Ciencias Bíblicas y Orientales, 4), Madrid 1999 (orig. al. 1993).

HÜBNER, U. y E. A. Knauf, *Kein Land für sich allein. Studien sum Kulturontakt in Kanaan, Israel/Palästina und Ebirnâri für Manfred Weippert zum 65. Geburtstag* (OBO, 186), Friburgo de Suiza 2002.

JASINK, A. M., *Gli stati neo-ittiti. Analisis delle fonti scritte e sintesi storica* (Studia Mediterranea 10), Pavia 1995.

KAPPLER, C. ET ALII, *Apocalyses et voyages dans l'au-delà*, París 1987.

KITCHEN, K. A., «L'Egypte ancienne et Ancien Testament», *Bulletin de la Société Française d'Égyptologie* 128, 1993, 15-29.

KOTTSIEPPER, U. ET ALII (eds.), *Berührungspunkte. Studien zur Sozial- und Religionsgeschichte Israels und seiner Umwelt. Festschrift für Rainer Albertz zu seinem 65. Geburtstag...* (AOAT, 350), Münster 2008.

LIPIŃSKI, E. (ed.), *The Aramaeans. Their Ancient History, Culture, Religion* (Orientalia Lovaniensia Analecta, 100), Lovaina-París 2000.

— (ed.), *On the Skirts of Canaan in the Iron Age. Historical and Topographical Researches* (Orientalia Lovaniensia Analecta, 153), Lovaina-París-Dudley 2006.

LIVERANI, M., *Antico Oriente. Storia, società, economia* (Manuali Laterza), Bari 2003 (vers. española *El Antiguo Oriente: Historia, sociedad y economía*, Barcelona 1995).

LÓPEZ, J., *Cuentos y fábulas del Antiguo Egipto* (Pliegos de Oriente, 9), Madrid-Barcelona 2005.

MACDONALD, B., *Ammon, Moab and Edom: Early States/Nations of Jordan in the Biblical Period (End of the 2nd and During the 1st Millennium B. C.)*, Ammán 1994.

MARZAL, A., *La enseñanza de Amenemope* (Monografías, 4), Madrid 1965.

METTINGER, T. N. D., *The Riddle of Resurrection. Dying and Rising Gods' in the Ancient Near East*, Estocolmo 2001.

O'BRIEN, J. y W. MAJOR (eds.), *In the Beginning. Creation Myths from Ancient Mesopotamia, Israel and Greece* (AAR Aids for the Study of Religion Series, 11), Chico 1982.

OHLER, A., *Mythologische Elemente im Alten Testament. Eine Motivsgeschichtliche Untersuchung* (Kommentare und Beiträge zum Alten und Neuen Testament), Düsseldorf 1969.

OLMO LETE, G. del, «Amorrites, Hyksos, Araméens, Canaanites [Hébreux]. À la recherche de la continuité historique au BM/BR en Syrie Palestine», en C. ROCHE (ed.), *D'Ougarit à Jérusalem. Recueil d'études épigraphiques et archéologiques offert à Pierre Bordreuil,* París 2008, pp. 341-350.

OTZEN, B. ET ALII, *Myths in the Old Testament* (Studies in Biblical Theology), Londres 1979.

PETERSEN, C., *Mythos im Alten Testament: Bestimmung des Mythos- begriffs und Untersuchung der mythischen Elemente in den Psalmen* (Beihefte. Zeitschrift für alttestamntliche Wissenschaft, 157), Berlín 1982.

PRÉAUX, Cl., *Le monde hellénistique. La Grèce et l'Orient de la mort d'Alexandre à la conquête romaine de la Grèce (323-146 av. J.-C.)* (Nouvelle Clio, 6), París 1978.

ROGERSON, J. W., *Myth in Old Testament Interpretation* (Zeitschrift für Alttestamentliche Wissenschaft, Beiheft 134), Berlín 1974.

ROLDÁN HERVÁS, J. M., *Historia de Roma,* Salamanca 1995.

SADEK, A. I., «L'Égypte, les Hébreux et la Bible: une histoire mouvementée», *Monde Copte* 23, 1993, 5-20.

SÁNCHEZ DE LEÓN, M. L. (ed.), *La creació* (II Cicle de Conferències Religions del món antic), Palma de Mallorca 2001.

SANMARTÍN, J., «Mitología y religión mesopotámicas», en *MROA* I, pp. 207-534.

SAUNERON, S. y J. YOYOTTE, «Mythes égiptiens de création», en *La naissance du monde* (*Sources Orientales* 1), París 1959, pp. 17-91.

SCANDONE MATTHIAE, G., «Osiride, l'africano, ovvero la morte regale», en P. XELLA (ed.), *Quando un dio moure,* Verona 2001, pp. 15-30.

SCHMIDT, B. B., *Israel's Beneficient Dead. Ancestors Cult and Necromancy in Ancient Israelite Religion and Tradition,* Tubinga 1994.

SCHMIDT, W. H., *Alttestamentlicher Glaube und seine Umwelt,* Neukirchen 1968.

SCHOTT, S., *Altägyptische Liebeslieder,* Zúrich 1950.

SERRANO DELGADO, J. M., *Textos para la historia antigua de Egipto,* Madrid 1993.

SPELEERS, L., «Egypte», en *Dictionnaire de la Bible, Supplement,* t. II, París 1934, pp. 756-919.

STIEBING, Jr. y H. WILLIAM, «The Amarna Period», en D. N. FREEDMAN, N. DAVID y D. F. GRAF (eds.), *Palestine in Transition: The Emergence of Ancient Israel* (The Social World of Biblical Antiquity Series), Sheffield 1983, pp. 1-14.

TOORN, K. van der, «The Iconic Book: Analogies between the Babylonian Cult of Images and the Veneration of the Torah», en K. van der TOORN (ed.), *The Image and the Book. Iconic Cults, Aniconism, and the Rise of Book Religion in Israel and the Ancient Near East* (Contributions to Biblical Exegesis & Theology, 21), Lovaina 1997, pp. 229-248.

TRUDE, D., *The Philistins and Their Material Culture,* Jerusalén 1982.

WEINFELD, M., «Divine Intervention in War in Ancient Israel and in the Ancient Near East», en Ch. TADMOR y M. WEINFELD (eds.), *History, Historiography and Interpretation,* Jerusalén 1984.

WEST, M. L., *The East of the Helicon. West Asiatic Elements in Greek Poetry and Myth,* Oxford-Nueva York 1997.

Canaán e Israel (Ugarit, Siria-Palestina, Fenicia)

ALBRIGHT, W. F., *Yahweh and the Gods of Canaan. A Historical Analysis of Two Contrasting Faiths,* Londres 1968.

ANSGAR Kelly, H., *Satan. A Biography,* Cambridge MA 2006.

ASHLEY, E., *The «Epic of AQHT» and the «RPUM Text»: A Critical Interpretation,* I/II. Tesis: New York University 1977.

ATTRIDGE, H. W. y R. A. ODEN, *Philo of Byblos the Phoenician History* (Catholic Biblical Quarterly. Monograph Series, 9), Washington 1981.

BARKER, K. L., «The Value of Ugaritic for Old Testament Studies», *Bibliotheca Sacra* 133, 1976, 119-130.

BAUMGARTNER, A., *The* Phoenician History *of Philo of Byblos,* Leiden 1981.

BAUMGARTNER, W., «Ras Samra Mythologie und biblische Theologie», *Theologische Literaturzeitung* 263, 1938, 153-156.

—, «Ras Schamra und das Alte Testament», *Theologische Rundschau* 12, 1940, 163-188; 13, 1941, 1-20, 85-102, 157-183.

BEACH, E. F., *The Jezebel Letters: Religion and Politics in Ninth-century Israel,* Minneapolis 2005.

BEAUCAMP, E., «Alle origini della parola "redenzione". Il "riscatto" nell'Antico Testamento», *Bibliotheca Orientalis* 21, 1979, 3-11.

BLOCH-SMITH, E., *Judaite Burial Practices and Beliefs about the Dead*, Sheffield 1992.

BLONDEAU, A. M. y K. SCHIPPER (eds.), *Essais sur le rituel*. Vol. 1, Lovaina-París 1988.

BRONNER, L., «From Death to Life in the Bible in Light of the Ugaritic Texts» (hb.), *Beth Mikra* 25, 1979-1980, 202-212.

BURNS, J. B., «The Mythology of Death in the Old Testament», *Scottish Journal of Theology* 26, 1973, 327-340.

CAQUOT, A., «Psaume LXXII 16», *Vetus Testamentum* 38, 1988, 214-218.

CAZELLES, H., «Ugarit et la Bible», en J. AMITAI (ed.), *Biblical Archaeology Today*, Jerusalén 1981, pp. 244-247.

CLIFFORD, R. J., «Cosmogonies in the Ugaritic Texts and in the Bible», *Orientalia* 53, 1984, 183-201.

CORS I MEYA, J., «Filón de Biblos. La *Historia fenicia*», apéndice a G. del Olmo Lete, *El* continuum *cultural cananeo...* (Aula Orientalis. Supplementa 14), Sabadell 1996.

CORTESE, E., *La terra di Canaan nella storia sacerdotale del Pentateuco*, Brescia 1972.

Craigie, P. C., *Ugarit and the Old Testament*, Grand Rapids 1983.

—, «Ugarit and the Bible: Progress and regress in the 50 years of literary study», en G. D. YOUNG (ed.), *Ugarit in Retrospect*, Winona Lake 1981, pp. 99-111.

CRAIGIE, P. C., «The Tablets From Ugarit and Their Importance for Biblical Studies», *BAR* 9, 1983, 62-73.

—, «Ugarit, Canaan, Israel», *Tyndale Bulletin* 34, 1983, 145-167.

CROSS, F. M., *Canaanite Myth and Hebrew Epic. Essays in the History of the Religion of Israel*, Cambridge MA 1973.

CUNCHILLOS, J.-L., «Peut-on parler de mythes de création à Ugarit?», en L. DEROUSSEAUX (ed.), *La création dans l'Orient Ancien. Congrès de l'ACFEB, Lille (1985)* (Lectio Divina, 127), París 1987, pp. 79-96

DAHOOD, M., *Ugaritic-Hebrew Philology*, Roma 1965.

—, «Hebrew-Ugaritic Lexicography I-XI», *Bíblica* 44-55, 1963-1974.

—, «Ugaritic and Phoenician or Qumran and the Versions», en H. A. HOFFNER (ed.), *Orient and Occident. Essays presented to Cyrus H. Gordon* on the occasion of his sixty-fifth birthday (AOAT 22), Kevelaer/Neukirchen-Vluyn 1973.

DAY, J., «Resurrection imagery from Baal to the Book of Daniel», en J. A. EMERTON (ed.), *Congress volume Cambridge 1995* (SVT 66), Leiden 1997, pp. 125-133.

—, *God's conflict with the dragon and the sea. Echoes of a Canaanite myth in the Old Testament* (University of Cambridge Oriental Publications, 35), Cambridge MA 1985.

DIETRICH, M. y O. LORETZ, *Jahwe und seine Aschera* (Ugaritisch-biblische Literatur, 9), Neukirchen-Vluyn 1992.

DIETRICH, O y O. LORETZ, «Die Bacal-Title $b^cl\ ar\$$ und *aliy qrdm*», UF 12, 1980, 391-393.

DIETRICH, W., *Israel und Kanaan. Vom Ringen zweier Gesellschaftssyteme* (Stuttgarter Bibelstudien, 94), Stuttgart 1979.

DUSSAUD, R., *Les découvertes de Ras Shamra et l'Ancien Testament*, París 1941.

FANTAR, M., *Eschatologie phénicienne punique*, Túnez 1970.

FENTON, T. L., «Questions Dealing with the Relevance of the Ugaritic Literature on the Biblical Lexicon», *Leshonenu* 44, 1980, 268-280.

FINKELSTEIN, I., «From Canaanites to Israelites: When, How, and Why», en *Convegno Internazionale. Recenti Tendenze nella ricostruzione della storia antica d'Israele (Roma, 6-7 marzo 2003)* (Contributi del Centro Linceo Interdisciplinare «Beniamino Segre», 110), Roma 2005, pp. 11-27.

FISHER, L. R. y S. RUMMEL, *Ras Shamra Parallels* I-III (Analecta Orientalia, 49-51), Roma 1972/1975 /1981.

GIBSON, J. C. L., «Death in Canaanite Thinking», *Aula Orientalis* 17-18, 1999-2000, 91-95.

—, «The Theology of the Ugaritic Baal Cycle», *Orientalia* 53, 1984, 202-219.

GRASS, M., P. ROUILLARD y J. TEIXIDOR, *L'universe phénicien*, París 1989.

GRAY, J., *The Legacy of Canaan. The Ras Shamra Texts and their Relevance to the Old Testament*, Leiden 1957-1965.

—, «Canaanite Religion and Old Testament Study in the Light of New Alphabetic Texts from Ras Shamra», París-Leiden 1978, pp. 79-108.

—, «Bacal's Atonement», *Ugarit-Forschungen* 3, 1971, 61-70.

GREENFIELD, J. C., «The Hebrew Bible and Canaanite Literature», en R. ALTER y F. KERMODE, *The Literary Guide to the Bible*, Cambridge MA 1967, pp. 545-560.

GULDE, St., *Der Tod als Herrscher in Ugarit und Israel* (FAT 2/22), Tubinga 2007.

HABEL, N. C., *Yahweh versus Baal. A Conflict of Religious Cultures*, Nueva York 1964.

HELCK, W., «Zur Herkunf der sog. "phönizischen" Schrift», *Ugarit-Forschungen* 4, 1972, 41-45.

—, *Die Beziehungen Ägyptens zu Vorderasien im 3. und 2. Jahrtausend v. Chr.*, Wiesbaden ²1971.

HENGEL, M., *The Atonement: the Origins of the Doctrine in the New Testament*, Londres 1981.

HERRMANN, W., *Die Funde von Ras Schamra und ihre Wert für die Forschung am Alten Testament*, Osnabrück 1981.

HILLERS, J., «Analysing the Abominable: Our Understanding of Canaanite Religion», *Jewish Quarterly Review* 75, 1985, 253-269.

HOLLOWAY, S. W. (ed.), *Orientalism, Assyriology and the Bible*, Sheffield 2006.

HUTTER, M., «Die religiosen Verhälmisse in Ugarit und ihre Bedeutung für das Alte Testament», *Bibel und Liturgie* 60, 1987, 80-89.

HVIDBERG, F. F., *Weeping and Laughter in the Old Testament. A Study of Canaanite-Israelite Religion*, Leiden 1962.

JACOB, E. y H. CAZELLES, «Ras Shamra et l'Ancien Testament», *Dictionaire de la Bible: Supplément* vol. IX, París 1979, cols. 1425-1439.

KAPELRUD, A. S., *Die Ras Shamra Funde und das Alte Testament*, Múnich-Basilea 1967.

KLOOS, C., *Yhwh's Combat with the Sea. A Cannanite Tradition in the Religion of Ancient Israel*, Amsterdam-Leiden 1986.

KORPEL, M. C. A., *A Rift in the Clouds. Ugaritic and Hebrew Descriptions of the Divine*, Münster 1990.

LANGHE, R. de, *Les textes de Ras Shamra-Ugarit et leurs Rapports avec le Milieu Biblique de l'Ancien Testament I-II*, Gembloux-París 1945.

LEMCHE, N. P., *The Canaanites and Their Land. The Tradition of the Canaanites* (JSOTSuppl 110), Sheffield 1991.

LEWIS, T. L., *Cults of the Dead in Ancient Israel and Ugarit*, Atlanta 1989.

LIPIŃSKI (ed.), «La féte de l'ensevelissement et de la résurrection de Melqart», en *Actes de la XVIIe Rencontre Assyriologique Internationale, Bruxelles, 30 juin - 4 juillet 1969*, Ham-sur-Heure 1970, pp. 30-58.

LOREZT, O., *Ugarit und die Bibel. Kanaanäische Götter und Religion im Alten Testament*, Darmstadt 1990.

—, «Ugaritische und hebräische Lexicographie, I-IIV», *UF* 12, 1980, 279-286; 13, 1981, 127-135; 14, 1982, 141-148; 15, 1983, 59-64.

—, *Habiru-Hebräer. Eine sozio-linguistische Studie über die Herkunf des Gentiliziums* cibrî *von Appellativum* ḥabiru (ZAW, Beiheft 160), Berlín 1084.

—, «Die Ugaritistik in der Psalmeninterpretation. Zum Abschluss des Kommentars von M. Dahood», *Ugarit-Forschungen* 4, 1972, 167-169.

—, «KTU 1.101:1-30 und 1.2 IV 10 als Parallelen zu Ps 29, 10», *Zeitschrift für die alttestamentliche Wissenscchaft* 99, 1987, 415-421.

—, «Adaption ugaritisch-kanaanäischer Literatur in Psalm 6», *Ugarit-Forschungen* 22, 1990, 195-220.

—, «Genesis 1,2 als Fragment eines amurritisch-kanaanäischen Schöpfungsmythos», en W. H. van SOLDT (ed.), *Veenhof Anniversary Volumen. Studies Presented to Klaas R. Veenhof on the Occasion of His Sixty-Fifth Birthday*, Estambul-Leiden 2001, pp. 287-300.

LOREZT, O. e I. KOTTSIEPPER, *Colometry in Ugaritic and Biblical Poetry*, Altenberge 1987.

MARGALIT, B., *A Matter of «Life» and «Death». A Study of the Baal-Mot Epic (CTA 4-5-6)* (AOAT 206), Neukirchen-Vluyn 1980.

MARTÍNEZ, E., *Hebrew-Ugaritic Index to the Writings of Mitchell J. Dahood. A Bibliography with Indices* (Scripta Pontificii Instituti Biblici,116), Roma 1967.

MEER, W. van der y J. C. DE MOOR, *The Structural Analysis of Biblical and Canaanite Poetry*, Sheffield 1988.

MIHALIC, I., «Ugarit and the Bible (A question still unanswered)», *Ugarit-Forschungen* 13, 1981, 147-150.

MOOR, J. C. de, «Ugaritic Lexicography», en P. FRONZAROLI (ed.), *Studies on Semitic Lexicography* (Quaderni di Semitistica, 2), Florencia 1973, pp. 61-102.

—, *The Sensorial Pattern in the Ugaritic Myth of Baclu* (Alter Orient und Altes Testament, 16), Kevelaer/Neukirchen-Vluyn 1971.

NEUSNER, J., *The Halakhah. An Encyclopaedia of the Law of Judaism. IV Inside the Walls of the Israelite Household. Part A* (The Brill Referente Library of Judaism, 1/IV), Leiden-Boston-Colonia 2000, pp. 163-184.

NIEHR, H., *Der höehste Gott. Alttestamenlicher JHWH – Glaube im Kontext Syrisch-Kanaanäischer Religion des 1. Jahrtausends v. Chr.* (BZAW 190), Berlín 1990.

O'CONNOR, M. P., «Ugarit and the Bible», en M. P. O'CONNOR y D. N. FREEDMAN (eds.), *Backgrounds for the Bible*, Winona Lake 1987, pp. 151-164.

—, «The Human Characters' Names in the Ugaritic Poems: Onomastic Eccentricity in Bronze-Age West Semitic and the Name Daniel in Particular», en S. E. FASSBERG y A. HURVITZ (eds.), *Biblical Hebrew in Its Northwest Semitic Setting: Typological and Historical Perspective*, Winona Lake 2005, pp. 269-283.

ODEN, R. A., *Studies in Lucian's,* De Syria Dea, Missoula 1977.

OLMO LETE, G. del, *La religión cananea según la tradición de Ugarit,* Sabadell (Barcelona) 1992 (orig. ingl. 1999).

—, *Mitos y Leyendas de Canaán según la tradición de Ugarit,* Madrid 1981.

—, *Interpretación de la mitología cananea,* Valencia 1984.

—, *Mitos, leyendas y rituales de los semitas occidentales* (Pliegos de Oriente, 1), Madrid 1998.

—, «Athiratu's entreaty and the order of the Ugaritic tablets 1.3/4», *Aula Orientalis* 1, 1983, 67-72.

—, «Los mitos siro-cananeos de creación», en M. L. SÁNCHEZ LEÓN (ed.), *La creació* (Religions del mòn antic, 2), Palma de Mallorca 2001.

—, «Glosas ugaríticas III. Reyes, difuntos y armas», *Aula Orientalis* 20, 2003, 144-148.

—, «Sacred Times and Spaces. Syria-Canaan», en S. I. JOHNSTON (ed.), *Religion of the Ancient World,* Cambridge MA 2004, pp. 255s.

—, «La religión cananea de los antiguos hebreos», *MROA* II/2, pp. 223-350 (orig. fr. 2008).

—, «Ug. *mšr* (KTU 1.40:1) y el edicto *mišarum*», *Aula Orientalis* 8, 1990, 130-134.

OLMO LETE, G. del y J. SANMARTÍN, «*ks (Kásios/Casius)* = *ḫazzi* = *ḫš*», *Aula Orientalis* 13, 1995, 259-261.

PARDEE, D., «Background to the Bible: Ugarit», en *Ebla to Damascus: Art and Archaeology of Ancient Syria,* Washington 1985, pp. 253-260.

—, *Les textes rituels. Fascicule I* (Ras Shamra-Ougarit, XII), París 2000.

PARKER, S. B., *Pre-Biblical Narrative Tradition,* Atlanta 1989.

PECKHAM, B., «Phoenicia and the Religion of Israel: The Epigraphical Evidence», en P. D. MILLER ET ALII (eds.), *Ancient Israel Religion. Essays in Honor of F. M. Cross,* Filadelfia 1987.

RABINOWITZ, J., *The Faces of God. Canaanite Mythology and Hebrew Theology,* Woodstocks 1998.

RIBICHINI, S., «Rileggendo Filone di Biblo. Questioni di sincretismo nei culti fenici», en *Les synchrétimes religieux dans le monde méditerranéen antique. Actes du Colloque Internationale...,* Roma 1998.

—, «Morte e sacrificio divino nelle tradizioni sul pantheon fenicio», en *Atti della settimana Sangue e antropologia biblica nella patristica (Roma, 23-28 novembre 1981)*, II, Roma 1982, pp. 815-852.

RINGGREN, H., «Jahvé et Rahab-Leviatan», en A. CAQUOT y M. DELCOR (eds.), *Mélanges bibliques et orientaux en l'honneur de M. Cazelles* (AO-AT 212), Kevelaer/Neukirchen-Vluyn 1981, pp. 387-393.

SMITH, M. S., *The Ugaritic Baal Cycle. Volume I. Introduction with Text, Translation and Commentary of KTU 1.1-1.2* (SVT 55), Leiden-Nueva York-Colonia 1994.

—, *The Early History of God. Yahweh and the Other Deities in Ancient Israel*, San Francisco 1990.

SMITH, M. S. y W. T. PITARD, *The Ugaritic Baal Cycle. Volume II. Introduction with Text, Translation and Commentary of KTU/CAT 1.3-1.4* (SVT 114), Leiden-Boston 2009.

SOYEZ, B., *Byblos et la fête des Adonies*, Leiden 1977.

SZNYCER, M., «Quelques aspects des rélations lexicales entre l'hébreu et l'ugaritique. Problèmes et méthodes», en *Papers of the 16th World Congress of Jewish Studies*, vol. I, Jerusalén 1967, pp. 109-112.

TALMON, S., «Job 33:36: On the Emendation of Biblical Texts on the Basis of Ugaritic Parallels» (heb.), *Eretz Israel (Fs. H. L. Ginsberg)* 14, 1978, 117-124.

TOORN, K. van der, «Funerary Rituals and Beatific After-life in Ugaritic Texts and ih the Bible», *Bibliotheca Orientalis* 48, 1991, 40-62.

WAKEMAN, M. K., *God's Battle with the Monster. A Study in Biblical Imagery*, Leiden 1973.

WATERSON, A., «Death and Resurrection in the A. B. Cycle», *Ugarit-Forschungen* 21, 1989, 425-434.

WÖHRLE, J., «Die Rehabilitierung Jojachin's. Zur Entstehung und Intention von 2 Kön 24, 17-25, 30», en U. KOTTSIEPPER ET ALII (eds.), *Berührungspukte... Fs. R. Albertz*, pp. 213-237.

WYATT, N., «Atonement Theology in Ugarit and Israel», *Ugaritic-Forschungen* 8, 1976, 415-430.

XELLA, P. (ed.), *Quando un dio moure. Morti e assenze divine nelle antiche tradizioni mediterranee*, Verona 2001.

XELLA, P., «Da Baal di Ugarit agli dei fenici: una questione di vita o di morte», en P. XELLA (ed.), *Quando un dio moure*, pp. 73-96.

—, «Il culto dei morti nell'Antico Testamento: tra teología e historia delle religioni», en *Religioni e civiltà. Studi in memoria di Angelo Brelich*, Bari 1982, pp. 645-666.

—, «Il re, la morte e gli antenati nella Siria antica», en U. BIANCHI y M. J. VERMASEREN (eds.), *La soteriologia dei culti orientali nell'impero romano. Atti del Colloquio internazionale di Roma (24-28 settembre 1979)*, Roma 1982, pp. 645-666.

La génesis del judaísmo y de la Biblia Hebrea (Exilio, helenismo, historia de Israel)

AGUILAR, R. M., «Judaísmo y helenismo en el siglo I de nuestra era», en A. PIÑERO (ed.), *Biblia y Helenismo,* pp. 209-233.

AKENSON, D. H., *Surpassing Wonder: The Invention of the Bible and the Talmud,* Nueva York 1998.

ALBERTZ, R. y B. BECKING (eds.), *Yahwism after the Exile – Perspectives on Israelite Religion in the Persian Period,* Assen 2003.

BARSTAD, H. M., «Is the Hebrew Bible a Hellenistic Book? Or: Niels Peter Lemche, Herodotus and the Persians», *Transeuphratène* 23, 2002, 129-151.

BEDFORD, P. R., *Temple Restoration in Early Achaemenid Judah* (Supplements to the Journal for the Study of Judaism 65), Leiden 2001.

BEN-SASSON, H., *A History of the Jewish People,* Cambridge MA 1985.

— (ed.), *Historia del pueblo judío,* I-II, Madrid 1991 (orig. ingl. 1976).

BEN ZVI, E., «Imagining Josiah's Book and the Implications of Imagining it in Early Persian Yehid», en I. KOTTSIEPPER, R. SCHMITT y J. WÖHRLE (eds.), *Berührungspunkte. Studien zur Social- und Religionsgeschichte Israels und seiner Umwelt. Festschift für Reiner Albertz zu seinem 65. Geburtstag* (AOAT 350), Münster 2008, pp. 193-212.

BERQUIST, J. L. (ed.), *Approaching Yehud. New Approaches to the Study of the Persian Period* (Socitey of Biblical Literature. Semeia Studies, 50), Atlanta 2007.

BIANCHI, F., «*I superstiti della deportazione sono là nella provincia*» *(Neemia 1,3). I. Ricerche epigrafiche sulla storia della Giudea in età neobabilonese e achemenide (586 a.C.-442 a.C.),* Nápoles 1993.

—, «*I superstiti della deportazione sono là nella provincia*» *(Neemia 1,3). II. Ricerche storico-bibliche sulla storia della Giudea in età neobabilonese e achemenide (586 a.C.-442 a.C.),* Nápoles 1995.

BILDE, P. ET ALII (ed.), *Ethnicity in Hellenistic Egypt* (Studies in Hellenistic Civilization, 3), Aarhus 1992.

BLOCK, D. I., *The Gods of the Nations. Studies in Ancient Near Eastern National Theology*, Jackson 1988.

BOCACCINI, G., *Roots of Rabbinic Judaism: An Intellectual History, from Ezequiel to Daniel*, Grand Rapids 2002.

BODI, D., *Jerusalem à l'Epoque Perse*, París 2002.

BODMER, K., *David Observed. A King in the Eyes of his Court*, Sheffield 2005.

BORGEN, P., *Philo and the Jews in Alexandria*, en P. BILDE ET ALII (ed.), *Ethnicity in Hellenistic Egypt*, pp. 122-138.

BOSWORTH, A. B., *Alejandro Magno*, Madrid 2005 (origi. ingl. 1988)

BRIANT, P., *Histoire de l'empire perse: de Cyrus à Alexandre*, París 1996.

BRIGHT, J., *La historia de Israel*, Bilbao 1970) (orig. ingl. 1960).

CARTER, Ch. E., *The Emergence of Yehud in the Persian Period* (Journal for the Study of the Old Testament. Supplement 294), Sheffield 1999.

DANDAMAIEV, M., *Political History of the Achemenian Empire*, Leiden 1991 (orig. ruso 1984).

—, «The Neo-Babylonian Elders», en *Societies and Languages of the Ancient Near East. Studies in Honour of I. M. Diakonoff*, Warminster 1982, pp. 1-4.

DEVER, W. G., *Who Were the Early Israelites and Where Did They Come From?*, Grand Rapids 2003.

DION, P.-E., «La religion des papyrus d'Éléphantine, un reflet du Judaisme (?) d'avant l'exil», en U. HÜBNER y E. A. KNAUF (eds.), *Kein Land für sich allein. Studien zum kulturkontakt in Kanaan, Israel/Palästina und Ebirnâri für Manfred Weippert zum 65. Geburtstag* (OBO 186), Friburgo de Suiza 2002, pp. 243-254.

EDELMAN, D., *The Origins of the «Second» Temple: Persian Imperial Policy and the Rebuilding of Yehud*, Londres 2005.

FINKELSTEIN, I. y N. NA'AMAN (eds.), *From Nomadism to Monarchy: Archaeological and Historical Aspects of Early Israel*, Jerusalén-Washington 1994.

FISHBANE, M., *Biblical Myth and Rabbinic Mythmaking*, Oxford 2004.

FREEDMAN, D. N. y D. F. Graf (eds.), *Palestine in Transition. The Emergence of Ancient Israel*, Sheffield 1983.

FRIED, E., *The Priest and the Great King: Temple-Palace Relations in the Persian Empire*, Winona Lake 2004.

GARBINI, G., *Historia e ideología del Israel Antiguo*, Barcelona 2002 (orig. it. 1986).

GOLDENBERG, R., *The Origins of Judaism. From Canaan to the Rise of Islam*, Cambridge 2007.

GOSSE, B., *La constitution du corpus des écritures a l'époque perse, dans la continuité de la tradition biblique* (Supplément de Transeuphratène, 10), París 2004.

GRABBE, L. L., «Biblical Historiography in the Persian Period: or How the Jews Took Over the Empire», en S. W. HOLLOWAY (ed.), *Orientalism, Assyriology and the Bible*, Sheffield 2006, pp. 400-414.

HADAS-LEBEL, M., *Philon d'Alexandrie. Un penseur en diaspora*, París 2003.

HALPERN, B., *The Emergence of Israel in Canaan* (Society of Biblical Literature Monograph Series, 29), Chico 1983.

— ET ALII, *The Rise of Ancient Israel*. Washington 1992.

HELTZER, M., *The Province Judah and Jews in Persian Times (Some Connected Questions of the Persian Empire)*, Tel Aviv 2008.

HESCHEL, A. J., *God in Search of Man: a Philosophy of Judaism*, Nueva York 1955.

—, *The Sabbath: Its Meaning for the Modern Man* (Shambala Library), Nueva York 2005.

HOLLADAY, C. R., *Jewish Responses to Hellenistic Culture*, en P. BILDE ET ALII (eds.), *Ethnicity in Hellenistic Egypt*, Aarhus 1992, pp. 139-163.

JOISTEN-PRÜSCHKE, A., *Das religiöse Leben der Juden von Elephantine der Achämenisden Zeit* (Göttiger Orientforschung III Reihe: Iranica N. F. 2), Wiesbaden 2008.

KAMINSKI-GDALIA, N., «Une épopée hébraïque inachevée...», *Le monde de la Bible* 111 (mai-juin 1998), pp. 58-61.

KARSH, E., *Fabricating Israeli History: The New Historians*, Londres 2000.

KASHER, A., *The Jews in Hellenistic and Roman Egypt. The Struggle for Equal Rights*, Tubinga 1985.

—, «Notes and Elucidations on the Acculturation and Assimilation of Jews in Ancient Alexandria», en *Acculturation and Assimilation: Continuity and Change in the Cultures of Israel and the Nations*, Jerusalén 1989.

KAUFMANN, Y., *The Religion of Israel. From its Beginnings to the Babylonian Exile*, Londres 1969 (edición abreviada del original hebreo, Jerusalén 1937-1956).

KIM, U. Y., *Decolonising Josiah. Toward a Postcolonial Reading of the Deuteronomistic History*, Sheffield 2005.

KORPEL, M. C. A., «Disillusion among Jews in the Postexilic Period», en R. P. GORDON y J. C. DE MOOR (eds.), *The Old Testament in Its World*, Leiden 2005, pp. 135-157.

LANG, B. (ed.), *Der eizige Gott. Die Geburt des biblischen Monotheismus*, Múnich 1981.

LAPERROUSAZ, E.-M., «L'étendue de Jérusalem à l'époque perse», en E.-M. LAPERROUSAZ y A. LEMAIRE (eds.), *La Palestine à l'époque perse*, París 1994, pp. 123-156.

LECLANT, J. y R. VIAN DES RIVES (eds.), *Colloque Alexandrie: une mégapole cosmopolite. Actes. Préambule* (Cahiers de la Villa «Kérylos», 9), París 1999.

LEMCHE, N. P., *Ancient Israel. A New History of Israelite Society* (The Biblical Seminar), Sheffield 1990.

—, «The Development of the Israelite Religion in the Light of Recent Studies on the Early History of Israel», en *Congress Volume Leuven (1989)* (Vetus Testament, Supplement, 43), Leiden 1991, pp. 97-115.

—, *Early Israel. Anthropological and Historical Studies on the Society Before the Monarchy* (SVT 37), Leiden 1985.

LEMCHE, N. P., *Ancient Israel. A New History of Israelite Society*, Sheffield 1990.

LEUCHTER, M., *Josiah's Reform and Jeremiah's Scroll. Historical Calamity and Prophetic Response*, Sheffield 2005.

— (ed.), «Scribes Before and After 587 BCE: A Conversation», *The Journal of Hebrew Scriptures* 7, 2007, art. 10 *(on line)* (intervienen M. Leuchter, J. L. Wright, J. C. Geoghegan y L. A. S. Monroe).

LIPSCHITS, O. y M. OEMING (eds.), *Juda and the Judeans in the Persian Period*, Winona Lake 2005.

LIVERANI, M., *Oltre la Bibbia. Storia anticua di Israele*, Bari 2003.

LOZANO, A. y A. PIÑERO, «El encuentro de Israel con el helenismo», en A. PIÑERO (ed.), *Biblia y Helenismo*, pp. 23-101.

MAGEN, Y., H. MISGAV y L. TAFANIA, *Mount Garizim Excavations*, vol. 1: *The Aramaic, Hebrew and Samaritan Inscriptions*, Jerusalén 2004.

MATHYS, H.-P., «Das Alte Testament – ein hellenistisches Buch», en U. HÜBNER y E. A. KNAUF (eds.), *Kein Land für sich allein* (Orbis Biblicus Orientalis, 186), Friburgo de Suiza-Gotinga 2002.

MÉLÈZE-MODRZEJEWSKY, J., «How to be a Jew in Hellenistic Egypt?», en S. J. D. COHEN y E. S. FRERICHS (eds.), *Diasporas in Antiquity* (Brown Judaic Studies, 288), Atlanta 1993.

—, «Un judaïsme d'expression grecque», *Le monde de la Bible* 111, 1998, 62-65.

—, «Espérances et illusions du judaïsme alexandrin», en J. LECLANT y R. VIAN DES RIVES (eds.), *Colloque Alexandrie: une mégapole cosmopolite*.

Actes. Préambule (Cahiers de la Villa «Kérylos», 9), París 1999, pp. VII-VIII.

MILEVSKI, I., «Settlement Patterns in Northern Judah during the Achaemenid Period, According to the Hill Country of Benjamin and Jerusalem Surveys», *Bulletin of the Anglo-Israel Archaeological Society*, 15, 1996-1997, 7-29.

MILLARD, A., «Books in Ancient Israel», en C. ROCHE (ed.), *D'Ougarit à Jérusalem, Recueil d'études épigraphiques et archéologiques offert à Pierre Bordreuil* (Orient & Méditerranée, 2), París 2008, pp. 255-264.

MILLER, R. C., «Popular, Ideological, and Textual Dimensions of Postexilic Judean Culture», *Estudios Bíblicos* 60, 2002, 337-350.

MOMIGLIANO, A., «The Origins of Universal History», en R. E. FRIEMAN (ed.), *The Poet and the Historian. Essays in Literary and Historical Biblical Criticism* (Harvard Semitic Studies, 26), Chico 1983, pp. 133-148.

MOOR, J. C. de, *The Rise of Yahwism. The Roots of Israelite Monotheism* (BEThL, 91), Lovaina ²1997.

NA'AMAN, N., «The Sources available for the autor of the Book of Kings», en *Convegno Internazionale. Recenti Tendenze nella ricostruzione della storia antica d'Israele (Roma, 6-7 marzo 2003)* (Contributi del Centro Linceo Interdisciplinare «Beniamino Segre», 110), Roma 2005, pp. 105-120.

NELSON, R. D., *Double Redaction of the Deuteronomic History* (JSOT Suppl. 18), Sheffield 1981.

NOTH, M., *Historia de Israel,* Barcelona 1966 (orig. al. 1950).

OLYAN, S. M., «The Status of Covenant During the Exile», en U. KOTTSIEPPER ET ALII (eds.), *Berührungspunkte... Fs. R. Albertz,* pp. 333-343.

PELÁEZ, J., «El judaísmo helenístico. El caso de Alejandría», en A. PIÑERO (ed.), *Biblia y Helenismo,* pp. 103-127.

PELLETIER, A., *Lettre d'Aristée à Philocrate. Introduction, texte critique, traduction, notes...* (Sources chrétiennes, 89), París 1962.

PIÑERO, A. (ed.), *Biblia y Helenismo. El pensamiento griego y la formación del cristianismo* (Serie: En los orígenes del Cristianismo, 16), Córdoba 2006.

PIÑERO, A., «La traducción griega de la Biblia», en A. PIÑERO (ed.), *Biblia y Helenismo,* pp. 165-188.

PORTEN, B. ET ALII, *The Elefantine Papyri in English. Three Millenia of Cross-Cultural Continuity...,* Leiden 1996.

PURY, A. DE, Th. RÖMER y J.-D. MACCHI (eds.), *Israel constructs its history. Deuteronomistic Historiography in Recent Resaerch* (Journal for the Study of the Old Testament. Supplement Series 306), Sheffield 2000.

RENDSBURG, G. A., «The Genesis of the Bible» (Inaugural Lecture of the Blanche and Irving Laurie Chair in Jewish History, October 28, 2004, Rutgers, The State University of New Jersey.

RÖMER, T., «Moses Outside the Torah and the Construction of a Diaspora Identity», *The Journal of Hebrew Scriptures* 8, 2008, art. 15 *(on line)*.

SACCHI, P., «Le origini del giudaismo: tradizione e innovazione», en J. CAMPOS SANTRIAGO y V. PASTOR JULIÁN (eds.), *Congreso Internacional «Biblia, memoria histórica y encrucijada de culturas». Actas*, Zamora 2004, pp. 24-48.

—, *Storia del Secondo Tempio*, Turín 1994.

SAND, S., *The Invention of the Jewish People*, Londres 2009.

SCHMITT, H. H., *Untersuchungen zur Geschichte Antiochos' des Grossen und seiner Zeit* (Historia. Einselschriften, 6), Wiesbaden 1964.

SCHNIEDEWIND, W. M., *How the Bible Became a Book. The Textualization of Ancient Israel*, Cambridge 2004.

SETERS, J. van, «The Role of the Scribe in the Making of the Hebrew Bible», *Journal of Ancient Near Eastern Religions* 8, 2008, 99-129.

SIEVERS, J., *The Hasmoneans and their supporters: from Mattathias to the death of John Hyrcanus I*, Atlanta 1990.

SMITH, M., *The Origins of Biblical Monotheism. Israel's Polytheistic Background and the Ugaritic Texts*, Oxford 2001.

—, «II Isaiah and the Persians», *Journal of the American Oriental Society* 83, 1963, 415-421.

—, «The Eastern Jewish Diaspora under the Babylonians», en M. W. CHAVALAS y K. L. YOUNGER (eds.), *Mesopotamia and the Bible*, 2002, pp. 356-377.

SMITH, M., *Palestinian Parties and Politics that Shaped the Old Testament*, Nueva York 1971 (orig. it. 1984).

SOGGIN, J. A., *Nueva Historia de Israel. De los orígenes a Bar Kochba* (Biblioteca Manual Desclée, 14), Bilbao ²1992 (orig. it. 1984).

SUAU I PUIG, T., «"Junto a los canales de Babilonia...". La experiencia del destierro en la formación de la conciencia religiosa del pueblo de Israel», en Mª. L. SÁNCHEZ LEÓN (ed.), *Religions de l'Antic Orient* (Primer Cicle de Confrències), Palma de Mallorca 2000, pp. 123-151.

TCHERIKOVER, V., *Hellenistic Civilization and the Jews*, Filadelfia-Jerusalén 1959.

—, Fuchs, A., *Corpus Papyrorum Judaicarum*, vol. I, Cambridge MA 1957 (época ptolemaica).

TEIXIDOR, J., «Contexto epigráfico y literario de Esdras y Daniel», en *Simposio Bíblico Español*, Madrid 1984, pp. 129-140.

—, *Mon père, l'Araméen errant*, París 2003.

THOMPSON, Th. L., *Early History of the Israelite People from the Written and Archaeological Sources*, Leiden 2000.

TIGAY, J. H., *You Shall Have No Other Gods. Israelite Religion in the Light of Hebrew Inscriptions*, Atlanta 1986.

TOORN, K. van der, *Scribal Culture and the Making of the Hebrew Bible*, Cambridge MA 2007.

—, «Sources in Heaven: Revelation as a Scholarly Construct in Second Tempel Judaism», en U. HÜBNER y E. A. KNAUF (eds.), *Kein Land für sich allein. Studien zum kulturkontakt in Kanaan, Israel/Palästina und Ebirnâri für Manfred Weippert zum 65. Geburtstag* (OBO 186), Friburgo de Suiza 2002, pp. 265-277.

TREBOLLE BARRERA, J., «Los últimos escritos del Antiguo Testamento y la influencia del helenismo», en A. PIÑERO (ed.), *Biblia y Helenismo*, pp. 189-208.

VEGAS MONTANER, L. y A. PIÑERO, «El cambio general de la religión judía al contacto con el helenismo», en A. PIÑERO (ed.), *Biblia y Helenismo*, pp. 129-163.

VELÁZQUEZ, E., «The Persian Period and the Origins of Israel: Beyond the "Myths"», en R. HESS, G. A. KLINGBEIL y P. J. RAY (eds.), *Critical Issues From Israelite History*, Winona Lake 2008.

VINCENT, A., *La religion des judéo-araméens de Eléphantine*, París 1937.

WATTS, J. W. (ed.), *Persia and the Torah. The Theory of the Imperial Authorization of the Pentateuch*, Atlanta 2001.

WILLI, T., *Juda-Israel: Studien zum Selbstverstädnis des Judentums in persicher Zeit* (Forschungen zum Alten Testament, 12), Tubinga 1995.

WILLIS, T. M., *The Elders of the City. A Study of Elders Laws in Deuteronomy* (Society of Biblical Literature Monograph Series), Atlanta 2001.

YAMAUCHI, M. (ed.), *Persia and the Bible*, Grand Rapids 1991.

—, «The Eastern Jewish Diaspora under the Babylonians», en M. W. CHAVALAS y K. L. YOUNGER (eds.), *Mesopotamia and the Bible. Comparative Explorations*, Grand Rapids 2002, pp. 356-377.

ZADOK, R., «Die nichthebräische Namen der Israeliten vor dem hellenistischen Zeitalter», *Ugarit-Forschungen* 17, 1985, 387-398.

—, *The Earliest Diaspora. Israelites and Judeans in Pre-Hellenistic Mesopotamia* (Publications of the Diaspora Research Institute, 151), Tel Aviv 2002.

—, *The Jews in Babylonia During the Chaldean and Achaemenian Periods According to the Babylonian Sources* (Studies in the History of the Jewish People and the Land of Israel. Monograph Series 3), Haifa 1979.

—, «West-Semitic Names in N/LB Unpublished Documents», *NABU* 1995, nº 6.

—, *The Earliest Diaspora. Israelites and Judeans in Pre-Hellenistic Mesopotamia* (Publications. Of the Diaspora Research Institute, 151), Tel Aviv 2000.

La Biblia Hebrea: literatura y religión (Estructuras y contenidos)

ALONSO SCHÖKEL, L., *La palabra inspirada. La Biblia a la luz de la ciencia del lenguaje* (Biblioteca Herder. Sección de Sagrada Escritura, 75), Barcelona 1966.

—, «Motivos sapienciales y de alianza en Gn 2-3», *Bíblica* 43, 1962, 295-316.

—, *La Biblia del Peregrino*, Bilbao 1995.

ALONSO SCHÖKEL, L. ET ALII, *Crónicas, Esdras, Nehemías* (Los Libros Sagrados, 6), Madrid 1976.

ALTHANN, R., «Textual Criticism: The Northwest Semitic Approach», *Old Testament Essays* 27-28, 1984-1985, 1-18.

BARR, J., *The Semantics of Biblical Language*, Oxford 1969.

BARSTAD, H. M., *The Religious Polemics of Amos* (Vetus Testamentum, Supplements, 34), Leiden 1984.

BLENKINSOPP, J., «Deuteronomy and the Politics of Post-Mortem Existence», *Vetus Testamentum* 45, 1995, 1-16.

CAPPONI, L., *Il Tempio de Leontopoli in Egitto: Identità política e religiosa del Giudei de Onia (c. 150 a.C.-73 d.C.)*, Pisa 2007.

CERESKO, A., «Recent Study of Hebrew Poetry: Implications for Theology and Worship», *Toronto Journal of Theology* 1, 1985, 98-112.

COLLINS, N. L., *The Library in Alexandria and the Bible in Greek* (Vetus Testamentum. Supplements 82), Leiden-Boston-Colonia 2000.

DANIÉLOU, J., *Ensayo sobre Filón de Alejandría* (Ensayistas de hoy, 33), Madrid 1962 (orig. fr. 1958).

DESROUSSEAUX, L. y J. VERMEYLEN (eds.), *Figures de David à travers la Bible. XVIIe congrès de l'ACFEB (Lille, 1er-5 septembre 1997)* (Lectio Divina, 177), París 1999.

Díez Macho, A. (ed.), *Apócrifos del Antiguo Testamento*. Tomo I. *Introducción General,* Madrid 1984; Tomo IV. *Ciclo de Henoch,* Madrid 1984, pp. 203-291 («Libro Hebreo de Henoch», Introducción y traducción de Mª Ángeles Navarro).

Eichrodt, W., *Teología del Antiguo Testamento. I Dios y Pueblo. II Dios y mundo,* Madrid 1975 (orig. al. 1961).

Eissfeldt, O., *Introducción al Antiguo Testamento* I, Madrid 2000 (orig. al. 1964).

Felik, Y., *Song of Songs. Nature, Epic and Allegory,* Jerusalén 1983.

Fernández Marcos, N., «La carta de Aristeas», en A. Díez Macho, *Apócrifos del Antiguo Testamento,* vol. II, Madrid 1984, pp. 9-63.

Finkelstein, I. y N. A. Silberman, *La Biblia desenterrada: una nueva visión arqueológica del Antiguo Israel y de los orígenes de sus textos sagrados,* Madrid 2003, pp. 167 y ss. (orig. ingl. 2001).

—, *David and Salomon: in Search of the Bible's Sacred Kings and the Roots of the Western Tradition,* Nueva York 2006.

Foresti, E., «Composizione e redazione deuteronomistica in Ex 15, 1-18», *Lateranum* 48, 1982, 41-65.

Fowler, I. D., *Theophoric Personal Names in Ancient Hebrew* (Journal for the Study of the Old Testament Supplement Series, 49), Sheffield 1988.

Fried, L. S., «The High Places *(bāmôt)* and the Reforms of Hezekiah and Josiah: An Archaeological investigation», *Journal of the American Oriental Society* 122, 2002, 437-465.

Gerleman, G., *Esther* (Biblisches Kommentar Altes Testament, XXI), Neukirchen-Vluyn 1973.

Gnuse, G., *Heilsgeschichte as a Model for Biblical Theology: The Debate concerning the Uniqueness and Significance of Israel's Worldview,* Lanham 1989.

Greenberg, M., *Ezekiel, 1-20. A New Translation with Introduction and Commentary* (The Anchor Bible, 22), Garden City 1983.

Gunkel, H., *Schöpfung und Chaos im Urzeit und Endzeit. Eine religionsgeschichtliche Untersuchung über Gn 1 und Ap Joh 12,* Gotinga ²1921.

Gunneweg, A. H. J., *Esra* (Biblisches Kommentar. Altes Testament, XIX/1), Gütersloh 1985.

—, *Nehemia* (Biblisches Kommentar. Altes Testament, XIX/2), Gütersloh 1987.

Haag, H., A. van den Born y S. de Ausejo, *Diccionario de la Biblia* (Biblioteca Herder. Sección de Sagrada Escritura, 27-28), Barcelona

1963 (edición española del original alemán *Bibel-Lexikon*, 1951 y del holandés *Bijbels Woordenboek* 1954-1957).

HALPERN, B., *David's Secret Demons: Messiah, Murderer, Traitor, King*, Grand Rapids 2001.

HARDMEIER, Chr., «Schriftgebrauch und Literaturbildung im Lilieu des Jerusalemer Führungs- eliten in spätvorexilischen Zeit (Jeremia 36)», en U. KOTTSIEPPER ET ALII (eds.), *Berührungs-punkte... Fs. R. Albertz*, pp. 267-290

HAYES, I. H., «The Usage of Oracles against Foreign Nations in Ancient Israel», *Journal of Biblical Literature* 87, 1968, 91-92.

HOFFMANN, Y., «The Day of the Lord as a Concept and as a Term in the Prophetic Literature», *Zeitschrift für die altestamentliche Wissenschaft* 93, 1981, 37-50.

GODMAN, M., *Rome and Jerusalem: The Clash of Ancient Civilizations*, Londres 2007.

IMSCHOOT, P. van, *Teología del Antiguo Testamento*, Madrid 1969 (orig. fr. 1954-1956).

ISSER, St., *The Sword of Goliath*, Society of Biblical Literature, s. l. 2003.

JACOB, E., *Ras Shamra et l'Ancien Testament*, Neuchâtel 1960.

JAROS, K., *Die Stellung des Elohisten zur kanaanaischen Religio* (Orbis Biblicus et Orientalis, 4), Friburgo de Suiza 1974.

JEREMIAS, J., *Theophanie. Die Geschichte einer alttestamentlichen Gattung*, Neukirchen 1965.

JOÜON, P., *Grammaire de l'hebreu biblique*, Roma 1947.

KAISER, O. ET ALII (eds.), *Texte aus der Umwelt des Alten Testament. Historisch-chronologische Texte* I, por R. BORGER ET ALII, Gütersloh 1984.

KALIMI, I., *An Ancient Israelite Historian: Studies in the Chronicler, his Time, Place, and Writing* (Studia Semitica Neerlandica, 46), Assen 2005.

KNIGHT, D., *Rediscovering the Traditions of Israel* (Society of Biblical Literature Dissertation Series, 9), Missoula 1975.

KNOPPERS, G. N., *I Chronicles 1-9* (Anchor Bible, 12), Garden City 2004.

— (ed.), «Chronicles and Chronicler: A Response to I. Kalimi, *An Ancient Israelite Historian: Studies in the Chronicler, his Time, Place, and Writing* (Studia Semitica Neerlandica, 46), Assen 2005», *Journal of Hebrew Scriptures* 6, 2006, art. 2 *(on line)* (intervienen G. N. Knoppers, E. Ben Zui, R. L. Hubbard, R. W. Klein, M. A. Throntveit e I. Kalimi).

— (ed.), «Revisiting the Composition of Ezra-Nehemiah: in Conversation with Jacob Wright's *Rebuilding Identity: The Nehemiah Memoir and its*

Earliest Readers (BZAW 348), Berlín 2004», *Journal of Hebrew Scriptures* 7, 2007, art. 12 *(on line)* (intervienen G. N. Knoppers, D. N. Fulton, D. M. Carr, R. W. Klein y J. L. Wright).

KOEHLER, L. y W. BAUMGARTNER, *Hebräisches und Aramäisches Lexikon zum Alten Testament,* Leiden 1967-1995.

KRAUS, H.-J., *Geschichte der historisch-kritischen Erforschung des Alten Testaments,* Neukirchen-Vluyn ²1969.

LAUHA, R., *Psychophysischer Sprachgebrauch im Alten Testament: eine structural- semantische Analyse von* lb, npš *und* rwḥ (Annales Academiae Scientiarum Fennicae, 35), Helsinki 1983.

LINO, M. P., *Yahwed as a Warrior. The Theology of Warfare in Ancient Israel,* Scottdale 1980.

LORETZ, O., «Textologie des Zephanja-Buches. Bemerkungen zu einen Misverstandnis», *Ugarit-Forschungen* 5, 1973, 219-228.

LYS, D., *Nèphèsh. Histoire de l'âme dans la révélation d'Israel au sein des religions proche-orientales* (Études d'histoire et de philosophie religieuses, 50), París 1959.

—, *Rûach. Le souffle dans l'Ancien Testament* (Études d'histoire et de philosophie religieuses, 56), París 1962.

MAGONET, J., *Form and Meaning. Studies in Literary Techniques in the Book of Jonah,* Sheffield 1983.

MARTIN-ACHARD, R., *De la mort à la résurrection: d'après l'Ancien Testament,* Neuchâtel-París 1956.

METTINGER, T. N. D., «The Enigma of Job: The Deconstruction of God in Intertextual Perspective», *Journal of Northwest Semitic Languages* 23, 1997, 1-19.

MILLER, P. D., *The Divine Warrior in Early Israel* (Harvard Semitic Monographs 5), Cambridge MA 1975.

—, *The Religion of Ancient Israel* (Library of Ancient Israel), Louisville 2000.

MUELLER, J., *Koenig Saul in Sage und Dichtung,* Fráncfort 1891.

MYERS, J. M., *Ezra. Nehemiah, Introduction, Translation, and Notes* (Anchor Bible 14), Garden City 1965.

MYERS, I. M., *II Chronicles* (Anchor Bible, 13), Garden City 1965.

NOTH, M., *Die israelitischen Personennamen im Rahmen der gemeinsemitischen Namengebung,* Hildesheim 1966.

OLLENBURGER, B. C. ET ALII (eds.), *The Flowering of Old Testament Theology. A Reader in Twentieth-Century Old Testament Theology, 1930-1990,* Winona Lake 1992.

OLMO LETE, G. del, *La vocación del líder en el Antiguo Israel. Morfología de los relatos bíblicos de vocación* (Bibliotheca Salmanticensis. Studia 2), Salamanca 1973.

PFEIFFER, H., *Jahweskommen von Süden. Jdc 5; Hab 3; Dtn 33; und Ps. 68 in ihrem literatur- und theologiegeschichtliche Umfeld* (Forschungen zur Religion und Literatur des AT und NT, 211), Gotinga 2005.

PREUSS, H. D., *Verspottung fremder Religionen im Alten Testament»* (Beiträge zur Wissenschaft von Alten und Neuen Testament, 92/12), Stuttgart 1971.

RAD, G. von, *Teología del Antiguo Testamento. I Teología de las tradiciones históricas de Israel. II Teología de las tradiciones proféticas de Israel*, Salamanca 1972 (orig. al. 1962-1961).

—, *La sabiduría en Israel. Los Sapienciales. Lo Sapiencial*, Madrid 1973 (orig. al. 1970).

RODRÍGUEZ, A., *Substitution in the Hebrew Cultus and in Cultic-Related Texts*, Tesis: Andrew University MI 1980.

ROLLINGER, R., «Altorientalisches im Buch Judith», en M. LUUKO, S. SVÄRD y R. MATTILA, *Of God(s), Trees, Kings, and Scholars. Neo Assyrian and Related Studies in Honour of Simo Parpola*, Helsinki 2009, pp. 429-443.

SABOURIN, L., *Redención sacrificial*, Bilbao 1969 (orig. fr. 1961).

SCHROER, S., «Psalm 65 – Zeugnis eines integrativen JHWH-Glaubens?», *Ugarit-Forschungen* 22, 1980, 285-301.

SEYBOLD, K., *Das davidische Königtum im Zeugnis der Propheten* (Forschungen zur Religion und Literatur des AT und NT, 107), Gotinga 1972.

SILVERMAN, M., *Hagada de Pesaj con notas explicativas y textos originales... traducción al castellano por E. Weinfeld*, Hartford 1962.

VAUX, R. de, *Historia Antigua de Israel* I/II, Madrid 1975 (orig. fr. 1971).

—, *Instituciones del Antiguo Testamento* (Biblioteca Herder. Sección de Sagrada Escritura, 63), Barcelona 1985 (orig. fr. 1960).

WANKE, G., *Die Ziontheologie der Korahiten*, Berlín 1966.

WATSON, W. E. G., *Classical Hebrew Poetry: A Guide to its Tecniques*, Sheffield 1984.

WELLHAUSEN, J., *Prolegomena zur Geschichte Israels*, Berlín 61905.

WHYBRAY, R. N., *On the Making of the Pentateuch. A Methodological Study*, Sheffield 1987.

WIFALL, W., «The Sea of Reeds as Sheol», *Zeitschrift für Assyriology* 92, 1980, 325-332.

WOLFF, H. W., *Anthropologie des Alten Testament*, Múnich 1973.

WRIGHT, G. E. y F. V. FILSON, *The Westminster Historical Atlas of the Bible*, Filadelfia ²1956.

ZENGER, E., «Tradition and Interpretation in Exodus XV 1-21», en J. A. EMERTON (ed.), *Congress Volume*, Viena 1980 (Vetus Testamentum Supplement, 32), Leiden 1981, pp. 452-483.

ZIMMERLI, W., *Ezechiel I. Teilband* (Biblischer Kommentar Altes Testament XIII/1), Neukirchen-Vluyn 1969.

El judaísmo normativo (Teología, liturgia, ética, misticismo-Cábala)

ALBERTZ, R., *Historia de la religión de Israel en tiempos del Antiguo Testamento 1-2* (Biblioteca de ciencias bíblicas y orientales), Madrid 1999 (orig. al. 1996-1997).

BARJAU I RICO, E., *El Séfer Dibré Iossef (Les Cróniques de Josep) de Jossef ben Isaac ben Sambari*. Introducció, traducció i notes de (Biblioteca Judaico-Catalana, 3), Barcelona 1996.

BENAYAHU, M., «Maʿaśeh noraʾ meRabi Yoseph de la Reyna», *Arešet* 5, 1972, 170-188.

CANO, M. J. y M. A. ESPINOSA, *Historia y cultura del pueblo judío,* Granada 2008.

CARO, J., *Šulḥan ʿArukh*, Venecia 1565.

CHOURAQUI, A., *Moisés. Viaje a los confines de un misterio realizado y de una utopía realizable*, Barcelona 1997 (orig. fr. 1995).

CLEMENS, R. E., *God and Temple*, Oxford 1954.

COPPENS, J., *Le Messianisme royal: ses origines, son développement, son accomplissement*, París 1968.

DONIN, H. H., *Guía para la observancia del judaísmo en la vida contemporánea*, Jerusalén 1988.

El Zohar. El libro del Esplendor. Introducción y traducción de C. Giol, Barcelona 1996.

EPSTEIN, I., *Judaism. A Historical Presentation,* Penguin Books, Londres 1974.

GREENSTEIN, H. R., *Turning Point. Zionism and Reform Judaism* (Brown Judaic Studies, 12), Scholars Press 1981.

KALIMI, I., *An Ancient Israelite Historian. Studies in the Chronicler, his Time, Place, and Writing* (Studia Semitica Neerlandica, 46), Assen 2005.

KAPLOUN, U. (ed.), *The Synagogue* (Popular Judaica Library), Jerusalén 1973.

MAIER, J., *Das Judentum. Von der biblischen Zeit bis zur Moderne*, Múnich 1973.

MAIMÓNIDES, *Guía de perplejos* (Clásicos para una biblioteca contemporánea, 27), ed. por D. Gonzalo Maeso, Madrid 1983.

MELAMED, M. M., *Sidur Ha-Mercaz. Libro de oraciones según el rito sefardí*, Jerusalén 1998.

MOORE, C. A., *Esther* (Anchor Bible, 7B), Garden City 1971.

NEUSNER, J., *The Mishnah. An Introduction*, Northvale 1898.

PELÁEZ DEL ROSAL, J. (ed.), *Sobre la vida y obra de Maimónides. I Congreso Internacional (Córdoba 1985)*, Córdoba 1991.

—, *La sinagoga* (Estudios de cultura hebrea, 7), Córdoba 1988.

PLATKIN, A. ET ALII, *Mishné Torá (iad jazaká)*, Tel Aviv s. f.

ROMANO, D., *Antología del Talmud. Introducción y traducción*, Barcelona 1983.

RUBINSTEIN, A., *Ḥasidism* (Popular Judaica Library), Jerusalén 1975.

SCHNEID, H., *Marriage* (Popular Judaica Library), Jerusalén 1973.

SCHOLEM, G., *Kabbalah* (Library of Jewish Knowledge), Jerusalén 1974.

—, *La Cábala y su simbolismo*, Madrid ⁹1995 (orig. al. 1960).

—, *Studies in Judaism*, Nueva York 1960.

—, *Las grandes tendencias de la mística judía*, Madrid 1996 (orig. ingl. 1974).

—, *Los orígenes de la Cábala*, Barcelona 2001 (orig. fr. 1966).

—, *Le nom et les symboles de Dieu dans la mystique juive*, París 1983.

—, *The Messianic Idea in Judaism And Other Essays on Jewish Spirituality*, Nueva York 1971.

SHTOBER, S., *Sefer Dibrei Yoseph*, Jerusalén 1981.

SIRAT, C., *La Philosophie juive au Moyen Âge selon les textes manuscrits et emprimés*, París 1983.

STEMBERGER, G., *Geschichte der jüdischen Literatur*, Múnich 1977.

STRACK, H. y G. STEMBERGER, *Introducción a la literatura Talmúdica y Midrásica*, Valencia 1988 (orig. ingl. 1996).

SUAU I PUIG, T., «Del Caos al Cosmos. El concepte de creació en els onze primers capitols del llibre del Gènesi», en M. L. SÁNCHEZ LEÓN (ed.), *La creació* (Religions del mòn antic, 2), Palma de Mallorca 2001, pp. 89-113.

TREBOLLE, J., *La Biblia judía y la Biblia cristiana*, Madrid 1993.

URBACH, E. E., *The Sages. Their Concepts and Beliefs* (Publications of the Perry Foundation in the Hebrew University of Jerusalem), 2 vols., Jerusalén 1975.

VALLE, C. del, «Aproximación histórica al sionismo», *Arbor* 352, abril 1975, 71-80.

—, *El mundo judío*, UNED, Madrid 1978.
—, *La Misná*, Madrid 1981.

La presencia cultural y religiosa del judaísmo
(Biblia y literatura, religiones del Libro)

AA. VV., *Werk und Wirkung Thomas Manns in unsere Epoche*, Stuttgart 1978.

ALVAR, M., *La leyenda de Pascua. Tradición cultural y arcaísmo léxico en una Hagadá de Pesaḥ en judeo-español*, Sabadell 1986.

ATREIDES, B., *Milton. Un Poema*, Barcelona 2002.

AVNI, A., «Wordsworth and Ecclesiates. A "Skeptical" Affinity», *Research Studies* 49/1, 1981, 127-129.

BATAILLON, M., «Sobre la génesis poética del "Cántico espiritual" de San Juan de la Cruz», en *Varia lección de clásicos españoles*, Madrid 1964, pp. 167-182.

BEAUDE (ed.), P.-M., *La Bible en littérature. Actes du colloque international de Metz (september 1994)*, París 1997.

BERNSTEIN, M. S., *Stories of Joseph: Narrative Migrations between Judaism and Islam*, Detroit 2006.

BIEMAN, E., «Faithful to the Bible in Its Fashion: MacLeish J. B.», *Studies in Religion* 4, 1974, 25-30.

BLAKE, W., *Milton. A Poem*, Londres 1993.

BLOOM, H., *Fallen Angels*, New Haven 2007.

BLONDEL, J., *Milton poète de la Bible dans le Paradise Perdu* (Archives des lettres modernes, 21-22), París 1959.

BOND, Ch. M., «J. B. is not Job», *Bucknell Review* 9, 1961, 272-280.

BRIL, J., *Lilit ou la mère obscure*, París 1981.

BUBER, M., *Yo y Tú* (Colección Esprit, 1), Madrid 2005 (orig. al. 1923).

BULTMANN, R., *History and Eschatology*, Edimburgo 1957.

—, *Teología del Nuevo Testamento* (Biblioteca de Estudios Bíblicos, 32), Salamanca ⁴2001 (orig. al. 1958).

BUTLER, A. T. C., *«The Song of the Sea»: Exodus 15.1-18: A Study in the Exegesis of Hebrew Poetry*. Tesis: Vanderbilt University 1971.

CAMPBELL, C. C., «The Transformation of Biblical Myth: MacLeish's Use of the Adam and Job Stories», en *Myth and Symbol: Critical Approaches and Applications*, Lincoln 1963, pp. 79-88.

CANTOR, P. A., «Byron's Cain: A Romantic Version of the Fall», *Kenyon Review* 2, 1980, 50-71.

CÁTEDRA, P. M., *Liturgia, poesía y teatro en la Edad Media* (Biblioteca Románica Hispánica. II Estudios y Ensayos, 444), Madrid 2005.

CAWLEY, A. C., *Everyman and Medieval Miracle Plays* (The Everyman Library) Londres-Tuttle 1994.

COWAN, S. A., «Rober Cohn, the Fool of Ecclesiates in (E. Hemmingway's) *The Sun also Rises*», *Dalhousie Review* 63, 1983, 98-106.

DIVIVIER, R., *La génèse du «Cantique spirituel» de Saint Jean de la Croix*, París 1971.

FAESIE, R., *Thomas Mann. Ein Meister der Erzählkunst*, Zúrich 1955.

FILORAMO, G., *L'attesa de la fine. Storia della gnosi* (Biblioteca Universale Laterza, 189), Roma-Bari 1987.

FREUD, S., *Escritos sobre judaísmo y antisemitismo* (Libro de bolsillo. Humanidades 256), Madrid 1974.

FRYE, N., *Poderosas palabras. La Biblia y nuestras metáforas*, Barcelona 1996. (orig. ingl. 1992).

GLAYMEN, R. E., *Recent Judith Drama and Its Analogues*, Filadelfia 1930.

GREEN, *«What Profit for Us?». Remembering the Story of Joseph*, Lanham 1996.

HAMILTON, K., «The Pacience of J. B.», *Dalhousie Review* 41, 1961, 32-39.

HAZLETON, L. L., *Jezebel. The Untold Story of the Bible's Halot Queen*, Nueva York 2007.

HETTEMA, Th. L., *Reading for Good. Narrative Theology and Ethics in the Joseph Story from the Perspective of Ricoeur's Hermeneutics*, Kampen 1996.

HOFFMAN, D. G., «Moby-Dick: Jonah's Whale or Job's?», *Sewanee Review* 69/8, 1961, 205-224.

HOLMA, C. H., «Melville's Inversion of Jonah in Moby-Dick», *The Iliff Review* 42/1, 1985, 13-20.

GOITEIN, S. D., *A Mediterranean Society: the Jewish communities of the Arab world as portrayed in the documents of the Cairo Genizah*, 6 vols., Londres 1967-1993.

KIRKCONNELL, W., *That Invencible Samson: The Theme of Samson Agonistes in World Literature*, Toronto 1964.

KOSSMANN, R., *Die Esthernovelle – Vom Erzählten zur Erzählung. Studien zur Traditions- und Redaktionsgeschichte des Estherbuches*, Leiden 2000.

LARA GARRIDO, J., «La creación del mundo en la poesía barroca: de la tradición neoplatónica a la ortodoxia contrarreformista», en *Estudios de literatura y arte dedicados al profesor Emilio Orozco Díaz*, Granada 1979.

LOHTE, M.-J., «L'histoire de Joseph et ses frères traité successivement par Hugo von Hofmannstal et par Thomas Mann», en P.-M. BEAUDE (ed.), *La Bible en Littérature*, pp. 73-86.

MANN, E., *Das letzte Jahr*, Zúrich 1956.

MANN, Th., *Las tablas de la ley*, Barcelona 1972 (orig. al. 1944).

—, *José y sus hermanos, I-III,* Barcelona 2000-2008 (el IV volumen en preparación) (orig. al. 1933-1936).

MANNS, Fr. (ed.), *The Sacrifice of Isaac in the Three Monotheistic Religions. Proceedings of a Symposium*, Jerusalén 1995.

MANSON, T. W., *The Servant Messiah. A Study of the Public Ministry of Jesus,* Cambridge 1966.

MASSYNGBERDE FORD, J., *Revelation* (Ancho Bible, 38), Garden City 1975.

McGAHA, M., *The Story of Joseph in Spanish Golden Age Drama*, Lewisburg-Londres 1998.

MILLÁS VALLICROSA, J. M., *La poesía sagrada hebraico-española* (CSIC, Instituto Arias Montano. Serie A/1), Madrid-Barcelona 1948.

MORGAN, M. L. y P. E GORDON (eds.), *Modern Jewish Philosophy*, Cambridge 2007.

MÜLLER, K., «Menschensohn und Messias», *Biblische Zeitschrift* 16, 1972, 161-187; 17, 1973, 52-66.

OLMO LETE, G. del, «Introducción general: Biblia y literatura», en IDEM. (ed.), *La Biblia en la literatura española I. Edad Media. I/1. El imaginario y sus géneros*, Madrid 2008, pp. 11-18.

—, *La Biblia Hebrea en la literatura moderna. Guía temática y bibliográfica* (Textos docents 215), Barcelona 2000.

—, «La Biblia en la literatura espiritual del Siglo de Oro», en G. DEL OLMO LETE (ed.), *La Biblia en la literatura española. II Siglo de Oro*, coord. por R. Navarro Durán, Madrid 2008, pp. 101-179.

—, «Los relatos bíblicos de los orígenes: de Adán a Babel en la Literatura Occidental», *Las Biblias Hispánicas* 1, 2009, pp. 41-57.

O'SHAUGHNESSY, Th., *The Koranic Concept of the Word of God* (Biblica et Orientalia, 11), Roma 1948.

PAREJA, F. M., *Islamología*, 2 vols., Madrid 1952-1954.

PINSKY, R., *The Life of David*, Nueva York 2005.

PRAZ, M., *La carne, la muerte y el diablo en la literatura romántica* (El Acantilado, 8), Barcelona 1999 (orig. it. 1999).

PRUIN, D., *Geschichten und Geschichte. Izebel als literarische und historische Gestalt* (OBO 222), Friburgo de Suiza 2006.

PURDIE, E., *Story of Judith in German and English Literature*, París 1927.

RUSSELL, J. B., *Lucifer. El diablo en la Edad Media*, Barcelona 1995. (orig. ingl. 1986).

SACHS, V., *La Contre-Bible de Melville: Moby-Dick dechiffré*, La Haya 1975.

SASS, B., *The Alphabeth at the Turn of the Millennium: The West Semitic Alphabet ca. 1150-850 BCE. The Antiquity of the Arabian, Greek and Phrygian Alphabets* (The Aviv Occasional Series, 4), Tel Aviv 2005.

SCHARFSCHWERDT, J., *Thomas Mann und der deutsche Bildungsroman*, Stuttgart 1987.

SCOTT, J. M., *Restoration. Old Testament, Jewish and Christian Perspectives* (Supplements to the Journal for the Study of Judaism, 72), Leiden 2001.

SEGERT, S., «Hebrew Bible and Semitic Comparative Lexicography», en SVT 17, Berlín 1969, pp. 204-211.

SEYMOUR, J. D., *Tales of King Solomon*, Kila 2003 (1924).

SIMON, M., *Verus Israel. Étude sur les relations entre chrétiens et juifs dans l'Empire Romain (135-425)*, París 1983 (Ch. III: «L'Eglise et Israël»).

SIMON, M. y A. BENOIT, *Le Judaïsme et le Christianisme antique* (Nouvelle Clio. L'Histoire et ses problèmes), París 1968

SIMON, U., «Samson and the Heroic», en M. WADSWORTH (ed.), *Ways of Reading the Bible*, Brighton-Totowa 1981, pp. 154-167.

SOLL, W., «Tobit and Folklore Studies, with Emphasis on Propp's Morphology», en D. J. DULL (ed.), *Society of Biblical Literature 1988 Seminar Papers*, Atlanta 1988.

SOMMERFELD, M. (ed.), *Judith-Dramen in 16.-17. JahrhundertS*, Berlín 1933.

STEINER, G., *Errata. El examen de una vida*, Madrid 2001.

SYPHERD, W. O., *Jephthah and his Daughter. A Study in Comparative Literature*, Dover 1947.

TERRIEN, S. J., «J. B. and Job», *Christian Century* 76, 1959, 9-11.

THOMA, C., *Theologische Beziehungen zwischen Christentum unf Judentum*, Darmstad 1989.

TORIJANO, P. A., *Solomon the Esoteric King, From King to Magus, Development of a Tradition* (Supplements to the Journal for the Study of Judaism, 73), Leiden 2002.

TOURNIER, M., *Eleazar ou la Source et le Buisson*, París 1996.

TRÍAS, E., *Conocer Thomas Mann y su obra*, Barcelona 1978.

VEGA, A. C., «En torno a los orígenes de la poesía de San Juan de la Cruz», *Ciudad de Dios* 170, 1957, 623-664.

WALSH, J., «*Ecclesiates* and the Duluoz Legend of Jac Kerouac», *Notes on Modern American Literature* 27/3-4, 1979.

ZAKOVITCH, Y., «The Century of the Bible Draws to a Close», *Modern Hebrew Literature* Spring-Summer 1999, 3-9.

La presencia política (El Estado de Israel, La cuestión palestina)

ABD-EL-JALIL, *Histoire de la littérature árabe*, París 1943.

ABEL, F. M., *Géographie de la Palestine*, París 1938.

AL-BALADHURI, Abu-l Abbas Ahmad ibn Jabir, *The Origins of the Islamic State* (Kitâb Futûḥ al-Buldân), Piscataway 2002 (reimpr. de la ed. de la Columbia University, 1916).

ASHTUR, E., *The Jews of Moslem Spain*, 3 vols., Filadelfia 1973/1979/1984.

AVNERY, U., «Un estado no es la solución», en *El conflicto Israel-Palestina* (Vanguardia dossier, 25), Barcelona 2007, pp. 30-32.

BAIGES, S., «Por un Estado conjunto de judíos y palestinos», *Pueblos. Revista de información y debate*, 16 de agosto de 2005 (entrevista con I. Pappé).

BELLOW, S., *Jerusalén, ida y vuelta*, Barcelona 1977 (orig. ingl. 1976).

BEN AMI, Sh., *¿Cuál es el futuro de Israel?*, Madrid 2002 (orig. fr. 2001).

BEN AMI, Sh. y Z. MEDIN, *Historia del Estado de Israel (génesis, problemas y realizaciones)*, Madrid 1981.

CHABBI, J., *Le Seigneur des Tribus. L'Islam de Mahomet*, París 1997.

DAVIES, W. D., *The Territorial Dimension of Judaism*, Berkeley 1982.

GOITEIN, S. D., *A Mediterranean Society: the Jewish communities of the Arab world as portrayed in the documents of the Cairo Genizah*, 6 vols., Londres 1967-1993.

GOLSTEIN, J., *Jewish History in Modern Times*, Brighton 1995.

GOODBLATT, D., *Elements of Ancient Jewish Nationalism*, Cambridge 2006.

GROUSSET, R., *El imperio de las estepas: Atila, Gengis Khan, Tamerlán*, Madrid 2001 (orig. fr. 1939-1965).

GRUNFELD, F. V., *Profetas malditos: el mundo trágico de Freud, Mahler, Einstein y Kafka*, Barcelona 1987 (orig. ingl. 1980).

HARKABI, Y., *The Bar Kokhba Syndrome. Risk and Realism in International Politics*, Nueva York 1983.

HAZONY, Y., *The Jewish State. The Struggle for Israel's Soul*, Nueva York 2001.

HEPER, M., «Center and Periphery in the Ottoman Empire», *International Political Science Review* 1, 1980, 81-104.

HERRMANN, S., *Historia de Israel en la época del Antiguo Testamento* (Biblioteca de Estudios Bíblicos, 23), Salamanca 1979 (orig. al. 1973).

HERZL, Th., *El Estado judío*, Zaragoza 2004 (orig. al. 1896-1934).

HOBSBAWM, E., *La era de la revolución, 1789-1848 / La era del capital, 1848-1875 / La era del Imperio, 1875-1914*, Barcelona 1997/1998/2001 (orig. ingl. 1962-1975-1987).

—, *La era de los extremos: El corto siglo XX, 1914-1991 / Historia del siglo XX*, Buenos Aires 1998 (orig. ingl. 1994).

—, *Historia del Siglo XX*, Madrid 2006 (orig. ingl. 1994).

KERTÉSZ, I., *Yo, otro. Crónica del cambio*, Barcelona 2002 (orig. húng. 1997).

KHAN, A. A., T. M. KHAN ET ALII, *Encyclopaedia of Islamic Law: 2 Foundations of Islamic Law: 8 Criminal Law in Islam*, Nueva Dehli 2006.

KRÄMER, G., *Historia de Palestina. Desde la conquista otomana hasta la fundación del Estado de Israel*, Madrid 2006 (orig. ingl. 2008).

KITSIKIS, D., *El Imperio Otomano* (Fondo de Cultura Económica. Breviarios), México 1989 (orig. fr. 1985)

LAQUEUR, W., *A History of Zionism*, Nueva York 1972.

LAYARD, A. H., *Ninive and its Remains* I/II, Piscataway 2001 (reimpr. de Londres 1849/1856).

LEVI, P., *Los hundidos y los salvados*, Barcelona 2006 (orig. it. 2003).

LEVIN, M., *Los pioneros de Israel*, Barcelona 1974 (orig. fr. 1973).

LEWIS, B., *Los judíos del Islam*, Madrid 2002 (orig. ingl. 1987).

MORALES PADRÓN, Fr., *Historia del descubrimiento y conquista de América*, Madrid 1990.

MORRIS, B., *The Birth of the Palestinian Refugee Problem, 1947-1949*, Cambridge 1989.

NEUSNER, J., *Stranger at Home. «The Holocaust», Zionism, and American Judaism*, Chicago-Londres 1981.

NOLIN, Th., *La Haganah: el ejército secreto de Israel*, Barcelona 1975 (orig. fr. 1971).

PAPPÉ, I., *A History of Modern Palestine: One Land, Two Peoples*, Cambridge 2004.

—, *The Ethnic cleansing of Palestine* (One World Publications), Oxford 2006.

PETUCHOWSKI, J. J., «Diaspora Judaism - An Anomaly?», *Judaism* 9, 1960, 17-28.

PLAUT, W. G., *Rise of Reform Judaism: a sourcebook of its European origins*, Nueva York 1963.

—, *Growth of Reform Judaism: American and European Sources to 1948*, Nueva York 1965.

POLK, W. R., «La tragedia palestina», en *El conflicto Israel-Palestina* (La Vanguardia Dossier, 25), Barcelona 2007, pp. 6-15.

SILBERSTEIN, L. J., *The Postzionism Debates. Knowledge and Power in Israeli Culture*, Nueva York-Londres 1999.

TOINBY, A., *A Study of History: Abridgement of Vols. I-X in one volume*, Oxford 1960.

TSUR, J., *El sionismo. La epopeya de un pueblo*, Madrid 1980 (orig. fr. 1976).

VEIGA, Fr., *El turco: diez siglos a las puertas de Europa*, Barcelona 2006.

ZERTAL, I., *Nation und Tod*, Gotinga 2003.

—, *Israel's Holocaust and the Politics of Nationhood*, Cambridge 2005.

—, *Lords of the Land: The War for Israel's Settlements in the Occupied Territories, 1967-2007*, Nueva York 2007.

Glosario

*d*ᵉ*bēqût*: «adhesión» o vivencia en la presencia permanente de Dios requerida por la Cábala.

ᶜᵃmîdāh: oración que se recita tres veces al día «estando de pie» y que incluye las «18 (19) bendiciones».

ANAT *(ᶜnt)*: diosa cananea, «"Hermana" de Baal».

ᶜᵃlîyāh: «subida», dicha de las diferentes oleadas de retorno a Palestina organizadas por el sionismo del siglo XIX-XX.

ASHERA *(ʾašrh)*: diosa cananea, paredra del dios supremo, El.

BAAL *(bᶜl)*: dios cananeo de la tormenta y la fertilidad, figura principal de su panteón.

bar miṣwāh: «hijo del precepto», ceremonia que introduce al niño judío en la mayoría de edad legal.

CÁBALA *(qabbālāh)*: doctrina y práctica espiritual que incluye una parte teórica *(qabbālāh ᶜiyyûnît)* y una práctica *(qabbālāh maᶜᵃśit)*.

CANAÁN *(kᵉnāᶜān)*: denominación antigua del sur de Siria-Palestina, más en concreto de la costa de Levante, donde se asentó el pueblo judío a partir de los inicios del I milenio a.C.

DECLARACIÓN BALFOUR: hecha en 1917 por el Ministro de Asuntos Exteriores británico, que prometía a los judíos un «hogar» *(home)* en Palestina.

DIÁSPORA: dispersión de los judíos fuera de Palestina y denominación de las comunidades resultantes de tal proceso.

ENUMA ELISH: poema babilónico de la creación del mundo por el dios Marduk.

ESCATOLOGÍA: configuración religiosa y literaria del «fin del mundo».

ESTELA DE MERNEPTAH: primer monumento egipcio que menciona a Israel (s. XIII a.C.).

EUHEMERISMO: corriente ideológica griega, atea y desmitificadora, que reducía los dioses a seres humanos, impulsada por Euhemero.

EXILIO: deportación de las clases dirigentes judías a Babilonia a principios de siglo VI a.C. por Nabucodonosor y su situación en la nueva tierra.

Éxodo: tradicional salida de Egipto del pueblo hebreo según la Biblia y libro en que se narra.

Gematria: interpretación cabalística del sentido de una palabra o frase a partir del cálculo numérico de sus letras.

Génesis: libro primero de la Torah que se inicia con la narración de la creación.

Geniza *(geˀnîzāh)*: cámara reservada, adjunta a la Sinagoga, en la que se guardaban libros usados, sobre todo de la Biblia, y otros documentos.

Gente del Libro *(ˀahlu-l-kitab//dimma)*: o «dhimmíes», denominaciones con que se designa en el Islam a judíos y cristianos, sometidos al impuesto de la *dimma* («protección»).

gērîm: denominación bíblica de los moradores no hebreos en la «Tierra de Israel», protegidos y discriminados.

Gilgamesh: mítico rey de Uruk, héroe de la epopeya homónima que le presenta en busca de la inmortalidad.

gôyîm: para el judío, los fieles de otra religión.

Hagadah *(haggādāh)*: «leyenda», como relato interpretativo de una idea o hechos bíblicos.

Halakhah *(halˀkhāh)*: el conjunto de las prescripciones legales que regulan la vida del judío.

Hasidismo: movimiento ultraortodoxo judío, nacido en el siglo XVIII, que conjuga la observancia y estudio de la Torah con la exaltación mística, heredera de la Cábala.

Haskalah *(haskhālāh)*: «ilustración», movimiento del siglo XVIII, orientado a sacar al judío del gueto e insertarlo en la sociedad moderna.

Helenismo: conjunto de valores e ideas griegas que se extendió por todo el ámbito oriental y mediterráneo a partir de las conquistas de Alejandro Magno y que creó su unidad cultural.

Hermenéutica: «interpretación» como método de inteligencia de textos.

Hibris *(ˀýbris)*: concepto griego que indica la pretensión del hombre de exceder sus límites.

Hijos de los profetas *(beˀnê neˀbîˀîm)*: así llamados los seguidores de los profetas de Israel en la época monárquica, defensores del yahwismo estricto.

Israel: denominación del reino hebreo septentrional que pasó a serlo del pueblo judío en general.

kāšēr/kašrût: caracterización de un producto como apto para su consumición según las normas de la Halakhah.

kawwānāh: «intención» o «concentración del pensamiento en el sentido cabalístico de la acción o plegaria correspondiente» (Scholem).

kippāh: casquete con que se cubre el judío la cabeza al realizar sus oraciones o la lectura de la Biblia y que se ha extendido como pieza del atuendo ordinario del judío ortodoxo.

KOTHAR (*ktr*): dios cananeo de la magia y la técnica.

kuppāh: cámara simbólica que se instala para la ceremonia de la boda judía.

lógos (hierós): relato que da razón del sentido mítico o religioso de un fenómeno o institución.

ma^{ca}śeh berē'šît: desarrollo cabalístico basado en la interpretación del primer capítulo del libro del Génesis (la Creación).

ma^{ca}śeh merkābāh: desarrollo cabalístico basado en la interpretación de los primeros capítulos del libro del profeta Ezequiel (el Carro).

MARDUK: dios patrón de Babilonia.

m^edînāh: distrito administrativo del Imperio persa.

mē'āh š^{ec}ārîm: barrio de la Jerusalén nueva en el que viven judíos de orientación hasídica.

merkābāh: el «Carro» de la visión de Ezequiel en su relato de vocación.

mezûzåh: cajita con un breve texto de la Torah que se coloca en el dintel de la puerta de la casa.

MIDRASH (*midrāš*): «escrutinio», comentario del texto bíblico que contiene Halakhah y Haggadah.

minḥāh: «ofrenda», denominación de un sacrificio del templo de Jerusalén y de la plegaria de la tarde.

MISHNAH (*mišnāh*): «enseñanza», recopilación de la tradición o Ley Oral llevada a cabo en el siglo II a.C.

mûsår: conjunto de las enseñanzas éticas del judaísmo.

PAREDRA: consorte femenina de los dioses de los panteones politeístas.

peḥāh: «gobernador» de provincia de la administración persa.

PROTOLOGÍA: concepción intelectual y simbólica de los orígenes del cosmos (v. Escatología).

pūrîm: festividad judía que celebra la salvación de los judíos por Ester de su enemigo Amán.

REFAIM (*r^efā'îm*): «sanadores», designación bíblica de los muertos, derivada del término cananeo *rpum*.

ṣaddîq: «justo», nombre con que se denominaba a la autoridad máxima de los hasidim.

SATRAPÍA: división administrativa máxima del Imperio persa.

še'ôl: nombre del «Infierno» en la Biblia Hebrea.

ṣ^edāqāh: «justicia», término que se emplea para designar la «limosna».

SHEKHINAH (*š^ekhînäh*): «Presencia», designación cabalística de la manifestación de la divinidad.

š^ema^c: oración (y profesión de fe) básica de la liturgia judía, tomada de Dt 6,4ss.

ṣērûf ṣelem: «purificación de la imagen», último grado de la ascensión espiritual (¿éxtasis?) según la Cábala.

s^efîrôt: diez «esferas», como proceso de emanación del poder, más que de la realidad divina, que antecede al proceso de creación del mundo inferior. Esta concepción cabalística es ambigua y linda el emanacionismo.

SHAPASH *(špš)*: «Sol», denominación ugarítica del dios solar semítico.

SIONISMO: ideología política que propugnó el retorno a Palestina de los judíos de la Diáspora y la creación allí de un Estado independiente.

ṣîṣî(yô)t: «borlas» que adornan una prenda de uso interior, llamada también así o «pequeño *ṭallît*», y la franja de éste.

sukkôt: «cabañas», nombre que recibe la festividad que se celebra en la tercera semana del primer mes del año (civil).

synoikía: «cohabitación», derivada de la morada de un dios en un determinado lugar.

ṭallît: chal con que se cubre el judío para recitar sus plegarias.

TALMUD: «enseñanza», enciclopedia que comenta y desarrolla la tradición oral (Mishnah), fuente de referencia del saber y del comportamiento judíos.

t^ephillîn: «plegarias», nombre que hace referencia a las cajitas que encierran textos bíblicos y a las cintas de cuero con que se ligan a la cabeza y al brazo antes de recitar las oraciones diarias.

TETRAGRÁMMATON: designación del nombre de Dios en razón de las cuatro letras que lo componen: YHWH.

TIERRA DE ISRAEL *('ereṣ-'iśrā'ēl)*: designación histórica de la Palestina judía y aspiración del movimiento sionista como alcance de su territorio.

tiša^c b^e'āv: «nueve del mes de Ab», festividad de ayuno que conmemora las dos destrucciones del templo de Jerusalén.

TORAH *(tôrāh)*: «Ley», tanto referida a los cinco libros del Pentateuco como a la Biblia Hebrea en general.

TOSEPHTA: «añadidura», colección adicional de la tradición oral compilada como complemento de la Mishnah.

UGARIT: antiguo reino del norte de Siria (Tell Ras Shamra) que nos ha conservado la versión más completa de mitología «cananea».

YAHWEH: Vocalización del Tetragrámmaton que los judíos nunca pronuncian.

YEHUD: «Judea» como provincia del Imperio persa dentro de la V Satrapía.

yôm kippûr: «día de la expiación», culminación de los diez días de penitencia con que se abre el Año Nuevo judío *(rō'š haššānāh)*.